30 YEARS
OF
CHINA GROUP
COMPANIES

中国
集团公司
30年

中国集团公司促进会　编

中国言实出版社

图书在版编目（CIP）数据

中国集团公司 30 年 / 中国集团公司促进会 .—北京：

中国言实出版社，2019.8

ISBN 978−7−5171−3177−9

Ⅰ . ①中… Ⅱ . ①中… Ⅲ . ①国有企业 – 企业改革 –

研究 – 中国 Ⅳ . ① F279.241

中国版本图书馆 CIP 数据核字（2019）第 169158 号

责任编辑： 胡　　明　　史会美
责任校对： 崔文婷
责任印制： 佟贵兆
封面设计： 周　　源

出版发行　　中国言实出版社
　　　　　　地　　址：北京市朝阳区北苑路 180 号加利大厦 5 号楼 105 室
　　　　　　邮　　编：100101
　　　　　　编辑部：北京市海淀区北太平庄路甲 1 号
　　　　　　邮　　编：100088
　　　　　　电　　话：64924853（总编室）　64924716（发行部）
　　　　　　网　　址：www.zgyscbs.cn
　　　　　　E−mail：zgyscbs@263.net
经　　销　　新华书店
印　　刷　　天津久佳雅创印刷有限公司
版　　次　　2019 年 9 月第 1 版 2019 年 9 月第 1 次印刷
规　　格　　710 毫米 ×1000 毫米　1/16　25 印张
字　　数　　380 千字
定　　价　　118.00 元　ISBN 978−7−5171−3177−9

《中国集团公司30年》编委会

出版说明

在党中央、国务院决定推动横向经济联合、改革国有企业管理体制、组建企业集团 30 周年，也是中国集团公司促进会创建 30 周年之际，中国集团公司促进会理事会决定编撰出版《中国集团公司 30 年》，组成以第十一届、十二届全国人大常委会副委员长陈昌智、原国家经济体制改革委员会党组书记贺光辉为总顾问的编委会。邀请从事政策制定、推进组建企业集团的老领导和企业家提出宝贵意见。现在这部 38 万字的研究专著正式出版，与读者见面。

本书以党的十一届三中全会以来，党和国家关于经济体制改革、企业改革和建立现代企业制度的政策法律为脉络，以企业集团和集团公司整体为考察研究对象，沿着其发展轨迹，考察了不同时期、不同阶段企业集团和集团公司的发展概况、组织结构、经营方式、技术状况、企业文化等，以及在国民经济发展中的地位与贡献。特别是从国家宏观层面，对 30 年来企业集团发展壮大的历史实践作了系统性梳理，回顾发展进程，展示非凡成就，总结宝贵经验和深刻教训，提出未来发展对策建议。

《中国集团公司 30 年》是一部总结 30 年来中国企业集团公司创建发展、改革改制、做强做大的历史进程、辉煌成就和探讨未来走向的研究成果，不少观点和论述都是独立研究的，具有创新思维。在较短时间内完成本书的编撰任务是一件不容易的事情。这是中国集团公司促进会多年来为集团公司服务成果的汇集，也是全体同志集体智慧的结晶、新时期工作创新的体现。希望本书的出版能够起到抛砖引玉的作用，促进经济界、企业界、学术界深入研究新时代中国特色的集团公司战略与实践问题，在理论和实践的结合上助力集团公司的转型升级和国际化、做强做优做大做出特色，成为具有全球竞争力的世界一流集团公司。

饮水不忘掘井人。在分享中国改革开放和集团公司发展带来的辉煌成就的幸福时刻，我们永远缅怀和感激那些为中国改革开放和社会经济发展作出历史性贡献的前辈和献身于祖国现代化建设的企业家，永远崇敬正在为中华民族的伟大复兴砥砺前行作出巨大贡献的中华民族的脊梁。

最后有两点需要说明：一是从我国企业组织发展历史看，经历了从横向联合的"联营公司"到"企业集团"或"集团公司"，再改制成为"集团有限公司"，因此本书在企业名称使用上依据各个不同发展阶段的实际情况，出现联营公司、企业集团、集团公司、集团有限公司，或企业集团和集团公司并用的情况；二是本书数据资料除来源于政府部门发布的统计公报外，还采用了部分研究机构、新闻出版机构发布的数据资料，特此向发布单位致谢。

本书编委会

2019 年 6 月 19 日

新时代 新征程 新发展

陈昌智

2017 年是党中央、国务院决定推进组建企业集团 30 周年，也是中国集团公司促进会成立 30 周年。改革开放以来，党和国家高度重视企业改革、改制和可持续发展，不断推进集团公司做大、做强、做优、做出特色；中国集团公司经历了从无到有，从小到大，从弱到强的发展历程。大型企业集团公司成为推动我国经济社会发展的中坚力量。中国集团公司的发展壮大，有力地促进了现代企业制度的建立、发展和完善。为保障改善民生、维护国家安全、增强综合国力；为我国参与全球竞争、参与"一带一路"国际合作发挥了重要的作用，对加快我国改革开放和社会主义现代化建设进程，促进经济发展作出了重要贡献。

党的十九大确立了习近平新时代中国特色社会主义思想的指导地位，深刻阐述了新时代中国共产党的历史使命，提出了坚持和发展中国特色社会主义的基本方略，确定了分两步走全面建成社会主义现代化强国的宏伟目标，进一步指明了党和国家各项事业的前进方向，是团结带领全国各族人民坚持和发展中国特色社会主义的政治宣言和行动纲领。党的十九大报告强调："加快完善社会主义市场经济体制"，"深化国有企业改革，发展混合所有制经济，培育具有全球竞争力的世界一流企业"。这为集团公司的进一步发展指明了前进方向，也为中国集团公司促进会的事业发展提供了根本遵循和行动指南。

希望中国集团公司以习近平新时代中国特色社会主义思想为指导，牢牢把握"两个毫不动摇"方针，紧扣我国社会主要矛盾的新变化，认真贯彻中共中央、国务院《关于营造企业家健康成长环境弘扬优秀企业家精神更好发挥企业家作用的意见》，认真贯彻新发展理念，与时俱进，埋头苦干，为深化供给侧结构性改革、建设现代化经济体系、实现经济社会持续健康发展而不懈奋斗。

希望中国集团公司促进会进一步认真贯彻党和国家关于社团组织开展工作的方针政策，不忘立会初心，牢记历史责任，秉承优良传统，继续砥砺奋进，加快转型升级，发挥高端智库作用，从全球战略高度探索中国集团公司发展的新思路、新途径、新做法，不断提升为会员企业服务的质量和水平，开创新时代中国集团公司促进会工作新局面，为决胜全面建成小康社会，为实现"两个一百年"奋斗目标、实现中华民族伟大复兴的中国梦作出新的更大贡献！

本文系陈昌智同志 2017 年 12 月 21 日致中国集团公司 30 年座谈会的贺词。陈昌智同志是第十一届、十二届全国人大常委会副委员长，民建中央主席，中国集团公司促进会总顾问。

创新为先　锐意进取

贺光辉

　　中国集团公司促进会创建 30 年以来，在党的领导下，在有关部门的指导和支持下，解放思想，不畏困难，大胆探索，砥砺前行，无私奉献，为深化企业改革，促进企业集团的组建、改革、发展壮大和现代化做了大量卓有成效的工作，为政府提出不少好的建议，得到国务院领导同志的充分肯定。

　　中促会已成为沟通企业和政府联系的重要桥梁和渠道，成为中外大型企业集团交流合作的重要平台，成为国内外有一定影响的经济组织。在这不平凡的 30 年中，有很多经验值得认真思考与总结，以利于进一步深化和推进企业集团的改革和发展壮大，真正建设起一批具有全球竞争力和中国特色的世界一流企业集团。

　　中国企业集团是我国现代经济体系中的生力军和骨干，在决胜全面建成小康社会，进而全面建设社会主义现代化强国的新征程中，肩负着艰巨而光荣的历史使命。

　　我们在认真学习、贯彻落实十九大精神中，要以习近平新时代中国特色社会主义思想为指导，不忘初心、牢记使命，创新为先、锐意进取，就如何进一步深化中国企业集团改革，增强其活力、壮大其实力、提高其水平，攻坚克难，选择突破口，解决关键性问题，进行新的探索和研究，进行深入的调研，提出切实可行的建议。

当前，是否可就以下几个问题，做深入的研究和探索：一是如何加强党对企业集团的全面领导，全面从严治党，进一步完善现代企业制度，以及培育一支党性强、明法治、善经营、严管理、德才兼备的干部队伍；二是如何根据现代市场运行规律和变化，适时推进企业集团重组，调整产品结构，特别是供给侧结构性改革；三是如何实行军民融合的经营理念，调整企业产学研改革；四是如何改革和完善集团企业的创新机制并使其常态化；五是如何进一步解放思想，通过"走出去，引进来"做强做大企业集团公司，使之成为世界一流的跨国企业集团；六是如何落实中央深化国有企业改革决定的具体实施方案；七是如何进一步改革企业集团内部的分配体制，分配既要反对平均主义，又要建立合理的约束机制，不使其出现过度的差距，不搞高管的过高的年薪制，要体现效能与公平相结合的原则。

我虽然已不再担任中促会的顾问，但仍然关心它的健康发展和壮大。殷切期望中国企业集团在党的十九大精神指引下，加强党的领导，增强"四个意识"、从严治党、深化改革、创新发展、奋发有为，在全面建成社会主义现代化强国的征程中，为实现"两个一百年"奋斗目标和中华民族伟大复兴的中国梦取得新的更大的成就，再立新功。

本文系贺光辉同志 2017 年 12 月 21 日致中国集团公司 30 年座谈会的贺词。贺光辉同志是原国家经济体制改革委员会党组书记、常务副主任，中国集团公司促进会顾问。

第四章

集团公司现代企业制度的建立

第五章

集团公司混合所有制改革

第九章

集团公司改革创新发展最佳实践

第十章

中国集团公司 30 年座谈会文集

附录 1

国有资产管理体制与国有企业改革重要文件

附录 2

中国集团公司改革发展大事记

后 记

第一章　中国集团公司的创建与发展

党的十一届三中全会作出把工作重点转移到社会主义现代化建设上来的决策，开启了国家经济管理体制和企业经营管理方式的改革。党和国家把推进全民所有制企业（国有企业）改革、支持民营企业发展、建立与发展企业集团，作为经济体制改革的重要内容。

1980 年 7 月国务院发布《关于推动经济联合的暂行规定》，促进了横向经济联合，各种形式的企业联合体大量出现。1986 年 3 月国务院发布《关于进一步推动横向经济联合若干问题的规定》。1987 年 12 月国务院批转国家经济体制改革委员会、国家经济委员会发布的《关于组建和发展企业集团的几点意见》，明确了企业集团的含义、组建原则、组建条件、集团内部管理、集团发展外部条件等，从此中国企业集团的组建和发展进入快车道。

中国集团公司的孕育、创立、形成、发展和壮大，经历了时间上无法截然分开、联系非常紧密的三个阶段：党和国家制定政策促进国有企业改革，指导引领企业集团建设发展的初创阶段；《公司法》《证券法》实施与加入世贸组织，促进企业集团向公司化、现代化加速转变的阶段；党的十八大以来，党中央对集团公司改革改制、整合重组、转型升级作出新的决策和部署，集团公司全面迈入国际化的新阶段。

第一节　中国集团公司的孕育与创建

从企业发展历史看，企业集团的产生有两大背景：一是社会化大生产对企业的有限经营规模提出挑战；二是日趋激烈的市场竞争对企业抵御风险的能力提出挑战。发达国家企业集团的发展，以美国和日本最为典型，代表了东西方企业集团的演变过程。在美国，19 世纪末 20 世纪初，垄断性企业组织的重要特征表现为横向合并，即同一行业内部的企业联合，卡特尔（Cartel）和辛迪加（Syndicate）是这种横向合并的典型表现形式，是早期企业集团的雏形。在日本，20 世纪 70 年代经济高速增长时期，企业通过投资创建、兼并、投资控股与参股以及建立长期协作关系等方式获得很大发展，形成一批新兴的、主要位于工业领域的企业集团，被称为"工业企业集团"或"锥型企业集团"，如丰田、东芝、索尼、三洋等。

在旧中国，由于经济落后，工业企业数量有限，形成数量不多的以家族企业为特征的小规模的企业集团。

新中国成立初期，随着新民主主义革命的完成，我国积极推动生产资料私有制向生产资料公有制转变，逐步形成以国有为主的企业组织结构。主要来源有四个部分：为支援战争和保障供给，各抗日根据地创办的一些公营企业；没收官僚资本主义企业，并通过民主改革使之转变为国有企业；没收敌伪企业，主要是帝国主义在中国创办的企业，伪满和汪伪政权的企业；通过和平赎买的方式，将民族资本主义工商业改造为国有企业。

经过三年的经济恢复，我国国有企业占据了掌握国民经济命脉的重要行业。1956 年后，我国进入了社会主义建设时期，逐步开展以 156 项重点工程为中心，由 694 个限额以上建设单位组成的工业化建设。在"一五"计划期间，我国国有经济的总投资为 612 亿元，建立起一大批工业化所需的基础工业，形成一批国家投资的国有工业企业。

1963 年党和国家对国民经济进行调整，并认识到托拉斯是工业管理体制的重要措施，我国开始出现工业联营公司，国营经济得到较快的恢复和发展。1965 年我国国营企业固定资产总额达到 1446 亿元，国营经济总量约占当年国民生产总值 1716 亿元的 53% 左右，其中不少大型国营企业具有企业集团的一些特征与功能。

一、党和国家关于组建企业集团的战略决策

企业集团的出现是经济管理体制改革的产物。企业集团的组建与发展，与改革开放以来党和国家关于经济管理体制改革和国有企业改革的决策部署密切相关。

在计划经济时期，我国实行的是计划经济体制。计划经济体制把企业置于行政部门附属物的地位，行政权力支撑着整个计划经济体制的运转，企业既不能自主经营，又不能自负盈亏，缺乏应有的经营自主权。企业的生产数量、生产品种、产品价格以及生产要素供给与生产成果销售都处于政府计划部门和有关行政主管机关的控制之下。计划经济体制还造成政企职责不分、条块分割、国家对企业管得过多过死、权力过于集中，忽视商品生产、价值规律和市场机制的作用，分配中平均主义严重等弊端，大大压制了企业和广大职工群众的积极性、主动性和创造性，造成了企业吃国家"大锅饭"，职工吃企业"大锅饭"的局面，使本来应该生机盎然的社会主义经济在很大程度上失去了活力。

1978 年 12 月召开的党的十一届三中全会，坚持解放思想，实事求是的思想路线，胜利实现了党和国家工作重心，从以阶级斗争为纲转到以发展生产力为中心，从封闭转到开放，从固守常规转到各方面的改革的伟大战略转移，由此开创了坚定不移地走改革开放之路，积极探索努力发展中国特色社会主义现代化建设事业的新时期。

当时国民经济面临严重困境，处于"文革"造成的"崩溃边缘"，经济管理和企业管理混乱，企业普遍存在"大而全"或"小而全"的状况，生产经营活动完全依照计划的行政指令进行，没有市场，没有竞争，致使整个社会生产力水平低下，商品供应严重短缺，人民群众的生活极其困难，我国经济急需寻求发展的新动力、新路径。在这个历史大背景下，党和国家作出了改革经济体制和管理体制的战略部署，从计划经济体制分阶段向"计划经济为主，市场调节为辅"、有计划的商品经济体制、社会主义市场经济转变；下

放企业自主权，让地方和工农业企业在国家统一计划指导下有更多的经营管理自主权；着手大力精简各级经济行政机构，把它们的大部分经营管理职权转交给企业性的专业公司或联合公司；实行工业经济责任制，向企业放权让利、扩大企业自主权，提出了我国企业在国家计划指导下"发挥优势、保护竞争、推动联合"的发展方针，积极推进企业改革发展，通过实行企业承包责任制，推动企业集团组建，以壮大我国企业实力，加快经济发展。

我国企业改革和企业集团组建首先是从地方启动的。1978 年 10 月四川省委批准在重庆钢铁公司、成都无缝钢管厂、宁江机床厂、四川化工厂、新都县氮肥厂和南充丝绸厂等 6 家地方国营企业率先进行"扩大企业自主权"的试点，极大地调动了企业和职工的积极性，收到了很好的效果。党的十一届三中全会之后，1979 年 1 月四川省委、省政府总结了 6 家扩权试点企业的经验，决定把扩权试点的范围扩大到 100 家企业。随后，国家经委、财政部等部门在首都钢铁公司、北京内燃机总厂、北京清河毛纺厂、天津自行车厂、天津动力机厂、上海汽轮机厂、上海柴油机厂和彭浦机器厂等 8 家企业开展扩权试点工作，成功地促进了企业利润包干经济责任制和企业扩权让利政策逐步向全国各地推广。同时，第一汽车制造厂、第二汽车制造厂等大型企业也在自愿原则的前提下，效仿首钢，实行上缴利润递增包干的企业承包责任制。

为激发企业活力，调动广大企业干部职工的积极性，规范迅速推开的扩大企业自主权试点，1979 年 7 月国务院颁发了第一批配套的企业改革文件"扩权十条"，即《关于扩大国营工业企业经营管理自主权的若干规定》，同时还颁发了《关于国营企业利润留成的规定》《关于开征国营企业固定资产税的暂行规定》《关于提高国营工业企业固定资产折旧率和改进折旧费使用办法的暂行规定》《关于国营工业企业实行流动资金全额信贷的暂行规定》4 个文件。第一批企业改革文件的出台在社会上引起巨大反响。

1980 年 7 月国务院发布了《关于推动经济联合的暂行规定》，提出了企业实行横向经济联合发展的新思路，并就企业横向经济联合的概念、定义、原则、组织管理、政府作用以及有关政策问题等作出规定，促进了横向经济联合，各种形式的企业联合体大量出现。1980 年 9 月国务院批转国家经委

《关于扩大企业自主权试点工作情况和今后意见的报告》，批准从 1981 年起，把扩大企业自主权的工作在国营工业企业中全面推广，使企业在人财物、产供销方面，拥有更大的自主权。在机构和人事方面，试点企业有权决定自己的机构设置、人员配备、任免中层及中层以下的干部；有权根据劳动纪律辞退职工。企业车间、班组的主要领导干部要实行民主选举，有条件的试点企业，厂级领导干部也可以通过民主选举产生，报上级主管部门批准任命。这些改革措施的发布实施在当时都引起了巨大的思想碰撞和产生了石破惊天的"破冰"效应。

为加强党对企业的有效领导，1982 年 1 月中共中央、国务院颁发《国营工厂厂长工作条例》，强调《国营工厂厂长工作暂行条例》和已经颁发的《国营工业企业职工代表大会暂行条例》，以及即将颁发的《中国共产党工业企业基层组织工作条例》，共同遵循的根本原则是，党委集体领导、职工民主管理、厂长行政指挥，这些原则是根据多年来的经验，对我国工业企业内部的领导制度和管理制度所作出的新概括，要求"结合整个经济体制和管理体制的改革，逐步制定出一种与之相适应的新制度。"

1984 年 10 月党的十二届三中全会作出的《中共中央关于经济体制改革的决定》提出，企业要真正成为相对独立的经济实体，成为自主经营、自负盈亏的社会主义商品生产者和经营者，具有一定权利和义务、自我改造和自我发展能力的法人，并提出要"转换国有企业经营机制，建立现代企业制度"。此后，党的十三大和国家"七五"计划都对增强全民所有制大中型企业活力作出部署，这些都直接推动了我国经济体制和管理体制的改革，促进了企业改革和企业集团的形成与发展。

1986 年 3 月国务院发布《关于进一步推动横向经济联合若干问题的规定》。1987 年 4 月国务院发布《关于大型工业联营企业在国家计划中实行单列的暂行规定》，国家经委在北京召开承包经营责任制座谈会，会议在总结吉林、广东等省和首钢、二汽等企业承包经营责任制经验的基础上，部署全国企业承包经营责任制工作，并决定从当年 6 月起，在全国范围普遍推行承包经营责任制。同年 8 月国家经委、中共中央组织部、全国总工会在北京联合召开全面推行厂长负责制工作会议。

1987 年 12 月国务院批转发布国家体改委和国家经委《关于组建和发展企业集团的几点意见》，这是我国政府颁布的第一个关于发展企业集团的规范性文件，强调指出：企业集团是适应社会主义有计划商品经济和社会化大生产的客观需要而出现的一种具有多层次组织结构的经济组织。它的核心层是自主经营、独立核算、自负盈亏、照章纳税、能够承担经济责任、具有法人资格的经济实体。它是以公有制为基础，以名牌优质产品或国民经济中的重大产品为龙头，以一个或若干个大中型骨干企业、独立科研设计单位为主体，由多个有内在经济技术联系的企业和科研设计单位组成；它在某个行业或某类产品的生产经营活动中占有举足轻重的地位，有较强大的科研开发能力，具有科研、生产、销售、信息、服务等综合功能。该文件的颁布实施，成为中国企业集团（公司）开始组建和迅速发展壮大的里程碑。

企业实行承包经营责任有力推动了企业所有权与经营权的分离，使企业在一定程度上获得了经营自主权和自我改造、自我发展的能力。通过实行承包经营责任制，企业经受住了外部环境的严峻考验，保证了财政收入的稳定增长，企业技术装备得到改造，产品结构得到调整，管理得到加强，资产规模得到扩大。而且，形势的发展也要求企业必须加强横向联系。于是，企业间、地区间、城乡间开始逐步形成一些基于行政隶属关系的企业联合体。这些企业联合体大多采用"企业集团"的名称。据不完全统计，1981 年 8 月全国县属以上工业企业实行经济责任制的已占企业总数的 65% 以上；1982 年底全国大中型工业企业已有一半以上实行了经济责任制；1986 年底在全国 54000 家国营工业企业中，已有 23000 家实行了厂长负责制，以工业企业为主建立的经济联合组织已发展到 6833 家，投入资金 110 亿元，参加联合的企业达 15740 家。

华润（集团）有限公司是我国企业发展史上第一个以集团公司名称出现的企业。华润集团前身是 1938 年中国共产党为"抗战"在香港建立的地下交通站掩护公司，1948 年改组更名为华润公司，于 1983 年改组为华润（集团）有限公司。之后，我国各行业国家级的企业集团应运而生。

1987 年 11 月经国家经委、国家体改委、国家计委批准，由国营嘉陵机器厂等 5 家企业组成的中国嘉陵工业股份有限公司（集团）在重庆组建，成立了我国第一个真正意义上的企业集团公司。

二、国务院有关部门确定第一批试点企业集团

1988 年至 1992 年针对企业特别是全民所有制企业改革中存在的问题，为促进企业健康发展，依法规范企业行为，推动企业组建集团，促进企业快速发展，党和国家作出具有战略意义的顶层设计。

1988 年 9 月党的十三届三中全会在北京举行，全会批准了中央政治局提出的"治理经济环境、整顿经济秩序、全面深化改革"的指导方针和政策措施。1988 年 10 月与 1989 年 8 月中共中央、国务院两次作出《关于清理整顿公司的决定》。1989 年 11 月党的十三届五中全会通过的《中共中央关于进一步治理整顿和深化改革的决定》，作出要开展治理经济环境、整顿经济秩序和实行企业承包经营责任制、转换企业经营机制等问题的决定。1991 年 9 月中共中央召开中央工作会议，决定采取 12 条措施，为搞好国营大中型企业创造良好的外部条件。这些决策对促进我国大型企业集团的发展具有重要的指导意义。

根据中共中央的决定，1988 年 4 月七届全国人大一次会议通过了《全民所有制工业企业法》。这是新中国成立以来制定的第一部企业法典，从法律层面规定了企业的权利和义务，理顺了企业党、政、工各方面的关系，明确了"厂长全面负责，党委保证监督，职工民主管理"的原则，保证了厂长的地位和作用，保障了企业的合法权益，对巩固和深化我国企业改革、加强企业管理和制度建设、促进企业横向联合发展、推动企业集团发展和科学化治理都具有重要意义。

1990 年 12 月七届全国人大三次会议通过的《国有经济和社会发展十年规划和"八五"计划》，提出了要"有计划地组建一批跨地区、跨部门的企业集团"。1988 年 2 月国务院发布了《全民所有制工业企业承包经营责任制暂行条例》，以规范企业承包经营责任制；5 月发布了《关于全民所有制工业企业引入竞争机制、改革人事制度的若干意见》；6 月发布了《企业法人登记管理条例》；10 月国务院决定组建由国家经济体制改革委员会、国家计划委员会、财政部、人事部和劳动部等 24 个部门组成的国务院企业管理指导委

员会，负责协调贯彻执行《企业法》和研究企业改革、企业管理中的重大问题，指导企业转换和完善经营机制，加强企业管理，具体工作由国家体改委承担；国务院还组建了国有资产管理局，参与开展企业改革的协调工作。

1990 年 1 月国务院召开全国经济体制改革工作会议，讨论以企业改革为重点的 1990 年改革工作任务，提出七条主要措施：治理整顿深化企业改革，完善发展承包经营责任制；继续实行和完善厂长负责制；增强大中型企业的活力，充分发挥大中型企业的骨干作用；进一步发展企业集团；采取措施推进企业兼并；强化企业管理，向经营管理要效益；有计划地推进各项改革试点工作。

1991 年 12 月国务院批转的国家计委、国家体改委、国务院生产办公室《关于选择一批大型企业集团进行试点请示的通知》（国发〔1991〕71 号）指出：企业集团是适应我国社会主义有计划商品经济和社会化大生产的客观需要而出现的一种新的经济组织，组织企业集团要有利于生产力的发展、新产品的开发、效益的提高、资源和技术力量的合理组合。为促进企业集团健康发展，国务院决定选择第一批 57 家企业集团进行试点[1]，探索以资本为联结纽带理顺企业集团的内部关系。

1992 年国务院颁布了《全民所有制工业企业转换经营机制条例》，条例按照政企分开、宏观管好、微观放开的原则，将《企业法》主要内容具体化，为转换企业经营机制、推动企业走向市场，使企业在市场竞争中求生存和发展，成为自主经营、自负盈亏、自我发展、自我约束的商品生产和经营者，成为独立享有民事权利和承担民事义务的企业法人等创造了条件。

为落实党中央关于转换经营机制决定和国发〔1991〕71 号文件的精神，此时期，国务院有关部门制定了不少配套政策。如 1988 年 11 月国家工商总局公布了《企业法人登记管理条例施行细则》，规定了企业法人登记等有关管理制度。1989 年 2 月国家体改委、国家计委、财政部、国家国有资产管理局印发了《关于企业兼并的暂行办法》。同年国家体改委印发了《企业集团组织与管理座谈会纪要》，指出企业集团的有关特征，认为产权关系是企业集团母公司与紧密层、半紧密层企业之间的主要联结纽带。1991 年 3 月国家体改委、国家计委、国务院生产委员会联合召开全国企业集团工作会议，传达贯彻党中央、国务院关于发展企业集团的一系列指示精神，并提出发展企业集团的一些改革性措施。国家计委、国家体改委、国务院经贸办、财政部、劳动部、中国人民银行等有关部门还陆续出台相关政策。至 1992 年底，国家有关部门出台了《关于试点企业集团实行国家计划单列的实施办法（试行）》《关于坚持和完善企业内部经济责任制的意见》《试点企业集团审批办法》《关于试点企业集团若干财务问题暂行规定》《关于试点企业集团劳动工资管理的实施办法（试行）》《关于国家试点企业集团建立财务公司的实施办法》，以及国家试点企业集团人员出国、登记、统计、物资计划、国家计划单列、国有资产授权经营、财务问题、劳动工资管理等 10 多个配套法规及政策，对企业集团的组建和运行进行了规范。这对建立现代企业集团财务会计管理制度等很有现实意义。特别是 1992 年 5 月国家工商总局、国家计委、国家体改委、国务院生产办联合发布的《关于国家试点企业集团登记管理实施办法（试行）》，对组建企业集团作了具体规定，要求国家试点企业集团应具备以下条件：必须有一个实力强大、具有投资中心功能的集团核心企业；集团核心企业可以是一个大型生产、流通企业，也可以是一个资本雄厚的控股公司，须有多层次的组织结构。除核心企业外，必须有 3 家以上的紧密层企业，还可以有半紧密层和松散层企业；企业集团的核心企业与其他成员企业之间，要通过资产和生产经营的纽带组成一个有机的整体；企业集团的核心企业和其他成员企业，各自都具有法人资格；国家试点企业集团的核心企业应是一个全民所有制大型企业或国家控股的公司。

在国家示范政策的带动下，许多企业纷纷开始探索组建企业集团。据国家体改委统计，1986 年至 1989 年短短三年时间，我国城乡挂牌组建的企业集团就有 8000 多家。经地市级政府批准并在工商行政管理局注册的企业集团有 1630 家。其中，广东 240 家，上海 163 家，最少的宁夏也组建了 6 家。特别是 1991 年第一批 57 家现代企业制度试点工作启动后，全国共有 2700 多家企业积极参与，形成了第一次建立企业集团的高潮。

从 1988 年开始到 1992 年党的十四大召开前夕为止，组建较具有代表性的企业集团有：1988 年 2 月新疆维吾尔自治区第一个企业集团——新疆拖拉机企业集团在乌鲁木齐正式组建；同年 5 月招商局组建了中国大陆第一家由企业合股兴办的保险公司——中国平安保险公司，并收购了伦敦和香港的两家保险公司，成为第一家进入国际保险市场的中国企业；同年 8 月国务院同意组建国家能源投资公司、国家交通投资公司、国家原材料投资公司、国家机电轻纺投资公司、国家农业投资公司、国家林业投资公司，并同意以上 6 家公司在国家计划中实行单列，在涉外活动中享有一定的外事审批权；同年 8 月中国大陆首家实行股份制企业——沈阳金杯汽车股份有限公司首次向社会发行股票。1989 年 5 月中国电子信息产业集团有限公司（简称"中国电子"）组建，是中国最大的国有综合性 IT 企业集团。1990 年 8 月以上海宝钢为核心，由跨 14 个省市的 52 家企事业单位共同组建上海宝山钢铁联合（集团）公司。1991 年 6 月经国务院批准，我国电子行业最大的经济实体——中国电子工业总公司在北京组建。1992 年 6 月经国务院批准组建中国华录电子有限公司（华录集团前身），目的是建设世界最先进的视听产品关键件生产基地，从事多媒体信息记录、存储、处理及应用。同年 9 月国家国有资产管理局、国家计委、国家体改委、国家经贸办发出《关于印发国家试点企业集团国有资产授权经营的实施办法（试行）的通知》后，东风汽车集团、东方电气集团、中国重型汽车集团、第一汽车集团、中国五矿集团、天津渤海化工集团和贵州航空工业集团 7 家成为试点企业集团，实施国有资产授权经营，后又增加中国纺织机械工业集团作为试点单位，加大了企业集团的组建力度。同年中国纺织品进出口总公司根据国务院关于深化外贸体制改革的要求改制为中国中纺集团公司，由一家外贸行业管理型机构转变为一个经营型、多功能、综合型、国际化的外贸企业集团；同年由 19 家国家物资部的直属物资流通企业合并组建而成的中国诚通集团成立，该公司在计划经济时期曾担负着国家重要生产资料指令性计划的收购、调拨、仓储、配送任务，在国民经济中发挥了流通主渠道和"蓄水池"作用。

　　党和国家引领的这次企业集团试点工作取得了积极进展，基本达到了试点的目的。其主要表现在：进行了以资本为联结纽带理顺企业集团内部关系的探索；扩展了企业集团功能，壮大了集团实力，初步形成了一批在市场上具有一定竞争力的企业集团，对促进结构调整和提高规模效益起到了一定的积极作用；深化了企业集团内部改革，促进了企业经营机制的转变，提高了企业经营管理水平；通过试点对全国企业集团的建设和发展起到了一定的示范作用。

三、公司法的实施与大型企业集团的快速发展

1992 年 9 月党的十四大明确提出了建立社会主义市场经济体制的宏伟目标，同时，党和国家进一步加大对企业建立和发展集团公司的顶层决策部署。1993 年 6 月中共中央、国务院下发了《关于当前经济情况和加强宏观调控的意见》，对加强经济宏观调控和建立企业集团作出原则部署。1993 年 11 月党的十四届三中全会通过的《中共中央关于建立社会主义市场经济体制若干问题的决定》和 1995 年 9 月党的十四届五中全会通过的"九五"计划建议都明确指出：要进一步转换国有企业经营机制，建立适应市场经济要求，产权清晰、权责明确、政企分开、管理科学的现代企业制度；要深化国有企业改革，建立现代企业制度；要抓大放小，实施大公司、大集团战略，"发展一批以公有制为主体、以产权联结为主要纽带的跨地区、跨行业的大型集团企业，发挥其促进结构调整，提高规模效益，加快新技术、新产品开发，增强国际竞争能力等方面的重要作用"；深化国有企业改革，必须解决深层次矛盾，着力进行制度创新。1997 年 9 月党的十五大提出了要按照"产权清晰、权责明确、政企分开、管理科学"的要求，对国有大中型企业实行规范的公司制改革，使企业成为适应市场的法人实体和竞争主体。同时，作出"以资本为纽带，通过市场形成具有较强竞争力的跨地区、跨行业、跨所有制和跨国经营的大型企业集团公司，并使之成为国民经济的支柱和参与国际竞争的主要力量"的战略部署。1999 年 9 月党的十五届四中全会通过的《中共中央关于国有企业改革和发展若干重大问题的决定》再次强调指出，要推进国有企业战略性改组，建立和完善现代企业制度，并重申了对现代企业制度基本特征"十六字"的总体要求。

1993 年 3 月八届全国人大一次会议通过了宪法修正案，将原来"国营经济"修改为"国有经济"，"国营企业"的提法也相应地被"国有企业"所取代。同年 12 月八届全国人大常委会第五次会议通过了《中华人民共和国公

司法》。这是新中国成立以来我国制定的第一部公司法，规定了股份有限公司和有限责任公司的治理结构、股东与公司的权利义务关系、承担的主要责任、规范公司治理结构以及建立现代企业制度的其他内容等，为集团公司的组建和发展确立了法律依据，提供了法治保障。

为落实党中央关于建立现代企业制度的决策和公司法的规定，加快企业改革的战略部署，深化大型企业集团试点工作，推进经济体制和经济增长方式根本性转变，使企业集团按照建立现代企业制度和搞好整个国有经济的要求，重点抓好一批大型企业集团，联结和带动一批企业的改组和发展，促进结构调整，形成规模经济，提高国有资产的运营效率和效益，积极发挥大型企业集团在国民经济中的骨干作用，1993 年 8 月经国务院批准，国家经贸委、国家税务总局、海关总署发布了《鼓励和支持大型企业和企业集团建立技术中心暂行办法》。1994 年国务院发布了《90 年代国家产业政策纲要》特别强调指出："对规模经济效益显著的产业，应形成以少数大型企业（集团）为竞争主体的市场结构；鼓励企业通过平等竞争与合并、兼并、相互持股等方式，组建跨地区、跨部门、跨所有制乃至跨国经营的企业集团。"同年国务院在北京召开全国建立现代企业制度试点工作会议，会议指出，现代企业可以有多种组织形式，要在公有制为主的前提下，进行各种形式的探索，不是要把所有的企业都办成股份制公司，更不是把所有的企业都办成上市公司。1994 年国务院确定对 100 家企业进行建立现代企业制度的试点 [2]，召开了全国建立现代企业制度试点工作会议，并印发了《建立现代企业制度的试点方案》。试点方案提出以进一步搞活国有企业为原则，选择公司制企业，以清晰的产权关系为基础，以完善的法人制度为核心，以有限责任制度为主要内容进行试点工作；并明确由国家经贸委联系 70 家试点企业，国家体改委联系 30 家试点企业。1995 年 3 月国务院转发国家经贸委《关于深化企业改革搞好国有大中型企业的意见》，就进一步搞活大中型企业和建立企业集团作出具体规定。

1997 年 4 月国务院批转国家计委、国家经贸委、国家体改委《关于深化大型企业集团试点工作的意见》，该文件突出了企业集团的地位与作用，突出了制度创新，突出了市场导向，突出了政府扶持的力度，提出要按照建立现代企业制度的要求，重点抓好一批大型企业集团，并对如何建立以资本为主要联结纽带的母子公司体制作出了具体规定，这是推进企业集团试点进入新阶段的重要文件。同年国务院批准组建第二批国家试点企业集团，试点企业集团从 1991 年第一批的 57 家扩大到 120 家，即第二批试点企业集团为 63 家 [3]，发展大型企业集团的试点工作进入了新的阶段。同时，为加强对企业的财产监管，国务院制定了《国有企业财产监督管理条例》。《条例》以明确产权责任、保障国家所有权、实行分级管理和分工监督为原则，委派监事会加强国家监督，界定企业法人财产权，明确资产经营责任，重点在于明确规定了国家派出监事会，履行对企业监督的职能。

为贯彻党中央和国务院的部署，有关部委也制定了许多具体措施，以推进集团公司的快速发展。如 1994 年 11 月国家经贸委、国家计委、财政部、国家国有资产管理局发出了《关于变更国有企业隶属关系审批办法的通知》。1995 年 2 月和 11 月国家经贸委发出了《关于印发 < 关于国务院确定的百户现代企业制度试点工作的组织实施意见 > 的通知》和《关于印发 < 关于国务院确定的百户现代企业制度试点工作操作实施阶段的指导意见 > 的通知》。1996 年 7 月国家经贸委、中国人民银行联合发布了《关于试行国有企业兼并破产中若干问题的通知》。10 月外经贸部制定《关于设立中外合资对外贸易公司试点暂行办法》。这是第一个有关外资可以进入我国外贸领域设立合资公司的政策文件。1998 年 3 月国家体改委印发了《关于企业集团建立母子公司体制的指导意见》。同年 2 月至 9 月国家工商行政管理总局出台了《公司登记管理若干问题的规定》《企业集团登记管理暂行规定》《国有企业改革中登记管理若干问题的实施意见》和《关于实施企业集团登记管理暂行规定有关问题的通知》。同年 8 月至 10 月国家经贸委发出了《关于国家大型企业集团制订试点方案有关问题的通知》《关于发布 520 户国家重点企业名单的通知》等。这些文件就如何建立适应市场需求的现代企业制度作出了具体规定，对国有企业改革中设立集团公司等一系列问题予以明确，并对企业集团公司作出定义。文件指出，企业集团公司是指以资本为主要联结纽带，以母子公司为主体，以集团章程为共同行为规范的母公司、子公司、参股公司及其他成员企业或机构共同组成的具有一定规模的企业法人联合体。文件同时指出，要建立适应市场需求，产权清晰、权责分明、政企分开、管理科学的母子公司体制的现代企业制度，以充分发挥企业集团的整体优势，促进国有企业战略性改组。母公司的主要功能是：依照法定程序和集团章程，组织制定和实施集团的长远规划和发展战略；开展投融资、企业购并、资产重组等资本运营活动；决定集团内部重大事项；推进集团成员企业组织结构及产品结构调整；协调集团成员企业之间关系；编制集团的合并会计、统计报表；统一管理集团的名称、商标、商誉等无形资产；建立集团的市场营销网络和信息网络，以及建立有利于形成集团整体经营优势的其他功能。子公司包括全资子公司和控股子公司。母、子公司都是依法设立的公司制企业法人，各自享有独立的法人财产权，独立行使民事权利，承担民事责任。这些文件的规定有利于指导和规范我国企业集团的登记和组建。

此时，国家还从财务、金融、投资、外汇、外贸等方面制定政策，鼓励、扶持和发展企业集团。如为加强试点企业集团财务管理，促进企业集团健康发展，1998 年财政部修改了《关于试点企业集团若干财务问题的暂行规定》。之后，为规范企业集团财务公司行为，防范金融风险，促进财务公司的稳健经营和健康发展，由中国银行业监督管理委员会于 2004 年依据《公司法》和《银行业监督管理法》等规定，制定了新的《企业集团财务公司管理办法》，并于 2006 年修订该办法。这些政策解决了我国企业向企业集团转型升级过程中遇到的最基本、最核心的问题，即解决了国有投资公司、实业公司、资产经营公司等产权运营主体存在具有出资人和管理人双重身份的问题，并确定了国家授权的投资公司应依据《公司法》，按照投入资本额享有所有者权益，以出资额为限对公司承担有限责任，不直接参与公司经营活动的原则，明确了公司作为独立的法人实体和市场竞争主体，应摆脱行政依赖，享有法人财产权，依法自主经营、自负盈亏，对出资人承担资本保值增值任务的职责。这些问题的解决，使我国的集团企业真正成为建立在以市场经济为基础，以企业法人制度为主体，以产权清晰、权责明确、政企分开、管理科学为条件，适应现代社会化大生产和市场经济体制的有中国特色的企业联合体。

在国家政策支持下，1993 年开始到 1999 年底，我国国有企业加快步伐组建具有竞争力的大型企业集团或集团公司。其中，组建的比较有代表性的企业集团或集团公司主要有：1993年1月中国华北、东北、华东、华中、西北五大电力集团在北京组建；2月我国铁路运输业和海运业的第一个企业集团——广州铁路集团和中国远洋运输集团宣告组建；2月经批准，前身为保利科技有限公司的中国保利集团公司组建；中钢集团经国务院经济贸易办公室批准组建，由中国冶金进出口总公司、中国钢铁炉料总公司、中国国际钢铁投资公司和中国冶金钢材加工公司组建而成；4月经国家经贸委批准，中水集团组建；6月中国航天工业总公司（国家航天局）组建，这是科技工业管理体制改革的一项重大举措；9月经国务院批准，中国长江三峡工程开发总公司组建；12月国务院批准电子工业部、电力部、铁道部共同组建中国联合通信有限公司。中国联合通信有限公司的成立是我国电信行业深化改革、引入竞争、打破垄断的重大举措，是中国电信发展史上具有里程碑意义的一件大事，标志着我国电信行业体制改革正式拉开了帷幕。

1994年3月国务院决定组建中国进出口银行；9月中国广东核电集团有限公司正式组建，注册资本102亿元；哈电集团组建了哈尔滨动力设备股份有限公司，并于同年在香港联交所H股上市。1995年5月政策性投资机构——国家开发投资公司组建；8月中国第一汽车集团公司走集团化道路，通过对吉林、长春4个小型汽车厂及沈阳金杯汽车公司的兼并，共投入13亿元，建成当时我国规模最大、年产6万辆轻型汽车的生产基地；10月我国第一家由国家按照现代企业制度的原则投资组建的国有独资公司——神华集团有限公司组建，公司负责开发经营我国最大的神府东胜煤田及其配套的铁路、电站、港口、船队等项目，这是我国基础产业体制改革的重大突破。1996年1月中国首家全国性股份制商业银行——中国民生银行开业；7月中国人民保险（集团）公司组建，是我国第一家保险集团公司，其组建是中国保险事业发展史上的一个里程碑；8月由交通银行上海分行牵头，上海6家金融机构组成国内银团；同月中国林业集团公司组建，是以国家林业部原9家直属公司为主体组建的综合性林业企业。1997年1月中国机械工业集团有限公司组建；3月北京大唐发电股份有限公司在伦敦证券交易所挂牌上市，成为首家在伦敦上市的中国公司。1998年4月国家有色金属工业管理体制进行重大改革，组建中国有色矿业集团有限公司；7 月中国石油天然气集团公司和中国石油化工集团公司组建；9 月中国恒天集团有限公司组建，由原国家纺织工业部所属中国纺织机械（集团）有限公司、中国纺织机械和技术进出口有限公司、中国纺织工业对外经济技术合作公司、中国化纤总公司、中国丝绸工业总公司等 6 家企业组建而成；11 月以宝钢为主，吸收上海冶金、梅山（集团）联合重组为上海宝钢集团公司。

　　1999 年是我国组建企业集团力度最大的一年。国务院组建了信达、东方、长城、华融 4 家具有独立法人资格的国有独资金融管理公司。国家向这 4 家管理公司各注入资本金 100 亿元，作为投资主体，其主要任务是收购、管理、处置由中国建设银行、中国银行、中国农业银行和中国工商银行剥离的不良资产。国务院将五大军工企业改组为十大企业集团公司；有色金属行业组建了中国铝业集团公司、中国铜铅锌集团公司、中国稀土金属集团公司三大集团；上海宝山钢铁集团公司与上海钢铁厂合并组建宝钢集团；推进四大电信集团公司的组建。新设立的中国石油天然气集团股份有限公司注入的总资产评估值 4020 亿元、净资产 2030 亿元，职工 48 万人，是我国 20 世纪 90 年代规模最大的企业内部重组。据不完全统计，到 1996 年，全国国有集团公司（含企业集团联合体）为 1993 家，总资产约占当时所有国有企业资产的 1/4。至 1999 年底，被批准组建的省部级国有企业集团公司有 2767 家，占国有和非国有大型企业集团总资产的 51.3%。

　　在我国全民所有制企业向集团方向发展的同时，民营企业集团也得到较快发展。民营企业集团主要由乡镇集体企业与城镇个体、私营企业组成。我国乡镇企业从改革开放后开始出现，经历了初步发展、高速增长、整顿提高等阶段，特别是 20 世纪 90 年代初期国务院关于《乡镇企业组建和发展企业集团暂行办法》和 1997 年《中华人民共和国乡镇企业法》的实施，进一步促进了乡镇企业深化改革和加快发展。1983 年我国乡镇企业职工人数为 3235 万人，总产值为 1008 亿元，利税总额达 177 亿元；1988 年乡镇企业从业人员为 9495 万人，总产值为 7018 亿元，实现利税达 892 亿元。1996 年乡镇企业从业人员已达 1.35 亿人，完成增加值达近 1.8 万亿元，约占国内生产总值的 1/4，实现出口交货值达 6008 亿元，约占我国出口总额的 34%。大量乡镇企业通过自身资本积累，滚动发展或联合兼并，促进生产向优势企业和优势产品聚合。据资料显示，到 20 世纪末，销售收入 5000 万元以上规模企业有8700 多家，被国家列为大中型乡镇企业的达 6400 多家，称为企业集团的达1029 家。

在党和国家关于肯定、鼓励和支持非公有制经济发展政策的指引下，我国城镇个体、私营企业从 1978 年全国 14 万家城镇个体工商业者为代表开始较快发展起来，经过开拓进取，顽强拼搏，到 20 世纪末已发展成为国民经济的重要组成部分和国民经济中最为活跃的经济增长点，民营企业集团公司也得到了较快发展。据资料显示：1985 年全国城乡个体工商业户发展到1171.3 万户、1766.2 万人；1988 年发展到 1452.7 万户、2305 万人，人数超过 30 人的私营企业达 9 万余户；到 1997 年全国个体工商户已达 2850.8 万户、5441.9 万人，人数超过 30 人的私营企业达 96.1 万户、1349.26 万人，个体、私营企业工业完成增加值为 5583 亿元，占全国工业增加值的 17.4%，实现消费品零售总额占全社会消费品零售总额的 37%，向国家纳税 570 亿元。这一时期，国有、集体、个体和私营经济的工业总产值分别为：国有及国有控股工业 31220 亿元，集体工业 33623 亿元，城乡个体和其他类型工业 27052 亿元。从工业总产值的构成来看，国有及国有控股工业占 34%，集体工业占 36%，城乡个体和其他类型工业占 30%，在国民经济中基本形成"三分天下"的格局。因此，许多经济实力较强、资金雄厚的民营企业纷纷向企业集团转变。根据国际金融公司 2000 年的调查，注册资本在 1000 万元以上的私（民）营企业有 2.4605 万户，亿元以上的有 380 户，企业集团有 2185 个。

改革开放以来，在党和国家鼓励外商投资政策引导下，在《中外合资经营企业法》《中外合作经营企业法》《外资企业法》等法律法规保障下，外商纷纷来国内投资建厂，建立实体，发展经济。1992 年至 2012 年，我国利用外商直接投资取得了举世瞩目的成就，连续 20 年成为外商直接投资最多的发展中国家，名副其实地成为世界各国所青睐的投资热土。截至 2001 年底，全国累计批准外商投资企业 39.0484 万个，协议外资金额 7459 亿美元，实际使用外资金额 3954.69 亿美元。

我国利用外商投资可划分为 3 个阶段：第一阶段从 1979 到 1991 年。这是我国利用外商直接投资的起步阶段，外商直接投资项目和金额都较少。尽管这一时期外商直接投资逐年增加，但其在我国实际利用外资金额中所占比重仅为 30%，创办公司 5 万余家。第二阶段从 1992 年到 1998 年。这一时期以全球 500 强为代表的大型跨国公司纷纷来华投资，外商直接投资自此开始大量涌入中国，并保持较高的增长速度，仅 1992 年当年就比 1991 年增加一倍以上，超过了 100 亿美元，到 1996 年更是突破了 400 亿美元大关。第三阶段自 1999 年起，属于稳定发展阶段，外商直接投资增长速度虽有较大幅度减缓，但每年中国新批准的外商直接投资项目在 4 万个左右，外商投资金额都保持在 400 亿美元以上的规模。根据国家信息中心的测算，在 1981 年至 1999 年的近 20 年间，中国 GDP 年均 9.7% 的增长速度中，大约有 2.7% 来自利用外资的贡献。据资料显示，到 20 世纪末，外商在国内创办的企业超过 20 余万家，其中，注册资本在 1000 万元以上的有 1 万余家，亿元以上的集团公司超过 2000 家。

在党和国家政策的引领下，这一时期我国企业集团的组建进入了新的高潮。截至 1993 年底，全国已组建形成 7500 多家企业集团。到 1995 年底，全国已组建 2 万多家各种不同所有制形式的具有现代企业制度特征的企业集团。到 1996 年底，我国重组改制建立的股份有限公司达 9200 多家，股本总额达 6000 亿元。到 1999 年底，我国全部企业集团年末资产总额达 8.6218 万亿元，与 1997 年相比增长 75.1%，其中年末资产总额达 50 亿元以上的特大型企业集团有 254 个，比 1997 年增加了 61 个；全部企业集团营业收入为 4.28 万亿元，比 1997 年增长 54.7%；营业收入达 50 亿元以上的特大型企业集团有 135 个，比 1997 年增加 55 个。

根据党中央、国务院的指导方针和政策，各级地方政府也纷纷推出促进企业集团发展的举措。1996 年上海市政府批准成立了上海浦东发展（集团）有限公司、上海申能（集团）有限公司等一批企业集团。1997 年 1 月 8 日经市政府同意，上海市政府办公厅转发市现代企业制度试点工作领导小组办公室《关于扶持一批大型企业集团公司的若干政策》，提出了扶持重点企业集团的政策措施。根据国家经贸委信息中心发布的经济运行数据，1999 年上海 151 家企业集团拥有资产 1.256 万亿元，完成业务收入 6746.9 亿元，实现利润总额 334.4 亿元。广东省政府 1996 年发出《关于加快发展大型企业集团的通知》，提出要重点培育和发展 50 户工业龙头企业，其中大部分是多元化的企业集团。

第二节　中国集团公司的发展与壮大

一、企业集团核心企业向集团公司改制的主要原因

20 世纪 90 年代中后期，国有企业面临严重困难，亏损面广，三角债问题严重，经济效率低下，帮助企业脱困、搞活国有大中型企业成为此时期政府的中心任务。为扶持企业发展，我国政府采取了一系列针对国有企业的改革措施，并按照《公司法》的要求，以推动企业集团向集团公司逐步转变。在国有企业集团进行战略性结构调整的过程中，许多企业集团被关停并转，独立的法人企业——集团公司也加快顺应时代潮流而形成。

进入 21 世纪，几乎所有不同所有制的企业集团都向集团公司转变。对于这种转变其原因是多方面的。有人认为，由于西方国家跨国公司的迅速进入，为适应各国日益密切的经济联系和国际经济竞争日益加剧的需要，为保护国家的主权和经济安全，为加强国内区域经济联系和企业纵向合作，从而促使集团公司得以迅速发展。有人认为，集团公司迅速发展的主要原因有：一是加大规模投资力度的需要，即运用集团公司模式经营，在加大投资规模时可避免母公司账上的利润在直接分配时出现要交纳高额所得税的现象，使股权得到较好收益，股东得到较多实惠。二是实施跨地域投资发展的需要，即运用集团公司模式经营，母公司转投资到子公司、分公司、独立公司以及在各地设立单独的公司时，可获得优惠政策，避免出现重税现象，以更好地实现跨地域投资经营发展的目的。三是加快跨行业经营发展的需要，即运用集团公司模式经营，可以使不同行业资质、不同准入标准、不同财税要求、不同核算方式以及不同薪酬水准的子公司、分公司以及独立公司，能够更加灵活地运营和发展。四是跨体制经营发展的需要，即运用集团公司模式经营，可通过控股、参股、上市以及非上市等不同办法催生出不同的子公司、

分公司以及独立公司，以不断扩大集团公司的经营规模和优势。

实际上，21 世纪初，企业集团向集团公司转变除了一般共性原因外，还有中国经济发展的特殊要求，主要有以下几方面。

（一）为适应加入世界贸易组织（WTO）面临机遇与竞争挑战的需要

2001 年我国加入世界贸易组织后，经济社会发生了巨大转折与变化。这是我国对外开放进入一个新阶段的重要标志，是我国融入世界经济大循环的新起点，是我国保持经济发展、扩大对外开放、发挥国际作用的正确选择。加入 WTO 后，我国在更大范围、更广阔领域、更高层次上参与国际经济技术合作。因此，更有效地利用国内外两种资源、两个市场，发挥市场竞争的比较优势，更好地做好"引进来"和"走出去"工作，把我国对外开放提高到一个新水平，显得特别重要。而企业是市场竞争的主体，中国加入世贸组织将在多边贸易体制协议框架下享受权利的同时履行相应的义务，中国的企业也将直接面对全球市场，与国际知名跨国公司直接竞争。这对广大企业来说，既迎接着一个新的发展机遇，也面临着不同程度的挑战。迎接机遇和应对挑战，最根本的是要提高企业的竞争能力，使之在更为激烈的市场竞争中不断求得发展和壮大。因此，为应对加入 WTO 后我国企业面临的严峻挑战，实现中国经济持续快速健康发展，中国企业集团特别是国有企业集团需要适应全球经济一体化的趋势，进行新一轮改革，而改革的核心是要加快培育和发展一批拥有著名品牌和自主知识产权、主业突出、核心能力强的大公司大集团。同时，中国加入 WTO 后，有更多的外国跨国公司进军中国市场，这也促使中国企业强化竞争机制，激发竞争意识，更注重研发和培育品牌，加大技术投入，竭力提高员工素质和企业管理水平，加快经济结构和产品结构调整，加速改制重组联合和兼并进程，加快培育和发展拥有自主知识产权、著名品牌、主业突出、核心能力强的集团公司。

（二）为适应我国《证券法》和《公司法》颁布实施的需要

由于我国企业集团只是一个联合体或联盟体，本身不具备法人资格，无法进入证券市场特别是国际证券市场从事各种活动。而 1999 年实施的《证券法》对在我国境内股票、公司债券和国务院依法认定的其他证券的发行和交易等要件作了规定，要求公司上市发行股票或者发行债券等既要接受《证券法》的监管，又要接受《公司法》的监管，如设立股份有限公司公开发行股票、公开发行新股、上市公司非公开发行新股、公司对公开发行股票所募集资金、公开发行公司债券等都必须提交公司章程、营业执照、发起人姓名（名称），发起人认购的股份数、出资种类及验资证明等证件，并明确规定只有具有独立法人地位的公司，才有资格上市从事股票、公司债券和国务院依法认定的其他证券的发行和交易，这也是国际证券市场的基本规则。由于我国公司不仅要在上海、深圳、香港的证券市场上市，还要在纽约、伦敦等地证券市场上市，这就要求我国的公司在名称、模式、结构等方面更需要符合国际惯例和公司法规定。

我国 1993 年制定、1999 年修改的《公司法》规范了公司法人制度，明确了公司的权利、义务和责任；明确规定公司是企业法人，具有独立的法人财产，享有独立的法人财产权，公司以其全部财产对公司的债务承担责任。特别是 2005 年我国修改的《公司法》进一步体现了鼓励投资、简化程序、提高效率的精神，取消了诸多不必要的国家干预条款，废除了股份公司设立的审批制，减少了不必要的强制性规范，强化了当事人意思自治原则，突出了公司章程制度构建作用，完善了公司治理结构的功能，加强了对股东权益的保护，更加适应市场经济发展需要，更加符合国际惯例做法，对鼓励组建集团公司提供了法制保障。因此，企业集团必然要按照《证券法》《公司法》及国际规则的规定和要求，快速地向集团公司方向转变和发展；企业集团按照《公司法》的规定母公司已改成公司制的，企业集团的母公司组织机构也要依法不断完善。

据不完全统计，从 1994 年到 2000 年国务院确定的建立现代企业制度的100 家试点企业和各地选择的试点企业共 2700 多家，绝大部分都实行了公司制改革；列入 520 家国家重点企业的 514 户国有及国有控股企业，已有 430 家进行了公司制改革，约占总数的 84%，其中 282 家改为有限责任公司或股份有限公司，实现了投资主体多元化。到 2000 年全国已有 1941 家企业集团母公司改成公司制，占全部企业集团的 70.1%，改制面比 1997 年提高了 17.7%；母公司已组建股东会的有 1079 家，占 39.0%，比 1997 年提高 6.6%；已组建董事会的有 2382 家，占 86.1%，比 1997 年提高 5.3%；已组建监事会的有 1541

家，占 55.7%。

（三）为适应民营企业不断发展和壮大的需求

1980 年中共中央下发《进一步做好城镇劳动就业工作》的文件，充分肯定了个体经济。党的十二届三中全会通过的《中共中央关于经济体制改革的决定》提出了"非公有制经济是我国多种经济形式的一种"。以后党的历次代表大会都不断提高非公有制经济的地位。

1988 年我国《宪法》确立了私营经济的合法地位，国务院出台了《私营企业暂行条例》，国家工商行政管理局开始对私营企业进行登记注册工作。1993 年八届全国人大通过宪法修正案，正式将原来的"国营经济"的提法修改为"国有经济"，"国营企业"的提法也相应地被修改为"国有企业"。1999 年修宪时，非公有制经济被提升为社会主义市场经济的"重要组成部分"。2004 年再次修宪，对非公有制经济的政策由"引导、监督和管理"，变为"鼓励、支持和引导"，进一步推动了"非公有制经济"的发展。

1997 年到 2002 年我国相继出台了《合伙企业法》《个人独资企业法》和《中小企业促进法》等法律法规，保障了民营企业的权益，促进了民营企业的发展。如 1997 年《合伙企业法》出台时，合伙企业为 6 万余家，到 2006 年发展到 12 万家；1999 年《公司法》修改时，私营企业中成为有限责任公司的占 46.2%，独资企业的占 40.3%，合伙企业的占 13.6%。又如，2000 年《个人独资企业法》实施时，私营企业达 120 万家，个人独资企业达到 44 万家。

此外，《证券法》实施后，取消了对民营企业实行的"总量控制、限报家数"的额度管理制度，实施上市方式从审批制向核准制转变，加快了股票市场发行制度市场化进程，也促进了资本市场中民营企业集团公司数量的增长。

2005 年国务院制定了《国务院关于鼓励支持和引导个体私营等非公有制经济发展的若干意见》即"非公 36 条"，这是国内第一个促进非公有制经济发展的政策文件。

2010 年国务院又制定了《关于鼓励和引导民间投资健康发展的若干意见》，即"非公新 36 条"。新旧"非公 36 条"提升了非公有制经济主体的地位，全面放开民间投资准入领域：凡是对外商开放的行业与领域，都允许民间资本进入；凡是对外商投资的优惠政策，民间资本同样享受；在投资核准、融资服务、财税政策、土地使用、对外贸易和经济技术合作等方面，对非公有制经济主体与其他所有制主体一样，一视同仁，实行同等待遇；允许非公有资本进入原先的垄断行业和公共领域。这些规范性文件的实施，使我国非公有制经济发展形成质的飞跃，大大推进了民营企业集团公司的组建和发展。

二、企业集团核心企业向集团公司的改制

1992 年中国确定了建立社会主义市场经济体制的改革目标，提出了建立社会主义市场经济体制的基本框架，明确提出建立现代企业制度是国有企业改革的方向。

1993 年全国人大通过《中华人民共和国公司法》，以此为标志，我国经济体制的市场化取向改革进入了配套实施的新阶段，国有企业改革也不再局限于经营权的调整，而是产权制度改革的深化与其他体制配套改革协同推进。1994 年底国务院开始选择 100 户进行试点，探索建立现代企业制度，进行公司化改造。

2002 年 11 月党的十六大在全面部署深化我国经济体制改革、促进各类所有制企业集团公司发展的同时，强调要深化国有企业改革，进一步探索公有制特别是国有制的多种有效实现形式，大力推进企业的体制、技术和管理创新。要按照现代企业制度的要求，国有大中型企业继续实行规范的公司制改革，完善法人治理结构。通过市场和政策引导，发展具有国际竞争力的大公司大集团。党中央关于国有大中型企业继续进行规范的公司制改革，向集团有限公司转化的决策，大大加快了集团有限公司设立步伐。

2003 年 10 月党的十六届三中全会通过的《中共中央关于完善社会主义市场经济体制若干问题的决定》指出，要大力推进企业改革，实行投资主体多元化，使股份制成为公有制的主要实现形式，发展混合所有制；要继续推行规范的公司制改革，完善法人治理结构，发展具有国际竞争力的大公司和大型企业集团公司。

2005 年《中共中央关于制定国民经济和社会发展第十一个五年规划的建

议》提出，加快国有企业股份制改革，完善公司治理结构；继续深化集体企业改革，发展多种形式的集体经济；大力发展个体、私营等非公有经济，引导个体、私营企业制度创新。这些决策对鼓励和引领民营企业建立和发展集团公司意义重大。

全国人大常委会制定或修改《公司法》《证券法》《企业破产法》《合伙企业法》《个人独资企业法》《中小企业促进法》，以及《中外合资经营企业法》《中外合作经营企业》《外资企业法》等一系列市场经济法律，促进了集团公司的进一步发展和壮大。

此时期，国务院制定了不少行政法规，指导和规范组建集团公司。如2000 年 3 月国务院颁发了《国有企业监事会暂行条例》；同年 9 月又制定了《关于转发国家经贸委国有大中型企业建立现代企业制度和加强管理基本规范（试行）的通知》，全面总结了我国建立现代企业制度和加强管理中探索的经验和教训，对建立现代企业制度和加强管理等制定了规范。2001 年 11 月国务院转发了《关于发展具有国际竞争力的大型企业集团指导意见》。2003 年3 月国务院颁布了《企业国有资产监督管理暂行条例》《关于进一步做好国有企业债权转股权工作的意见》《关于规范国有企业改制工作的意见》。同时，为规范集团公司治理体制，国务院有关部委制定了较多规范性文件。

此时期，国务院有关部门制定了不少行政法规，指导和规范组建集团公司。2000 年 4 月财政部颁发了《国有资产产权登记管理办法实施细则》。同年6 至 7 月中国人民银行颁发了《企业集团财务公司管理办法》《关于实施〈企业集团财务公司管理办法〉有关问题的通知》。2001 年 3 月国家经贸委发出了《关于国有企业管理关系变更有关问题的通知》，对中央管理的企业、中央企业的子企业划入另一中央企业、中央接收地方企业或中央企业的子企业交地方管理以及地方企业等国有企业管理关系变更的操作程序作了明确规范。同年 8 月中国证监会颁发了《关于在上市公司建立独立董事制度的指导意见》。2002 年 6 月财政部出台《企业集团内部效绩评价指导意见的通知》。2003 年3 月外经贸部、国家税务总局、国家工商总局、国家外汇局出台《外国投资者并购境内企业暂行规定》。2004 年 2 月由国务院国资委、财政部联合制定《企业国有产权转让管理暂行办法》，同年国家工商总局出台《企业登记程序规定》。2006 年中国证监会先后出台《上市公司证券发行管理办法》《上市公司收购管理办法》。2007 年 6 月国资委、中国证监会联合制定《国有股东转让所有上市公司股份管理暂行办法》等，这些政策规定都助推了企业集团向集团公司的转型升级。

这一时期，在政府的引导下，为适应经济全球化的需要，我国各种所有制企业集团进入了新一轮改革创新和发展的阶段。企业集团向以有限责任公司和股份有限公司为主要形式的集团公司转变，表现为：一是以资本为主要联结纽带，由母公司、子公司、分公司、参股公司及其他成员组成，建立和健全了产权关系和资产经营责任，明确了母子公司的产权关系和公司治理结构；二是进行了资产和组织上的重组，其中一部分企业集团被关停并转，实现了从松散型向紧密型管理的转变；三是形成了以母子公司为主体，母公司比较稳定控制或支配子公司、分公司、参股公司及其他成员的企业机构，公司总部在母子公司中成为领导制定与实施公司战略核心作用的组织；四是制定了集团公司章程并且以集团公司章程为共同行为规范，拥有庞大资产规模，管辖众多生产领域，在许多方面表现出联合性、整体性的行为活动特征；五是建立了具有独立法人资格、行使民事权利、履行民事义务、承担民事责任的大型集团公司。我国每年都会有一批具有代表性的大型企业集团公司诞生。

2000 年重点组建的集团公司主要有：一是电信方面，集通信网络及服务于一体的中国移动通信集团公司和中国电信集团公司（这是我国第一家中外合资的电信运营公司）组建成立。二是软件方面，由北京中关村科技发展股份有限公司、中科院华建集团公司、四通集团公司和北大方正集团公司共同出资 10 亿元组建中关村软件集团有限公司。从事音视频产品及相关应用技术研发、制造、销售的大型国有企业——中国华录集团有限公司组建成立。此外，组建涉及国家安全和国民经济命脉的国有大型重要骨干企业——中国储备粮管理总公司。

2001 年重点组建的集团公司主要有控股股东是中国铝业公司的中国铝业股份有限公司。中国海洋石油总公司控股的中国海洋石油有限公司分别在纽约和香港挂牌上市，筹集资金 12.6 亿美元，使中国海油成为国际化的公司。

特大型高科技企业中国航天机电集团公司改制为中国航天科工集团公司。

2002 年重点组建的集团公司：一是电力行业方面，组建的国家电网公司成为全球最大的公用事业企业，自 2004 年首次进入世界 500 强企业以来，连续 15 年上榜，2018 年在世界 500 强企业中排名第 2 位。组建的中国南方电网有限责任公司，自 2005 年首次进入世界 500 强企业以来，连续 14 年上榜，2018 年排名第 110 位。组建的中国华电集团公司，是国家电力体制改革组建的 5 家国有独资发电企业集团之一，自 2012 年首次进入世界 500 强以来，连续 7 年上榜。组建的中国国电集团公司，是以发电为主的综合性特大型电力集团。组建的中国大唐集团公司是特大型发电企业集团，是中央直接管理的国有独资公司，注册资本金为 153.9 亿元。二是电子通信行业方面，组建的中国电信集团公司和中国网络通信集团公司、中国电子科技集团公司，都是由中央直接管理的国有重要骨干企业。三是航空行业方面，在国家民航总局直属的 9 家航空公司和 4 家服务保障企业的基础上组建民航六大集团公司，分别为中国航空集团公司、中国东方航空集团公司、中国南方航空集团公司三大航空运输集团，以及中国民航信息集团公司、中国航空油料集团公司、中国航空器材进出口集团公司三大航空服务保障集团，标志着民航改革重组迈出了实质性的步伐。四是涉外集团方面，组建的上海贝尔阿尔卡特股份有限公司，成功完成转股改制，成为中国第一家外商投资股份制公司。浙江万向集团收购美国上市公司 UAI，成为中国第一家通过并购方式直接进军美国的民营企业。同时，我国还拉开中国石化战略重组的序幕，中国石化公司与国家开发投资公司公告《股份转让协议》，中国石化原持有的湖北兴化国有法人股 16223.44 万股，转让价 5.39 亿元，由国家开发投资公司持有。

2003 年重点组建的集团公司有：一是黄金产业方面，中国黄金集团公司在原中央所属黄金企事业单位基础上组建，是我国黄金行业中唯一一家中央企业。二是保险行业方面，中国平安保险公司的人寿保险和财产保险业务重组分立完成，组建中国平安人寿保险股份有限公司和中国平安财产保险有限公司，成为保险业的主力军之一。三是建材行业方面，中国建筑材料集团公司通过重组兼并，使中国联合水泥集团有限公司向国家级水泥平台目标前进了一步。四是汽车行业方面，由东风和日产各拥有 50% 股份、注册资本为

167 亿元的东风汽车有限公司组建，是国内首家拥有全系列卡车、客车、轻型商用车及乘用车的中外合资企业。五是信息通信方面，中国普天信息产业股份有限公司在京组建，由普天股份承接了普天集团的优质资源，实施以事业带动产业发展的经营模式，全面提升了中国普天的产业经营能力，实现自主创新和管理转型。六是电力设备方面，中国电力投资集团公司组建发电运行公司。这是中国电力运营体制的一个创新，实现了电厂管理局与作业层分开。国家电网公司将其直属有关省网公司以及持有的 13 家发电企业的股权划转华能集团公司。七是食盐行业方面，组建制盐能力占全国制盐总能力 50% 的中盐集团公司。到 2003 年国资委下属的 189 家中央企业，有 111 家称为集团公司、48 家称为有限公司。

2004 年重点组建的集团公司主要是农业、钢铁和旅游行业。中国农业发展集团总公司由中国水产（集团）总公司与中国牧工商（集团）总公司更名组建，并兼并和托管了中国乡镇企业总公司、中国饲料总公司和中国农垦（集团）总公司等农口企业，发起组建了以农业保险为特色业务的综合财产保险金融机构，是国内规模最大且具有较强综合功能的国有中央农业集团公司。中钢集团由中国钢铁工贸集团公司改制为中国中钢集团公司。同时由鞍山钢铁集团公司与本溪钢铁（集团）有限责任公司联合重组。中国港中旅集团公司与香港中旅（集团）公司实行"两块牌子、一套班子"领导体制，中国中旅集团公司于 2007 年后正式并入中国港中旅集团公司。

2005 年重点组建的集团公司主要是文化产业。中国诚通作为国有资产经营公司试点企业，按照市场原则，搭建国有资产重组和资本运作的平台，探索中央企业非主业及不良资产市场化、专业化运作和处置的路径。中国诚通以托管和国有产权划转等方式，重组整合了中国寰岛集团、中国唱片总公司、中国国际企业合作公司、华诚投资管理公司、中国包装总公司、中商企业集团公司等中央企业和普天集团等 8 家企业，同时还整合了中冶纸业公司等多家中央企业子企业。

2006 年重点组建的集团公司主要是工业科技和军工研制企业。由原钢铁研究总院改制为中国钢研科技集团公司，冶金自动化研究设计院作为全资子企业并入中国钢研科技集团公司。机械科学研究院改制为中国机械科学研究总院，这是中央企业中唯一以装备制造业基础共性技术研究为主业的单位。

2007 年重点组建的集团公司是铁路和文化产业。中国铁路工程总公司独家发起设立中国中铁股份有限公司，分别在上海证券交易所和香港联合交易所上市，作为全球最大建筑工程承包商之一，连续 13 年进入世界企业 500 强，2018 年在《财富》世界 500 强企业排名第 23 位。中国铁道建筑总公司独家发起设立中国铁建股份有限公司。又如，由中国工艺品进出口总公司和中国工艺美术（集团）公司两家中央企业联合重组中国工艺（集团）公司，是全国工艺美术行业整合发展的重大历史性事件。

企业集团向集团公司转变后，政府部门与企业自身都开始更多地把关注点放在集团公司竞争力提升与经营绩效改善上，致力于推动已组建的集团公司持续稳健发展。集团公司不再是数量单向快速增长，而是逐步从数量增加转向质量提升，在于追求经济效益基础上的发展。

据不完全统计，2000 年我国全部企业集团公司（指全国省部级以上部门批准组建的企业集团及年末资产总计和主营业务收入均在 5 亿元以上的企业集团）有 2665 家，其中，资产主要集中在 1868 家工业企业集团公司，占全部企业集团公司总数的 70.3%；2002 年我国西部地区企业集团公司的数量从上年的 337 家减少到 325 家，但营业收入、年末资产总计分别比上年增长 17.5% 和 13.5%。

2003 年我国大型企业集团公司整体呈现良性发展格局，与上年相比，虽在数目上减少了 38 家，但营业收入增长 17.5%，资产总计增长 11.3%，利润增长 30.2%。2005 年我国大型企业集团公司的数量增加了 81 家，达到 2845 家，其中国有及国有控股企业集团公司 1446 家。2845 家企业集团公司资产总计首次超过 20 万亿元，比上年增长 18.5%。有 37 家企业集团公司的资产超千亿元，比上年多 7 家，资产聚集程度明显提高。同 2004 年相比，这 2845 家大型企业集团公司的营业收入增长 23%，实现利润总额增长 25.3%。

企业改革的效果在国资委控股的集团公司中反映明显，2003 年国有企业集团公司总利润 3000 亿元，此后两年间集团公司的利润翻了一番。

根据国家统计局统计，2005 年 169 家中央企业集团公司共获利 6276.5 亿元，比 2004 年增长了 27.9%，比 2003 年增长了 109.2%；2006 年全国资产与收入均在 5 亿元以上的大型集团公司 2856 家，2007 年上升为 2926 家，2008 年上升为 2971 家，各年度均保持了较平稳的增长态势。而且，此时企业集团公司中的母子公司关系已经形成。

据资料统计，截至 2008 年底，97% 的企业集团公司已建立以产权关系为纽带的母子公司体制，已改制的集团公司母公司占全部企业集团的 86%，子公司出资人全部明确的占 95.4%。此时，还有不少大型集团公司已开始利用自身的资源优势广泛在国内外资本市场上进行上市融资，如中国石油、中国石化、中国海油、宝钢集团、中国移动、中国联通、中国电信、中国铝业等集团的成员公司都相继在海外上市，并跻身世界 500 强。

第三节　中国集团公司的整合与重组

一、党和国家对集团公司发展作出新部署

党的十八大以来，党和国家在做强做优做大做出特色集团公司，培育具有全球竞争力的世界一流企业，引领集团公司迈入国际化新时代等方面作出了许多新部署和新决策。

党的十八大提出全面深化经济体制改革，实施创新驱动发展战略，推进经济结构战略性调整，推动城乡发展一体化，全面提高开放型经济水平，建立完善互利共赢、多元平衡、安全高效的开放型经济体系的战略新思维。

2013 年党的十八届三中全会通过的《中共中央关于全面深化改革若干重大问题的决定》指出：国有企业属于全民所有，是推进国家现代化、保障人民共同利益的重要力量。要深化国有企业改革，增强国有经济活力、控制力、影响力、抗风险能力，分类推进国有企业改革，完善现代企业制度。健全协调运转、有效制衡的公司法人治理结构。建立职业经理人制度，更好发挥企业家作用。深化企业内部管理人员能上能下、员工能进能出、收入能增能减的制度改革。建立长效激励约束机制，强化国有企业经营投资责任追究。探索推进国有企业财务预算等重大信息公开。

2015 年 9 月中共中央、国务院印发的《关于深化国有企业改革的指导意

见》（以下简称《指导意见》）提出，国有企业属于全民所有，是推进国家现代化、保障人民共同利益的重要力量，是我们党和国家事业发展的重要物质基础和政治基础。必须认真贯彻落实党中央、国务院战略决策，按照"四个全面"战略布局的要求，以经济建设为中心，坚持问题导向，继续推进国有企业改革，切实破除体制机制障碍，坚定不移做强做优做大国有企业。《指导意见》共分 8 章 30 条，从改革的总体要求到分类推进国有企业改革、完善现代企业制度和国有资产管理体制、发展混合所有制经济、强化监督防止国有资产流失、加强和改进党对国有企业的领导、为国有企业改革创造良好环境条件等方面，全面提出了国有企业改革的目标任务和重大举措。

2016 年 7 月全国国有企业改革座谈会召开。习近平总书记指出，国有企业是壮大国家综合实力、保障人民共同利益的重要力量，必须理直气壮做强做优做大，不断增强活力、影响力、抗风险能力，实现国有资产保值增值。要坚定不移深化国有企业改革，着力创新体制机制，加快建立现代企业制度，发挥国有企业各类人才积极性、主动性、创造性，激发各类要素活力。要按照创新、协调、绿色、开放、共享的发展理念要求，推进结构调整、创新发展、布局优化，使国有企业在供给侧结构性改革中发挥带动作用。要加强监管，坚决防止国有资产流失。要坚持党要管党、从严治党，加强和改进党对国有企业的领导，充分发挥党组织的政治核心作用。各级党委和政府要牢记搞好国有企业、发展壮大国有经济的重大责任，加强对国有企业改革的组织领导，尽快在国有企业改革重要领域和关键环节取得新成效。

根据党中央的统一部署，近年来，全国人大及其常委会加快了经济立法步伐，使我国的市场经济法律体系以及集团公司的法律不断健全和完善。2013 年全国人大常委会再次修改了《公司法》，主要涉及三方面内容：一是将注册资本实缴登记制改为认缴登记制，即除法律、行政法规以及国务院决定对公司注册资本实缴另有规定外，取消了关于公司股东（发起人）应当自公司组建之日起两年内缴足出资，投资公司可以在五年内缴足出资的规定；取消了一人有限责任公司股东应当一次足额缴纳出资的规定。公司股东（发起人）自主约定认缴出资额、出资方式、出资期限等，并记载于公司章程。二是放宽注册资本登记条件，即除法律、行政法规以及国务院决定对公司注册资本最低限额另有规定外，取消了有限责任公司最低注册资本 3 万元、一人有限责任公司最低注册资本 10 万元、股份有限公司最低注册资本 500 万元的限制；不再限制公司设立时股东（发起人）的首次出资比例和股东（发起人）的货币出资比例。三是简化登记事项和登记文件，即有限责任公司股东认缴出资额、公司实收资本不再作为公司登记事项；公司登记时，不需要提交验资报告。这对进一步降低公司设立门槛、减轻投资者负担、便利公司准入、推进公司注册资本登记制度改革和促进集团公司发展提供了法治保障。又如，2017 年 3 月十二届全国人大五次会议通过了《中华人民共和国民法总则》（以下简称《民法总则》），进一步明确了法人是依法组建的独立享有民事权利和承担民事义务的组织，并就法人组建的名称、机构、住所、条件、程序、财产或者经费等作了规定，特别是就有限责任公司、股份有限公司和其他企业法人等营利法人的登记组建、营业执照、法人章程、法定代表人、权力机构、执行机构、董事会、监事会职责进行详细规定，要求法人各项经营活动应当遵守商业道德，维护交易安全，接受政府和社会监督，承担社会责任。我国《民法总则》的这些规定，对进一步规范和发展各种不同所有制的集团公司，进一步形成和完善集团公司科学治理体制和治理结构，意义重大，影响深远。

为落实党中央的决策部署，2014 年 7 月国务院决定对国家开发投资公司等 6 家中央企业开展首批"四项改革"试点。2015 年 7 月国务院组建由国资委、发改委、工信部、财政部、人保部、人民银行、证监会、银监会等多个部门组成的国有企业改革领导小组，负责统筹研究和协调解决改革中的重大问题和难点问题，并决定开展落实董事会职权试点、市场化选聘经营管理者、推行职业经理人制度、企业薪酬分配差异化改革、国有资本投资运营公司、中央企业兼并重组、部分重要领域混合所有制改革、混合所有制企业员工持股、国有企业信息公开工作、剥离企业办社会职能和解决历史遗留问题等"十项改革试点"，力求以点带面、以点串线，形成经验复制推广。2016 年 7 月国务院印发了《关于推动中央企业结构调整与重组的指导意见》，明确了推进中央企业结构调整和重组的重点工作，即"巩固加强一批、创新发展一批、重组整合一批、清理退出一批"。

在发展和壮大民营企业集团公司方面，党中央明确提出，公有制经济和非公有制经济都是社会主义市场经济的重要组成部分，都是我国经济社会发展的重要基础；必须毫不动摇巩固和发展公有制经济，毫不动摇鼓励、支持、引导非公有制经济发展；国家保护各种所有制经济产权和合法利益，坚持权利平等、机会平等、规则平等，激发非公有制经济活力和创造力。要健全以公平为核心原则的产权保护制度，加强对各种所有制经济组织和自然人财产权的保护。要解决好民营集团公司在内的民营企业融资难、市场准入、加快公共服务体系建设、利用产权市场组合民间资本、减负降成本等问题。要切实保护民营企业合法权益，推动各项扶持政策落地、落细、落实，营造民营企业发展的良好环境。如在放开市场准入方面，我国政策规定"凡是法律法规未明确禁入的行业和领域都应该鼓励民间资本进入，凡是我国政府已向外资开放或承诺开放的领域都应该向国内民间资本开放"。这些规定对推动民营企业做优做强做大和促进民营集团公司不断发展壮大，支持民营企业掌握自主核心技术，培育壮大更多大型民营骨干企业集团公司，打造具有深厚技术、人才文化和可持续发展能力的"百年老店"集团公司，无疑是极大的激励与鼓舞。2013 年 7 月国务院公布《关于金融支持经济结构调整和转型升级的指导意见》，明确提出"尝试由民间资本发起设立自担风险的民营银行"。这些都为民营企业集团公司发展壮大提供了法律和政策层面的支撑。

二、整合重组新的特大型集团公司

在党和国家政策引领下，近年来，无论是国有还是民营或外资企业集团公司，都进入做强做优做大做出特色的新时期。它们通过重组、兼并、收购等方式不断组建实力雄厚、规模巨大、影响力强的国际性集团公司，尤其是民营集团公司，发展速度超过国有集团公司。这里仅就此时期国有集团公司组建情况作一简要概括。

（一）2008 年至 2012 年国有集团公司的整合重组

这一时期，我国国有集团公司通过联合、整合、合并与重组改制，组建新的特大型集团公司。

2008 年主要有：一是中国航空工业集团公司（简称"航空工业"）和中

国商用飞机有限责任公司组建，前者是由中央管理的国有特大型企业，由原中国航空工业第一、第二集团公司重组整合而组建，集团公司设有航空武器装备、军用运输类飞机、直升机、机载系统与汽车零部件、通用航空、航空研究、飞行试验、航空供应链与军贸、资产管理、金融、工程建设、汽车等产业；后者是我国实施国家大型飞机重大专项中大型客机项目的主体，也是统筹干线飞机和支线飞机发展，实现我国民用飞机产业化的主要载体。二是中国化学工程集团公司联合神华集团有限责任公司和中国中化集团公司共同发起设立中国化学工程股份有限公司，该公司是我国工业工程领域资质最为齐全、功能最为完备、业务链最为完整、知识技术相对密集的工程公司，是国内最早开展对外工程承包的企业之一。三是中国煤炭科工集团有限公司组建，由中煤国际工程设计研究总院、煤炭科学研究总院两家中央企业合并组建，是国务院国有资产监督管理委员会直接监管的中央科技型企业。四是中国轻工集团公司（简称"中轻集团"）组建，由原中国轻工集团公司、中国海诚国际工程投资总院和中国轻工业对外经济技术合作公司三家中央企业重组而成。五是中国西电集团对主业整体重组改制，发起并设立了中国西电电气股份有限公司。六是中国铁通集团有限公司并入中国移动通信集团公司，电信业重组拉开帷幕。此外，还有中国中钢股份有限公司组建，中国第一重型机械集团公司发起设立中国第一重型机械股份公司等。

2009 年主要有：一是中国联合网络通信集团有限公司在原中国网通和原中国联通的基础上合并组建而成，在国内各省市、境外多个国家和地区设有分支机构，是当时中国第一家在纽约、香港、上海三地同时上市的电信运营企业。二是中国长江三峡工程开发总公司改制为中国长江三峡集团公司，主营业务包括水电工程建设与管理、电力生产、国际投资与工程承包、风电和太阳能等新能源开发、水资源综合开发与利用、相关专业技术咨询服务等，已成为世界上最大的水电开发企业和我国最大的清洁能源集团之一。三是中国钢研作为我国冶金行业最大的综合性研究开发和高新技术产业化机构，被批准改制为国有独资公司，并进行董事会试点。四是中国中煤能源集团公司改制为国有独资公司中国中煤能源集团有限公司。

2010 年主要有：一是由中国节能投资公司与中国新时代控股（集团）公

司实行联合重组，并改制为中国节能环保集团公司，成为唯一一家主业为节能减排、环境保护的中央企业，是中国节能环保领域最大的科技服务型产业集团。二是鞍钢集团公司组建，由鞍山钢铁集团公司和攀钢集团有限公司联合重组而成。三是中国国新控股有限责任公司组建，主要任务是接收、整合中央企业整体上市后存续企业资产及其他非主业资产，配合中央企业提高主业竞争力，参与中央企业上市、非上市股份制改革，对战略性新兴产业以及关系国家安全和国民经济命脉的其他产业进行辅助性投资等。四是中国铁路物资股份有限公司和中国铁路通信信号股份有限公司组建，标志着中国铁路物资总公司完成整体改制。此外，新兴铸管集团有限公司改制为新兴际华集团有限公司。

2011 年主要有：中国能源建设集团有限公司组建，由中国葛洲坝集团公司、中国电力工程顾问集团公司（电力规划设计总院）和国家电网公司、中国南方电网有限责任公司所属 15 个省（市、自治区）的电力勘察设计、施工和修造企业联合组成；中国一汽进行主业重组，组建中国第一汽车股份有限公司；中国电力建设集团有限公司组建。

2012 年主要有：中国国新设立国新国际投资有限公司，支持中央企业开展境内外投资，中国华星集团公司、中国印刷集团公司先后划入中国国新，由中国国新对其履行出资人职责；深圳发展银行和平安银行合并。

（二）2013 年至 2018 年国有集团公司的整合重组

从 2013 年开始，我国国有集团公司进入新一轮联合、整合、合并与重组改制，继续组建新的特大型集团公司。

2013 年主要有：中国第二重型机械集团公司与中国机械工业集团有限公司实施联合重组，重组后的新集团沿用"中国机械工业集团有限公司"名称。

2014 年主要有：中信集团将 375 亿美元资产，注入其在港上市的"中信股份"；中国华孚贸易发展集团公司整体并入中粮集团有限公司。中国能源建设集团将全部主要业务和资产注入中国能源建设股份有限公司，成为全球最大的电力行业综合解决方案提供商。

2015 年到 2018 年是我国集团公司进入实施联合重组和深化改革相结合

的重要年份。

1. 大力推进联合重组

2015年电力、南北车、南光、五矿和外运长航重组。这是重量级公司的整合重组。中国电力投资集团公司与国家核电重组为国家电力投资集团公司，成为中国五大发电集团之一，形成了以电为核心、一体化发展的综合性能源集团公司，也是我国三大核电开发建设运营商之一。中国南车股份有限公司与中国北车股份有限公司合并，注册组建中国中车股份有限公司。总部设在澳门的中央直属企业——南光（集团）有限公司与珠海振戎公司实施重组，珠海振戎整体并入南光集团，成为南光集团在内地的子公司，主营业务包括石油、石油化工产品、日用消费品、酒店旅游、地产经营开发和综合物流服务等。五矿集团与中冶集团战略重组，同为世界500强的中冶集团整体并入中国五矿，创下了史无前例的央企合并案例，重组后的五矿以7000亿元的资产规模超过国际三大矿业集团，并进行国有资本投资公司的试点。中国外运长航集团整体并入招商局集团。招商局集团成为中国最大的综合物流运营商。

2016年重组的集团公司主要有：一是中国远洋运输（集团）总公司与中国海运（集团）总公司实施重组，组建中国远洋海运集团有限公司。中远集团组建于1961年，远洋航线覆盖全球160多个国家和地区的1500多个港口，船队规模居世界第二。中国海运（集团）总公司1997年在上海组建，已形成以航运为主业，航运与航运金融、物流、码头、船舶修造、科技信息等多元化产业协同发展的企业。二是中国化工集团收购全球第一大农药、第三大种子巨头先正达公司。中国化工以每股约465美元的现金收购先正达，总价达430亿美元。这是迄今为止中国企业在海外进行的最大收购和重组案。三是中国港中旅集团公司与中国国旅集团有限公司实施重组，国旅集团并入中国港中旅集团公司成为其全资子公司，中国港中旅集团公司正式改制为中国旅游集团公司，中国旅游集团公司是总部在香港的三家中央企业之一。四是中国中纺集团公司整体并入中粮集团有限公司，成为其全资子企业。五是中国建筑材料集团有限公司与中国中材集团有限公司进行重组，组建中国建材集团有限公司。六是中储粮总公司和中储棉总公司实施重组，中储棉总公司无偿划转并入中储粮总公司，成为其全资子公司，重组后中储粮总公司资产规模达到 1.47 万亿元，位居央企前列，成为国内最大、国际影响举足轻重的农产品企业。七是宝钢集团有限公司和武汉钢铁（集团）公司联合重组而成的中国宝武钢铁集团有限公司（简称"宝武集团"），是国务院国资委国有资本投资公司的试点企业。八是中国诚通携手中国邮储银行和招商局集团、中国兵器工业集团、中国石化、神华集团、中国移动、中国中车、中交集团和北京金融街投资（集团）公司，共同发起设立了中国国有企业结构调整基金股份有限公司，组建了诚通基金管理有限公司，受托执行基金管理事务。

根据《中共中央、国务院关于深化国有企业改革的指导意见》（中发〔2015〕22 号）的部署，2017 年是我国国有集团公司重组改制国有资本投资、运营公司改革试点和基本完成公司制改革的年份，目标是通过改组组建国有资本投资、运营公司，探索有效的运营模式；通过开展投资融资、产业培育、资本整合，推动产业聚集和转型升级，优化国有资本布局结构；通过股权运作、价值管理、有序进退，促进国有资本合理流动，实现保值增值。科学界定国有资本所有权和经营权的边界，国有资产监管机构依法对国有资本投资、运营公司和其他直接监管的企业履行出资人职责，并授权国有资本投资、运营公司对授权范围内的国有资本履行出资人职责。国有资本投资、运营公司作为国有资本市场化运作的专业平台，依法自主开展国有资本运作，对所出资企业行使股东职责，按照责权对应原则切实承担起国有资产保值增值责任。

2017 年 6 月中国恒天集团有限公司整体并入中国机械工业集团公司，成为全资子企业。中国机械工业集团公司组建于 1997 年为世界 500 强企业，市场遍布全球 170 多个国家和地区。2016 年恒天集团公司资产规模 800 亿元，实现营业总收入 434.56 亿元，利润总额 30.30 亿元，恒天集团旗下纺织设备全球规模最大、竞争能力为世界第一。2017 年 8 月中国轻工集团公司、中国工艺（集团）公司整体并入中国保利集团公司，成为其全资子公司。2018 年 1 月中国核工业集团有限公司与中国核工业建设集团有限公司实施重组，中核建集团整体无偿划转进入中核集团。这次重组是能源行业继 2015 年 6 月中电投与国家核电、2017 年 8 月国电与神华重组后第三例落地的央企大规模重组。

2017、2018年的中央企业集团公司整合重组有两个特点：一是布局结构持续优化，二是重组重点向关系国计民生、国家安全领域方向靠拢。

2.坚持不断深化改革

为落实党和国家关于深化集团公司改革的决策部署，2014年7月国资委决定在6家中央企业中进行"四项改革"试点，即在国家开发投资公司、中粮集团有限公司进行改组国有资本投资公司试点；在中国医药集团总公司、中国建筑材料集团公司进行混合所有制经济试点；在新兴际华集团有限公司、中国节能环保公司、中国医药集团总公司、中国建筑材料集团公司进行董事会行使高级管理人员选聘、业绩考核和薪酬管理职权试点。在此基础上，2017、2018年集团公司的改革与创新在七个方面迈出新的步伐：进一步加强国有资产监管，确保国有资产增值；强化风险控制，加大风险管控力度；推动中央企业重组，深入推进企业瘦身健体；加快公司制改革，完成中央企业公司制改革；剥离中央企业办社会职能，解决历史遗留问题；推动混合所有制改革，不断取得数量层级和深度新成效；夯实央企党建工作基础，加强党的领导。国务院国资委通过这七项改革创新，确保中央企业在稳增长、提效益、增利润、防风险、去产能、止亏损等方面取得新成效，使集团公司越做越强越优越大越有特色。尤其是2017年7月国务院办公厅发布《中央企业公司制改制工作实施方案》，要求到当年底，国资委监管的101家中央企业集团公司按照《公司法》的规定，全部完成公司制改制工作，有力推动了中央企业进一步完善现代企业制度，建立中国特色现代国有企业制度。

三、集团公司越做越强、越大、越优、越有特色

30年来，在党和国家的高度关心和重视下，国有企业集团和集团公司以培育核心竞争力、争当创新驱动发展先行军为目标，在加大供给侧结构性改革力度、优化国有资本布局结构，压缩管理层级、精简机构人员，整合集中资源、做强做优主业，推进降本增效、提高运营效率，加快培育具有创新精神和创新能力的企业科技人才队伍，全面落实国有资产保值增值责任，防止国有资产流失和重大风险事件发生，做强做优做大作出特色等方面努力奋斗，取得了显著的成效。

党的十八大以来，以习近平同志为核心的党中央举旗定向、谋篇布局，以前所未有的决心和力度推进集团公司改革发展，兼并重组、做强做优做大是本轮中央企业改革的重要内容。宝钢、武钢等集团公司通过重组成为我国钢铁行业的"新航母"。国电集团和神华集团公司通过重组成为中国第一大一次能源生产企业和第一大二次能源生产企业。中央企业集团公司通过改革，结构更加优化，改革发展步伐"有进有退更有转"。其中"进"是指促进国有资本向关系国家安全、国民经济命脉和国计民生的重要行业和关键领域集中，向前瞻性战略性产业和优势企业集中；"退"则是大力化解过剩产能、积极淘汰落后产能、坚决处置"僵尸"企业；"转"指的是更加注重提升企业发展的质量和效益。

中央企业集团公司在本轮兼并重组过程中，还把履行社会责任放在重要位置，采取市场化手段进行重组，即采取多重组、少破产，多转岗、多分流、少下岗等办法，使得中央企业的广大员工都能享受到更多改革的红利，提高了职工群众的获得感。

中央企业集团公司在做强方面，如在 2018 年《财富》世界 500 强排名中有 120 家中国企业上榜，排名第 2 位的国家电网公司营业收入达 3489.031 亿美元，利润 95.33 亿美元；排名第 3 位的中国石油化工集团公司营业收入达 3269 亿美元，利润达 15.378 亿美元。进入 2018 年世界 500 强排行榜的中国企业前 10 家营业收入合计 19996 亿美元，利润合计 1426.07 亿美元。

中央企业集团公司在做优方面，如中国西电集团拥有 40 余家全资或控股子企业，其中大中型生产制造骨干企业 10 家，含 3 个国家级检验中心的研究院所 3 家，工程技术人员约 3000 人，其中高级职称人员 529 人，享受国务院政府特殊津贴的专家 35 人，省市级有突出贡献的青年专家 49 人。公司围绕国家重点工程和市场需要，加大科研技改力度，累计完成自主开发研制的重点新产品 1300 余项，其中达到国际先进水平的 281 项、国内领先水平 230 项；获国家级科技成果奖 11 项、省部级科技成果奖 136 项；取得授权专利 260 件、软件著作权 2 件。在特高压输配电设备关键技术领域率先研发出 750kV 电网用系列产品，成功研制出 800kV 气体绝缘金属封闭开关设备、双断口罐式断路器、隔离开关和 750kV 变压器、电抗器、避雷器等产品，成为我国高电压、强电流、大容量交直流实验研究重要基地。如中国华融自 1999 年组建以来，秉承"创新稳健"理念，全面完成国家赋予的政策性不良资产处置任务，为支持国有银行改制、国有企业集团公司脱困、防范化解金融风险发挥了"安全网"和"稳定器"的重要作用。2017 年中国华融总资产达人民币 1.87 万亿元，较 2008 年增长 57 倍；净资产达人民币 1826 亿元，较 2008 年末增长近 12.7 倍；净利润人民币 266 亿元，较 2008 年末增长 78 倍。

中央企业集团公司在做大方面，如由中国南车和中国北车合二为一的中国中车股份有限公司，2015 年总资产已超过 3000 亿元，2016 年度营业收入超过 3000 亿元。在全球轨道交通装备市场中稳居第一位，其销售收入超过全球第二至第五大同类企业加拿大庞巴迪、德国西门子、法国阿尔斯通、美国通用电气公司的总和。又如，中国华能集团公司，到"十二五"末，公司装机超过 1.6 亿千瓦，装机规模居世界第一；"十二五"期间，累计发电 3.1 万亿千瓦时，是"十一五"的 1.6 倍，约占同期全国发电量的 11%；"十二五"期间累计上缴税金 1477 亿元；2016 年营业销售额为 432.239 亿美元，利润为 7.745 亿美元，成为世界 500 强的第 217 名。再如，中国石油化工集团公司到 2018 年已发展成为中国最大的成品油和石化产品供应商、第二大油气生产商，是世界第一大炼油公司、第三大化工公司。

中央企业集团公司在做出特色方面同样成效显著。为贯彻落实习近平总书记在 2016 年 10 月召开的国有企业党的建设工作会议上提出的要加强和完善党对国有企业的领导、加强和改进国有企业党的建设的讲话精神，国务院国资委党委设立 1 名专职抓企业党建工作的党委（党组）副书记。中央企业所属 3019 个二级单位和符合条件、规模较大、党委（党组）书记同时担任其他主要领导职务的二、三级企业，也根据需要配齐专职副书记，切实加强中央企业及所属企业党建工作领导力量，进一步夯实央企党建工作基础，使央企党建严起来、实起来、强起来，确保党组织的领导核心和政治核心作用得到应有的发挥，形成中国特色社会主义集团公司治理体系。

第二章　中国集团公司的特征与优势

　　中国集团公司是中国经济体制改革的产物。党的十一届三中全会以来，国家加强改革与发展的顶层设计，作出决策和部署，制定方针政策和法律法规，加快经济体制改革和国有企业改革步伐，鼓励引进外资企业，支持发展民营经济，促进了企业集团的组建和向集团公司的发展。

　　中国企业集团是在国家主导下，由全民所有制企业（国营企业）改革改制重组发展起来的。从全民所有制企业发展到国有企业集团，再进一步建立现代企业制度，转型为集团有限公司。在改革开放过程中，国家同时鼓励支持民营企业和外资企业的发展，出现大批民营企业集团与外商投资企业集团，并进一步演变到集团有限公司。

　　中国集团公司是在公有制基础上发展起来的。因此，中国集团公司作为中国经济实体的核心，具有自身的概念与特征，组建与发展也具有独特的优势和意义。

第一节 中外集团公司的概念与特征

一、中外集团公司概念比较

集团公司，即企业集团公司，是企业为一定的目的组织起来共同行动的企业团体法人。在企业集团孕育创建和向集团公司发展的过程中，对企业集团与集团公司概念、特征有各种不同的理解和认识。随着企业集团和集团公司的逐步完善和改革的不断深化，社会各界对集团公司的认识也在不断深化。初始阶段，理论界有各种看法。有的认为，集团公司是一种以大公司为核心，以经济技术或经营联系为基础实行集权与分权相结合领导体制，规模巨大、多角化经营，并按照总部确定的经营方针和统一管理进行重大业务活动的经济实体，或者虽无产权控制与被控制关系，但在经济上则有一定联系的公司群体。有的认为，集团公司是当企业在进行产品研发、制造或销售过程中，为解决规模较大、人数众多、范围广泛、产品工序复杂等问题，便按照产品生产和销售过程中形成的特点分成多个不同的部门进行管理，并将这些部门隶属于一个企业，行政上归这个企业管辖的利益集团。在国外，集团公司主要由控股和被控股关系的母公司和子公司组成，其联系的纽带是投资。美国的集团公司是指由处于同一管理部门控制之下的若干家公司所组成的利益集团，权力核心通常是商业银行或相关机构。日本的集团公司主要是指由多数企业保持相互独立并相互持股组成，在融资关系、人员派遣、原材料供应、产品销售、制造技术等方面建立紧密关系而协调行动的企业群体。德国的集团公司主要是指以一个大企业为核心，通过控股、持股控制一大批子公司、孙公司、关联公司而形成的财团，权力在居于企业核心部门的董事会和监事会手中，董事会和监事会通过派遣董事、监事等管理人员以垂直控制的方式控制整个企业系统。

可见，集团公司是以资本为主要联结纽带，由母公司、子公司、分公司、参股公司及其他成员组成，以集团章程为共同行为规范，拥有庞大资产规模，管辖众多生产领域，形成以母子公司为主体（我国央企表现为以一级、二级企业为主体），母公司比较稳定控制或支配子公司、分公司、参股公司及其他成员企业机构，在许多方面表现出联合性、整体性的行为活动特征，并具有独立法人资格，行使民事权利，履行民事义务，承担民事责任的大型企业法人。在我国，集团公司属于《民法总则》所规定的营利法人一类，即以取得利润并分配给股东等出资人为目的组建的法人，包括有限责任公司、股份有限公司和其他企业法人等。我国《公司法》没有"集团公司"而只有"有限责任公司"和"股份有限公司"的提法，但实际上，从组织结构看，大量有限责任公司和股份有限公司都是集团公司。

二、中国集团公司的主要特征

关于集团公司的特点，经济界众说纷纭。有的认为，集团公司的特点在结构形式上表现为以大企业为核心、诸多企业为外围、多层次的组织结构；在联合纽带上表现为以经济技术或经营联系为基础，实行资产联合的、高级别的、深层次的、相对稳定的企业联合组织；在内部管理体制上表现为集团公司中各成员企业既保持相对独立地位，又实行统一领导以及分层次管理，并形成集权与分权相结合的领导体制；在规模和经营方式上表现为规模巨大、资金充足、实力雄厚、人才众多，是跨部门、跨地区甚至跨国度、多角度经营的企业联合组织。

一般来说，集团公司在生产经营、销售管理、体制机制等方面有以下几方面的特性。

（一）市场结构的垄断性与兼容性

集团公司的产生与市场垄断有着密切的联系。由于集团公司是由多个相关企业组成的联合体，其多层次的组织结构必然会在一定的经济区域范围内形成以某个大企业为中心的商品产销网络，特别是为了开拓市场领域、扩大市场份额、增加规模生产、降低生产成本、提高利润份额、实现增加销售的目的，集团公司必然要充分利用系统内部易于形成统一决策和联合阵营产销的优势，集中内部多个企业资金、技术、人员和设备等进行产品改进和创新，以增强产品的市场竞争力，这就表现出集团公司市场结构的垄断特征。集团公司兼容性特点主要体现在集团公司生产产品的结构上，这就是说，为分散市场波动风险，扩大生产规模，集团公司不仅仅局限于单一的产品生产、经营和销售，而是以发展多种类、跨系列、跨行业综合性的生产、经营和销售为目标，这是现代企业集团公司兼容性的主要特征。集团公司产品结构的兼容性是由组织结构的多层次性来实现的，因为只有庞大的组织结构才能使集团公司内部实施合理分工，进行多样化的产品生产、经营和销售。

（二）企业产权的连锁性与独立性

实践表明，资产纽带是集团公司维系其组织结构稳固而又便于实际运作的有效契约方式，实施资产纽带的关键在于理顺集团公司成员企业间的产权关系；公司产权的意义在于公司出资者对公司资产的实际占有权与支配权，具体表现为以股票为载体的股权，集团公司产权的连锁性也因此而形成。一般而言，集团公司总部对下属企业控股量基本对应着其在下属企业产权中所持原始所有权的大小，总部也依据其所持原始所有权的大小对下属公司产生不同的影响，主要表现在对下属公司决策的参与权以及对公司收益参与分配的权利等。从这个意义上讲，集团公司总部与各成员企业之间形成了网络化的产权结构。这种网络化的产权结构则是集团公司实现集团化经营的基础。同时，集团公司的成员企业大多是具有独立法人资格的个体。它们有独立核算、自主经营、自负盈亏的权利和义务，即使核心企业对下属企业具有经营管理的特权，每个成员企业的管理仍是自主的、自立的。这就使得集团公司的下属企业在瞬息万变的市场竞争中能够及时、灵活、有效地处理各项生产和经营事务，并有利于培养成员企业的独立竞争意识和市场风险意识，而成员企业高效、合理的管理则是整个集团公司秩序性、凝聚性和高效性运作的基础。

（三）成员企业的趋利性与协同性

由于集团公司的成员企业大多是具有独立法人资格的个体，这为成员企业的趋利性在"自主经营、自负盈亏"经营原则的经济层面上提供了"可能性"，在独立法人地位的法律层面上确定了"必然性"。因此，成员企业在不损害集团公司整体利益的前提下，必然要追求企业自身利润的最大化，而每个成员企业遵循独立自主原则行使经营管理权、追求企业自身利润最大化的趋利性表现，有利于调动每一个集团企业的积极性，有利于企业集团整体目标的实现，有利于维护社会经济的良好秩序，即以尽可能小的投入获得最大的效益，这完全符合经营管理中的竞争原则。在集团公司中，尽管成员企业的趋利性是一种绝对的表现，但企业之间还表现出相对的协同性。这是因为集团公司并非是几个不相关企业的简单相加，而是作为一个关系密切的整体组织而存在。它们有着共同的利益追求和战略目标。为了实现这个共同利益追求和战略目标，客观上要求集团公司各成员企业在生产经营活动中必须协同运作，形成集团优势，以实现公司的聚集效益。各成员企业具有协同性的基础是它们之间存在着各种样式的联系纽带，如资产纽带、技术纽带、产销纽带、产品纽带等。无论是哪一种纽带，都会或多或少地加强集团公司成员企业间的协作与联系。

集团公司中的协同性主要表现为产权勾连、科研协作、资源配置等。成员企业间协同性的大小取决于组织结构层次的松紧程度，与集团公司关系密切的控股层企业与集团公司协作性则较强，其下属的参股层企业、协议层企业之间与集团公司总部关系则依次疏松，协作关系也逐次降低。产权勾连是指集团公司与下属子公司、孙公司、关联公司形成的产权网络，它无形中把各个企业连成一个利益共享、风险同担的结合体。因此，公司总部在制定总体规划时，要以成员企业的实际情况作为考虑问题的出发点，遵循自下而上的操作原则，从而形成最终的方向性决策；成员企业在制定企业发展规划时，也以集团公司的总体目标为发展方向予以贯彻和参照，并形成一套默契的配合体系，相互促进、相互支持。科研协作是指集团公司在实施科研攻关时，根据公司财力、人力和技术力量的实际情况建立起一整套科研机构，按照计划协同合作劳动。由于科研是一项复杂、艰巨的群体劳动，在科研活动中人与人之间的相互作用直接影响着科研协作和计划的完成。开展科研协作是攻克科学难关、促进科技进步的需要，尤其随着现代科学研究的深入，科研协作显得越来越重要。集团公司比起单个组织在施行协调科研协作方面则容易得多，而且科研成果的共享也会促使集团成员和睦相处。

（四）组织管理的开放性与层控性

集团公司是一种独特的经济组合体，一般不采取直接的上下级领导的方式实施管理，多采用与法律规定相一致的以股权为基础获得投票表决权，或以契约为基础获得协调权等的间接方式实施管理。集团公司可以通过整个目标制定、行业现状调查和未来预测、股东控制股权等方式对下属公司的投资方向决策、生产经营策略实施影响；下属公司对自身的管理模式、管理体制、管理手段的选择拥有最终决定权。因此，集团公司就整体而言其组织管理格局呈现出开放性、兼容性和民主性的特征。集团公司组织管理在呈现出一定的开放性的同时，还表现出相对的层控性。由于集团公司的组织结构是多层次的"金字塔"形结构，成员企业以核心企业对其控股量的大小形成一个相对的等级组织。集团公司董事会是该集团的最高权力机构，担负着"制定集团经营方针和经营战略""选聘或任命集团总经理人选""控制集团预算和决算"等责权，董事会对下属企业的管理权限与对下属公司控股量的大小成正比；下属成员企业则按照章程的规定或协议的要求，定期向董事会汇报投资方向、人事安排、财务计划等方面事宜。集团的组织管理也是层层控制的，比如孙公司对子公司负责，子公司对母公司负责。企业集团组织管理的开放性与层控性是对立统一的关系。强调开放性有助于激发每个成员企业的自主性和能动性，有助于集团整体效益的提高；强调层控性则有助于进行集团的全面管理，有助于企业形成规模经营，发挥集团优势，增强市场竞争力。

综合而言，中国集团公司有以下几方面的特点：

第一，组建集团公司具有鲜明的目的性。无论是国有、民营还是外商集团公司，都是为了克服或弥补市场竞争中的不足，根据市场经济的规律，通过协作的方式，以激发本集团公司所有成员的活力、创造力和竞争力，达到减少成本费用，实现科学高效、合理经营和扩大内部边界，获得更高经营效益和更大经济利益的效果，这是中国集团公司组建的根本目的。

第二，组织结构具有以产权关系为主要纽带的独特性。无论是国有、民营还是外商企业集团公司，都是以母子公司间的产权关系为主要纽带，集团中的母公司作为控股公司与管理核心，与被控股企业构成集团组织内部管理体系，使得集团公司成为一个具有高度管理一致性的经济共同体。集团公司内部形成上下等级结构和纵向组织结构关系比较明显的特征，有的按照专业化分工实行逐级授权管理、指令性管理；民营企业集团公司还形成以血缘亲疏为纽带的家族式管理组织特征。这种以资本为纽带，通过全资持股、控股、参股、生产经营合作等方式或通过组织、股权、契约关系以及其他某种权威关系，形成的核心、紧密、半紧密层或松散等多层级企业组织结构，适应了当代市场经济社会的需要。所以，这种产权结构具有相对的稳定性，这是集团公司的本质特征所在，也是中国集团公司区别于企业集团和其他企业联合体的一个重要特征。

第三，经营活动具有协调运营的整体性。集团公司作为一类重要的经济组织，其经营活动特征就是要通过高水平的统一管理和协调运营，确保母子公司实现集团公司总体战略，也包括确保各子公司实现子战略以实现集团公司总战略。集团公司总部即母公司通过组织章程、制度建设、发展战略和管理政策等确立行为规范与行动准则，充分发挥其主导功能，以确保集团公司总部及各子公司及成员企业之间的统一、协调有序运行；各子公司虽有开展业务的主动性和独立性，但与集团总部在总体战略布局和重大决策部署上则行动一致；集团总部通过给各子公司配置资源，让各子公司实现各自的子战略，从而实现集团公司的总体战略规划。此外，中国国有企业集团公司总部还具有承担某些行政、经济和社会责任等综合职责的特征。

三、集团公司与企业集团的异同

我国企业集团是 20 世纪 80 年代改革开放初期从全民所有制企业、集体所有制企业以及有一定实力的个体、私营和民营企业发展演变而来的，是集团公司的前身。

企业集团是现代企业的初级组织形式，是以一个或多个实力强大、具有投资中心功能的大型企业为核心，以若干个在资产、资本、技术上有密切联系的企业、单位为外围层，通过产权安排、人事控制、商务协作等纽带所形成的一个稳定的多层次的经济组织。该组织按照总部确定的经营方针和统一管理进行重大业务活动，但同时又呈现以下特征：企业集团本身不是独立法人，不具有法人地位，其成员在法律上仍保持原有的独立法人地位；企业集团的整体权益主要是通过明确的产权关系和集团内部的契约关系来维系，或虽无产权控制与被控制关系，但在经济上有一定联系，核心是实力雄厚的大企业；核心企业通过生产、销售、资金和管理上的绝对优势，控制其他成员企业按照企业集团的总体目标协调运行；有的经营规模比较庞大，并不断扩大经营范围，向多元化、综合化方向发展，成为跨地区、跨部门、跨行业甚至跨国家经营的企业集团；有的与金融机构密切结合，成为具有强大融资功能的企业集团。

因此，我国集团公司与企业集团关系密切，且许多功能相同。如集团公司与企业联合体都是以资本为主要联结纽带，由母公司、子公司、参股公司及其他成员共同参与而组成，并拥有众多生产经营机构，经营规模庞大的资产，在许多其他企业中拥有自己的权益。它们都可以通过产权安排、人事控制、契约关系、商务协作等方式，使各个企业联合体按照总部确定的经营方针和统一管理进行重大业务活动，或者通过核心企业生产、销售、资金和管理上的绝对优势，控制其他成员企业按照总体目标协调运行；都可以通过不断扩大经营范围，向多元化、综合化方向发展，成为跨地区、跨部门、跨行业甚至跨国家经营的经济实体；都可以与金融机构密切结合，形成具有强大融资功能多元化的企业集团。

但是，集团公司与企业集团两者有着一定的区别：一是由于企业集团本身不具有企业法人资格，自身无法承担法律所确定的公司权利和义务，并承担相应的法律责任；而集团公司本身就是一个企业法人，能够依法独立履行法律规定的民事权利和义务，并承担法律规定的民事责任，即具有独立的法人财产，享有法人财产权，公司可以其全部资产对公司的债务承担责任，这是集团公司与企业集团两者之间的本质不同和根本区别。二是由于企业集团是由多个具有法人实体的企业组成的联合体或联盟体，其内部关系密切程度如何，取决于企业集团组建的目的与领导人的潜质；而集团公司来自企业集团，它一般是以母子公司为主体，母公司控制或支配着子公司和其他参股的许多公司。这种控制关系比较固定化和稳定化，形成了以母公司为核心，在许多方面表现出联合性、一致性、整体性的活动特征。这也是集团公司的一大特色。三是企业集团所属的子公司、参股公司及其他成员都是相对独立的法人组织；而集团公司由于本身就是法人单位，所以其下属许多子公司团体可以是法人单位，也可以不是法人组织。上述三大差别也是我国改革开放初期成立的企业集团向现代集团公司转变的主要原因。

四、集团公司的不同分类

经济学家对集团公司有不同的分类。有的认为集团公司可分为三类：一是大型生产联合集团公司。它是由许多生产同类商品的企业或者在生产上有密切联系的一些企业相互联合而组成的一个庞大的企业组织。大型生产联合集团公司的特点是以骨干企业为核心或以生产名优产品的企业为龙头，周围聚集了一大批企业而形成一个庞大的专业协作网。核心企业与成员企业之间的业务关系表现为垂直的纵向关系，核心企业拥有雄厚的资金、先进的技术设备和大量的科技人才。二是大型综合经营联合集团公司。它是由不同部门中的许多企业联系在一起，并以其中实力最雄厚的大企业为核心而形成的多种企业集团，其特点是参加大型综合经营联合公司的成员企业可以是生产不同类别产品的企业，成员企业既可以是工业和交通运输部门的生产性企业，也可以是贸易公司、宾馆、饭店等非生产性或服务性企业。三是金融信托投资集团公司。它是指金融机构与生产经营企业联营而组成的多功能的集团公司，这是许多集团公司追逐和发展的方向。

有的认为我国存在着多种不同形式的集团公司：一是由产供销关系形成的企业集团公司，指由各成员企业之间通过建立比较固定的供货与销货、生产与销售关系所形成的企业群体，其中，各成员企业仍然是独立的法人，在财务和经营政策上各自独立，企业与企业之间不存在严格意义上的产权控制与被控制的关系，这是一种松散的企业集团公司。二是科工贸企业集团公司，指由各成员企业通过科研、生产与销售之间的联系而结成的企业群体，其中，集团公司内的各成员企业都是独立的法人，虽然在生产技术、销售等方面存在着密切的联系，但没有直接的经济利益关系。三是"六统一"的企业集团公司，指企业集团内部各成员企业通过人、财、物、产、供、销六个统一而形成的集团，其中，各成员企业丧失法人资格，只是作为企业集团公司内部的一个核算单位。"六统一"的企业集团实际上也是一个法人企业。在以产权关系所形成的"六统一"的企业集团公司中，核心企业拥有其他成员企业 50% 以上的股权，处于控制地位，企业集团内的其他企业则处于被控制的地位，形成了母、子公司关系；母公司的经营决策与子公司的经营成果相互影响；母公司和子公司均是独立的法人，只是经济上融为一体。

有的认为集团公司分类，从《公司法》来看，即按企业治理结构和资本组织形式来划分，可分为国有独资、国有控股、有限责任、股份有限、合伙和个人独资企业的集团公司等；从组织结构来看，可分为上市的集团公司和非上市的集团公司；从公司从事实体经营来看，可分为企业集团公司和金融集团公司；从公司大小规模来看，可分为特大型、大型、中小型集团公司；从所有制结构来看，主要分为国有企业集团公司和民营集团公司两大类，国有企业集团公司，即所有公有制企业，包括国有独资、国有控股，其他类型的企业中只要有国有资本的均被统称为国有企业集团公司，民营企业集团公司是指所有非公有制的企业集团公司；从具有涉外性来看，可分为国内企业集团公司、外资侨资企业集团公司。有的还将集团公司分为控股型和产业型两类：控股型集团公司是指通过持有某一企业一定数量股份或投资，而对该企业进行控制的集团公司；产业型集团公司是指涉及从事产品的研发、制造和营销整个或大部分价值链的集团公司，一般是按照企业生产经营的产品类型和产品形成的过程特点，划分为多个不同种类的集团公司。

我国政府对国有企业集团公司管理分为商业性企业和公益性企业两类。2015年8月中共中央、国务院发布的《关于深化国有企业改革的指导意见》指出，根据国有资本的战略定位和发展目标，结合不同国有企业在经济社会发展中的作用、现状和发展需要，将国有企业分为商业类和公益类，并实行分类改革、分类发展、分类监管、分类定责、分类考核，推动国有企业同市场经济深入融合，促进国有企业经济效益和社会效益有机统一。商业类国有企业按照市场化要求实行商业化运作，以增强国有经济活力、放大国有资本功能、实现国有资产保值增值为主要目标。公益类国有企业以保障民生、服务社会、提供公共产品和服务为主要目标。按照谁出资谁分类原则，履行出资人职责机构负责制定所出资企业的功能界定和分类方案，划分并动态调整本地国有企业功能类别，并要求各类国有企业积极创造条件，实现集团公司整体上市。

2015年10月国务院发布《关于改革和完善国有资产管理体制的若干意

见》，决定改革国有资本授权经营体制，改组组建国有资本投资、运营公司，开展由国有资产监管机构授权国有资本投资、运营公司履行部分出资人职责的试点工作，以及政府直接授权国有资本投资、运营公司履行出资人职责的试点工作。2016 年以来，国务院国资委和财政部根据《关于深化国有企业改革的指导意见》和《关于改革和完善国有资产管理体制的若干意见》，发布了关于国有资本投资运营公司试点的配套文件。

根据这些文件，中央企业集团公司可以按照产业集团（公司）、投资公司、运营公司划分为三类。投资公司、运营公司和产业公司的定位区别在于：投资公司带有产业使命，可发展有限数量的多元产业，探索战略新兴产业，具备产融结合能力，如国投集团、招商局集团、中粮集团、保利集团等；运营公司侧重于保值增值，以股权运作、资本运作、盘活资产为主；产业集团则是集中发展对国家、国民经济、国家安全影响比较大，涉及国家综合实力和国际竞争力的特定产业，围绕单一主业向产业链上下游延伸，进行行业整合，如"三桶油"（中国石化、中国石油、中国海油）和"两大电网"（国家电网、南方电网）等。

三类公司对下属企业的管控方式也不相同：投资公司主要采取战略管控，下属企业更多是控股公司，少部分是参股企业及探索发展战略的新兴产业；运营公司则多数是参股公司，少部分是控股公司，以使资本运作更加灵活；产业公司可以有部分独资企业、部分控股企业，其管控力度要比前两类公司更大。所有央企集团公司都纳入分类，进行改组或者兼并重组。

在国务院国资委制定的改革的规划中，央企集团公司划分为三种不同类型的公司。从数量上看，产业集团公司有 50 多家，投资集团公司有 20 多家，运营集团公司有 2 至 3 家。这种分类方法适用于我国各种不同所有制经济结构的集团公司。

随着三种不同类型公司分类的逐步实施，从改革涉及的数量上看，央企集团公司混合所有制改革也呈现出速度加快、层级提升等特点。2016 年央企集团公司新增混改项目数同比增长 45.6%。截至 2017 年 3 月底，省级国资委监管的各级企业中混合所有制企业数量较 2016 年底增长 3%。从改革涉及的层级看，央企集团公司二级子企业混合所有制企业数占比达到了 22.5%。而且此轮国有集团公司混改呈现出与垄断领域改革相结合的特点。2017年4月，在石油、天然气、电力、铁路、民航、电信、军工等行业，已有中船集团、联通集团、东航集团、南方电网、哈电集团、中国核建等19家集团公司被确定为开展混合所有制改革试点单位，向社会资本放开竞争性业务。此外，不少集团公司在混改过程中，探索推行经理层市场化选聘、员工持股等，推动形成灵活高效的市场化经营机制。湖北、江苏、河南、福建和重庆五省市该项改革走在全国前列，确定了43家试点集团公司正式启动首批试点，加快深度调整重组步伐。

五、集团公司与中国集团公司促进会

中国集团公司促进会（简称"中促会"）与中国集团公司是孪生兄弟，共同成长。1987年8月在国家经济委员会的支持下，解放汽车工业企业联营公司、上海电气联合公司、东风汽车工业联营公司、西安电力机械制造公司等23家大型工业公司发起成立了全国工业公司联络网（中促会的前身）。1994年全国集团公司联络网与1988年成立的全国工业公司联络网合并，正式组建中国集团公司促进会。同年4月中国集团公司促进会在北京召开成立大会，推选东风汽车公司、第一汽车、宝钢集团等15家企业的领导为会长、副会长。2003年3月中促会业务主管单位由国家体改办变更为国务院国资委。2005年3月商务部同意作为中促会的业务指导单位。中促会聘请第九届、十届全国人大常委会副委员长、著名经济学家成思危，第十一届、十二届全国人大常委会副委员长陈昌智担任总顾问。2014年2月中促会在北京召开第七届会员大会，决定理事会实行轮值会长制度，选举中国华能、中国建筑、中国外运长航、中国一汽、东风汽车的董事长为轮值会长；随后又增选中国大唐、中国中车的董事长为候任会长。同时，中促会还聘请一批经济界、企业界、集团公司的负责人担任顾问、副会长、常务理事等职务。

目前，中国集团公司促进会服务的对象有以中央企业集团公司为主体的200多家会员企业，包括军工、能源、钢铁有色、交通运输、装备制造、电子信息、建筑建材、轻工纺织、医药、农林、文化产业、金融服务等行业大型集团公司。中促会为会员企业改革发展、公司治理、境外投资、风险管控、转型

升级、政策环境、创新驱动、管理机制、国际动向、做强做优做大做出特色等方面，开展决策咨询研究服务工作。

据 2018 年 7 月 19 日《财富》杂志发布的最新世界 500 强企业资料显示，已有 107 家中国内地集团公司榜上有名。中促会服务的会员企业有 38 家进入世界 500 强。它们分别是：中国石油化工集团公司、中国石油天然气集团公司、中国建筑工程总公司、上海汽车集团股份有限公司、中国移动通信集团公司、中国铁路工程总公司、东风汽车公司、中国海洋石油总公司、中国交通建设集团有限公司、中国中化集团公司、中国五矿集团公司、中粮集团有限公司、中国第一汽车集团公司、中国电信集团公司、中国中信集团有限公司、中国航空工业集团公司、中国宝武钢铁集团有限公司、中国化工集团公司、中国医药集团总公司、河钢集团有限公司、联想集团、中国兵器装备集团公司、中国建材集团有限公司、中国船舶重工集团公司、中国机械工业集团有限公司、中国联合网络通信股份有限公司、招商局集团有限公司、中国华能集团公司、中国远洋海运集团有限公司、中国航天科技集团公司、中国航天科工集团公司、中国中车股份有限公司、兖矿集团有限公司、鞍钢集团公司、首钢集团、中国大唐集团公司、大同煤矿集团有限责任公司、青岛海尔集团公司。

中促会成立 30 多年来，在诸多方面做了大量的工作，取得了显著成效。例如在深入开展调查研究，聚焦改革难点，探索改革方法，向政府部门提供咨询建议，向全国"两会"报送提案方面；在组织高层次论坛、报告会，为企业提供经济形势分析、政策走向和科技前沿领域重大创新成果等咨询服务方面；在进行理论与实践相结合的应用性课题研究，为企业改革和政府治理提供决策参考方面；在落实"网络强国"战略、推进传统产业与互联网的融合，从中国经济发展的全球战略高度，探索中国企业"走出去"的新思路、新途径方面；在加快本会转型升级，向社会团体＋智库＋互联网转型等方面，为集团公司的发展和壮大作出了重大贡献。

党的十八大以来，在中国经济发展进入新常态的形势下，集团公司面临着难得的机遇，也迎来了严峻的挑战。中促会作为多行业集团公司会员企业的综合性社会组织，全面贯彻落实习近平新时代中国特色社会主义思想，从国家战略发展的高度出发，转型升级，构建以集团公司优秀企业家、经济界高端人才为主体的高端智库，围绕深化集团公司改革、完善集团公司体制机制、发展混合所有制、加大跨国经营力度、参与"一带一路"建设、创建世界一流企业等重大课题，源源不断地为政府和集团公司提供双向决策咨询服务。

有关中国集团公司促进会为集团公司发展提供服务所作的贡献，将在本书第八章作专门叙述。

第二节　中国集团公司的优势与作用

一、中国集团公司的主要优势

中国集团公司的优势，既有外国集团公司一般优势的普遍性，也有中国特色社会主义制度优势的特殊性。

经济学界普遍认为集团公司作为现代企业高度发展的产物，是适应市场经济发展而产生的一种独特的企业法人组织。在激烈的市场竞争特别是综合实力竞争中，集团公司通过充分整合集团成员间的内部资源打造集团品牌，大力拓展投资领域，实行多元化投资结构，规避单一经营风险，形成整体合力，提高综合竞争能力，以从容应对大时代的挑战。

有的认为集团公司组建后整体优势的发挥得到充分体现：有着将专有技能、生产能力或者技术由一种经营转到另一种经营中去，从而产生共享转换的优势；有着将不同经营业务的相关活动合并在一起，从而形成降低成本的优势；有着将新的经营业务借用公司原有业务的品牌与信誉，从而出现共享资源价值和共享品牌的优势等。

有的认为集团公司还具有低成本扩散与收益放大效应、协同整合效应、自我催化效应、风险分散效应、技术导向效应、速度提高效应、技术创新与知识学习效应等优势。

综合资本市场、人才、产品、营销、协同等方面的情况，我们认为，中国集团公司主要有以下几个方面的优势。

（一）党的领导与政治引领的优势

中国共产党对集团公司的领导，是我国集团公司，特别是国有企业集团公司治理的新模式和独特优势。新中国成立以来，我国建立的全民所有制和集体所有制企业都实行党的领导；改革开放后，企业深化改革，集团公司组建也始终坚持党的领导这一根本原则。1989 年《中共中央关于加强党的建设的通知》指出："党在企业的基层组织处于政治核心的地位。"1999 年党的十五届四中全会审议通过的《中共中央关于国有企业改革和发展若干重大问题的决定》，进一步明确指出："坚持党的领导，发挥国有企业党组织的政治核心作用，是一个重大原则，任何时候都不能动摇。"2015 年中共中央、国务院制定的《关于深化国有企业改革的指导意见》强调，把加强党的领导和完善公司治理统一起来，明确了国有企业党组织在公司法人治理结构中的法定地位。

2016 年在全国国有企业党的建设工作会议上，习近平总书记强调指出：坚持党的领导、加强党的建设，是我国国有企业的光荣传统，是国有企业的"根"和"魂"，是我国国有企业的独特优势。加强党对国有企业的领导是重大政治原则，必须一以贯之；坚持建立现代企业制度是国有企业改革的方向，也必须一以贯之。要通过加强和完善党对国有企业的领导，加强和改进国有企业党的建设。同时，《中国共产党章程》规定，企业等基层单位，凡是有正式党员三人以上的，都应当组建党的基层组织。国有企业和集体企业中党的基层组织要发挥政治核心作用，围绕企业的生产经营开展工作，保证监督党和国家的方针、政策在本企业的贯彻执行；支持股东会、董事会、监事会和经理（厂长）依法行使职权；参与企业重大问题的决策。《公司法》也规定：在公司中，根据《中国共产党章程》的规定，设立中国共产党的组织，开展党的活动。公司应当为党组织的活动提供必要条件。中国共产党章程和《公司法》关于企业组建党组织的规定，以及习近平总书记关于加强党对国有企业领导的论述，对集团公司加强和改善党的领导指明了方向，提供了根本遵循。

党对集团公司的领导主要是把方向、管大局、保落实。把方向，就是要把握一个大的发展方向；管大局，就是要管好发展改革的大局；保落实，就是要保证党的方针政策在国有企业集团公司能够落实下去，保证各项决策有抓手、能落地，能操作、被重视，起作用、见成效。同时，要处理好党组织在公司治理结构中与企业其他治理主体，如股东大会、董事会、监事会、经理层、职工代表大会等的关系，要明确权责边界，不越位、不缺位、不虚位，做到无缝衔接，形成各司其职、各负其责、协调运转、有效制衡的公司治理机制。

具体说，党对集团公司的领导，一是要领导集团公司的党组织建设，必须坚持党管干部；二是要引领党和国家的方针、政策在本集团公司的贯彻执行及监督有关人员遵纪守法；三是党的组织要在公司治理框架下参与企业重大问题决策；四是要支持股东会、董事会、监事会和经理（厂长）依法行使职权，完成生产经营任务，也就是在公司治理大的框架下通过参与决策，通过治理主体，通力合作来达到目的；五是要领导思想政治工作、精神文明建设和工会、共青团等群众组织，弘扬优秀企业文化。

事实证明，在党的坚强领导下，大量国有集团公司的经营业绩越来越好。从 2018 年国有集团公司资产及经营总体情况看，资产总额 178.7 万亿元、所有者权益 63.1 万亿元，其中中央企业资产总额 80.33 万亿元、所有者权益合计 25.94 万亿元。2018 年国有集团公司营业总收入 58.75 万亿元，其中国务院国资委监管的中央集团公司营业收入 29.1 万亿元；国有企业（集团公司）税金总额 4.6 万亿元，其中中央企业集团公司税金总额为 3.2 万亿元。

从《财富》杂志发布的 2018 世界 500 强企业看，国有企业上榜总数为 83 家。由国务院国资委监管的 48 个中央企业上榜，数量与 2017 年持平，正好相当于目前央企总数的一半，占比达到历史最高水平；11 家财政部出资企业上榜；24 家地方国有企业上榜。

从中国企业联合会、中国企业家协会发布的"2018 中国企业 500 强"排行榜的数据看，排行榜前 10 名的企业，无论其营业收入、利润所得、资产积累、从业人数，都是特大型国有集团公司或国有控股集团公司。由此可见，国有集团公司取得的业绩，是与企业加强和改善党的领导密不可分的。具体数据参见表 2-1。

表 2-1 2018 中国企业 500 强前 10 名企业

企业名称	营业收入（万元）	利润（万元）	资产（万元）	从业人数
国家电网公司	235809970	6443259	381132774	983255
中国石油化工集团公司	220974455	1039313	225669776	667793
中国石油天然气集团公司	220335751	-466702	409872111	1470193
中国工商银行股份有限公司	108505900	28604900	2608704300	453048
中国建筑股份有限公司	105410650	3294180	155098331	277489
中国平安保险（集团）股份有限公司	97457000	8908800	649307500	342550
中国建设银行股份有限公司	90525300	24226400	2212438300	370415
上海汽车集团股份有限公司	87063943	3441034	72353313	145480
中国农业银行股份有限公司	82702000	19296100	2105338200	491578
中国人寿保险（集团）公司	81254776	180132	359957679	149592

（二）资本总量与经济规模的优势

集团公司具有较为雄厚的资本总量和经济实力。不少集团公司的资本总量都在数千亿元以上。特别是近年来，为推进供给侧结构性改革，以优化国有资本配置为中心，着力深化改革，提升中央企业发展质量和效益，推动中央企业在市场竞争中不断发展壮大，更好发挥中央企业在保障国民经济持续健康安全发展中的骨干中坚作用，国家加大了对国有企业集团公司兼并、重组和整合的力度，使得国有企业集团公司在资本总量与经济规模等方面越来越具有优势。

以国家电网为例，连续五年位居《财富》世界 500 强第 7 名，并于 2016 年跃居世界 500 强第 2 名，是全球最大的公用事业企业，在国内经营区域覆盖全国 26 个省区市，覆盖国土面积达 88%，供电人口超过 11 亿人，2018 年资本总量达 4785.393 亿美元，营业收入达 3489.03 亿美元，利润收入达 95.33 亿美元，在市场上占有绝对的优势，已成为国际第一流的集团公司。

（三）生产产品与市场营销的优势

集团公司在生产产品时，对不同类型或互补性强的产品可以开展联合作战，具有分工协作和多元化产业组合效应的优势。在产品销售市场上，集团公司推广产品，可以统一品牌，联合作战，利用知名品牌进入与其目前行业完全无关的新行业；同时由于集团公司品牌已经创出，可以进行有效复制，在创立品牌时会具有很大的优势。集团公司在营销方面经验丰富，关系众多，可以通过整合权力、进行高端交际、开展联合公关等各种活动，以实现营销的总体目标。集团公司中的各个独立公司要进入外国市场，还可借用公司整体的强大实力，加强与外国管理当局的联系和进行高层次的接触，以实现进入外国市场营销的目的。

中国第一汽车集团公司（简称"一汽"），是中央直属国有特大型汽车生产企业，1953年奠基兴建，1956年建成并投产，制造出新中国第一辆"解放牌"卡车，经过60多年的发展，"一汽"已经成为国内最大的汽车企业集团。60多年来，"一汽"累计产销中、重、轻、轿、客、微各类汽车数千万辆，从2003年起连续15年蝉联世界500强榜单，居"中国机械500强"第一位，长期位居"世界机械500强"前列。"一汽"在巩固和发展国内市场的同时，不断开拓国际市场，依托产品与营销的优势，在世界五大洲建立了地区性公司数十家（包括组装厂），形成了比较完整的全球采购和营销体系。

集团公司还具有跨国经营和全球营销的优势，这是市场经济发展的必然结果。集团公司在其国内发展的基础上必然要形成全球性的经营和营销，不仅产品销售、原材料和燃料的采购活动有很大部分在国外进行，而且生产过程的相当大的部分以及研究、开发活动也在国外进行，甚至分别在许多国家进行。全球500强集团公司是跨国经营和全球营销的典范。中国集团公司促进会所服务的200多家企业，大都是跨国经营的集团公司。

（四）整体联合与"舰队"作战的优势

集团公司的这一优势是由以下条件决定的：由于集团公司是由多个企业以产权为主要联结纽带而组成的企业联合体，作为公司的核心总部，可以凭借产权关系或其他契约关系对其他企业行使控制权；母公司在对子公司不同产业的互补、共享、协同和公司内部的经营管理中，形成了整体联合作战的氛围，使得企业内部将资源集中于其擅长的领域，有效整合各自的优势，产生资源互补效应；母公司通过产业配套和专业化分工，将产品的设计、生产以及销售等各个环节都分散到各个子公司中，使得每个子公司在分享产业分工好处的同时，减少了基于外部环境不确定性可能带来的损失，产生"1+1>2"的效果，达到提高产业整体运行效率和开展联合作战取胜的优势，以实现提升集团公司核心竞争力的最终目标。

2016 年中国远洋海运集团公司通过整体联合和全面组合，"舰队"联合作战的优势大大得以体现。现在，该集团公司资产总量超过 6100 亿元，交易总价值超过 200 亿美元，占全球运输量的 8%；拥有船队综合运力、干散货自有船队运力、油轮运力、杂货特种船队运力 4 个"世界第一"。整个集团公司在汪洋大海的全球远洋运输市场竞争中，就像一支协同作战的联合舰队，既具有大型巨轮抗风浪的能力，又保持着单只小船反应灵活的特点。

（五）共享有形和无形资产（资源）的优势

集团公司都具有雄厚的有形资产和无形资产。集团公司有形资产包括生产有形资产和非生产有形资产两大方面。生产有形资产是指生产活动创造的资产，包括固定资产和流动资产，如集团公司的资金、资源、产品、设备、装置、厂房、人才信息等一切生产要素在内；非生产有形资产是自然提供、未经生产而取得的资产，包括土地、地下资产、非培育生物资源、水资源等。在共享有形资源方面，我国集团公司具有雄厚的资金来源、物资资源，集团总部可以从公司的总体战略布局出发，进行统一调配共享，实现资源优化配置，产生最好的经济效益。在共享人力资源方面，集团公司具有得天独厚的优势，能通过各种方式如支付较为充足的资金费用、建立相应的培训基地、聘请高水平的专业教师以培养不同种类的人才，可以通过与高等院校、科研院所签订协议对经管人员进行培训，还可以通过自办学校、医院、娱乐场所等服务设施，把职业工人从夕阳产业转向朝阳产业，使人才资源得到优质、充分和合理的使用。

集团公司无形资产是指企业拥有或者控制的没有实物形态的可辨认非货币性资产，包括社会无形资产和自然无形资产两方面。社会无形资产通常包括专利权、非专利技术、商标权、著作权、特许权、土地使用权、商业秘诀、商誉等；自然无形资产包括不具实体物质形态的天然气等自然资源。我国集团公司无形资产资源同样非常丰富，这些资源具有边际成本递增的特点，成员企业可以通过共享这些资源，包括内部制度的流动、内部知识的学习、学习曲线的降低、管理经验的流动，从而使无形资产收益最大化。同时，集团公司在开发新领域时，还可把这些无形资产转移到新领域，以降低成本进行生产和营销。

（六）管理创新和技术创新的优势

管理是企业永恒的主题，是企业发展的基石。创新是现代企业进步的原动力，是增强核心竞争能力、获得跨越式发展、实现持续成长的决定性因素。由于集团公司人力、物力资源丰富，自然就具备管理创新和技术创新的天然优势，尤其在当今科学技术和经营环境急剧变化的复杂环境中，在信息化、市场化、一体化日益深化的背景下，集团公司要取得持续发展，必然要不断创新，把创新渗透于管理整个过程中。创新包括创造独具特色的经营模式，使企业在市场竞争中立于不败之地，同时把技术创新作为企业发展的基础，建立有效的激励机制和稳定的技术支撑体系，形成有自己知识产权的技术创新能力，有自己核心技术的项目，取得核心技术优势，以获得更多的经济效益，取得更大的社会效益，赢得更多的话语权。

多年来，我国集团公司以调整经济结构为中心，以改革为动力，从市场环境变化出发，进行了企业理念、技术、管理、制度、市场、战略等诸多方面的创新，大大推进了集团公司经济发展。如中国航天科技集团公司以探索浩瀚宇宙、发展航天事业、建设航天强国为己任，通过技术创新获得51项国家科技进步奖，申请专利1万多件，创造了以载人航天和月球探测两大里程碑为标志的一系列辉煌成就，使我国从航天大国向航天强国转变，在推进国防现代化建设和国民经济发展中作出了重要贡献。又如，大唐集团公司把理念创新作为企业管理创新的灵魂，技术创新作为企业管理创新的基础，组织创新作为企业管理创新的关键，制度创新作为企业管理创新的保证，运用新的理论指导企业管理，在变化中求生存，在创新中求发展，把创新渗透于管理的整个过程，为员工发挥创造性才能搭设舞台，使每个人都有机会成为创新者，创造出独具特色的经营模式，使集团公司在激烈的市场竞争中立于不败之地，多年来顺利完成了安全生产、资产经营、项目发展等各项目标任务，大大促进了企业的长远发展。

（七）统一运行与规模效益的优势

由于集团公司是由母子公司等组成的联合体，为充分发挥市场在资源配置中的决定性作用，在生产和销售过程中，它能够结合本集团公司实力，实施高效统一运营，以争取形成最大规模效益和最佳经济效益。同时，集团公司还能利用连锁经营、全球经营、产业组合、产业链条、平台搭建、控制标准等多种方法来追求规模效应和战略优势，创造更好的成绩。在经济全球化的时代，为实现企业资源节约、环境友好和生态文明发展，集团公司还可利用统一运行的优势，以资源（原料、副产品）为纽带形成具有产业衔接关系的新型企业联盟，在具有市场、技术或资源关联的产业（或企业）之间形成链条，构建循环经济产业链或生态产业链，实现资源综合利用，达到经济效益、社会效益、环境效益、生态效益共赢的目的。

集团公司要扩大现有企业的规模，为克服完全靠自己投资存在的时间较长、效率低下等问题，还可以通过与其他集团公司联合的办法进行投资，减少自身投资，在较短时间内扩大产销规模，以达到实现规模经济效益的目的。如北京全路通信信号研究设计院有限公司自 1994 年组建以来，在铁路通信、防护、信号、电力及配套工程设计、工程测量、工程地质勘查、建筑工程设计、系统集成、测试安装、技术开发等方面注重统一运行与发展规模效益，承接了国家高速铁路和客运专线通信信号系统集成建设任务，发明专利 100 多项，自主创新系统技术应用于铁路和城市轨道交通领域，拥有完全自主知识产权的编组站自动化控制系统（CIPS）处于世界领先水平，荣获多项国家优秀工程设计奖和科技进步奖，成为获得"全国工程勘察设计企业营业收入百强企业""中国软件业务收入百强企业""中国轨道交通安全控制和信息技术领域领先企业"等多项荣誉称号的特大型企业。

（八）市场份额与影响市场的优势

争取最大的市场份额是一切大型集团公司追求的最高目标，因为争取最大的市场份额就可以占有绝对的市场优势，获得最大的利润。单个企业由于规模经济和交易成本所界定的边界，使其规模远远不能达到占领大的市场份额、获得垄断市场的水平。集团公司均为实力和财力雄厚的公司，而且不少集团公司还拥有大量的知识产权。集团公司对许多知识产权和技术都拥有绝对的支配地位，通常其主营产品具有相当高的市场占有率，足以影响和左右产品的市场价格及供给情况，形成生产产品的市场把控地位，从而获得最大的经济效益和社会效益。据资料显示，我国银行业、邮电通信业、石油、天然气开采及生产业的特大型集团公司都具有很高的市场占有率，基本掌控了该行业的命脉，净利润也占据中国 500 强的 50% 左右。

（九）多元经营与抵抗风险的优势

集团公司资金多、规模大，进行投资的战略优势主要表现在其多元化经营和抵抗风险等方面。集团公司通过多元化经营使其资金投资于多领域，从而提高资金的安全性，并在拓展经营边界和风险上进行资金流控制，以避免资金集中于某一行业而出现风险。当产业发展遇到周期性波动下滑，各种单体企业面临着生死交替之际，集团总部与子公司之间能够通过相互支持，达到交叉补贴、以赚养亏、以亏克敌、以负伤敌、以盈养负的效果。集团公司还可以通过自身资源、商誉和调控能力，用聚焦式、灌注式等高位整合的手法，全力协助子公司解决资金短缺等问题，以加快子公司资金周转，攻克瓶颈，抵御风险，提升竞争力，实现扭亏为盈。根据全国工商联推出的第一部《中国民营企业发展报告》所公布的调研数据显示，中国小微企业的寿命是 3 年左右，大型企业集团的平均寿命为 8 年左右，产生这种状况的原因是多方面的，其中很重要的一点就是集团公司具有多元经营与抵抗风险的优势，而小微企业则不具备此优势。

二、中国集团公司组建的意义与作用

中国集团公司的组建和发展，使之成为党和国家最可信赖的经济支柱，成为坚决贯彻执行党中央决策部署的重要力量，成为贯彻新发展理念、全面深化改革的重要力量，成为实施"走出去"战略、"一带一路"建设等的重要力量，成为壮大综合国力、促进经济社会发展、保障和改善民生的重要力量。而且，中国集团公司的组建和发展，对加速我国改革开放和社会主义现代化建设的进程，促进我国经济和社会各项事业的发展等，都具有重要的现实意义和深远的历史意义。

（一）促进了我国政府机构的改革精简和公共职能的转变

改革开放以来，中国政府共进行了 8 次规模较大的机构改革，国务院组成部门已由 1982 年的 100 个削减为 2018 年的 26 个，每次机构改革都与经济体制变化及集团公司建立、发展关系密切。

1987 年中国开始组建集团公司，1988 年国务院就进行了机构改革，国务院部委由原有的 45 个减为 41 个，直属机构从 22 个减为 19 个，非常设机构从 75 个减到 44 个，其中与经济体制改革与发展企业集团关系密切的有：撤销国家计委和国家经委，成立新的国家计委；撤销煤炭工业部、石油工业部、核工业部，成立能源部；撤销国家机械工业委员会和电子工业部，成立机械电子工业部；撤销国家物资局，成立物资部；撤销城乡建设环境保护部，成立建设部；撤销航空工业部、航天工业部，成立航空航天工业部；撤销水利电力部，成立水利部；撤销隶属于原国家经委的国家计量局和国家标准局以及原国家经委质量局，设立国家技术监督局。

20 世纪 90 年代，当中国企业集团迅速发展时，1993 年和 1998 年国务院进行了两次机构改革。1993 年的改革，国务院组成部门、直属机构从原有的 86 个减少到 59 个，人员减少 20%，其中与经济体制改革和集团公司发展关系密切的有：机械电子工业部分拆为机械工业部和电子工业部，能源部分拆为电力部和煤炭工业部。1998 年的改革，国务院不再保留的有 15 个部委，新成立的有 4 个部委，更名的有 3 个部委，组成部门由原有的 40 个减少到 29 个。

21 世纪初，随着企业集团向集团公司的转变，国务院又启动了两次机构改革。2003 年国务院机构改革撤销了国家经贸委、外贸部，组建了商务部、国资委、银监会等。2008 年国务院机构改革围绕转变政府职能和理顺部门职责关系，探索实行职能有机统一的大部门体制，合理配置宏观调控部门职能，加强能源环境管理机构，整合完善工业和信息化、交通运输行业管理体制，以改善民生为重点，加强与整合社会管理和公共服务部门。

党的十八大以后，随着中国集团公司的进一步发展壮大，为加快完善社会主义市场经济体制和加快转变经济发展方式，适应建立中国特色社会主义行政体制目标的要求，国务院对政府机构改革作出重大部署，以职能转变为核心，继续简政放权、推进政府机构改革、完善制度机制、提高行政效能，稳步推进大部门制改革，就减少和下放投资审批事项和生产经营活动审批事项、减少资质资格许可和认定、减少专项转移支付和收费、减少部门职责交叉和分散、改革工商登记制度、改革社会组织管理制度、改善和加强宏观管理、加强基础性制度建设、加强依法行政等，减少正部级机构4个。

党的十九大后，为适应国家治理体系和治理能力现代化建设，中共中央于2018年2月作出了《关于深化党和国家机构改革的决定》，并制定具体改革方案。依此规定，国务院组成部门为26个，直属特设机构为1个，直属机构为10个，办事机构2个，直属事业单位9个。

国务院多次机构改革达到了降低行政成本、提高行政效率、优化资源配置、适应市场经济发展、服务企业集团公司需要的目的，有利于社会主义市场体制的发展和完善，有利于"五位一体"总体布局和"四个全面"战略布局的顺利实施，有利于集团公司做强做优做大做出特色。

（二）促进了各类公司现代企业制度的建立发展和完善

改革开放以来，党和国家高度重视、精心设计，建立示范、加强引导，采取各种有效措施，大大促进了企业发展做强做优做大，推动了企业改革迈向新征程。党的十一届三中全会以来，党中央有关经济改革和促进组建企业集团或集团公司顶层设计的文件达100多件，全国人大及其常委会制定的有关涉及促进市场经济发展和建立集团公司与现代企业制度的法律也有100多件，国务院及有关部委制定的有关促进企业发展和建立集团公司的行政法规和规范性文件多达1000多件。在顶层设计中，党和国家一直把企业改革与发展作为中国经济体制改革的中心环节，把组建和发展集团公司作为国有企业改革的重要内容。在大刀阔斧推进国有企业改革、推动组建国有企业集团公司的同时，鼓励和支持组建民营企业集团公司，积极推进集团公司内部建立现代公司制度，明晰公司法人经营权，把以行政力量联结、组织松散的企业联合体改造为以股权为主要纽带的母子公司体制。

以与建立发展集团公司法律关系极为密切的《公司法》为例，该法自

1993 年制定以来就先后修改了 4 次，每次修改都把进一步发展和完善现代企业公司制度作为重要内容，2013 年修订将注册资本实缴登记制改为认缴登记制，放宽了注册资本登记条件，简化了登记事项和登记文件。这些对进一步激励社会投资热情、鼓励创新创业、增强经济发展内生动力意义重大，为我国工商部门推进注册资本登记制度改革，构建市场主体信用信息公示体系，将企业登记备案、年度报告、资质资格审查等通过市场主体信用信息系统予以公示，完善文书格式规范和登记管理信息化系统，为注册资本登记改革这项利国利民的举措"落地生根"提供了法律依据，同时也为集团公司的进一步发展和壮大提供了法治保障。

目前，我国将规模大、实力强、有影响、有特色的企业多称为集团有限公司。截至 2018 年 7 月底，据国家工商总局统计，在全国 8000 多万家企业中，规模较大的企业有 2000 多万家，其中冠以集团公司的有 250 余万家。我国集团公司的成功实践，推进了我国国有企业的深化改革，促进了市场资源的优化配置，加快了我国由计划经济向市场经济体制转变的步伐，推动了社会主义市场经济体制的完善和发展。

（三）保证了国有资产的保值增值和国有经济的快速发展

我国国有企业集团公司的建立和发展，是围绕提高国有企业发展质量效益、促进国有资产保值增值、切实转变发展方式、深化改革加强监管、促进国有经济又好又快发展这一根本目的展开的。国有企业集团公司组建后，以深化改革为动力，转变发展方式，调整产业结构，促进企业提高发展质量和效益，通过深化国有资产管理体制改革，促进产业结构优化升级，加大研发投入，加强技术改造，大力推动自主创新和技术装备水平升级，实施名牌战略，提升产品质量，达到了增强国有企业核心竞争力和资产保值增值的效果。

特别是为解决国有资产体制改革过程中存在的政企不分、管理缺位等问题，2003 年，十届全国人大一次会议审议批准了国务院机构改革方案，决定组建国务院国有资产监督管理委员会，建立出资人和监管人制度，这是国有企业集团公司改革最具有标志性意义的事件。国资委作为国务院直属特设机构，合并了之前分属于 8 个中央部委的国有资产管理职能，代表国家履行出资人职能，指导推进国有企业改革和重组，对监管的中央所属国有资产（不包含金融类国有资产）的保值增值进行监督，维护国有资产出资人的权益，推进国有企业的现代企业制度建设。

同时，国务院于 2003 年 5 月发布了《企业国有资产监督管理暂行条例》。之后，全国人大常委会 2008 年 10 月审议通过了《中华人民共和国企业国有资产法》，自 2009 年 5 月 1 日起施行。此外，国务院有关部委先后制定了《关于实行国有资本经营预算的意见》《关于推动地方开展试编国有资本经营预算工作的意见》《关于完善中央国有资本经营预算有关事项的通知》《关于扩大中央国有资本经营预算实施范围有关事项的通知》等规定，要求加强对集团公司国有资产的管理，建立健全国有资本经营预算管理制度，提高中央企业税后利润上缴比例，将更多中央管理的国有企业纳入国有资本经营预算实施范围，以保证国有资产保值增值，为巩固和发展国有经济，发挥国有经济在国民经济中的主导作用提供保障。

经过改革，我国国有企业集团公司在改革重要领域和关键环节都取得了决定性成果，形成了更加符合我国基本经济制度和社会主义市场经济发展要求的国有资产管理体制、现代企业制度、市场化经营机制，国有资本布局结构更趋合理，培育出一大批经济活力、控制力、影响力、抗风险能力明显增强，具有创新能力和国际竞争力的国有骨干企业，并在我国国民经济中占有举足轻重的地位。

据资料显示，1988 年我国国民生产总值只有 1.3853 万亿元，国民收入只有 1.1533 万亿元；数十万家国有企业固定资产原值只有 1.1787 万亿元，上缴利税仅仅 1588 亿元。2018 年我国国民生产总值跃升到 90.0309 万亿元，国民收入跃升到 89.6915 万亿元；全国国有及国有控股公司营业总收入达58.75 万亿元，实现利润总额 3.388 亿元，上缴税金 4.609 万亿元，资产总额178.7482 万亿元。2018 年国务院国资委管辖的分布在核工业及技术、航空航天、军工、电信、能源、电力、化工、装备制造、钢铁等领域的国有集团公司调整重组为 97 家，实现营业收入 33.878 万亿元，实现利润 2.04 万亿元，上缴税金 3.241 万亿元，资产总额 80.339 亿元。

（四）为民营集团公司成长壮大创造了有利的环境和条件

在党和国家的鼓励、支持和引导下，在国务院"非公 36 条"的扶持下，我国非公有制经济飞速发展，推进了民营企业集团公司建立和发展。特别是党的十八大以来，以习近平同志为核心的党中央高度重视发展民营经济的发展，作出了一系列推动民营经济发展的重大决策部署，进一步促进了民营集团公司的快速平稳健康发展。

1978 年全国只有 14 万家城镇个体工商业者，代表着中国早期的民营企业，到 20 世纪末民营集团公司已近 3000 家。21 世纪以来，民营集团公司迅速发展，数量不断增多，规模不断增大，效益不断提高。据 2004 年第一次全国经济普查的数据，全国民营企业为 244.2 万家，其中具有集团公司规模的有限责任公司为 34.5 万家，股份有限公司为 6.1 万家。到 2008 年底，我国沪深股市非金融类上市公司共有 1540 家，其中民营控股上市公司达 604 家，占上市公司数量的 39%。2011 年全国登记注册的私营企业已超过 900 万家，注册资金总额近 25 万亿元。

党的十八大以来，随着推进"大众创业、万众创新"的政策出台，商事制度的改革、简政放权的实施，激发了民间创业热情，大量民营企业应运而生，为经济发展注入了活力。民营企业在吸纳就业、创造税收、促进经济发展等方面发挥了重要作用。在我国经济进入新常态的背景下，民营企业成为近年来经济发展领域的亮点。

2017 年中国民营企业 500 强都是集团公司。据《财富》杂志统计，2018 年世界 500 强中国内地上榜公司达到 107 家，其中民营集团公司为 17 家，占中国企业世界 500 强总量的 15.9%。

据 2019 年 1 月 1 日福布斯网站公布的"2019 全球富豪榜单"显示，2018 年共有 437 位华人富豪上榜，在全球富豪总人数中占比约 20%，较 2015 年增加 49 位。在前 10 名华人富豪中，有 3 位来自中国香港地区，其余均在中国内地。腾讯创始人马化腾以 375 亿美元个人净资产位列第 20 位。阿里巴巴创始人马云以 353 亿美元的个人净资产位列第 22 位。紧随马云其后的两位华人富豪分别是排在第 25 位的恒大集团创始人许家印和香港李嘉诚，他们两人的个人财富分别为 328 亿美元、313 亿美元。马化腾、马云、许家印的个

人财富均超过了日本首富柳井正（326 亿美元）、英国首富大卫·鲁宾（145
亿美元）。在党和国家政策的支持下，中国民营集团公司在实力、规模、速
度、效益等方面都有更大的发展和提升的空间。

（五）为外资集团公司在国内创业和发展奠定了重要基础

改革开放以来，我国把吸收外资作为对外开放基本国策的重要内容之
一，鼓励外商来华投资兴办企业。《中外合资经营企业法》《中外合作经营企
业法》《外资企业法》等法律法规，对外资企业来华投资在项目审批、土地
使用、赋税征收等方面给予多方优惠条件和便利，并把外资企业作为一个
独立经营、独立核算、独立承担法律责任的经济实体，允许外资企业以法
人或非法人的实体身份出现，允许具备法人条件的外资企业依法取得法人
资格，以有限责任公司或集团有限公司的名称出现。我国通过实施这些优惠
政策，广泛吸引外商来华投资建厂，发展实业。特别是我国《公司法》关于
公司的治理结构、治理体系和管理模式的阐释与国际管理理念相符，使得
外商企业在国内发展容易适应中国的国情和土壤，为外国企业在中国创业
发展和建立集团公司创造了有利条件，外资企业也因此源源不断地来中国
投资创业发展。

加入 WTO 后，特别是在近年国际引资竞争日趋激烈，国内经济下行压力
较大的情况下，党和国家反复强调中国利用外资的政策不会变，对外商投
资企业合法权益的保护不会变，为各国在华投资企业提供更好服务的方向
不会变。我国政府还根据外商所提意见和建议，依照国民待遇原则，结合国
情特点，采取有力措施，做好外商投资保护工作，以保证引进外资规模较
快增长，质量稳步提升，产业结构不断优化，外资企业集团公司也因此不
断发展和壮大。而外资集团公司的发展和壮大在就业、投资、产出、税收、
国际收支等方面对我国经济持续快速增长发挥了重大作用。

据统计资料显示，截至 2017 年 12 月底，外商在国内创办的企业近 84
万家，注册资本在 1000 万元以上的有 10 余万家，亿元以上的集团公司超过
1 万家，累计吸引外资规模高达 1.8 万亿美元，仅次于美国，全球排名第 2，
连续 25 年位居发展中国家首位。外商投资集团公司创造了我国近 1/2 的对
外贸易、1/4 的工业产值、1/7 的城镇就业和 1/5 的税收收入，对我国经济

社会可持续发展的促进作用不断增强。

（六）为中国集团公司步入世界 500 强开通了航道

1987 年国家决定组建企业集团时，没有一家中国集团公司能达到上市标准。随着 1992 年中国证监会的组建和企业股份制改革的推进，集团公司踊跃上市，几乎占领证券市场全部江山，并不断与国际接轨，向世界 500 强进军。1994 年《财富》改变排名标准，将服务业包括在 500 强之内。从这时起，世界 500 强的排行榜上中国集团公司的名单迅速增加。1994 年入选的中国集团公司仅有中国银行、中国化工和中国粮油 3 家。2000 年中国内地企业进入世界 500 强增加到 9 家，2004 年增加到 17 家，2007 年增加到 30 家，2009 年增加到 38 家（中国石油化工集团公司以第 9 名的成绩成为首家进入世界 500 强企业前 10 名的中国企业）。2013 年中国企业占据世界 500 强 100 席；2015 年进入世界 500 强的中国集团公司已达 106 家。

在 2016 年的《财富》世界 500 强排行榜上，中国有 110 家集团公司上榜（含中国台湾企业 7 家），这一数量创下历史新高。从 2018 年《财富》杂志发布的世界 500 强企业排行榜来看，中国上榜企业数量连续 15 年增长，已达到了 120 家（含中国台湾企业 9 家，中国香港企业 4 家），比上年度增加 5 家。国家电网、中国石化和中国石油继续分列榜单前四位，位次没有变化。利润榜前 10 位的四家中国公司仍然是工、建、农、中四大银行。在净资产收益率榜上，中国公司中排位靠前的是腾讯、碧桂园、华为、美的和台积电。中国内地公司中，利润率最高的是腾讯公司，超过 30%。有 13 家中国公司首次或重新上榜，它们是：招商局集团、雪松控股、象屿集团、兖矿集团、鞍钢集团、首钢集团、纬创集团、台湾中油、中国太平保险集团、富邦金融控股、泰康保险集团、河南能源化工集团、青岛海尔。新上榜公司最多的行业是保险企业，有 3 家。青岛海尔则是电子与电子设备行业唯一一家中国新上榜公司。始创于 1872 年晚清洋务运动时期、也是中国改革开放先行者的招商局集团首次上榜，排名位居第 280 位。采矿、原油生产行业中有一家特点鲜明的新上榜公司——兖矿集团，是中国唯一的一家拥有境内外四地上市平台的煤炭企业。兖矿集团澳大利亚公司总产能达到 8000 万吨，成为澳大利亚最大的煤炭上市公司。

（七）为中国企业"走出去""走进去"和"走上去"奠定了重要基础

1992 年世界跨国集团公司开始前来中国投资。伴随着中国经济的高速发展，中国集团公司迅速成长壮大，已经具备向海外进军发展的实力。2000年国务院政府工作报告提出，要"鼓励国内有比较优势的企业到境外投资办厂，开展加工贸易，或者合作开发资源"。2001 年国务院办公厅转发国家经贸委等部门《关于发展具有国际竞争力的大型企业集团的指导意见》提出，要大力发展跨国集团公司，实施"走出去"战略。党的十六大报告提出，实施"走出去"战略是对外开放的新阶段的重大举措。党的十六届三中全会通过的《中共中央关于完善社会主义市场经济体制若干问题的决定》，进一步指出，要继续实施"走出去"战略，完善对外投资服务体系，赋予企业更大的境外经营管理自主权，健全对境外投资企业的监管机制，促进我国跨国公司的发展。

在此政策引导下，中国集团公司走出去参与全球竞争和全球治理经历了"三步走"阶段：一是主动适应全球化阶段，从当地企业成长为全国性集团公司，与跨国公司在国内市场竞争；二是积极推进全球化阶段，不失时机地走出去发展；三是全面实现全球化阶段，建立全球营销、制造、融资、设计、研发和管理运营网络，成为全球知名的集团公司。

2008 年国际金融危机，加上有 3 万多亿美元外汇储备的优势，为中国集团公司走出去投资和并购提供了机遇。党的十八大以后，随着"一带一路"建设的推进，2014 年 9 月我国修订《境外投资管理办法》，确立了"备案为主、核准为辅"的管理模式，中国集团公司在海外投资和并购自主决策能力上升，海外投资和并购进入了黄金期。

据资料显示，2014 年中国集团公司海外并购项目 331 起，并购金额达到395.80 亿美元。2016 年中国集团公司海外并购项目 742 起，实际交易金额1072 亿美元，涉及 73 个国家和地区的 18 个行业，对全球 164 个国家和地区的 7961 家境外企业进行的非金融类直接投资，累计实现投资 1.1299 万亿元。2017 年中国集团公司海外资产达到 6 万亿美元。党的十八大以来，5 年间中国对外投资超 6600 亿美元，已从过去的资本输入国变成了资本净输出国。

中国海外投资的结构发生了变化，质量不断提升。过去的投资大多是小的、劳动密集型的，但近几年已开始向高科技、资本密集型的企业投资转变；过去大多是在周边发展中国家投资，最近几年不断走向发达国家。我国对外投资起步晚、经验不足，也遇到了一些困难，存在一些非理性的投资，经过努力，非理性投资得到了有效遏制。

中国集团公司境外投资和并购，有助于推动国内经济、技术、投资、就业增长，有利于相关产业转型升级和全球价值链的布局，同时能帮助投资东道国被并购企业摆脱困境，为东道国经济社会发展作贡献。仅 2016 年中国集团公司对外投资就为东道国增加就业岗位 150 万个和近 300 亿美元的税收。

随着中国集团公司进一步做强做优做大，越来越在更大范围、更广领域、更高层次参与全球合作与竞争、投资和并购，而且投资领域更加多元化、多样化，投资方向从产业链向全球资源配置扩展，尤其在参与"一带一路"建设和"走上去"参与全球治理以及在引领经济全球化方面，中国集团公司发挥了越来越重要的作用。仅高铁一项，2019 年全球市场将达到 1334 亿美元，我国的高铁集团公司是主要的承载者和建设者。我国百度、阿里巴巴、腾讯、三一重工、华为、青建等民企集团公司都是"走出去"，以及"走进去"和"走上去"的主力军。

（八）成为培育优质"中国制造"和"中国创造"品牌的高地

中国集团公司的发展为促进中国成为全球商品生产大国、出口贸易大国，并稳居世界第一制造大国和第一网络大国奠定了重要的基础。截至 2017 年底，我国生产的 500 余种主要工业产品中已有 220 多种产量居世界第一，60 多家中国内地制造企业进入世界 500 强企业榜单。由世界知识产权组织、美国康奈尔大学、英士国际商学院联合发布的"全球创新指数报告 (GII)"显示，中国已跻身知识性产业发展最具活力的国家行列。中国在"全球创新指数报告"的排名，2017 年从 2016 年的第 25 位上升到第 22 位，2018 年又从 2017 年的第 22 位上升到第 17 位。这表明我国正在从劳动密集型低端制造产业快速向知识密集型高端制造产业转型，"中国制造""中国创造"的能力正在迅速提升。

近年来，中国集团公司在"神舟"系列航天飞船发射、"蛟龙号"载人潜水器研制，以及商飞 ARJ21 新型支线客机、长江三峡升船机、多轴精密重型机床制造等方面已跻身世界先进行列；高铁、核电、通信设备等在全球竞争中已居于竞争优势地位；华为公司 5G 无线数据终端电信设备研发取得突破性进展，获得我国首个 5G 无线数据终端电信设备进网许可证，在欧洲、美洲与当地运营商成功进行 5G 通信测试；中国移动通信等建成了全球最大 4G 网络，4 家企业进入全球互联网企业市值前 10 名；网民总数从 2010 年 12 月的 4.57 亿人增加到 2018 年 8 月 8.02 亿人，其中手机网民人数达 7.88 亿，网民通过手机接入互联网比例高达 98.3%。同时，机器人及云计算、大数据等产业快速增长。

　　长期以来，中国品牌一直处于弱势地位。我国在 Interbrand 发布的全球最佳品牌百强榜中多年处于零状态。只是最近几年华为和联想等集团公司的品牌才进入全球最佳品牌百强榜，但排名还比较靠后。"中国品牌"在国外仍存在"水土不服"的问题。由于中国集团公司具有资本总量与经济规模、产品产量与市场营销、整体联合与"舰队"作战、共享有形和无形资源、技术创新和管理创新、多元经营与抵抗风险、统一运行与规模效益、跨国经营和全球营销等众多优势，又具有弘扬工匠精神、追求精益求精团队的品质，能生产更多有创意、品质优、民众喜欢的产品，淘汰不达标产品，所以集团公司是铸造"中国制造"品牌，支撑制造业提质增效，提升国际竞争力，建设世界品牌的主力军。

　　尤其是在世界进入品牌经济的时代，中国集团公司纷纷瞄准国际先进水平，创新核心技术，落实"中国制造 2025"，实施工业基础和智能制造、绿色制造，实施标准化工程和质量提升工程；加快关键技术标准研制，在机器人、先进轨道交通装备、农业机械、高性能医疗器械等重点领域标准化等方面攻坚克难；大力建立中国品牌发展基地，引领中国制造升级，建设制造强国，努力使"中国制造"和"中国创造"品牌享誉世界。

第三章 中国集团公司的主要成就

20世纪80年代以来，在从计划经济向市场经济转型的大背景下，中国集团公司经历了从无到有、从小到大、从弱到强的发展历程。为推动企业改革发展，激发企业活力，发挥企业规模经济效应，迅速增强国家经济实力，我国借鉴发达国家企业财团模式，结合中国国情，在推进企业横向联合过程中，于20世纪80年代出现了企业集团的雏形，并逐步演变诞生了现代意义的集团公司。在政府推动与企业自发探索的双重作用下，我国企业集团快速成长，形成了当今一批实力显赫、富有活力的大型集团有限公司。

观察中国集团公司的发展路径，不难看出，"做大做强"和"做强做大"集团公司是我国企业集团发展不同阶段提升竞争力的主要路径选择。党的十八大以来，中国集团公司在实现资源优化配置的基础上，正在从做大企业规模向做强企业竞争力转变，大型集团公司在国民经济中地位持续上升，不仅为国家经济稳增长作出了重大贡献，而且为增加国家财政收入与稳定就业作出了重大贡献。大型集团公司已经成为推动经济增长和社会主义市场经济建设的主力军。

第一节　集团公司做强做大成就显著

改革开放以来，中国企业集团坚持改革创新发展，履行历史赋予的责任和使命，融入市场经济，融入经济全球化，参与国际竞争与国际合作，在全球配置资源，迅速壮大。以中国企业 500 强为代表的中国大型企业集团公司活力迸发，拼搏进取，营业收入、资产、利润、税费等经济指标快速增长。据统计，2018 中国 500 家大型集团公司年营业收入总额 71.17 万亿元，折合 10.6 万亿美元，相当于 4 个英国、3.8 个法国、2.8 个德国、半个美国的 GDP。集团公司为我国经济高速增长、综合国力增强、人民生活水平提升，为抗击全球金融风暴冲击、稳定世界经济、"一带一路"建设作出了巨大贡献。

一、营业收入 18 年增长 15.5 倍

中国大型企业集团的综合实力迅速增强，劳动生产率、营业收入、资产总额、实现利润、缴纳税金各项经济指标迅速提升。

（一）2002 至 2006 年企业集团公司营业收入快速增加

2002 年中国首次发布中国企业 500 强，500 家集团公司营业收入总额 6.1 万亿元，相当于 2001 年全国国内生产总值 9.59 万亿元的 63.6%，入围企业的营业收入门槛为 20 亿元。

2003 中国企业 500 强入围门槛大幅提高到 25.6 亿元，营业收入总额 6.9 万亿元，相当于上年国内生产总值的 68%。2004 中国企业 500 强的入围门槛又大幅提高到 30.6 亿元，营业收入总额 8.99 万亿元，企业平均年营业收入 234.9 亿元，有 100 多家新企业荣登中国企业 500 强排行榜。

2005 中国企业 500 强入围门槛增加到 45.7 亿元，营业收入 11.75 万亿元，相当于上年国内生产总值的 72.6%。中国石化、国家电网、中国石油、中国移动、中国工商银行分别以 6343 亿元、5900 亿元、5713 亿元、1983 亿元、1940 亿元，位列中国企业 500 强前 5 位。这 5 家大集团公司总营业额达到 2.19 万亿元，首次突破 2 万亿元大关，显示出我国大型集团公司发展迅速。

2006 年与 2001 年相比，一是中国企业 500 强的营业收入总额从 5.42 万

亿元升至 14.14 万亿元，增长 160.6%，平均年增幅 32.1%。这一数值超过同期 GDP 增幅的 86%，充分说明 500 家大型企业集团公司成长良好。二是资产总额攀升 76.24%，平均增幅为 15.24%。2006 年有 25 家企业的营业收入超过了 1000 亿元人民币，有 23 家企业达到了 2005 世界企业 500 强的标准，有 19 家企业入围 2005 世界 500 强企业。三是营业收入总额相当于国内生产总值的比例持续攀升，从 49.3% 提升到 64.9%，平均每年提升 3.12%。该数值的上升反映出集团公司在国民经济中的分量不断加大。中国企业 500 强数量只占国内企业总数的很小一部分，但在国民经济中占有极其重要的地位。

（二）2007 至 2011 年企业集团公司抗击全球金融危机贡献巨大

2007 年中国 GDP 达到 3.4 万亿美元，从全球 GDP 排名第 6 位跃升至第 4 位。2007 中国企业 500 强入围门槛增加到 72 亿元，营业收入总额 17.49 万亿元。在 2007 中国企业 500 强名单中，国有及国有控股企业 349 家，占 69.8%；私营企业有 87 家，占 17.8%；其他企业 64 家，占 12.8%。这表明我国国有企业的整体素质和竞争力迅速提升，在国民经济中发挥着主力军作用。

2008 中国企业 500 强的入围门槛 93.1 亿元，营业收入总额 21.86 万亿元。2009 中国企业 500 强实现净利润 1.21 万亿元，入围门槛首次突破百亿元大关，上升到 105.4 亿元。

2010 中国企业 500 强营业收入总额 27.6 万亿元；实现净利润 1.5 万亿元，比 2009 年增长 24.7%。这说明中国企业 500 强集团公司在国民经济中的优势地位进一步得到巩固。2010 中国企业 500 强中有 154 家企业对 909 家企业进行并购重组，平均每家企业并购重组约 6 家企业。2010 年是中国企业 500 强集团公司变强的重要一年。

2011 中国企业 500 强取得了长足发展：一是入围门槛提高到 141.987 亿元，与上年相比增长 28.1%。二是经济效益大幅增长，营业收入总额 36.32 万亿元，与上年相比增长 13.1%；利润 2.08 万亿元，与上年相比增长 13.87%；尤其是海外营业收入的总额比上年增长 53.55%、海外资产总额增长 38.90%、海外员工总数增加了 35.48%。三是兼并重组取得重大进展，500 强企业中的 182 家企业并购重组 1112 家企业。一些地方国有企业在政府主导的兼并重组中迅速成为世界 500 强的超级公司。我国大企业集团公司崛起是世界范围内的大事件，一大批规模庞大、具备市场竞争能力的大集团公司的出现，直接改变着我国经济的面貌，对全球范围内的企业竞争格局产生深远的影响。

2008 年国际金融危机爆发后，面对全球经济衰退的严峻局面，在党中央、国务院的领导下，我国集团公司坚持改革创新，积极应对挑战，在逆境中开拓进取，保持了良好的发展态势，在做强做大的道路上取得巨大的进展。2011 中国企业 500 强与 2007 中国企业 500 强相比，营业收入总额年均增长 27%、资产总额年均增长 27%、纳税总额年均增长 26.7%。2010 年中国 GDP 总量达到 5.216 万亿美元，超过日本，全球 GDP 排名从第 4 位跃升为第 2 位。中国集团公司为抗击全球金融危机的冲击，持续快速发展我国国民经济，为保持世界经济的稳定作出了巨大贡献。

（三）2012 年至 2018 年企业集团公司营业收入持续增加

2012 中国企业 500 强入围门槛大幅提高到了 175.1 亿元，较上年增长 23.3%；营业收入总额 44.9 万亿元，较上年增长 23.7%。2013 中国企业 500 强营业收入突破 50 万亿元。中国石化、中国石油、中国建筑、中国移动、中国工商银行名列前 5 位，营业收入总额达 9.4 万亿元、利润达 5623 亿元。86 家内地企业进入世界 500 强。

2014 中国企业 500 强的营业收入总额 56.68 万亿元，较上年增长 13.31%。中国石化以营业收入 2.945 万亿元继续蝉联榜首。榜单前 10 名集中在能源、银行、建筑、通讯领域。2014 中国企业 500 强有 131 家企业营业收入超过 1000 亿元，比上年增加了 11 家。

2015 中国企业 500 强的营业收入总额 59.5 万亿元，同比增长 6.98%，占上年国内生产总值 93.5%；利润 2.7 万亿元，同比增长 12.5%。2016 中国企业 500 强的营业收入总额 59.5 万亿元，是 2001 年中国营业收入前 500 家大型企业集团营业收入总额的 11 倍，平均年增幅 66.4%。

2017 中国企业 500 强的入围门槛飙升至 283.11 亿元，较上年大幅提升 39.65 亿元；营业收入总额首次突破 60 万亿元，达到 64 万亿元，相当于上年国内生产总值 74.4 万亿元的 86%。2018 中国企业 500 强入围门槛首次突破 300 亿元大关，实现了 16 连升，比 2002 年提高 15 倍。中国大型集团公司的快速发展成为我国现代化建设的一大亮点。具体见图 3-1 所示。

单位：亿元人民币

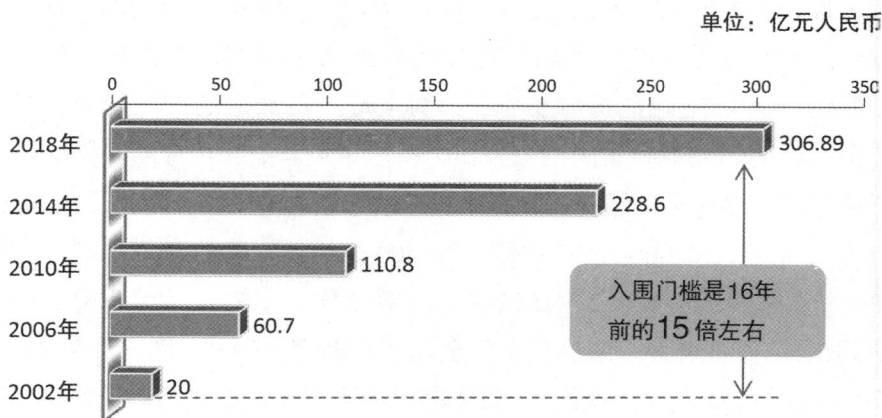

图 3-1　中国企业 500 强入围门槛变化

2018 中国 500 强企业营业收入总额增长至 71.17 万亿元，营业收入超过 1000 亿元的企业增加到 172 家，其中有 5 家营业收入超过万亿元，中国石化、国家电网和中国石油的营业收入超过 2 万亿元。2018 中国企业 500 强实现净利润总额 3.2 万亿元，比上年增加 3755 亿元，增幅为 13.28%，快于同期美国 500 强净利润增速的 12.9%。2018 中国企业 500 强与 2000 年中国营业收入排名前 500 家大型企业集团比较，营业收入从 4.3 万亿元增长到 71.17 万亿元，增长 15.55 倍；利润从 0.276 万亿元增长到 3.2 万亿元，增长 10.6 倍；缴纳税金从 0.2435 万亿增加到 4.02 万亿元，增长 15.5 倍。具体见图 3-2 所示。

资产总额单位：万亿元人民币

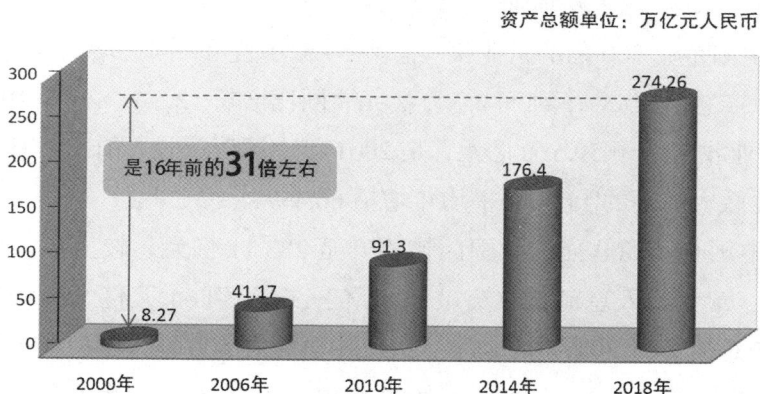

图 3-2　2018 年与 2000 年中国 500 家大企业营业收入比较

从经济总量比较，2018 年中国 500 家大企业营业收入总额 10.6 万亿美元，接近日本、德国、英国的经济总量之和 11.174 万美元。具体见图 3-3 所示。与此同时，中国 GDP 从 2000 年 10 万亿元增长到 90 万亿元人民币，增长 8 倍，在全球 GDP 总量中的占比从 3.37% 增加到 16.22%，占比提升近 4 倍。

单位：万亿美元

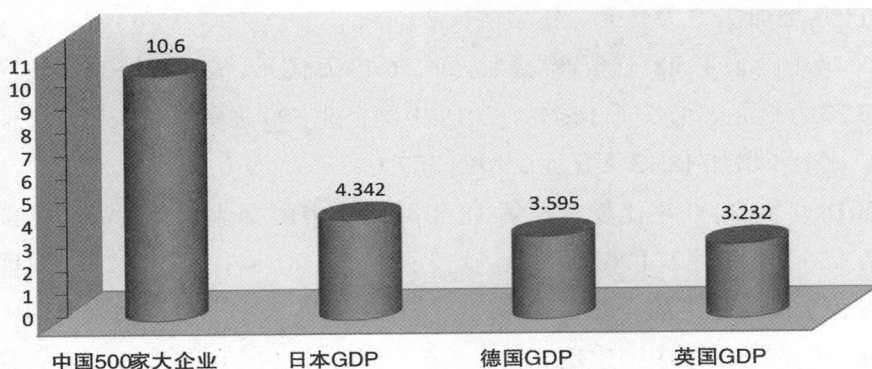

图 3-3　2018 年中国 500 家大企业营业收入与有关国家 GDP 对比

以上这些数据表明，中国 500 家大型企业集团公司快速发展的辉煌成就，奠定了中国经济发展速度创造世界奇迹的基础，表明了中国 500 家大型集团公司在国民经济中的主导地位和在世界经济格局中的重要性的迅速提升。

二、集团公司资产规模持续快速扩张

中国大型企业集团公司 500 强的资产总额一直维持快速增长态势。前 500 家大型企业集团公司资产总额约占全国企业资产总额的近四成。

中国企业 500 强 2002 年资产总额 26 万亿元，2006 年达到 41.17 万亿元，5 年时间资产总额攀升 76%，平均年增幅为 15.2%。即使在 2008 年遭遇全球金融危机严重冲击的形势下，集团公司资产总额增速虽然有所下滑，但增长速度仍然维持在两位数以上。

2008 中国企业 500 强集团公司资产总额攀升到 62.2 万亿元，比 2007 年增加 10.22 万亿元，增长 21%。2009 中国企业 500 强集团公司资产总额攀升到 74.2 万亿元，比 2008 年增加 12 万亿元，增长 19.3%。2009 中国企业 500 强的资本密集程度进一步提高，人均资产为 284 万元，比上年增加了 39.5 万元。中国企业 500 强在国民经济中的优势地位得到巩固。

2011 中国企业 500 强资产总额达到 108.1 万亿元，比 2006 年增加 66.93 万亿元，年均增长 32.5%。2014 中国企业 500 强资产总额达到 176.4 万亿元，比 2011 年增加 77.3 万亿元，年均增长 20.7%。

2017 中国企业 500 强资产总额达到 256.13 万亿元，较上年 500 强资产总额 223.27 万亿元，增长了 14.7%。2018 中国企业 500 强资产总额达到 274.26 亿元，比上年增加 18.13 万亿元，增幅为 7.1%。

2018 年同 2000 年比较，短短 18 年时间，中国企业 500 强资产总额从 8.27 万亿元增加到 274.26 万亿元，增长 32 倍。2018 中国企业 500 强排行榜前 8 位，除金融保险企业，实体经济集团公司有 5 家，包括国家电网、中国石化、中国石油、中国建筑、上海汽车。据统计，2001 年这五家资产总额 2.7 万亿元，2018 年大幅提升到 9 万亿元，增长 2.33 倍，年均增幅 13.7%。具体见图 3-4 所示。

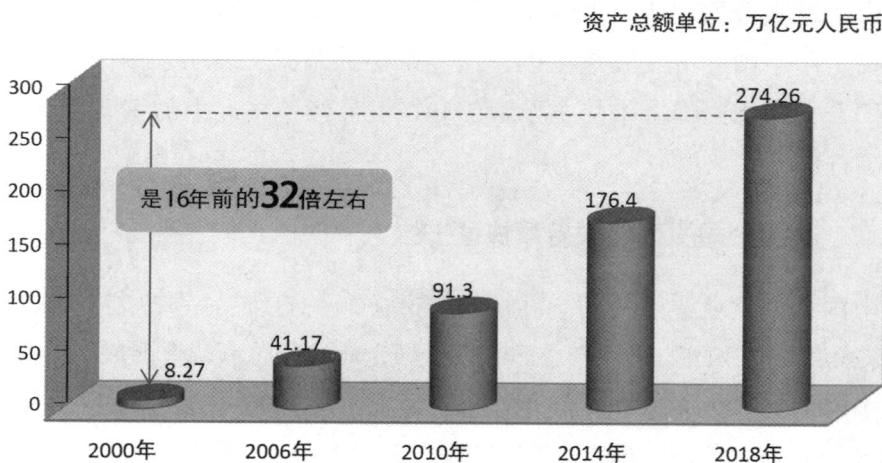

资产总额单位：万亿元人民币

图 3-4 中国 500 家大企业资产总额变化

从中国 500 强企业集团公司资产占全国企业资产比重看，据来自中国社科院《中国国家资产负债表 2015：杠杆调整与风险管理》测算，21 世纪以来，我国国有企业和工业企业在整个非金融企业的资产占比持续下降，从 2000 年的 43.8% 下降到 2014 年的 30.2%。2016 年我国国有企业与非公经济的构成并没有发生明显变化，国有企业资产占全部非金融企业资产的比重估计在 30% 左右。

根据财政部数据，2016 年国有企业资产总额为 131.7 万亿元。据此推算，2016 年全国非金融企业资产总额约为 439 万亿元。同时，根据中国银监会的数据，我国银行业截至 2016 年末资产总额 232.3 万亿元。二者相加，2016 年我国企业资产总额约为 671.3 万亿元。2017 中国企业 500 强资产总额为 256.1 万亿元，占上年全国企业资产总额的 38.1%，同口径同比增长了 13.4%，较上年 500 强资产总额 223.3 万亿元，增长 14.8%，呈加快增长态势。

从中国 500 强企业集团公司资产的质量看，近年来资产质量总体处于提升的趋势。2016 中国企业 500 强净资产为 38.7 万亿元，总负债为 187.9 万亿元，总体平均资产负债率为 84.17%；与上年相比，500 强企业的资产负债率降低了 0.16%，比前年降低了 0.57%，连续两年下降，资产质量有所提升。但 2017 中国企业 500 强净资产为 35.3 万亿元，总负债为 217.5 万亿元，总体平均资产负债率为 84.90%；与上年相比，500 强企业的资产负债率小幅提升了 0.73%，比前年提高了 0.57%，资产质量明显下降。2018 中国企业 500 强资产总额持续增长，净资产增速快于资产增速，资产质量明显回升。2018 中国企业 500 强的资产总额 274.26 万亿元，比 2017 年增加了 18.13 万亿元，增长 7.08%。净资产（本处所指的净资产是归属于母公司所有者权益）增速快于资产增速。2018 中国企业 500 强的净资产为 33.56 万亿元，比上年增加 2.84 万亿元，增幅达 9.24%。

三、集团公司占世界 500 强的比重不断攀升

1989 年中国银行首次进入世界 500 强排行榜。中国企业经过 30 年的奋斗，不仅实现了世界 500 强企业排行榜从零到百的历史性大突破，而且中美两国 500 强企业营业收入总额的差距迅速缩小。中国 500 强企业所占本国国内生产总值比例指标也优于美国 500 强企业。

（一）百余家集团公司跻身世界 500 强企业

2002 年入围世界 500 强企业的中国内地企业为 11 家。此后，这一数值长期处于上升态势。2003 年 12 家，2004 年 14 家，2005 年 15 家，2006 年达到 19 家。2003 中国企业 500 强的平均营业收入增长率为 18.75%，比 2003 世界 500 强企业的平均收入增长率 3.1% 高出 15.65%；中国企业 500 强平均利润增长了 25.84%，比世界 500 强企业的平均利润率 9.1% 高出 16.74%；中国企业 500 强平均资产利润率为 1.28%，世界 500 强为 1%。

中国企业 500 强营业收入占世界 500 强企业营业收入比值逐年提高，从 2002 年的 5.26%，提高到 2006 年的 9.32%，上升 4.06%，年均增幅 1%。在一些成长性指标上，中国企业 500 强已赶上或超过世界 500 强企业。从总量增长率指标方面看，伴随着世界经济的增长，2005 年度世界 500 强企业营业收入总额增长 12.7%，资产总额增长 7.4%。这一年中国企业 500 强的营业收入总额增长 20.41%，资产总额增长 22.67%。这表明，近年来中国企业 500 强实现了跨越式发展，与世界 500 强差距不断缩小。

2008 中国企业 500 强的营业收入 2.9921 万亿美元、净利润总额 1884 亿美元、资产总额 8.1720 万亿美元，分别相当于 2008 世界企业 500 强同类指标的 12.76%、11.85% 和 7.79%。2008 年入围世界 500 强的中国集团公司数量达 26 家。营业收入、利润总额的比例提高和入围数量的增多，都反映出中国企业的竞争力和盈利能力在增强，与世界级大企业之间的差距逐年缩小。

2010 中国企业 500 强在世界 500 强企业中的比重继续攀升，共有 54 家中国公司入围世界 500 强，其中中国内地 500 强企业进入《财富》世界 500 强的数量比上年净增 9 家，创下入榜数量的最大增幅。到 2012 年，中国内地入围世界 500 强的企业增长到 73 家，首次超过日本，跃居世界第二；相对于美国企业 500 强的规模从 28.2% 提高到 59.1%。

2013 年中国内地 86 家企业进入世界 500 强，相当于英、法、德三国的总和，比排名第 3 的日本多 24 家，总数稳居世界第 2。这 86 家企业的营业收入、资产总额、利润总额就分别达到世界 500 强的 15.81%、15.88% 和 16.67%。其中 2013 中国企业 500 强营业收入接近美国企业 500 强的 2/3，占当年世界 500 强企业营业收入 26.17%。北京作为 48 家世界 500 强企业总部所在地，超越东京所拥有的世界 500 强企业的总数，成为世界 500 强企业总部聚集地。

（二）集团公司国际竞争力迅速增强

从 2000 年以来，中国大企业集团公司不断加大"走出去"的力度，对外投资、跨国兼并取得显著进展。2013 中国跨国公司 100 大海外资产 4.4869 万亿元，海外营业收入 4.7796 万亿元，海外员工超过 62 万人，2018 中国跨国公司 100 大海外总资产将近翻一番，达到 8.7331 万亿元，海外收入增长 24.8%，达到 5.9652 万亿元。

2014 年中国内地 85 家企业入围世界 500 强，继续居全球第 2。2015 年中国内地有 94 家企业进入世界 500 强，比排名第 3 的日本多出 40 家，总体规模为美国 500 强企业的 77.5%。2016 年中国内地 99 家企业入围世界 500 强，比英国、法国、德国三国总和多出 17 家。2016 中国企业 500 强的营业收入 9.6 万亿美元，相当于美国企业 500 强的 79.9%。

在 2018 世界 500 强排行榜中，中国上榜公司数量连续第 14 年增长，达到了 120 家。其中中国内地为 107 家，已非常接近美国的 126 家，远超第 3 位日本的 52 家。从总数量看，中国进入世界 500 强的企业数量已经超过排名第 4 至第 7 位的德国、法国、英国和韩国的企业总数。包括香港、台湾地区企业在内，中国进入世界 500 强企业的数量超过日本、德国、法国企业总数。30 年来没有任何一个国家像中国企业这样数量如此迅速地增长进入世界 500 强行列。具体见图 3-5 所示。

单位：家

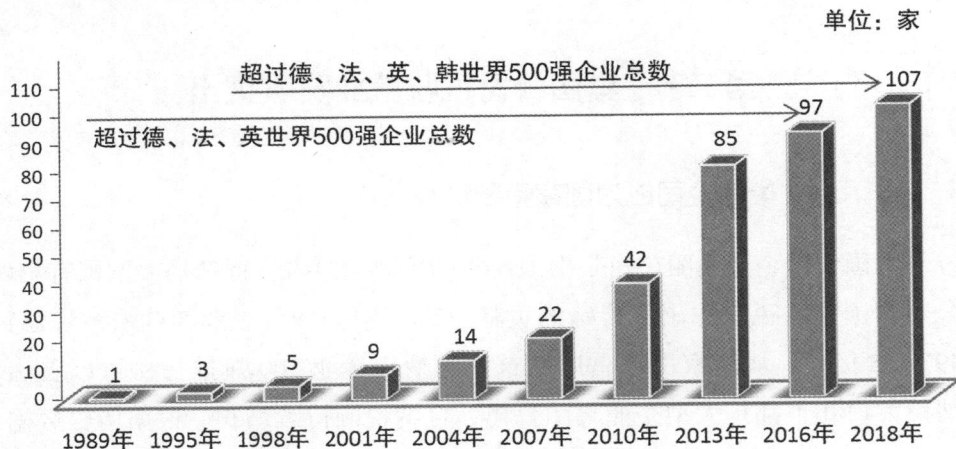

图 3-5　世界 500 强中国内地企业上榜数量变化

从中美两国 500 强企业营业收入总额占本国国内生产总值比重看，2018 美国 500 强企业营业收入总额 12.81 万亿美元，占美国国内生产总值 18.98 万亿美元的 63.7%。中国 500 强企业营业收入总额 71.17 万亿美元，占中国国内生产总值 90 万亿美元的 79%。由此可见，中国前 500 家大型企业集团公司在本国经济中的重要性与美国大型企业集团相比更为突出。具体见图 3-6 所示。

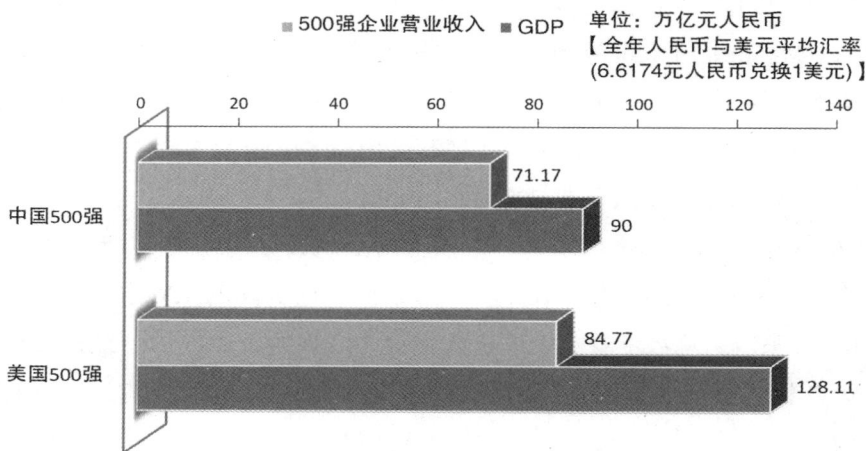

图 3-6　2018 中美两国 500 强企业营业收入与本国 GDP 对比

第二节　集团公司税收就业贡献突出

一、企业集团公司成为国家重要纳税大户

中国大型企业集团公司是中国税收的重要贡献者。特别是大型国有集团公司为国家的税收作出了特殊的贡献。2004 中国纳税企业 500 强纳税总额 4977.65 亿元。从国家税务总局发布中国纳税企业 500 强排行榜可以看出，纳税大户几乎都是大型企业集团公司，且纳税额持续增长。根据历史数据，2000 年中国前 500 家大型企业集团年纳税总额 2435 亿元，2018 中国企业 500

强大型集团公司纳税总额达到 40200 亿元，18 年纳税总额增加 15.5 倍。

2006 中国纳税 500 强入围门槛从上年 2.83 亿元提高到 3.64 亿元，中国 500 强企业纳税总额首次跨越 7000 亿元大关，达到 7742.93 亿元，较上年增加 22.64%。2007 中国企业 500 强的营业收入 17.49 万亿元人民币，纳税总额 1.32 万亿元。2009 中国企业 500 强纳税总额 1.91 万亿元，占上年全国税收总额 35.2%。2010 中国企业 500 强纳税总额 2.12 万亿元，占上年全国税收总额 35.7%。2011 中国企业 500 强纳税总额达 2.73 万亿元，占上年税收总额 7.3 万亿元的 37.4%。

在 2011 中国企业 500 强中，有 49 家企业的纳税额超过 100 亿元，比上年增加 5 家，其中纳税额超过 1000 亿元的有 2 家。2011 中国制造业企业 500 强实现税收 1.26 万亿元，比上年增长 33.35%；中国服务业企业 500 强实现税收 8862.7 亿元，比上年增长 38.66%。

2013 中国企业 500 强纳税总额 3.65 万亿元，占 2012 年中国税收总额的 36.28%，从单个企业看，有 69 家企业的纳税额超过 100 亿元，比上年增加了 9 家。从制造行业看，在 2013 年中国制造业 500 强企业中，国有企业以 66.65% 的收入份额贡献了 85.07% 的纳税份额，百元收入纳税率为 8.69 元，是民营企业 3.05 元的 2.85 倍。

2014 中国企业 500 强实缴税收总额达 3.88 万亿元，比 2013 年 500 强企业纳税总额 3.65 万亿元增长 6.3%。2014 年中国企业 500 强缴税总额占我国税收总收入 11.05 万亿元的 35.1%。从单个企业看，2014 年中国企业 500 强中有 67 家企业的纳税额超过 100 亿元，其中纳税额超过 1000 亿元的有中国石油等 4 家企业；从行业看，有石化、银行、烟草等 10 个行业的纳税额均超过 1000 亿元。2014 中国制造业企业 500 强中的国有企业以 65.35% 的收入份额贡献了 81.95% 的纳税份额，百元收入纳税率为 8.11 元，是民营企业 3.37 元的 2.41 倍。国有企业的收入利税率 [(纳税总额 + 净利润)/ 营业收入] 为 9.93%，明显高于民营企业 6.16% 的水平。

2015 中国企业 500 强实缴税收总额达 3.98 万亿元，比 2014 年 500 强企业纳税总额 3.88 万亿元增长 2.58%，其中有 76 家企业的纳税额均超过 100 亿元。2015 中国企业 500 强纳税总额的 77.9%，集中在石油化工、银行保险、烟草等行业。纳税额超过 1000 亿元的企业有 4 家，分别是中国石油 4070.4 亿元，中国石化 3307.2 亿元，国家电网公司 1383.2 亿元，中国工商银行 1237 亿元。

据估算，中国 500 家大型企业集团公司的纳税总额约占全国企业实际纳税额的 40%。2016 中国企业 500 强纳税总额约 4.04 万亿元。2017 中国企业 500 强纳税总额 3.88 万亿元。2018 中国企业 500 强纳税总额 4.02 万亿元，比上年增加 0.14 万亿元，增长 3.61%，比 2000 年增长 15.5 倍。这其中，国有大型集团公司为国家纳税所占比重最大。2018 年中国企业 500 强统计，263 家国有企业共缴纳税收 3.25 万亿元，占 500 强企业纳税总额的 80.91%。具体见图 3-7 所示。

单位：万亿元人民币

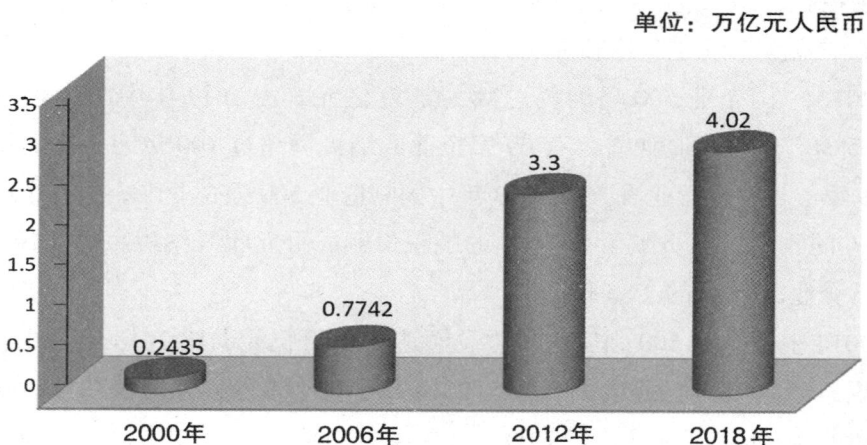

图 3-7　中国 500 家大企业缴税总额变化

二、集团公司为稳就业作出积极贡献

30 年来，中国大型企业集团公司积极响应党中央稳就业的号召，持续吸纳新增劳动力，为稳就业和增收入作出了重要贡献。

2009 年面临全球金融风暴的巨大冲击，许多集团公司在自身生产经营遇到困难的情况下，积极承担社会责任，主动为国家排忧解难，增加就业机会。当年企业 500 强就业人数 2581.99 万人，同比增加 128.60 万人，同比增幅为 5.2%。2010 年中国 494 家企业集团公司填报就业数据，实现就业人口 2701.95 万人，与 2009 年 490 家企业填报的 2581.99 万的从业人数相比，增幅为 4.6%。

2011 中国企业 500 强总就业人数为 2723.9 万人，比上年新增劳动力就业 11.95 万人，比上年增长 0.81%。2011 中国制造业企业 500 强雇员总数为 1145.8 万人，新增劳动就业岗位 81.6 万个，比上年增加 7.67%。2011 中国服务业企业 500 强雇员总数为 1092.5 万人。2013 中国企业 500 强雇员比上年增加 88.26 万，占全部新增就业人数的 6.97%。

据 2016 年度人力资源和社会保障事业发展统计公报显示，2015 年末全国就业人员 77603 万人，比上年末增加 152 万人。其中城镇就业人员 41428 万人，比上年末增加 1018 万人。第三产业是吸纳就业的绝对主力。全国就业人员中，第一产业就业人员占 27.7%；第二产业就业人员占 28.8%；第三产业就业人员占 43.5%。2016 年全国前 500 家大型集团公司年末平均劳动力就业数量为 3342 万人，比 2015 年新增就业人数 74.2248 万人。从劳动力就业总量看，大型企业集团公司吸纳劳动力占全国城镇就业人员的 8.1%；从新增就业人口看，大型企业集团公司新增劳动力占全国城镇新增就业人员的 7.3%。

第三节　集团公司成为技术创新主体

创新是企业构建竞争新优势的关键手段之一，各国政府与企业都高度重视创新。各国政府为鼓励创新出台了诸多财税优惠举措，制定了引导性的创新发展战略与中长期规划，明确了本国产业技术发展路线图；企业也纷纷加大创新投入，大力培养与吸纳创新人才，完善内部创新机制，推动企业自主创新发展。

在世界知识产权组织（WIPO）发布的 2018 年全球创新指数排行榜中，中国首次进入前 20 名，位列第 17，排名提升 5 位，是前 20 位中唯一的中等收入经济体。在国家政策的支持下，中国集团公司研发费用的投入占全国企业研发投入六成以上，关键技术的创新不断取得突破，已经成为全国企业技术创新的主体。

一、研发投入占全国企业研发投入六成以上

我国研发经费继 2010 年超过德国之后，2013 年超过日本，成为仅次于美国的世界第二大研发经费投入国家。2017 年全国研发经费投入总量为 17606.1 亿元，比上年增长 12.3%，比 1991 年增长 123 倍；其中企业研发经费 13660 亿元，比 2012 年 7842.2 亿元增长了 74%，年均增长 12.3%；占全社会研发经费支出的比重为 77.59%，比 2012 年提高 0.9%。

大型企业集团研发投入占全国企业研发投入总额六成以上，成为我国企业研发投入的主体。2017 年企业研发投入超 10 亿的上市公司有 79 家，研发投入超 50 亿元的上市公司有 16 家，研发投入超百亿的上市公司有 7 家，分别为中国石油、中兴通讯、中国建筑、中国中铁、上汽集团、中国中车、中国铁建。其中中国石油研发投入最多，共计 186.01 亿元，中兴通讯和中国建筑排名第二和第三，研发投入分别为 129.62 亿元、123.85 亿元。

2018 中国企业 500 强中 426 家合计投入研发费用 8950.89 亿元，比上年增加 21.63%。426 家大型集团公司研发经费投入总额占全国研发支出总额 17606 亿元的 50%，占全国企业研发投入 13660 亿元的 65.5%，成为我国企业研发投入最为关键的主体力量。具体如图 3-8 所示。

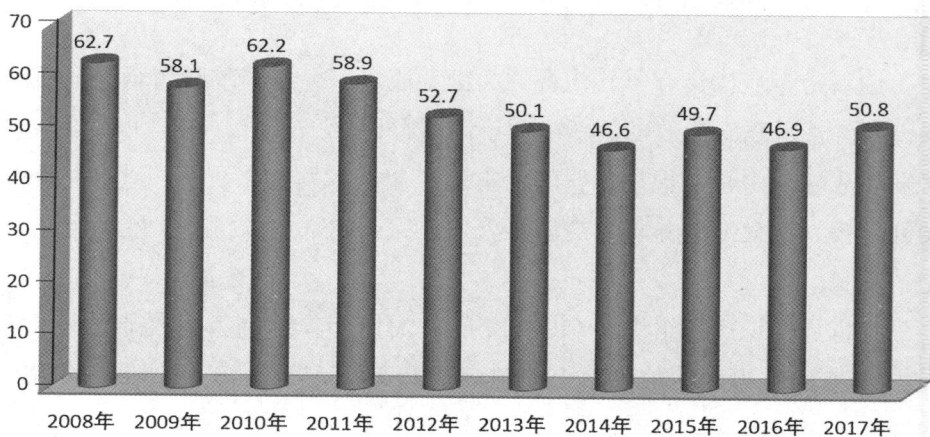

图 3-8　2008 年以来大型企业集团科研投入占全国研发投入比重

　　大型企业集团公司研发投入波动增加。2017 年中国企业 500 强平均研发强度为 1.45%，与上年相比下降了 0.03 个百分点，但与前两年相比提升较为明显，这是 500 强企业研发强度连续两年较快提升后出现小幅回落。从更长时间看，2017 年中国企业 500 强研发强度，是上年创下了近 10 年来的新高后的次高值，也是自 2005 年中国企业 500 强发布研发强度数据以来的第三高，仅次于中国企业 500 强 2007 年 1.61 和 2006 年 1.48 的研发强度。从具体企业看，研发强度超过 10% 的有 5 家企业，分别为华为（14.65%）、百度（14.39%）、中兴通讯（12.61%）、中国航天科工（11.19%）、阿里巴巴集团（10.78%）。这些企业在电信设备制造、航天科技、军工、电子商务等领域保持着领先地位，成为我国创新型大企业的典型代表。

　　2018 中国企业 500 强平均研发强度为 1.56%，是中国企业 500 强自有研发强度统计数据以来的新高值。从分行业看，高端装备制造业企业的研发强度较高，其中通信设备制造业企业为 11.92%，半导体、集成电路及面板制造业企业为 6.94%，工程机械及零部件业企业为 5.21%，航空航天业企业为 5.15%；发明专利占比为 36.16%，较上年提高了 5.27%。

二、创新科技成果数量快速增加，质量明显持续提升

　　大型企业集团公司科技创新成果继续快速增长。2018 中国企业 500 强中有 382 家企业提供了专利数据，比上年多了 9 家；共申报专利 95.55 万件，较上年增长 29.60%；共申报发明专利 34.55 万件，较上年大幅增长 51.72%。华为公司和国家电网的专利数量均超过了 7 万件，其中华为有 7.43 万件，居首位。发明专利方面，华为以 6.69 万件高居首位。国家认定的国家级企业（集团）技术中心和分中心 1565 家，企业研发人员 425 万人，建在企业的国家重点实验室 177 个，占国家重点实验室的 36.8%，建在企业的国家工程（技术）研究中心为 144 个，占国家工程（技术）研究中心总数的 41.6%。

　　大型企业集团拥有专利数量显著增长，专利质量持续提升。2018 中国企业 500 强专利总量中，发明专利占比为 36.16%，较上年提高了 5.27%，专利质量显著改善。总体上看，2013 年以后，中国企业 500 强的专利质量持续改善，目前发明专利占比较 5 年前提高了 10.65%。专利数量在 1000 件以上、发

明专利占比在 90% 以上的企业有 3 家，分别是华为投资控股有限公司（74304 件、90%），中国联合网络通信集团有限公司（1370 件、92.63%），北大方正集团有限公司（4018 件、91.84%）。

中国企业 500 强参与标准制定数创下历史新高。2018 中国企业 500 强共有 325 家企业申报了企业参与标准制定情况，共参与 4.9483 万项标准制定，参与数量比上年增加了 1.009 万项，增幅为 25.61%。其中，参与国内标准制定 4.708 万项，比上年增加了 9593 项；参与国际标准制定 1555 项，比上年增加了 152 项。2018 中国企业 500 强中中央企业共参与了 3.7569 万项标准制定。其中，参与国际标准制定 1227 项，分别占全部标准总数和国际标准数的 75.92% 和 78.91%，是大型企业参与标准制定的主体力量。

三、关键技术、核心技术不断取得重大突破

国家"十三五"规划纲要提出要加快突破新一代信息通信、新能源、新材料、航空航天、生物医药、智能制造等领域核心技术，因为在这些领域，核心技术仍受制于人。我国钢铁年产量超过世界总产量的一半，却仍生产不出一些特种高质钢材；高性能飞机发动机严重依赖进口，汽车发动机主要是外资、合资品牌；核心基础零部件、先进基础工艺、关键基础材料和产业技术基础等工业基础能力薄弱，近年来每年进口 2000 多亿美元的芯片，超过石油和大宗商品；仿制药占比超过 90%，许多高端医疗设备进口占比超过 90%。

近年来我国工程科技领域取得了举世瞩目的成就：载人航天、探月工程、高速铁路、北斗导航、深海勘探等一些重要领域跻身世界先进行列。某些领域正由"跟跑者"向"并行者"甚至"领跑者"转变。

目前我国关键技术设备达到和接近国际先进水平的比例已经超过 15%，尤其是大型中央企业集团公司，在我国关键技术与核心技术突破中发挥了关键作用。在航空航天、交通运输、通信、能源、生物、环保、医药和粮食等关键领域的绝大多数重大技术突破，都与中央企业的积极参与密不可分。在载人航天、绕月探测、北斗系统、特高压电网、支线客机、4G 标准、"蛟龙号"载人深潜器、西气东输、重大装备制造等重大项目的技术创新中，中央企业更是发挥了重要的主导作用。

中国商飞制造的 C919 顺利完成了首飞。中航工业设计生产的歼 –20 装上了中国第五代发动机。中国海油子公司在单点系泊系统方面取得重大突破，攻克了核心设备旋转接头和单点浮筒的关键技术，打破了国外垄断，为具有自主知识产权的单点系泊系统国产化奠定了基础。

中国兵器工业集团公司在航空发动机粉末涡轮盘材料挤压技术方面取得了重大突破，填补了我国航空事业的一项空白。中国航空工业自主研制的新型长航时侦察打击一体型多用途无人机系统——翼龙 II 无人机成功首飞。牢牢自主掌握航空装备的关键技术，中国进入全球大型侦察打击型无人机一流水平。

民营企业集团在关键技术突破中也作出了积极贡献。华为等公司完成了 5G 愿景与需求研究，发布了 5G 概念和基础架构，并在大规模天线、新型多址、网络架构等关键技术上取得了重大突破性进展，在全球 5G 市场竞争和建设中掌握了一定的主导权。由宇通集团主持完成的"节能与新能源客车关键技术研发及产业化"项目，标志着我国汽车企业在新能源关键技术研发领域取得重大突破。

第四节　集团公司国际地位明显提升

中国在全球治理体系中的地位，取决于中国企业实力与竞争力的整体提升。只有拥有强大的经济实力与技术能力，国家才能在全球治理体系中拥有更多话语权和参与国际治理规则的制定。改革开放以来，我国大型企业集团公司实力持续提升，正在融入全球经济体系，并在某些领域积累了全球化影响力，改善了中国企业的全球市场地位，初步具备了参与全球竞争的实力。

一、部分集团公司成长为全球卓越企业

在扶持以及企业自身努力下，目前我国已经有一批企业集团公司快速成长为全球卓越企业。从总量上看，目前共有 107 家内地大型企业集团公司入围 2018 世界 500 强，其中有部分企业已经成为在全球具有强大竞争力、占有领先市场份额的行业龙头企业。中国大型企业集团公司在房地产、工程建筑

领域占有绝对的优势地位，中国建筑、绿地控股分别居全球行业第一；5家上榜房地产企业全是中国企业，11家上榜工程建筑企业中有7家是中国企业，而且前六强都是中国企业。此外，国家电网、联想集团、中国石油、华为、中国工商银行、中国邮政、山东魏桥分别在全球公用设施、计算机与办公设备、炼油、网络与通信设备、商业储蓄银行、邮件包裹及货物包装运输、纺织行业居于收入规模第一。

大型企业集团公司的国际化经营持续深化。2017中国企业500强中，有285家企业申报了国际经营收入，海外收入总额已经占285家企业全部收入总额的13.4%；有279家企业申报了海外资产，海外资产总额占企业全部资产总额的8.6%。目前我国已经有一批深度参与国际化经营的全球跨国公司，在2017中国跨国100家大型企业中，宁波均胜电子股份有限公司、广东省航运集团有限公司、常州天合光能有限公司、浙江吉利控股集团有限公司、中国中化集团公司、中国化工集团公司、联想控股股份有限公司的跨国指数都超过了50%，其中宁波均胜名列首位，达到62.59%。常州天合公司的海外收入为292.9亿元，占公司全部收入的89%。

我国大型企业集团公司与国际领先企业的技术差距进一步缩小，甚至在某些领域取得了国际领先地位。在世界经济论坛发布的《2017—2018年全球竞争力报告》中，中国排名第27位，比上年提升一位，继续保持最具竞争力的新兴市场地位。

在科睿唯安（Clarivate Analytics）发布的"德温特2018—2019年度全球百强创新机构"的榜单中，中国企业华为、比亚迪、小米上榜。2018年11月《全球创新1000强企业研究报告》显示，上榜中国公司有145家，比2016年增加15家；研发总费用达到600亿美元以上，比2016年增加约13%，占全球1000家上榜公司的7.7%，增速位居全球第一。欧盟委员会发布的《2018年欧盟工业研发投资排名》显示，中国华为排名世界第五。全球2500家企业中，中国438家（含台湾111家）企业上榜。美国Fast Company发布的"2018年世界最具创新力公司Top50"榜单中，中国公司占据了4个席位，其中腾讯公司名列第四，同时入选的还有VIPKID、大疆有限公司和字节跳动有限公司。

二、在国际标准制定中话语权持续提升

我国大型企业集团的国际标准话语权快速提升。从创新活动的标准制定看，2017 中国企业 500 强中有 323 家企业提供了标准数据，企业数量与上年相比减少了 10 家；它们共参与制定标准 3.9393 万项，其中参与制定国际标准 1403 项。在参与国际标准制定方面居于前五位的行业依次是电信服务业、电力生产业、轨道交通设备及零部件制造业、家用电器制造业、黑色冶金业，参与制定的国际标准数量分别为 530 项、336 项、98 项、84 项、36 项，这些行业都是我国在国际市场占有竞争优势的行业。

中国移动参与制定国际标准 341 项，对全球电信服务领域标准制定已经有了广泛参与和深度影响。中国华能、中国电信参与制定国际标准的数量也均超过了 100 项。轨道交通设备及零部件制造业的上榜企业数量虽然只有中国中车 1 家，但参与了 98 项国际标准的制定，也充分体现了我国企业在国际竞争中的领先优势。

三、国际专利申请获批数量高速增长

经济全球化进程加快，越来越多的中国企业正在走出国门，参与国际竞争合作，知识产权已成为跨国企业发展的战略性资源和国际竞争力的核心要素。近年来，中国企业在世界知识产权组织（WIPO）公开的 PCT 国际专利申请量迅速增加。

据 WIPO 统计数据显示，中国 PCT 国际专利[4]申请量从 2012 年 1.8 万余件，到 2017 年快速增加到 4.8882 万件，超越了日本，首次排名全球第二。2018 年中国集团公司申请 PCT 再创新高。华为专利申请量 4466 件，排名第一。中兴通讯申请 1801 件，紧随其后。京东方申请 1190 件、广东欧珀移动通信申请 781 件、腾讯科技（深圳）公司申请 545 件，分别排名第三、四、五位。

据 WIPO 历年数据显示，中兴通讯、华为多次成为全球 PCT 国际专利申请数量最多的企业。华为是 2014 年（3901 件）与 2015 年（3898 件）PCT 国际申请冠军。截至 2018 年底，华为累计获得授权专利超过 8.7 万项，自 2015 年

以来获得了累计超过 14 亿美元的知识产权收入。中兴通讯 2011 年以 2826 件 PCT 申请量首次跃居全球第一，2012 年以 3906 件蝉联全球第一，2016 年再次跃居第一。中兴通讯从 2010 年至 2016 年连续 7 年位居 PCT 申请量全球前三，是中国唯一连续 7 年获此殊荣的企业，也是全球通信产业主要专利持有者之一。中兴通讯全球专利资产已经超过 6.8 万项，已获授权专利超过 2.8 万项。在研发 5G 技术过程中，存在着并不相同的技术路线，中兴通讯为确保在新一代通信技术中获得先机，选择多路径布局的策略，目前累积 5G 专利申请已超过 1500 项。2018 年国内 PCT 专利申请量排名前 10 强企业见表 3-1。

表 3-1 2018 年国内 PCT 专利申请量排名前 10 强企业

排名	企业名称	国际专利申请数量 / 件	排名	企业名称	国际专利申请数量 / 件
1	华为技术	4466	6	深圳市大疆创新科技	517
2	中兴通讯股份	1801	7	美的集团	386
3	京东方科技集团股份	1190	8	深圳市华星光电技术	367
4	广东欧珀移动通信	781	9	武汉华星光电技术	335
5	腾讯科技（深圳）	545	10	惠科股份	233

四、国际驰名知名品牌建设渐见成效

品牌是塑造国际竞争力的重要载体，已经日益受到企业和政府的高度重视。2009 年商务部等八部委联合印发《关于推进国际知名品牌培育工作的指导意见》。2011 年工业和信息化部、国家发展和改革委员会等六部门印发《关于加快我国工业企业品牌建设的指导意见》。2013 年为提高中央企业品牌建设水平，推动中央企业转型升级，实现做强做优中央企业，培育具有国际竞争力的世界一流企业的目标，国资委印发《关于加强中央企业品牌建设的指导意见》，提出到 2020 年末，涌现一批品牌战略明晰、品牌管理体系健全、品牌建设成果显著的企业；形成一批产品优质、服务上乘、具有广泛影响力的知名品牌；培育一批拥有自主知识产权和国际竞争力的自主品牌。2014 年

5月习近平总书记在河南考察时指出,推动中国制造向中国创造转变、中国速度向中国质量转变、中国产品向中国品牌转变。2016年6月国务院办公厅印发《关于发挥品牌引领作用推动供需结构升级的意见》,提出设立"中国品牌日"。2017年5月2日国务院同意将每年5月10日设立为"中国品牌日"。

中国集团公司非常重视国际知名品牌建设,中航工业2008年就制定"塑造品牌价值"发展战略,推进品牌建设;集团总部成立了品牌战略委员会和品牌管理办公室,2013年总部又专门设立了品牌与市场管理处负责日常工作;集团公司发布了《中国航空工业集团公司品牌管理办法》《中国航空工业集团公司企业工商注册名称申请和变更管理办法》《中国航空工业集团公司集团品牌授权管理办法》,明确了品牌管理规则、标准、流程和要求。中航工业连续多年入榜"中国500最具价值品牌",品牌价值达1118.56亿元。

中国集团公司品牌在国际主要品牌排行榜中的进步显著。"BrandZ全球品牌价值100强"是全球最权威、规模最大的品牌估值报告之一。该项品牌估值研究采用了业内独有的调查方式,将全球300多万消费者的访谈结果与各家公司财务和经营业绩分析相结合(根据凯度消费者指数和彭博的财务数据)。榜单显示,2006年度中国只有1个品牌(中国移动)登上100强榜单。2018年度增加到13个中国内地品牌登上100强榜单,包括腾讯(5)、阿里巴巴(9)、中国移动(21)、中国工商银行(22)、茅台(34)、百度(41)、中国平安(44)、华为(48)、京东(59)、中国农业银行(69)、中国人寿(79)、中国银行(84)、顺丰(90)。中国13个品牌的总价值与上年同比增长47%,增速是美国(23%)的两倍以上。其中品牌的价值,腾讯增长65%、阿里巴巴增长92%、中国银行增长45%、茅台增长89%、京东增长94%。从排行榜可以看出,科技相关品牌占据主导地位,人工智能等数据驱动型技术让品牌焕发出巨大活力。从2018BrandZ发布的全球品牌价值看,中国品牌的价值已经从2008年发布的923亿美元增加到9115亿美元。10年间增长近9倍。

世界品牌实验室(World Brand Lab),是世界领先的独立品牌评估及行销策略咨询机构,2003年成立,由诺贝尔经济学奖得主罗伯特·蒙代尔担任主席。世界品牌实验室发布的世界品牌500强榜单显示,2006年度只有中国移动、中央电视台、海尔、长虹、联想、中国中铁6个品牌入榜。2018年度中国增加到 38 个，其中表现亮眼的品牌有国家电网、腾讯、海尔、华为、青岛啤酒、中化、五粮液、中国国航、中国航天科工等。在世界品牌 500 强榜单中，美国占 223 个品牌，稳居品牌大国之首位。法国、英国、日本分别有 43 个、42 个、39 个，位居第二、三、四位。中国居第五位。从入围榜单可以看出，自主创牌、科技创新型企业更具优势。排名前 3 位的国家电网、腾讯、海尔都是掌握品牌及原创科技"话语权"的企业。

国家电网主导编制 60 余项国际标准，涵盖特高压、智能电网、风力发电等多个领域，以核心技术突破国际封锁，为"一带一路"沿线国家提供电力，实现了资金、技术和装备全方位"走出去"，创出了中国电力装备制造的品牌。腾讯是中国最大的互联网综合服务提供商之一，也是中国服务用户最多的互联网企业之一。腾讯 QQ 月活跃账户数超过 8 亿，微信成为在全球多个国家应用的中国互联网应用品牌。

海尔是中国家电企业全球品牌的代表，自主品牌出口全球 160 个国家和地区，凭借着全球高端转型，海尔在全球各地区实现不同倍速的强劲增长，在美洲、欧洲增速分别达到 3 倍、5 倍，海外收入占营业总额近半。海尔凭借遍布全球的"10+N"研发体系诞生了 112 项原创科技。根据海尔公布的财报，2018 年海尔的营业收入达到了 2661 亿人民币，超越了美的、格力这两家同样是家电巨头的 2618 亿与 1981 亿，海尔冰箱更是已经连续 11 年销量世界第一。

中国建材坚持创新驱动，一批重大科技创新成果取得突破性进展，荣获国家科技进步特等奖和国防科技进步一等奖，累计有效专利超过 1.1 万项，绿色小镇、智慧工业、智慧农业、建材家居连锁超市、跨境电商 + 海外仓、大宗物联等商业模式快速推广，高性能碳纤维、玻璃纤维、0.12 毫米触控玻璃、大面积发电玻璃、高透光伏玻璃、锂电池隔膜、氮化硅陶瓷、石墨、光电指纹识别芯片等新材料业务迅猛发展，国际化和工程服务业务成果显著。

从近年来全球品牌排行榜发布的历史数据可以看出，中国品牌从少到多、从弱到强，声誉大增，科技创新含量和市场价值正在迅速提升，处于走向崛起的上升通道，与全球领先品牌的差距正在缩小。中国集团公司正在不断推动世界品牌格局的重塑。

第五节　集团公司辉煌成就闪亮名片

2018 年航天科技集团运载火箭发射次数首次突破 30 次，创历史新高，位列世界第一；中国中车位居全球轨道交通装备行业之首，服务于全球 105 个国家和地区；中国建筑承建了全国 90%、全球超过 50% 的 300 米以上超高层建筑，居全球承包商排名之首。这三家集团公司是中国企业最为闪亮的名片，全球影响力最强，社会公众的认可度最高。滴水见太阳，从这三家集团公司的辉煌业绩可以看出 30 年来国有企业集团改革取得的辉煌成就。

一、最具全球竞争力的中国航天装备制造和服务商

中国航天科技集团有限公司（简称中国航天）成立于 1999 年 7 月 1 日。其前身源于 1956 年成立的国防部第五研究院，历经第七机械工业部、航天工业部、航空航天工业部、中国航天工业总公司、中国航天科技集团公司的历史沿革。根据党中央、国务院关于全民所有制企业基本完成公司制改制的重大决定，2017 年 1 月 22 日完成公司制改制，由全民所有制企业整体改制为国有独资公司，企业名称由"中国航天科技集团公司"变更为"中国航天科技集团有限公司"，辖有 8 个大型科研生产联合体（研究院）、10 家专业公司、12 家上市公司和若干直属单位，拥有 30 多名两院院士、100 余名国家级专家、500 余名型号"两总"和 520 余名学术技术带头人。

（一）科技创新和管理改革成果丰硕

党的十八大以来，中国航天获国家科学技术进步奖 27 项、国家技术发明奖 6 项、中国专利金奖 5 项，申请专利 3.1152 万项。2018 年《财富》世界 500 强排名第 343 位。2018 年中国航天 37 次发射，首次位居世界航天发射次数年度第一；部署航天器 103 个，居世界第二。截至 2018 年 10 月 20 日，长征系列运载火箭累计发射 287 次，成功率 96%，达到国际先进水平。2018 年组网发射创造新纪录，一年内完成 10 箭 19 星发射，创下世界卫星导航系统建设和我国同一型号航天发射的新纪录。

中国航天拥有"神舟""长征"等著名品牌，研发产品主要有卫星、运载

火箭、卫星应用设备及产品，卫星运营服务产品，高端工业计算机、集成电路、光机电等信息技术产品，碳纤维、覆铜板、飞机刹车盘等新材料产品，太阳光伏、风力发电设备等新能源产品，煤化工、石化配套设备、燃气输配设备、烟气脱硫与脱硝、液压支架、长输管线输油泵、特种泵阀等航天特种技术应用产品，特种车辆及零部件产品，天曲系列保健品、辅酶 Q10 等空间生物产品，AVIDM、OSCAR 安全数据库及嵌入式操作系统等软件产品。

中国航天不断优化科研生产链条，坚持的零缺陷质量管理已成为国际航天同行共享的 ISO 标准。通过优化科研生产环节，实施流程再造，集团已实现发射场周期缩短 30%、产品交付周期缩短 40%，在宇航领域实施"标准化"、"组批生产"等 100 多项新举措，在民用产业领域实施成本管控措施，成本平均下降近 20%。

中国航天经济规模和效益保持平稳较快增长。党的十八大以来，营业收入从 1233 亿元增长到 2315 亿元，年均增速 13.4%；利润由 100.7 亿元增长到 196 亿元，年均增速 14.3%；资产规模从 2580 亿元增长到 4106 亿元；全员劳动生产率由 20.2 万元 / 人年增长到 35.1 万元 / 人年。

（二）国防现代化建设与维护世界和平的重要贡献

中国航天研制生产了从近程到远程、洲际，从液体到固体，从陆上到水下，从固定发射到机动发射的完整配套的导弹武器系列，形成了固液并存、射程衔接、陆海兼备、威力和效能明显增强的战略核威慑装备体系，实现了常规地地导弹从传统弹道式向机动滑翔式的跨越，建成了高、中、低层相匹配的防空反导装备体系，并向无人机、火箭弹、制导炸弹等领域延伸拓展，为我国国防现代化建设与维护世界和平作出了重要贡献。

第一枚导弹"东风一号"1960 年 11 月 15 日发射成功。第一颗原子弹 1964 年 10 月 16 日爆炸成功。第一颗氢弹 1967 年 6 月 17 日爆炸成功。装载核弹头的两弹结合"东风二号"1966 年 10 月 27 日试验成功。第一颗人造卫星"东方红一号"1970 年 4 月 24 日发射成功。中国航天"两弹一星"是 20 世纪下半叶中华民族创建的辉煌伟业。

首型洲际导弹"东风五号"1980 年 5 月 18 日飞跃 8000 公里、跨 6 个时区，飞向南太平洋，弹头精确溅落预定海域，数据舱迅速回收，飞行试验成功，标志着我国成为继美苏之后第三个掌握洲际导弹全程发射技术的国家。

第一艘载人飞船"神舟五号"2003年10月15日发射成功，创造了中国人首次载人飞天的历史。

第一颗探月卫星"嫦娥一号"2007年10月24日发射成功，传回了中国第一幅月面图像，使我国跨入世界少数具有深空探测能力的国家行列。

运载能力提高两倍多的"大力士"长征五号运载火箭2016年11月3日发射升空，标志着中国航天迈入了大运载时代。长征五号运载能力达到近地轨道25吨级、地球同步转移轨道14吨级，实现了运载火箭规模从中型到大型的跨越，达到或超过国外主流大型火箭。

新一代气象卫星"风云四号"首星2016年12月11日顺利送入轨道，代表中国在气象卫星这一高端领域达到世界先进水平。

长征十一号固体运载火箭2018年1月19日"一箭六星"发射成功，其中搭载1颗加拿大小卫星。这是我国固体运载火箭首次向国际用户提供发射服务。

中国航天总抓研制的"鹊桥"中继星于2018年5月21日发射升空。这是人类历史上第一颗地球轨道外专用中继通信卫星、第一颗连通地月的中继卫星、第一颗在地月L2点上采用Halo轨道的卫星，标志着我国在月球探测领域取得新突破。"嫦娥四号"探测器2018年12月9日成功发射，开启人类首次月球背面软着陆的探测之旅。

（三）运载火箭发射次数跃升世界第一

2018年中国航天运载火箭发射活动创造新纪录，发射次数首次突破30次，跃升世界第一。载人航天开启建设空间站阶段，实验舱推进系统首次试车顺利完成，新一代载人飞船进展顺利。探月活动取得重大突破。"嫦娥四号"探测器完成人类首次月球背面软着陆和巡视探测，实现了重大的科学和技术创新。成功发射36颗北斗卫星，完成北斗三号基本系统部署并投入运行，正式提供全球服务。高分辨率对地观测系统建设成果丰硕，系统规模和能力达到世界先进水平，建成了谱系齐全、自主可控的卫星及应用体系。重型运载火箭和新一代中型运载火箭研制获得重大进展。中星十六号高通量卫星投入业务运行，跻身世界先进水平。鸿雁星座成功发射首星，为宽带中国和网络强国的建设铺就了坚强的支撑。积极参与世界空间科学研究事业，第一颗天文观测卫星"慧眼"正式交付使用，推进了高能天文研究领域的发展。"张衡一号"成功入轨，促进了地震观测体系的建设。

（四）北斗鸿雁星座升空开启全球低轨互联网卫星系统建设

北斗系统已成为我国改革开放 40 多年来取得的重要成就之一。北斗系统的广泛应用大幅度提升我国综合国力。2018 年中国航天完成了 10 箭 19 星发射，创下世界卫星导航系统建设和我国同一型号航天发射的新纪录。2018 年 12 月 27 日"北斗三号"开始提供全球服务，全球定位精度 10 米，在亚太地区定位精度由原来的 6 米提升至 5 米。首颗高通量宽带卫星中星十六号首次应用 Ka 频段多波束宽带通信系统，率先在西藏实现了基于 Ka 频段宽带卫星的 4G 网络应用，同时具备 Wi-Fi 和微基站服务能力。

北斗系统在我国国民经济、国防安全、百姓生活等方面得到广泛应用。我国卫星导航与位置服务从业单位已达 1.4 万家，从业人员超过 50 万人，形成珠三角、京津冀、长三角、鄂豫湘、川陕渝五大产业区域，一批具有实力的卫星导航企业正在成长。北斗芯片跨入 28 纳米工艺时代。我国卫星导航专利申请总量累计已达 5.4 万件，跃居全球第一。全国已有 617 万辆道路营运车辆，3.56 万辆邮政和快递车辆，36 个中心城市 8 万辆公交车、370 艘交通运输公务船舶使用北斗系统。国产民航运输飞机也首次搭载了北斗系统。浙江 6000 余艘渔船安装了北斗卫星船舶动态监管系统。基于北斗的高空气象探测系统，有效改进我国中期天气预报质量。国内市场销售的智能手机大部分支持北斗定位功能；智能车载终端在国内 10 余个车企 30 多个车型上实现批量应用；基于北斗高精度服务的智能驾驶的汽车，有望投入使用。

云海二号鸿雁星座首发卫星 2018 年 12 月 29 日发射成功并进入预定轨道，标志着我国全球低轨互联网卫星系统建设正式启动。按照规划，鸿雁星座一期由 60 颗卫星组成，主要实现全球移动通信、物联网、导航增强、航空监视等功能；二期将再发射数百颗卫星，形成覆盖全球低轨互联网卫星系统。

（五）闪耀世界的中国航天科技名片

1985 年 10 月中国政府向世界正式宣布：长征系列运载火箭将投放国际

卫星发射服务市场。5 年后，长征三号火箭成功发射美国休斯公司制造的亚洲一号卫星，打开了中国航天迈向国际商业发射服务市场的大门，使中国成为继法国、美国之后，第三个步入国际商业发射市场的国家。从长征运载火箭打入国际商业发射市场，到尼日利亚卫星开启整星出口大门，再到近年来国际贸易与合作多点开花，中国航天始终坚持"走出去"的发展战略，逐渐形成了商业发射、搭载服务、整星出口等多种国际商业服务模式，先后为 20 多个国家和地区提供了 48 次国际商业发射，发射 56 颗国际商业卫星，向国际客户提供 17 次搭载发射服务，发射 23 个国外小卫星 / 载荷。"中国航天"已成为一张闪耀世界的"国家名片"。

进入 21 世纪，中国航天首次实现了卫星整星出口零的突破。2007 年 5 月 14 日尼星一号发射成功。这是我国第一次实现整星出口，也是我国第一次以火箭、卫星及在轨交付的方式为国际用户提供商业卫星服务，一种全新的商业发射模式被激活。2013 年底，玻利维亚通信卫星成功发射，推动了我国和拉美国家间的航天合作；2015 年底，老挝一号通信卫星发射成功，是我国向东盟国家和地区出口的首颗卫星；2016 年初，白俄罗斯通信卫星成功进入太空，中国首次向欧洲出口整星。截至 2018 年底，中国航天已向多个国家和地区的用户在轨交付了 10 颗通信卫星、3 颗遥感卫星，包括尼日利亚、委内瑞拉、巴基斯坦、老挝、白俄罗斯、阿尔及利亚等国家。

中国航天为 10 个国家和地区建设了卫星遥感、卫星通信、卫星导航地面应用系统。2012 年委内瑞拉遥感卫星项目是第一例遥感卫星"星地一体化"出口项目，2016 年中国与埃及签署建设埃及卫星总装集成及测试中心的实施协议。中国航天加快实施"一带一路"空间信息走廊建设与应用工程，与 30 多个国家空间机构和国际组织签署了 100 余项合作协定。

风云气象卫星正在为全球 93 个国家和地区、国内 2600 多家用户提供卫星资料和产品。北斗赢得海外广泛赞誉。缅甸、泰国、阿尔及利亚、俄罗斯等多国相继采购北斗产品，服务性能和产品质量在当地创下口碑。

北斗卫星已进入国际民航、国际海事、国际移动通信等多个国际组织标准，国际搜救卫星组织将北斗纳入全球卫星搜救系统计划，为全球用户提供遇险报警服务。

（六）军民融合引领产业转型升级

中国航天坚持以改革创新增动力，以军民融合促发展，近年来围绕长三角、珠三角、京津冀协同发展等区域发展战略，先后建成北京、天津、西安、深圳、成都等军民融合产业基地，与地方联合成立了 8 个省级工程中心和重点实验室，开展具有产业化前景的军民融合技术研究。为加快推进产融结合，航天科技控股公司牵头成立了一系列产业基金，如采用"科技＋资本"和"产业＋金融"的方式，发起设立国华军民融合产业发展基金、中央企业国创投资引导基金等 4 只基金，基金总规模达到 1510 亿元，有力支撑了产业发展。航天投资及下属基金累计投资项目 150 多个、投资金额 500 亿元以二、孵化出了康拓红外、航天工程等一批高科技产业公司，培育了复合材料、垃圾热解、光伏发电等一批军民融合型新兴产业。中国航天外供应商数量已达7400 余家，其中民营企业占比 73%。

2017 年底，中国航天十一院与浙江南洋科技股份有限公司完成资产重组，研制的彩虹无人机成功登陆 A 股资本市场。从单一产权为主向多元产权转型，使优质的航天资产"活"了起来。这是中国航天加快国有资产证券化的探索，也是在实践中走出的一条特色转型升级之路，更让社会与公众真真切切感受到军民深度融合释放的红利。

此外，近年来中国航天还实现了航天工程、康拓红外、乐凯新材等 3 家公司 IPO 上市，九院企业资产整体上市。与此同时，中国航天积极推进母子公司体制机制建设，全面完成集团公司本级及各级全民所有制企业公司制改制，开展 10 家生产经营类军工研究所转制试点，进行员工持股、享有分红权等骨干人才中长期激励试点，以及职业经理人试点等工作，为激活效益源泉释放源动能。

二、最具全球竞争力的中国轨道交通装备制造服务商

中国中车股份有限公司（简称中国中车）2015 年 6 月 8 日在上海证券交易所和香港联交所成功上市，现有 46 家全资及控股子公司，是全球规模领先、品种齐全、技术一流的轨道交通装备供应商，拥有世界领先的轨道交通装备产品技术平台和制造基地，以高速动车组、大功率机车、铁路货车、城

市轨道车辆为代表的系列产品，已经全面达到世界先进水平，高速动车组系列产品已经成为中国向世界展示发展成就的重要名片。

（一）世界铁路机车车辆行业之翘楚

中国中车产品出口全球 100 多个国家和地区，并逐步从产品出口向技术输出、资本输出和全球化经营转变。2017 年公司新签订单人民币 3141 亿元（其中国际业务签约额 57 亿美元），期末在手订单人民币 2434 亿元。中国中车经过多年快速发展和积淀，已经成为世界铁路机车车辆行业之翘楚。公司的机车车辆新造产品销售收入自 2008 年以来连续 8 年位居世界第一。根据德国 SCI Verkehr 公司 2014 年的报告统计，在九大类机车车辆产品中，中国中车拥有 5 项世界第一，即电力机车、高速列车、客车、货车和地铁车辆。

近年来，公司出口成交额取得了快速增长，2011 年至 2015 年的出口成交额年均递增 30% 以上。欧盟委员会发布的《2016 全球企业研发投入排行榜》中国中车列第 96 位，位居中国制造业第一位。2018 年中国中车位居《财富》世界 500 强第 385 位，品牌价值超过千亿元，入选最具影响力的创新公司。

（二）依靠技术创新驱动产品高端化发展

中国中车拥有高速列车系统集成国家工程实验室、动车组和机车牵引与控制国家重点实验室、国家重载快捷铁路货车工程技术研究中心、国家轨道客车系统集成工程技术研究中心等 11 个国家级研发机构和覆盖主机制造企业的 19 家国家级企业技术中心为主体的产品与技术研发体系，以及 13 家海外研发中心、50 个省部级研发机构，奠定了轨道交通装备行业国家技术与产品创新体系的基础，形成了强劲的国际竞争力。在轨道交通装备核心技术突破，产品技术开发等方面取得了丰硕成果。中国中车作为重要参与单位的"京沪高速铁路工程"项目荣获国家科技进步特等奖。

中国中车建立了先进的轨道交通装备、重要系统和核心部件三级产品技术平台。形成了拥有自主知识产权、具有国际先进水平、融合世界不同标准体系的高速动车组和交流传动大功率电力、内燃机车产品技术平台，具有国际先进水平部分达到领先水平的、拥有完全自主知识产权的铁路重载及快捷货运产品技术平台，可以满足不同业主需要的城市轨道交通及地铁车辆产品技术平台。形成了牵引与控制系统、网络控制系统、制动系统、走行系统、连接系统、旅客信息系统等重要系统产品技术平台。形成 IGBT、电机、柴油机、功率模块、网关等产品技术平台。中国中车快速开发了列车化轨道交通装备产品，形成了先进的轨道交通装备生产制造系统。新产品产值率 59.85%，有能力满足中国轨道交通发展需求和全球任何轨道交通装备市场需要。

中国中车在轨道交通装备技术标准体系建设中积极发挥作用，初步形成了国际先进的轨道交通装备产品技术标准体系。近年来主持或参与起草或制修订 70 余项国际标准，主持或参与起草国家标准 200 余项、行业标准近 1000 项。拥有的专利量每年以 26% 的速度快速增长。2018 年末拥有专利 1.8 万余件，发明专利近 6000 余件；近年来国外专利申报数量每年以 70% 的速度增长。2014 年获得美国、欧洲、日本、澳大利亚、南非等国家和地区授权专利 30 余件，申报国外专利 79 件，在城轨车辆电传动系统、自动驾驶技术、城镇水处理技术等 9 个重大专项取得突破进展。在 2017 年度国家科学技术奖励大会上，中车 2 个项目荣获国家科技进步二等奖。在第 19 届中国专利奖评选中，获得中国发明专利金奖 2 项，获外观设计专利金奖 1 项，均居中国企业第一位。在实施研发创新方面，中国中车时速 350 公里"复兴号"动车组批量投入运营，标志着我国动车组研制达到了全面自主化、标准化的新阶段。时速 250 公里标准动车组、长编组时速 350 公里标准动车组、时速 160 公里动力集中动车组、3000 马力调车机车、时速 160—200 公里系列快捷货车、驮背运输车、智轨列车等新产品研制取得显著进展。

（三）国际化战略成果闪亮世界

中国中车紧紧把握机遇，大力实施国际化战略，积极拓展海外市场。推进出口产品由中低端向高端转变，相继获得美国洛杉矶地铁、波士顿地铁加车、费城双层客车、加拿大蒙特利尔双层客车、英国货车、瑞士货车等项目，产品出口实现发达国家新突破。中国中车签订了印度尼西亚雅万隆高铁车辆项目，获得巴基斯坦机车、沙特麦加朝觐地铁和以色列特拉维夫轻轨及蒙内铁路维保项目，获得马来西亚 42 列无人驾驶轻轨车辆机电总包项目，与新西兰和意大利签署"ACE 绿色智能交通整体解决方案"。中国中车出口形式实现由低端单项向产品＋技术＋服务等高端组合转变，组合输出能力日益增强。中国中车美国波士顿基地生产的橙线地铁车辆已经成功下线。芝加哥基地本地化建设进展顺利。高铁已经成为我国企业落实制造强国、交通强国、实施"走出去"战略的典范。

三、最具全球竞争力的中国建筑建造服务商

中国建筑集团有限公司（简称中国建筑）成立于 20 世纪 80 年代初，是我国专业化发展最久、市场化经营最早、一体化程度最高、全球规模最大的投资建设集团，也是我国建筑领域唯一的中央国有重要骨干企业。1982 年 6 月国务院按照政企分开的原则，撤销国家建工总局，将其直属的 6 个工程局和东北、西北、西南建筑设计院等，与专门从事对外承包业务的中国建筑工程公司合并组建为中国建筑。30 多年来，中国建筑为我国经济建设的发展和行业的进步作出了重要贡献。

中国建筑的营业收入平均每 12 年增长 10 倍。2017 年公司新签合同额超过 2 万亿元人民币。2018 年度《财富》世界 500 强排名第 23 位，《财富》中国 500 强排名第 3 位，全球品牌价值 500 强第 44 位，ENR（《工程新闻记录》）全球承包商 250 强排名第 1 位，获得标普、穆迪、惠誉国际三大评级机构信用评级 A 级，为全球建筑行业最高信用评级。

中国建筑拥有上市公司 7 家，二级控股子公司 100 余家。中国建筑已经从一家房建企业成长为大型国际投资建设集团，居于国际建筑领域龙头地位。中国建筑在世界 500 强排行榜上，从 2006 年排名第 486 位，跃升为 2018 年第 23 位，创造出全球 500 强企业排行榜名次跃升的世界奇迹，成为中国建筑企业亮丽的国家名片。

（一）率先进入国内外市场竞争的大型国有企业集团

中国建筑成立之初，我国经济体制开始转型，从计划经济转入"以计划经济为主、市场调节为辅"的阶段。新成立的中国建筑总公司业务属于"市场调节"领域，庞大的建筑施工队伍需要到市场上承接工程项目。此时，国家对外开放、经济特区建设启动，建筑行业合资、独资企业已经出现，国内建设市场初步形成多元竞争格局。中国建筑面对部属建筑企业、地方建筑企业、境外同行等的竞争，审时度势，提出"市场、盈利、竞争"的发展理念，

明确错位竞争的市场战略，将经营目标锁定在高、大、精、尖、特、重等项目上，提出"做中国最大的建筑企业集团"。中国建筑在国内外建设完成了一大批彪炳史册的重大工程项目，1982 年承接高 160.5 米、时称"华夏第一楼"的深圳国贸大厦工程，创造出施工三天就完成一个结构层的"深圳速度"，震惊全国。"深圳速度"成为中国改革开放的代名词之一。中国建筑是国内最早"走出去"的投资建筑企业。1985 年在美国特纳华州设立了中国建筑美国公司，进入美国市场。至今，经营业绩已经遍布海外 100 多个国家和地区。

（二）依靠科技创新稳居世界超高层建筑领域冠军

中国建筑以中国第一、亚洲第一、世界第一，奠定和保持世界超高层建筑领域的冠军地位。1994 年承接高 383.95 米、时为亚洲第一、世界第四高楼的深圳地王大厦。21 世纪初，承接当年全球第一高楼、主体建筑设计高度 492 米的上海环球金融中心。2008 年在广州西塔工程中以自主研发的"低位三支点长行程顶升钢平台可变模架体系"综合施工技术，攻克数项世界级难题，创造了"两天一层楼"的施工速度，领先世界水平。

中国建筑建造的中国楼、中国路、中国桥、中国港、中国核电等系列奇迹般的工程，从三天到两天半再到两天一个楼层，不断突破建设速度，投资建设了我国 90% 以上 300 米以上的摩天大楼、3/4 重点机场、3/4 卫星发射基地、1/3 城市综合管廊、1/2 核电站，每 25 个中国人就有一人居住在中国建筑建造的房子里。全球 300 米以上的超高层建筑，一半出自中国建筑之手。

中国建筑超高层领域关键技术世界一流，不断刷新世界纪录。2012 年建设 46 座 300 米以上的地标性建筑；2013 年承建 300 米以上超高层建筑 20 座；2014 年包揽了国内全部 300 米以上新开工项目；2015 年、2016 年建设 300 米以上超高层建筑 22 座。中国建筑陆续建成高 539.2 米、597 米、636 米的超高层建筑。中国投入使用的最高写字楼——深圳平安国际金融中心（地上 118 层，高 600 米），创造了 15 项世界和中国建造之最，荣获 30 项国家专利、2 项国家级工法，进一步夯实了中国建筑在超高层建筑领域的优势地位。中国建筑突破了千米级摩天大楼建造技术，成功完成世界首次高强混凝土泵送至千米高空的试验，已具备了 1 千米级超高层建筑的建造能力和技术。携超高层领域的领先技术走出国门，中国建筑承建了高 420 米的欧洲第一高楼——俄罗斯联邦大厦，高 300 米的非洲第一高楼——肯尼亚内罗毕哈斯塔，高 638 米的东南亚第一高楼——印度尼西亚雅加达标志塔，高 423 米的马来西亚吉隆坡标志塔。业内人士普遍认为，超高层建筑已成为继高铁、核电之后的第三张闪亮的中国名片。

中国建筑的超高层建筑技术是靠多年技术研发所积淀形成的。截至 2017 年底，中国建筑累计获得国家科学技术进步奖 71 项，其中一等奖 4 项，发明奖 8 项、詹天佑奖 72 项，省部级科技奖励 2102 项、获专利授权 1.6023 万项，其中发明专利 1810 项、获得国家级工法 244 项，省部级工法 3592 项、主持编制国家及行业标准 83 项，获奖数居全国同行业之首。

（三）中国建筑在世界各地竖起座座友谊丰碑

作为国内最早"走出去"的投资建设企业，中国建筑在全世界 120 个国家和地区投资或承建了 6000 个项目，输出中国技术，展现中国品质，履行中国责任，作出中国贡献，传递中国名片，谱写中外友谊乐章，成为服务国家"走出去"战略和助力大国外交的一支重要力量。

中国建筑在世界各地矗立起一座座摩天大楼，更在世界人民心中树立起了中外友谊丰碑：开罗国际会议中心被誉为"埃中友谊大厦"；泰国拉玛八世皇大桥被印在泰国货币上；迪拜人造棕榈岛创造了"世界第八大奇迹"；埃塞俄比亚非盟会议中心成为"新时期中非友谊的象征"；刚果（布）国家一号公路被萨苏总统称之为"通向未来之路"；印度尼西亚雅加达标志塔项目成为东南亚最高楼；中国标准施工的吉布提港多哈雷码头工程成为"一带一路"的关键节点，援建的柬埔寨体育场项目是迄今我国援外规模最大、等级最高的体育场。这一座座地标性建筑，将中国人、中建人的智慧和实力永久地铭刻在当地人民和世界人民的心中。

（四）产融结合奠定全球建筑工程行业龙头地位

中国建筑集团有限公司始终坚持改革，积极推进资本运作和创新发展。20 世纪 90 年代，中国建筑经历联合、重组、改制，建立现代企业制度，业务快速发展。特别是 2007 年中国建筑整体重组改制，联合中国石油、宝钢集团、中国中化等 4 家世界 500 强企业共同发起成立了中国建筑股份有限公司，并于 2009 年 7 月 29 日在上海证券交易所成功上市，募集资金超过 500 亿元人民币。随后中国海外发展、中国建筑国际、中国海外宏洋、远东环球、新疆西部等 6 家公司上市，在内地与香港两地形成了"1（中国建筑）+6（6 家上市公司）、2（2 家内地上市公司）+5（5 家香港上市公司）"的宽广的资本运作大平台。香港国际金融中心的特殊地位，为中国建筑打开了通过在港上市子公司直接对接国际资本的窗口。在登陆 A 股市场前，中国建筑主营业务板块的三次扩容基本上都是在做"建筑+"。第四次变化不仅告别了"建筑+"模式，而且取得了以"投资"取代"建筑"的引领位置。

2015 年 3 月中国建筑利用我国资本市场改革发展的历史机遇，成功发行 150 亿元优先股，成为中央企业发行优先股的第一单，以较低的融资成本为公司业务拓展提供了有力的资金保障。同年，中国建筑先后成立了中建资本、中建基金、中建资本（香港）三个金融平台，并依托中建基金搭建产业基金合作框架，成功对接系统内多个投资项目。

第四章 集团公司现代企业制度的建立

现代企业制度是指以完善的企业法人制度为基础，以有限责任制度为保证，以公司企业为主要形式的企业制度。主要内容包括：企业法人制度、企业自负盈亏制度、出资者有限责任制度、科学的领导体制与组织管理制度。这是一种适应现代社会化大生产和市场经济要求的一种企业制度。现代企业制度是现代化大生产的历史产物，是企业持续发展，从小到大，从弱到强，立于世界之林的根本途径和有力保障。建立现代企业制度是企业集团公司改革的根本方向。任何一个企业集团公司的发展，都离不开现代企业制度的支持。合理有效的现代企业制度，可以促进企业集团公司的持续发展，反之则会阻碍发展。实践证明，随着企业集团公司的发展，传统企业制度日益成为持续发展的羁绊。企业集团公司必须向现代企业制度转变，以寻求新企业制度对持续发展的支持。凡是发展迅速的企业集团公司，事实上都是现代企业制度健全，善于吸收运用现代企业制度精髓的企业。

第一节　现代企业制度的总体设计

我国现代企业制度建设是从 20 世纪 90 年代初国有企业改革开始的。在这个重要历史节点，中国经济体制改革首先在农村取得了巨大成就。农村经济开始向专业化、商品化、现代化转变。农村改革的成功驱动了以城市为重点的整个经济体制改革的展开。国有企业改革成为中国经济体制改革的中心环节，中国经济发展和经济体制改革从此进入一个新阶段。国有企业面对日益崛起的多种经济成分和外资企业的竞争，深陷困境。国有企业改革的唯一出路，就是制度创新，即实行现代企业制度。

党的十一届三中全会之后，国家经济委员会、国家经济体制改革委员会、中国企业管理协会组织政府部门有关领导、企业家、专家学者对西方国家企业进行考察，结合中国经济体制与企业改革的实际，制定了《企业管理现代化纲要》，提出推进企业联合重组、组建公司制企业、建立现代企业制度的有关建议。

1984 年 10 月党的十二届三中全会通过的《中共中央关于经济体制改革的决定》强调，"在服从国家计划和管理的前提下，企业有权选择灵活多样的经营方式，有权安排自己的产供销活动，有权拥有和支配自留资金，有权依照规定自行任免、聘用和选举本企业的工作人员，有权自行决定用工办法和工资奖励方式，有权在国家允许的范围内确定本企业产品的价格"，"要使企业真正成为相对独立的经济实体，成为自主经营、自负盈亏的社会主义商品生产者和经营者，具有自我改造和自我发展的能力，成为具有一定权利和义务的法人"。

进入 20 世纪 90 年代，中国经济发展进入一个新阶段。一方面，民营经济发展迅速，另一方面，伴随对外开放的扩大，大量国外产品和外资企业进入中国市场。这种变化一方面为国有经济的发展提供了有利条件，另一方面使国有企业处于日益严峻的竞争环境之中。面临这种挑战，国有企业单一的国有产权形式已经不能适应形势发展的要求；同时，国有企业历史沉淀下来的企业冗员、企业债务、社会保障等问题，使企业在日益加剧的竞争局面中深陷困境。进行改革和创新，实行现代企业制度，是国有企业发展的唯一出路。

1992年10月，党的十四大报告明确提出了建立社会主义市场经济体制这一经济体制改革目标。转换国有企业特别是大中型企业的经营机制，把企业推向市场，增强企业活力，提高企业素质是建立社会主义市场经济体制的中心环节，是巩固社会主义制度和发挥社会主义优越性的关键所在。通过理顺产权关系，实行政企分开，落实企业自主权，使企业真正成为自主经营、自负盈亏、自我发展、自我约束的法人实体和市场竞争的主体，并承担国有资产保值增值的责任。

1993年11月，党的十四届三中全会通过的《中共中央关于建立社会主义市场经济体制若干问题的决定》明确指出，国有大中型企业是国民经济的支柱，推行现代企业制度，对于提高经营管理水平和竞争能力，更好地发挥主导作用，具有重要意义。

1997年9月，党的十五大报告提出，建立现代企业制度是国有企业改革的方向，要按照"产权清晰、权责明确、政企分开、管理科学"的要求，对国有大中型企业实行规范的公司制改革，使企业成为适应市场的法人实体和竞争主体。国家按投入企业的资本额享有所有者权益，对企业的债务承担有限责任；企业依法自主经营，自负盈亏。培育和发展多元化投资主体，推动政企分开和企业转换经营机制。对国有企业实施战略性改组。以资本为纽带，通过市场形成具有较强竞争力的跨地区、跨行业、跨所有制和跨国经营的大企业集团。

1999年9月，党的十五届四中全会通过的《中共中央关于国有企业改革和发展若干重大问题的决定》明确指出，"建立现代企业制度，是发展社会化大生产和市场经济的必然要求，是公有制与市场经济相结合的有效途径，是国有企业改革的方向"。《决定》强调，"公司制是现代企业制度的一种有效组织形式。公司法人治理结构是公司制的核心。要明确股东会、董事会、监事会和经理层的职责，形成各负其责、协调运转、有效制衡的公司法人治理结构。所有者对企业拥有最终控制权。董事会要维护出资人权益，对股东会负责。董事会对公司的发展目标和重大经营活动作出决策，聘任经营者，并对经营者的业绩进行考核和评价。发挥监事会对企业财务和董事、经营者行为的监督作用"。

2002 年 11 月，党的十六大报告提出，改革国有资产管理体制，是深化经济体制改革的重大任务。国家要制定法律法规，建立中央政府和地方政府分别代表国家履行出资人职责，享有所有者权益，权利、义务和责任相统一，管资产和管人、管事相结合的国有资产管理体制。坚持政企分开，实行所有权和经营权分离，使企业自主经营、自负盈亏，实现国有资产保值增值。要深化国有企业改革，进一步探索公有制特别是国有制的多种有效实现形式。按照现代企业制度的要求，国有大中型企业继续实行规范的公司制改革，完善法人治理结构。推进垄断行业改革，积极引入竞争机制。通过市场和政策引导，发展具有国际竞争力的大公司大企业集团。

2003 年 10 月，党的十六届三中全会通过的《中共中央关于完善社会主义市场经济体制若干问题的决定》提出，产权是所有制的核心和主要内容。建立归属清晰、权责明确、保护严格、流转顺畅的现代产权制度，有利于维护公有财产权，巩固公有制经济的主体地位；有利于保护私有财产权，促进非公有制经济发展；有利于各类资本的流动和重组，推动混合所有制经济发展；有利于增强企业和公众创业创新的动力，形成良好的信用基础和市场秩序。这是完善基本经济制度的内在要求，是构建现代企业制度的重要基础。

2007 年 10 月，党的十七大报告提出，要深化国有企业公司制股份制改革，健全现代企业制度，优化国有经济布局和结构，增强国有经济活力、控制力、影响力。深化垄断行业改革，引入竞争机制，加强政府监管和社会监督。加快建设国有资本经营预算制度。完善各类国有资产管理体制和制度。推进集体企业改革，发展多种形式的集体经济、合作经济。推进公平准入，改善融资条件，破除体制障碍，促进个体、私营经济和中小企业发展。以现代产权制度为基础，发展混合所有制经济。加快形成统一开放竞争有序的现代市场体系，发展各类生产要素市场，完善反映市场供求关系、资源稀缺程度、环境损害成本的生产要素和资源价格形成机制，规范发展行业协会和市场中介组织，健全社会信用体系。

2013 年 11 月，党的十八届三中全会通过的《中共中央关于全面深化改革若干重大问题的决定》指出，产权是所有制的核心。要健全归属清晰、权责明确、保护严格、流转顺畅的现代产权制度。继续完善国有资产管理体制，以管资本为主加强国有资产监管，改革国有资本授权经营体制，组建若干国有资本运营公司，支持有条件的国有企业改组为国有资本投资公司。

2017 年 10 月，党的十九大报告提出，要完善各类国有资产管理体制，改革国有资本授权经营体制，加快国有经济布局优化、结构调整、战略性重组，促进国有资产保值增值，推动国有资本做强做优做大，有效防止国有资产流失。深化国有企业改革，发展混合所有制经济，培育具有全球竞争力的世界一流企业。

从党中央 30 多年来有关建立现代企业制度的决策看，始终是沿着一条主线发展，从宏观层面改革国有资产管理体制，政企分开，简政放权，激发国有集团公司的活力，使集团公司成为技术创新和市场的主体；从微观层面建立现代企业制度，构建具有自我发展能力和制衡调控能力的集团公司内部治理机制。两者相辅相成，相得益彰。这是中国集团公司 30 年多年来能够创造出举世瞩目成就的根本原因。

第二节　现代企业制度的组织实施

1984 年国有企业开始进行建立现代企业制度的试点工作。1987 年 10 月 24 日全国第一个采取股份形式组建的中国嘉陵工业股份有限公司（集团）成立。1991 年现代企业制度试点工作迎来高潮，并逐步进入规范化发展的新阶段。党的十四大报告提出建立社会主义市场经济体制以后，国有企业改革步伐加快，在大中型企业推行公司制、股份制，逐步向建立现代企业制度迈进。1993 年 11 月党的十四届三中全会通过的《中共中央关于建立社会主义市场经济体制若干问题的决定》明确提出，要进一步转换国有企业经营机制，建立适应市场经济要求，产权明晰、权责明确、政企分开、管理科学的现代企业制度。这是对中国特色现代企业制度总体设计的概括，体现出中国现代企业制度的基本特征。

总体上看，现代企业制度大体包括以下内容：企业资产具有明确的实物边界和价值边界；企业通常实行公司制度，形成由股东代表大会、董事会、监事会和高级经理人员组成的相互依赖又相互制衡的公司治理结构，并有效运转；企业以生产经营为主要职能，有明确的盈利目标；企业具有合理的组织结构，形成了行之有效的企业内部管理制度和机制；企业有着刚性的预算约束和合理的财务结构，可以通过收购、兼并、联合等方式寻求资产和其他生产要素的再配置。

从国有企业集团层面看，1994 年国家经济贸易委员会选择 100 家不同类型的大中型企业进行现代企业制度试点，试点内容包括 7 个方面：确定企业法人财产权，健全企业法人制度；建立、明确国有产权运营主体；建立和完善企业组织制度；完善企业领导体制和组织管理体制；健全适应市场经济要求的企业财务会计制度；建立新的企业内部劳动人事制度；实行政企分开，建立新型的政企关系。

深圳是中国改革开放的前沿阵地，是现代企业制度先行先试城市。深圳首次描绘出现代企业制度基本特征。1994 年 2 月深圳市委、市政府成立企业制度改革领导小组，在中国内地率先进行现代企业制度试点，拉开了特区深化经济体制改革的大幕。试点工作面广、层次深、力度大、难度高，涉及国有资产管理体制、企业产权制度、领导制度、分配制度和约束监督机制等各个方面，是一次企业制度全方位的改革创新。试点的经验成果在国内第一次勾勒出现代企业制度"产权清晰、权责明确、政企分开、管理科学"的基本特征，为全国其他地区的企业制度改革提供了重要的参考样本，成为当时全国各地和社会各界广泛关注的热点。

深圳市政府选择 28 家不同规模、不同类型、不同行业的企业为首批试点企业。试点的重点在建立企业法人制度、有限责任制度、科学管理制度上，要在企业产权关系、领导体制、分配制度、约束机制等方面寻求新的突破，促进企业转换经营机制和建立现代企业制度。《公司法》和《深圳经济特区股份公司条例》《深圳经济特区有限责任公司条例》成为改革试点的主要依据。企业产权制度改革的目标是建立企业法人制度，试点的 28 家企业根据不同情况，分类推进：对已经进行了公司制改造的企业，进一步理顺关系；对正在进行公司制改造的企业，分别改造为国有独资有限责任公司、有限责任公司、股份有限公司和资产经营公司。如免税商品供应总公司、市公共汽车公司、市液化石油气管理公司和城建集团等4家企业被改造为国有独资公司；鹏基工业总公司、市装饰工程工业总公司、市竹园企业有限公司等3家改造为股份有限公司；市中国旅行社、清水河实业公司改造成有限责任公司；建设集团和物资总公司改造成资产经营公司。值得一提的是，对金地、火炬两家企业进行了内部员工持股试点，企业和员工以产权为纽带成为利益共同体，形成了一种新型的企业运作机制，受到了国家、省有关部门领导的高度重视和肯定。监督和约束机制是现代企业制度的重要组成部分。试点减少了经营班子成员在董事会中的比重，强化了监事会的监督职能，并在国有控股企业设立财务总监，建立健全项目投资审议与监管制度，实行了产权代表报告制度。

改革企业分配制度，建立激励与约束相结合的机制。按照效率优先、兼顾公平的原则，政府放开对试点企业的工资总额和工资水平的直接控制，企业工资总额和工资水平随企业经济效益和全员劳动生产率的高低上下浮动，企业自主决定分配标准和分配方式；企业董事长和总经理实行与净资产和利润增长双挂钩的年薪制，打破平均主义，适当拉大分配差距，向经营管理人员、专业技术人员、业务骨干和有突出贡献的员工适度倾斜。试点企业的奖金分配总额和分配办法由企业自行决定，对企业贡献大的管理人员和员工实行重奖。

1994年成为了深圳的改革年。现代企业制度试点如同一场没有硝烟的战役，在深圳市国有企业改革史上具有突出的意义和贡献。整个集中试点过程前后持续两年多，试点企业从最初的28家增加到了35家，并同时对300多家二级企业进行了公司制改造，总共出台了16个规范性试点文件，一些成熟的经验在全市广泛推广，对深圳市国有资产布局和国有企业改革具有深远影响，使深圳特区的经济体制改革进入了新阶段，也为全国的现代企业制度探索作出了先行先试的表率。

1994年11月国务院召开全国建立现代企业制度试点工作会议，交流试点经验，国务院总理出席会议。1997年4月国务院批转国家计委、国家经贸委、国家体改委《关于深化大型企业集团试点工作的意见的通知》中提出，按照建立现代企业制度和搞好整个国有经济的要求，深化大型企业集团试点工作很有必要。国家经贸委和国家体改委确定了 120 家试点企业集团。民营企业集团也自发按照现代企业制度要求对企业集团进行改制。在国有与民营企业集团的共同推动下，20 世纪 90 年代末大部分企业集团的母公司完成了公司制改制，企业集团公司的组织机构也逐步完善。据统计，截至 1999 年底，有 1941 个企业集团母公司已改成公司制，占全部企业集团的 70.1%。

2000 年 9 月国务院办公厅发出《国有大中型企业建立现代企业制度和加强管理的基本规范（试行）的通知》。该文件在系统全面总结改革开放以来，特别是 20 世纪 90 年代提出建立社会主义市场经济体制以来，我国在建立现代企业制度和加强管理中探索经验教训的基础上，对现阶段建立现代企业制度和加强管理有关内容，包括政企分开、政府与企业的责任、国有资产实行授权经营、股份制改造、建立规范的法人治理结构、强化监事会的监督作用、建立母子公司体制等都作出了较为详细的规范要求。

2017 年 7 月国务院办公厅印发的《中央企业公司制改制工作实施方案》明确指出，公司制是现代企业制度的有效组织形式，是建立中国特色现代国有企业制度的必要条件。经过多年改革，全国国有企业公司制改制面已达到 90% 以上，有力推动了国有企业政企分开，公司法人治理结构日趋完善，企业经营管理水平逐渐提高，但是仍有部分国有企业，特别是部分中央企业集团层面尚未完成公司制改制。《中共中央 国务院关于深化国有企业改革的指导意见》提出，到 2020 年，在国有企业改革重要领域和关键环节取得决定性成果。中央经济工作会议和《政府工作报告》要求 2017 年底前基本完成国有企业公司制改制工作。

遵照党中央、国务院有关部署要求，按照《中华人民共和国全民所有制工业企业法》登记、国务院国有资产监督管理委员会监管的中央企业（不含中央金融、文化企业），2017 年底前后，中国国电、中国大唐集团、国家电网、中国核建、哈电集团、中核集团、中国航天科技、中国航天科工、中国建筑等中央企业全部完成了公司制改制，按照《中华人民共和国公司法》登记的有限责任公司或股份有限公司，加快形成有效制衡的公司法人治理结构和灵活高效的市场化经营机制。中央企业公司制改制的完成，标志着中央企业集团的现代企业制度建设的全面实现。

第三节　集团公司治理结构的完善

公司治理是实现公司有效管理的一套程序、惯例、政策、法律及机构，影响着如何带领、管理及控制公司，可以分为狭义的公司治理和广义的公司治理两个层次。狭义的公司治理是指所有者（主要是股东）对经营者的一种监督与制衡机制，即通过一种制度安排，来合理地界定和配置所有者与经营者之间的权利与责任关系。公司治理的目标是保证股东利益的最大化，防止经营者与所有者利益的背离。广义的公司治理是指通过一整套包括正式或非正式的、内部的或外部的制度来协调公司与所有利益相关者之间（股东、债权人、职工、潜在投资者等）的利益关系，以保证公司决策的科学性、有效性，从而最终维护公司各方面的利益。

企业集团公司治理问题的产生，是在企业集团向集团公司进行规范改制过程中产生的。在此之前，企业集团也存在治理问题，但并不是现代意义上的公司治理问题。在早期以国有企业集团为主的发展阶段，企业集团的治理，其实就是国家行政管理权力向国有企业的延伸，属于行政治理的范畴。随着国企改革的深入，以及国有企业集团公司化改制的推进，企业集团的治理才从行政治理向股权治理转变，才有了现代意义上的公司治理问题。与现代公司治理相关的，就是现代企业制度的建立与完善。对国有企业来说，党组织在现代公司治理中具有特殊地位与作用。

一、从行政治理到股权治理的转变

行政型治理模式主要存在于企业集团的孕育阶段与早期发展阶段。在当时计划经济体制为主的条件下，由于市场环境存在较大的先天缺陷，政府往往以其行政管理职能来代替企业的市场行为，将行政管理职能延伸至微观层面，直接干预企业层的经营活动，具有行政型治理的特征。早期的国有企业集团，都是以行政管制权为纽带建立起来的，政府在企业集团的组建中具有直接的突出作用，政府的行政治理模式也就自然而然地被移植到了国有企业集团的治理中；而且有不少国有企业集团，政府部门在当时往往都直接参与企业管理，行政型治理模式自然也就成为最优选择。企业集团对集团内成员企业的治理，基本上都是以行政等级为基础，以行政命令为手段；集团向成员企业下达行政指令或生产经营计划，成员企业则简单执行集团指令或计划。所以从另外一个角度看，无论是行政管制权纽带，还是生产经营计划纽带，最终都异化成了行政层级纽带，即使是那些民营企业集团，基本上也采纳了这种行政治理模式。对松散型企业集团来说，行政层级关系成为集团管理与治理的基础。

随着改革的不断深化，行政权力在经济活动中的参与程度日益下降，政府越来越强调发挥市场机制的作用，让企业真正成为市场的主体。与此同时，企业集团的组建路径也发生了重大改变，政府不再以行政管制权为基础强行推动下属企业组建企业集团，而是由企业根据需要，通过兼并重组构建以产权为纽带的企业集团。20 世纪 90 年代中后期以来，大型国有企业集团的组建，基本上都采取了产权纽带的形式，成员企业之间通过股权链接在一起。产权纽带型企业集团的建立，以及政府对经济活动干预的弱化，使得政府逐步改变了以往直接下达行政命令管理企业的方式，而是通过在国有企业集团中占有的股权来实现对整个企业集团的控制，推动国有企业集团的治理由行政治理向股权治理转变。同时，民营企业的快速发展，也为企业集团的市场化发展拓展了空间，促进了民营企业集团的组建与成长；民营资本的市场化属性，更加加快了企业集团治理模式向股权治理模式的演进。

与股权治理模式相对应的是，企业集团开始加快推进集团的公司化改制，建立规范的企业集团公司。企业集团完成公司化改制后，也就意味着从企业法人转变成了公司法人。这有助于进一步完善企业集团的法人治理结构，明确企业集团公司的市场主体地位。20 世纪 90 年代先后两批次的企业集团改制试点工作的推进，加快了国有企业集团的公司化改制进程，其中一些规范改制的企业集团公司或其下属子公司公开发行股票并成为上市公司。同时，也有许多国有企业集团公司改造成为国有独资公司。随着公司制改制的推进，根据建立现代企业制度要求，国有企业集团在理顺产权关系的基上，逐步确定了以产权为纽带的母子公司组织模式，并建立起相应法人治理结构。截至 2000 年底，在 120 家试点企业集团中，有 92 家建立了母子公司体制框架，占总数的 76.7%。

二、现代公司治理与"三会"建设关系

现代企业制度建设的核心，就是在公司制改制后的企业集团公司内部建立起由股东大会、董事会、监事会、经理层构成的相互依赖又相互制衡的治理结构，也就是完善的现代公司治理结构。企业集团完成公司制改制以后，作为公司法人，需要有相适应的组织体制和管理机构，使之具有决策能力、管理能力，并行使权利、承担责任，也就是需要一个规范的公司法人治理结构。狭义的公司治理是指公司内部股东、董事、监事及经理层之间的关系，广义的公司治理还包括与利益相关者（如员工、客户、存款人和社会公众等）之间的关系。现代公司狭义的法人治理结构如图 4-1 所示。

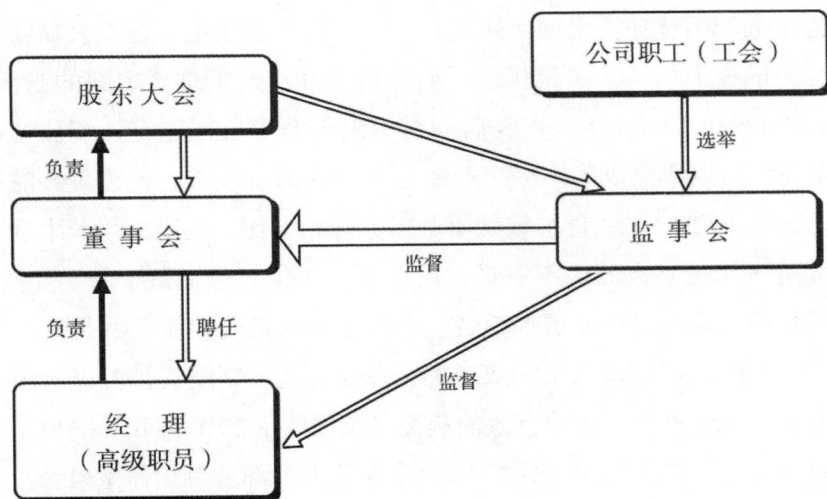

图 4-1　现代公司法人治理结构

股东大会由公司股东组成，体现的是所有者对公司的最终所有权；董事会由公司股东大会选举产生，对公司的发展目标和重大经营活动进行决策，

维护所有者的权益；监事会是公司的监督机构，对公司的财务、董事和经营者的行为发挥监督作用；经理由董事会聘任，是公司的经营者和执行者。

企业集团公司的治理结构，一直都在按照现代企业制度建设的要求进行完善。尤其是国有企业集团公司，都在按照国企改革要求，以及国资委工作部署，逐步推进股东会、董事会、监事会与经理层的建设工作。1997 年《关于深化大型企业集团试点工作意见的通知》对试点企业集团母公司、子公司的董事会、监事会与经理层的组建，分别作出了具体规定：除经国务院批准的国有独资公司可暂不设董事会外，其他国有企业集团公司应设立董事会，董事会成员按照《公司法》和公司章程产生；监事会成员按照《公司法》和公司章程产生，试点企业集团母公司属于国有独资公司，按照《国有企业财产监督管理条例》规定，由有关授权监督机构派出监事组成监事会；由试点企业集团董事会聘任总经理，但董事长一般不兼任总经理。据统计，截至 1999 年底，全国企业集团母公司成立股东会的有 1079 个，占 39%；成立董事会的有 2382 个，占 86.1%；成立监事会的有 1541 个，占 55.7%。

为了推动国有独资大型集团公司建立现代企业制度，健全公司法人治理结构，形成权力机构、决策机构、监督机构和经营管理者之间的制衡机制，从 2004 年开始，国务院国资委启动在中央企业中进行国有独资公司董事会试点工作。宝钢集团成为中央企业建立和完善国有独资公司董事会的第一家企业。2005 年 10 月 17 日宝钢集团董事会开始运作。宝钢集团董事会率先实行外部董事超过半数的 4+5 模式，内部董事 4 位，包括董事长、党委书记、总经理和职工董事；外部董事 5 名，由国务院国资委委派，都是具有国际公司管理经验的高层管理人员和成功的企业家。这一制度安排可以避免董事与经理人员的高度重合，形成有效的制衡机制。截至 2010 年底，中央企业建立董事会户数已经扩大到 30 家，5 家企业探索由外部董事担任董事长。

2014 年国务院国资委开展对 4 家中央企业落实董事会职权的试点工作，把中长期发展决策权、经理层成员选聘权、经理层成员业绩考核权、经理层成员薪酬管理权、职工工资分配管理权、重大财务事项管理权 6 项权力授予企业董事会。

2017 年 4 月国务院办公厅印发的《关于进一步完善国有企业法人治理结

构的指导意见》提出，部署加快推进中国特色国有企业现代企业制度建设，要进一步健全各司其职、各负其责、协调运转、有效制衡的国有企业法人治理结构；要求到 2020 年，国有独资、全资公司全面建立外部董事占多数的董事会，国有控股企业实行外部董事派出制度，完成外派监事会改革，造就一大批政治坚定、善于经营、充满活力的董事长和职业经理人。

各地也参照中央企业的做法在政府直接管理的国有企业中开展了董事会试点工作。试点企业董事会基本建立了结构合理的领导班子。

中央企业董事会按照相关规定为 7 人至 13 人，实际情况一般为 7 人至 9 人。地方国企的情况与之类似。中央企业董事会成员分为外部董事和内部董事。内部董事一般包括董事长（通常内部专职，已经全部由党委书记兼任）、总经理、职工董事及其他高管；外部董事由国务院国资委选派，主要来自中央企业退下来的高管人员、中介机构和大学科研院所的专业人士、境外人士以及少量的退休政府高官。为了拓宽大型集团公司高管人才来源渠道，加强对外部董事的约束和稳定董事会队伍，国务院国资委自 2009 年开始实行专职外部董事制度，建立了外部董事人才库。

由董事会聘任总经理的制度，在集团公司逐步得到落实。截至 2016 年底，中央企业在集团公司层面，在新兴际华开展了董事会聘任集团公司总经理的试点；中央企业集团及下属企业中由董事会市场化选聘和管理的经理层成员占 5.1%，其中，中央企业的二级企业由董事会选聘和管理的经理层成员占 7.4%。省级国资委监管的企业及下属企业通过市场化选聘并管理的经理层人员占 14%。招商局、中国建材等 50 多家中央企业和上海、广东等 20 多个省级国资委在二、三级企业探索实施了职业经理人制度。

中国证监会和交易所对上市集团公司的公司治理进行了严格规范。2000 年 10 月上海证券交易所发布了全国第一个上市公司治理文件《上海证券交易所上市公司治理指引》，这是一个全面、系统且有针对性和可操作性的规范上市公司治理机制的指导文件。2002 年 1 月为推动上市公司建立和完善现代企业制度，规范上市公司运作，增强上市公司管理的透明度，中国证监会发布了《中国上市公司治理准则》，分别在保护股东合法权益、强化董事的诚信与勤勉义务、发挥监事会的监督作用、建立健全绩效评价与激励约束机制、保障利益相关者的合法权利和强化信息披露增加透明度等方面作出了详细规定。

当前我国上市公司治理面临的内外部环境已经发生很大变化，为适应新时期上市公司治理要求，中国证监会针对监管工作出现的新情况，总结经验教训，对《中国上市公司治理准则》进行修订和完善。中国上市公司协会也在规范上市公司治理方面进行了一系列的探索和实践。经过 20 多年的努力，中国上市公司已经基本建立了较为健全的公司治理法律法规体系，上市公司的公司治理质量和水平有了显著提高。

第四节　集团公司管理体制的优化

管理是企业发展的根本保障，是企业永恒的主题。企业管理的使命就是服务于企业发展的需要。企业集团的发展同样离不开管理的支持，并且在不同的阶段需要不同的管理方式与之相适应。在企业集团发展的初期阶段，基于彼此之间的松散联合特征，集团管理表现得相对较弱，难以发挥其应有作用。但随着企业集团内部资本纽带及集团公司的出现，集团管理职能日益突出，集团对所属子公司的管控能力不断强化，集团管控模式也随着集团规模的扩张与管控能力的提升而不断演变。

一、从松散联合体向资本紧密型联合体转变

在企业集团发展的初期，多数企业集团的形成都是依赖于政府的行政管制、推动和扶持，也就是通过地方政府"拉郎配"的方式，将自己管制区域内的企业，按照整个行业成建制地转变成一个企业集团；或者是将部门所监管的跨行业的多个企业组合成一个企业集团；也有一些企业是在自愿的情况下，通过签订生产经营协议的方式，组成契约型的松散企业集团。如在20世纪80年代中期，辽宁全省有 500 个较稳固的联合体，参加联合体的企业共有 4896 家。又如 1986 年 7 月以"友谊"复印机为龙头，以武汉复印机总厂为核心，先后联合航天部第三研究院 31 所、武汉大学测试中心、国营长江光学仪器厂、巴山仪器厂等 9 个企业和科研单位组成了"友谊复印机联合制造公

司"。这些松散型的企业集团，或者是以政府管制权为纽带，或者是以生产经营协议为纽带。由于松散型企业集团与各成员企业之间没有财产关系，成员利益冲突难以协调，缺乏应有的凝聚力，因此难以长期存续。对那些以行政管制权为纽带的松散型企业集团来说，一旦行政管制权弱化甚至消除，企业集团往往也会随之解体或者是徒有其形而无其实。以生产经营协议为纽带的松散型企业集团也不具长期存续基础，随着市场环境的变化，生产经营协议不得不作出调整，而这种调整在松散成员之间并不容易达成一致，因而企业集团的解体也就难以避免；此外，随着原生产经营协议的到期，这类松散型企业集团也将面临到期解体的风险。

在企业集团发展过程中，政府逐渐认识到，企业集团应该实行产供销一体化，实行统一经营，否则就只是一个生产联合体，发挥不了企业集团的应有作用。为提高企业集团的长期存续性，更好地发挥企业集团的作用，20世纪90年代政府逐渐将企业集团由松散型的、以行政管理关系或经济交往关系为基础的联合体向紧密型、以产权关系为纽带的联合体转变。与前期基于行政管制权或生产经营协议所不同的是，这种以产权关系为纽带的企业集团，可以对集团内的成员企业行使强有力的、实质性的管制权，真正形成以集团为核心、服从集团指挥、执行集团战略与计划的、紧密型的企业联合体。由于彼此之间具有产权关系，企业集团通过产权纽带对集团成员企业实施控制，因而集团表现出很好的稳定性，只要不主动注销，都能够长期存续。同时，由于产权关系使集团与成员企业形成了利益共同体和命运共同体，强化了整个集团的向心力，也为企业集团经营绩效的提高创造了条件。通过多年发展，20世纪80年代组建的松散型企业集团，逐渐完成了向紧密型企业集团的转变。

二、从简单运营管控到多样化管控

集团管控模式是指企业集团总部在管理下属企业中的定位，其具体体现在通过管控部门的设置、管控流程设计以及集团文化的传播来影响下属经营单位的战略、营销、财务、经营运作等方面。在企业集团中，需要集团总部对下属子公司实施有效管控。在我国，企业集团是按照母子公司框架构建起来的，其管控模式自然也就是母子公司管理体制的表现形式。通常来说，企业集团应当根据自身行业特点、发展战略与组织规模等条件，选择合适的管控模式。当前集团管控类型划分流传最为广泛的是"集团管控三分法"理论。20 世纪 80 年代古尔德等人提出了企业集团的三种管控文化偏好，并逐渐演变成"集团管控三分法"基础理论，即将企业集团管控模式划分为运营管控型、战略管控型、财务管控型。在实践操作中，我国企业集团的管控模式比三分法更为复杂，至少还可以区分出第四种管控模式：混合型管控。

从我国企业集团管控模式演变的实际进程看，最早采用的是运营管控模式，而且基本上所有企业集团都采用了这一相对简单直接的管控模式，来对集团成员企业的生产运营施加直接控制，确保集团总体经营目标的实现。在运营管控模式下，企业集团总部通过总部职能管理部门对下属企业的日常经营运作进行管理；集团总部对所有成员企业进行运营的全程关注，负责对从产供销到人财物进行统一的安排与分配，各成员企业只有执行权，没有决策权，以达到集团最优资源配置，发挥最大经济效益。集团总部保留的核心职能包括财务控制、战略管理、市场、营销、新业务开发、人力资源等。人事管理不仅负责全集团的人事制度政策的制定，而且负责管理各下属公司二级管理团队及业务骨干人员的选拔与任免。为了保证总部能够正确决策并应付解决各种问题，总部的职能人员的人数会很多，规模会很庞大。由于下属企业普遍缺乏主动性，难以发挥创新精神及业务上的突破能力，因此对下属企业的业务相关性要求也很高。

随着企业管理能力的不断提升，一些企业集团放弃了缺点比较明显的运营管控模式，纷纷向战略管控、财务管控或混合管控转变。战略管控是指集团核心功能为资产管理和战略协调，集团与下属公司的关系主要通过战略协调、控制和服务而建立，集团总部很少干预子公司的具体日常经营活动；集团根据外部环境和现有资源，制定集团整体发展战略，通过控制子公司的核心经营层，使子公司的业务活动服从于集团整体战略活动。财务管控是指集团对下属子公司的管理控制主要通过财务手段来实现，对财务决策、资金运作进行全程严格监控，最终目标是评价企业运营是否能达到预期财务指标；集团对下属公司的具体经营运作管理基本不加干涉，也不会对下属公司的战略发展方向进行限定，主要关注下属公司财务目标的实现，并根据下属公司经营发展状况增持股份或退出。由于任何一种模式单独使用，都会有其局限性，所以在实践中，企业集团的内部管控往往是以一种模式为主导的多种模式的混合使用。如合并前的宝钢集团除了对钢铁生产业务采取经营管控模式外，对金融、贸易、房地产等业务采取了战略管控模式，这与宝钢集团"一业为主，多元化经营"的战略导向是一致的。国家开发投资公司对所属子公司，如电力、煤炭等战略业务单元采取的是战略管控模式，对汽车配件等业务领域采取的则是财务管控模式。

第五节　集团公司产融结合的探索

从资金使用角度看，对企业集团来说，内部资金具有原始性、自主性、抗风险性和低成本性特点，挖掘企业集团内部资金资源，提高内部资金的使用效率，进行内部资金融通，是企业集团资本管理的关键任务。集团内部资金的有效融通，可以提升企业集团价值，增强其市场竞争力；可以规避信息不对称造成的投资风险，提高企业集团资金配置的效率；可以降低企业集团资金成本，以及获得税收上的差别利益。所以，在企业集团组建与发展的早期，企业集团就非常重视内部资金的融通使用，并在资金融通使用的组织模式、管理模式，以及资本市场切入方式上进行了产融结合的探索。

一、从集权财务管理到分权财务管理

我国企业集团的财务管理，按决策管理权下放程度，可以划分为 3 种不同模式：集权财务管理模式、分权财务管理模式和混合财务管理模式。我国企业集团发展初期，企业集团制定的发展战略难以得到集团内其他成员企业的认同和贯彻执行，各成员企业在资金配置和市场定位及企业文化等方面不易形成合力，所以企业集团倾向于采取集权型财务管理模式，而经济全球化和互联网技术的发展，则助推了更多企业集团采用集权财务管理模式。但随着企业集团的发展，一方面成员共识不断深化，另一方面下属企业对财务管理适当分权的要求也在增加，分权型财务管理模式逐渐被一些企业集团所采

用。处于二者之间的，则是集权与分权共存的混合型财务管理模式。

（一）集权财务管理模式

所谓集权财务管理，是指在企业集团中，母公司的财务管理部门对子公司的所有财务决策都进行集中统一管理，子公司没有财务决策权。集团母公司拥有所有重大财力决策事项的决策权，母公司对子公司采取严格控制和统一管理的财务管理体制。母公司拥有子公司所有财务机构设置与财务经理人员任免的决定权，不但代为子公司进行财务决策，有时甚至直接参与子公司执行决策的过程。这种模式的优点是有利于企业集团加强资金控制，提高财务效率，降低财务成本，有利于统一决策，降低集团财务风险和经营风险。但在这种模式下，由于子公司没有任何财务权限，缺乏相对独立性，不利于发挥子公司的积极性和创造性，而且子公司习惯性依赖母公司决策，对市场变化的反应较慢，灵活性差。

（二）分权财务管理模式

所谓分权式财务管理，是指企业集团子公司拥有充分的财务管理权限，集团母公司只保留对子公司重大财务决策事项的决策权或审批权。分权财务管理模式下，母公司对子公司以间接管理方式为主，子公司相对独立，母公司不干预子公司的生产经营与财务活动。母公司提出明确的财务目标与管理要求，赋予子公司经营者完全财权和相应责任，并保留对子公司重大财务事项的决策权。子公司对自身财务情况负责，并向母公司报告实施或落实其责任的全部财务计划，由母公司对其财务计划的执行进行监控，对执行的结果进行考核。这种模式的优点在于有利于增强各子公司的积极性、创造性和灵活性，有利于简化决策程序、缩短决策周期、提高决策实效性和可操作性，及时捕捉市场机会。这种模式的缺点在于容易导致下属企业追求自身利益的最大化和短期化，损害企业集团整体的利益和长远的利益；弱化了母公司财务调控功能，不能及时发现子公司面临的财务风险和重大财务问题并加以处理；不利于企业集团协同效应发挥与战略及规划的落实；难以有效约束经营者，容易造成子公司"内部控制人"问题。

（三）混合式财务管理模式

混合式财务管理模式，是集权与分权的结合，是分权基础上的集权、集权控制下的分权。混合财务管理模式集资金筹集、运用、回收与分配于一体，对借款额度管理、资产变卖管理以及重大的资金调度管理等实行关键点控制。在这种模式下，资金管理往往成为集团财务管理的重要内容。根据集团公司权力集中度的不同，混合财务管理模式又可进一步分为相对集权型和相对分权型两种形式。相对集权型更多体现了集权式财务管理体制的优势，有利于母公司对各子公司实施有效控制的同时，尽量避免了由于权力过度集中而造成的各种弊端。相对分权型则在更多体现分权式财务管理体制优越性的同时，避免了集团母公司管控能力弱化所带来的弊端。企业集团发展实践证明，混合式财务管理模式难以根据企业发展的需要，真正做到融集权财务管理和分权财务管理的优势于一体，实际效果并不理想，往往不是过于集中，就是过于分权。

二、从结算中心到财务公司

组建企业集团的出发点是为了优化整个集团的资源配置，提高资源利用效率，资金是企业集团的关键资源之一，自然也是需要纳入优化配置范畴的对象之一。对企业集团来说，实现集团资金的内部有效融通使用，是对资金资源进行优化使用的着眼点所在。实行企业集团内部资金融通需要借助一定的组织模式，常见的有内部银行、结算中心、财务公司3种。但内部银行只适用于单一法人企业集团，而我国大部分企业集团都具有集团公司／股份公司（或者子公司）的二级法人结构，选择内部银行管理模式存在法律上的不可操作性，因此，可供我国企业集团选择的，只有结算中心或财务公司两种模式，它们也是国外企业集团采用的主要模式。

我国大多数企业集团公司都是通过资金结算中心对集团资金进行内部管理与融通使用。从发展实践看，刚刚组建的企业集团在内部资金管理与融通方面存在诸多突出问题，需要一种高效安全的资金管理模式，确保资金安全、高效、有序地运作，实现资金安全性、流动性和效益性目标，解决资金分散、调度资金时间长、资金沉淀、内部结算信息传递滞后以及财务信息不能满足决策者对生产经营过程进行控制等问题。为顺应这一现实需要，早期阶段的企业集团纷纷设立了内部结算中心，以此作为集团内部资金管理机构。内部结算成为集团母公司优化现金控制与使用的有效手段。企业集团结算中心将企业集团的自有资金和商业银行的信贷资金统筹运作，实现了资金集中管理，调整了原有资金分配方式，优化了资金运行机制，盘活了存量资金，减少了资金占用，加快了资金周转速度，提高了企业集团的资金使用效率与效益。不过由于结算中心只是企业集团的内部管理机构，因而缺乏对外融资、中介、投资等功能，不仅难以充分发挥其潜在能力，而且难以充分满足企业集团资金融通需求，因此集团公司设立财务公司成为必然。但并不是所有的企业集团都具备申请设立财务公司的条件与资质，因此，对大多数企业集团来说，成立结算中心是其最为现实的选择，也是为未来条件成熟时申请成立财务公司积累经验和做好准备。

集团财务公司是由大型企业集团各成员企业共同投资参股，以加强企业集团资金集中管理和提高企业集团资金使用效率为目的，为企业集团成员单位提供财务管理服务，经中国人民银行总行（后改为中国银行业监督管理委员会）批准设立的非银行金融机构。集团财务公司这种称谓仅在我国使用，是独立核算的企业法人，在业务上接受银监会的领导、管理、监督和稽核，在行政上隶属于企业集团，其业务范围严格限制在集团内部。集团财务公司具备依法融资、投资与中介功能，有利于增强企业集团内外部融资功能，有利于优化产业结构、开拓市场、提高企业集团的竞争实力。多数集团财务公司已成为集团的投资中心，发挥了突出的融资和资金联结功能。集团财务公司是我国改革过程中的产物，是在金融体制没有改革的情况下，为适应企业集团发展而创办的未发育完全的非银行金融机构。集团财务公司在企业集团发展中发挥了重要作用，但它的作用和功能将会随着金融体制改革深化，逐渐被银行或其他金融机构所替代。

我国企业集团财务公司的最初萌芽，是由于企业集团自身发展的需要。早在企业集团组建初期，1987 年 7 月 20 日经中国人民银行总行批准，我国第一个企业集团内部的金融机构——东风汽车财务有限公司正式开业。至 1992 年底，全国相继建立了 31 家集团财务公司。截至 2016 年三季度末，全国共有集团财务公司法人机构 234 家，服务会员单位超过 6 万家，分布在石油化工、电力、军工、汽车、电子电器等 17 个行业。全国集团财务公司行业表

内外资产 [5] 总额 6.62 万亿元，利润总额 584.41 亿元；行业平均不良资产率 0.04%，行业平均不良贷款率 0.07%，远低于银行不良贷款率。在中国经济增长进入缓速运行的大背景下，集团财务公司在资金集中管理过程中充分发挥了平台作用，助力集团提高资金的集约化和精细化管理。此外，集团财务公司通过"减费让利"，实现了成员单位、整个集团融资成本的下降。

多年来财务公司为本企业集团深化体制改革、促进企业集团的资金集约化管理、增强内外部融资功能、优化产业结构、提高企业集团竞争实力作出了贡献。集团财务公司在为企业集团发展服务的同时，自身也获得了快速发展。为了规范集团财务公司行为，促进财务公司健康发展，中国人民银行1996 年颁布了《企业集团财务公司管理暂行办法》。1997 年发出了《关于加强企业集团财务公司资金管理等问题的通知》，进一步确定了财务公司的业务范围和基本功能。2000 年发布实施的办法更加完整地确立了集团财务公司的性质、任务、功能，为集团财务公司与国际接轨奠定了理论基础。2004 年颁布的《企业集团财务公司管理办法》和 2006 年的修订，明确了财务公司定位：财务公司是以加强企业集团资金集中管理和提高企业集团资金使用效率为目的，为企业集团成员单位提供财务管理服务的非银行金融机构。

三、从资金拆借到产融结合

根据相关法律法规的规定，普通企业之间的资金拆借行为并不合法，也不受法律保护。最高人民法院《关于对企业借贷合同借款方逾期不归还借款的应如何处理问题的批复》中规定："企业借贷合同违反有关金融法规，属无效合同。"这里所指的"有关金融法规"，实际就是指中国人民银行发布的《贷款通则》。所以，司法实践中对企业间借款合同是否定其效力的，即认为企业间借款合同非法，属于无效合同。《贷款通则》第 21 条规定："贷款人必须经中国人民银行批准经营贷款业务，持有中国人民银行颁发的《金融机构法人许可证》或《金融机构营业许可证》，并经工商行政管理部门核准登记。"第 61 条规定："各级行政部门和企事业单位、供销合作社等合作经济组织、农村合作基金会和其他基金会，不得经营存贷等金融业务。企业之间不得违反国家规定办理借贷或者变相借贷融资业务。"与普通企业之间资金拆借所不同的是，在企业集团内部成员之间，可以依法开展资金拆借业务，企业集团内部成员之间的资金拆借业务在管理上被称为统借统还业务。企业集团公司开展资金统借统还业务，即母公司根据集团资金预算需要，统一由集团或集团所属的财务公司对外从金融机构取得贷款，收到贷款后分拨给集团下属单位（包括独立核算单位和非独立核算单位）使用，并按支付给金融机构的借款利率水平向下属单位收取利息用于归还金融机构的利息。

企业集团统借统还必须具备3个条件：一是资金来源于银行等金融机构；二是不存在提高利率问题；三是适用于在工商部门办理了《企业集团登记证》的企业集团，而且成员企业必须事先在工商部门登记备案。按照具体操作模式不同，企业集团资金统借统还可划分为两种类型：一类是企业集团从金融机构借款，然后按支付给金融机构的借款利率水平借给集团其他企业，从集团其他企业收取利息后统一归还给金融机构。另一类是企业集团从金融机构取得借款，然后由集团所属财务公司与集团下属企业签订统借统还贷款合同并分拨借款，按支付给金融机构的借款利率向集团下属企业收取用于归还金融机构借款的利息，再转付企业集团，由企业集团统一归还金融机构。

国家为企业集团的统借统还业务制定了税收优惠政策，如2000年财政部、国家税务总局《关于非金融机构统借统还业务征收营业税问题的通知》规定，企业集团中的核心企业等单位向金融机构借款后，将所借资金分拨给下属单位（包括独立核算单位和非独立核算单位），并按支付给金融机构的借款利率水平向下属单位收取用于归还金融机构的利息不征收营业税；但如果统借方向下属单位收取的利率高于支付给金融机构的借款利率水平，将视为具有从事贷款业务的性质，应对其向下属单位收取的利息全额征收营业税。按照2016年财政部、国家税务总局《关于全面推开营业税改征增值税试点的通知》的规定，统借统还业务中，企业集团或企业集团中的核心企业以及集团所属财务公司按不高于支付给金融机构的借款利率水平或者支付的债券票面利率水平，向企业集团或者集团内下属单位收取的利息予以免征增值税；统借方向资金使用单位收取的利息，高于支付给金融机构借款利率水平或者支付的债券票面利率水平的，应全额缴纳增值税。

与这种直接或通过财务公司间接进行资金拆借活动相比，已经或正在准备向产融结合方向发展的企业集团，其自我资金融筹能力更加强大，业务更为规范，形态也更显高级化。产融结合是指产业与金融业在经济运行中为了共同的发展目标和整体效益通过参股、持股、控股和人事参与等方式而进行的内在结合或融合；是产业资本发展到一定程度，寻求经营多元化、资本虚拟化，从而提升资本运营档次的一种趋势；是产业资本与金融资本间的资本联系、信贷联系、资产证券化以及由此产生的人力资本结合、信息共享等的总和。产融结合的最终表现形式是组建大型金融控股集团。产融结合大体上可以分为"由产到融"及"由融到产"两种形式。由于大型企业集团产融结合的发展方式主要是"由产而融"，即产业集团从事金融业务，也就是在产业资本旗下，把部分资本由产业转到金融机构，在企业集团内部形成强大的金融核心企业，进而形成强大的产业资本主导的大型金融控股集团。

我国企业集团产融结合始于20世纪80年代中期银行管理体制改革。2002年国务院批准中信集团、光大集团和平安集团进行综合金融控股集团试点。国务院国资委明确表示支持央企推进产融结合，认为具有国际竞争力的大型企业集团必须实现产融结合。2010年在中央企业负责人会议上，国务院国资委首次对中央企业产融结合明确表示支持，加快了中央企业产融结合步伐。

海尔集团较早实施产融结合，2007年将旗下金融资产及业务整合，正式组建海尔金融集团。海尔金融集团目前已经形成9家金融机构、5家投资机构、2家参股银行保险企业的"952"布局，并且形成了青岛、上海、重庆"双总部一基地"的全国布局，拥有70多项金融牌照资源。海尔金融集团计划未来将金融业务覆盖到产业投资公司（基金）、财务公司、银行、证券、保险等金融行业，形成完整的金融产业链，进一步开发融资租赁、消费信贷等业务，丰富金融产品，同时运用产业投资基金、上市公司等平台，开发直接投资、并购重组、上市安排等业务，促进海尔集团整体产业的发展。

从2017年统计数据看，我国大型金融控股集团有114家，其中中央企业34家，地方国企44家，民营企业36家。中信、光大、平安金控集团等已经拥有信托、银行、保险、券商、基金、期货、租赁金融全牌照；国有金融资本有交通银行、中国人寿。民间产业资本有万向集团、复星集团、美的集团、雅戈尔等。国有产业资本有招商局集团、华润集团、华能集团、宝武集团、五矿集团、中国石油集团、中化集团、航空工业、国投集团、中国海油集团等。据不完全统计，中央企业 22 家集团公司的金融公司控股金融机构 62 家、参股金融机构 47 家；控股金融机构总资产达到 13.49 万亿元。招商局集团金融控股公司规模最大，资产占 22 家中央企业金融控股资产总额 51.43%。招商、华润、华能、宝武、五矿五大金融控股公司的控股总资产占 22 家中央企业金融控股总资产 74%。具体数据见表"2017 年中央企业金融控股汇总表"。

表 4-1　2017 年中央企业金融控股汇总表

名次	央企名称	入股金融机构数量			控股金融机构总资产（亿元）
		控股	参股	合计	
1	招商局集团	6	2	8	69402.96
2	华润集团	3	2	5	9673.52
3	中国华能	5	2	7	8826.98
4	宝武钢铁	3	8	11	6682.32
5	中国五矿	5	2	7	5315.37
6	中国石油	4	3	7	5044.69
7	中化集团	2	0	2	5025.89
8	航空工业	5	1	6	4999.53
9	国投	4	1	5	4933.84
10	中国海油	2	0	2	3903.16
11	中国中铁	2	2	4	3664.11
12	中国华电	1	4	5	2619.32
13	中粮集团	3	2	5	1798.14
14	国家电投	2	1	3	1730.14
15	国家电网	6	6	12	1066.64
16	国电集团	2	4	6	126.35
17	南方电网	1	1	2	66.28
18	东航集团	1	0	1	27.97
19	中国一汽	1	1	2	16.49
20	中钢集团	1	0	1	13.34
21	中铝集团	2	2	4	4.93
22	中国石化	1	3	4	2.42

第六节　集团公司社会责任的履行

企业不仅是经济组织，也是社会组织。企业被各种利益相关者，包括股东、员工、消费者、社区、各级政府、各种商务伙伴和其他利益集团所环绕。企业除了要为股东利益服务外，也应为各有关利益相关者履行其应负的社会责任。随着经济的高速发展，企业日益依赖于社会，社会对企业的期望提升。因此，企业不只是对股东负责的经济实体，而是应该承担一定社会责任的社会组织。在保持社会经济平稳健康发展的同时，要实现就业稳定、民生改善、文化繁荣和生态良好，离不开企业对社会责任的切实履行。企业和企业家必须履行遵纪守法、诚信经营、维护稳定、保护环境、关注民生的社会责任，协调好股东利益与环境公益的关系，保持企业可持续发展。

一、社会责任建设的创新发展

2005 年 10 月全国人大修订通过的《公司法》第五条明确指出：公司从事经营活动，必须遵守法律、行政法规，遵守社会公德、商业道德，诚实守信，接受政府和社会公众的监督，承担社会责任。2005 年 12 月国务院国资委发起成立中国企业社会责任联盟，召开中国企业社会责任论坛，制定了国内第一部《中国企业社会责任标准》，并发表了《中国企业社会责任北京宣言》。2006 年 9 月深圳证券交易所发布《深圳证券交易所上市公司社会责任指引》。2008 年 1 月国务院国资委出台《关于中央企业履行社会责任的指导意见》。

2008 年 11 月党的十六届六中全会通过《关于构建社会主义和谐社会若干问题的决定》，明确提出"广泛开展和谐创建活动，形成人人促进和谐的局面。着眼于增强公民、企业、各种组织的社会责任"。党的十八大以来，以习近平同志为核心的党中央十分重视企业社会责任的建设。2009 年 1 月中国银行业协会发布《中国银行业金融机构企业社会责任指引》。

2013 年 11 月党的十八届三中全会通过《关于全面深化改革若干重大问题决定》，明确提出要将承担社会责任作为进一步深化国有企业改革重点之一。2014 年 10 月党的十八届四中全会通过《关于全面推进依法治国若干重大问题的决定》，明确提出要加强社会责任立法。

2015 年 6 月国家质检总局和国家标准委联合发布了《社会责任指南》《社会责任报告编写指南》《社会责任绩效分类指引》三项国家标准。使一直以来带有舶来品色彩的企业社会标准，终于有了中国特色的解读方法和行为准则，使得企业社会责任管理实践有了统一标准。这是对我国社会责任发展的一次全面系统的技术总结，同时也是对国际社会责任标准的丰富和实践的创新发展。

2016 年 3 月 4 日习近平总书记在看望参加政协会议的民建工商联委员时指出：非公有制经济要健康发展，前提是非公有制经济人士要健康成长。广大非公有制经济人士要加强自我学习、自我教育、自我提升，十分珍视和维护好自身社会形象。要深入开展以"守法诚信、坚定信心"为重点的理想信念教育实践活动，积极践行社会主义核心价值观，做爱国敬业、守法经营、创业创新、回报社会的典范，在推动实现中华民族伟大复兴中国梦的实践中谱写人生事业的华彩篇章。广大民营企业要积极投身光彩事业和公益慈善事业，致富思源，义利兼顾，自觉履行社会责任。

2017 年 7 月 24 日习近平总书记在全国网络安全和信息化工作座谈会上强调：只有富有爱心的财富，才是真正有意义的财富。只有积极承担社会责任的企业才是最有竞争力和生命力的企业。党中央对社会责任的高度重视是推动集团公司履行社会责任的巨大动力。

二、破解工业化高速扩张带来的社会矛盾的突破口

企业社会责任运动始于 20 世纪 70 年代，在国外迅速扩展。进入我国是在 20 世纪 90 年代之后。企业社会责任导入中国企业的主要方式是跨国公司把企业社会责任与海外订单挂钩。在经济全球化的进程中，两种社会力量交互推动企业社会责任的全球化。一种力量是反对资本全球化的劳工运动。劳资冲突的加剧和劳工地位的下降，使得劳工组织强烈要求在经济全球化的同时，要在企业推行和实施国际劳工标准，以达到维护劳工权益的目的。另一种社会力量是欧美发达国家政府、社会组织和跨国公司通过将社会责任条款与国际贸易订单挂钩，以抵消发展中国家生产成本低的相对优势，实行贸易

保护，避免发展中国家，特别是东南亚国家凭借廉价劳动力的成本优势和低档产品价格优势，迅速发展出口贸易，占领发达国家市场，对发达国家市场和劳动力的就业发生冲击。因此，企业社会责任标准成为国际规则。

从经济全球化视角看，履行企业社会责任是中国企业走出去，进入国际市场，融入经济全球化历史进程，保障国际业务持续发展的必要条件之一。同时，也是借鉴西方国家推展企业社会责任的经验，构建和谐的劳动关系、社会关系、人与大自然的关系，破解多年来工业化高速扩张带来的生态环境恶化、社会群体矛盾、贫富差距加大、假冒伪劣横行、农民工权益保障缺失等问题的突破口。

三、集团公司率先推展社会责任的实践

中央企业集团公司在全国率先推展和实践企业社会责任，成为中国企业履行社会责任的标杆与典范。2006 年 3 月《国家电网公司 2005 社会责任报告》发布。这是中国企业发展历史上的第一部社会责任报告书。国家电网在世界 500 强企业列名第 32 位，2005 年营业收入已经达到 869.84 亿美元，是仅次于中国石化的第二大集团公司，报告的发表具有引领作用。2007 年 2 月大型民营企业集团西子联合控股有限公司发布了全国民营企业首份《企业社会责任报告》。2016 年《中国华电集团公司发布"十二五"温室气体排放白皮书》。这是我国签署《巴黎气候协定》后国内企业首次公开发布的温室气体排放报告。中铝集团亦发布《中国铝业公司 2016 降碳报告》，发起开展联合降碳行动。截至 2017 年底，中央企业万元产值综合能耗（可比价）比"十二五"末下降约 6.6%，超过国家"十三五"目标进度要求。截至 2016 年底，中央发电企业清洁能源装机容量达 3.6 亿千瓦，占全国清洁能源发电总装机容量的 60.1%。中国社科院企业社会责任研究中心发布的《中国企业应对气候变化自主贡献报告（2017）》显示，中央企业应对气候变化自主贡献水平为 48.8%，高于国有企业的 36.2%、外资企业的 19.5% 和民营企业的 7.7%，发挥了引领作用。截至 2012 年 11 月，国务院国资委所属的中央企业全部发布企业社会责任报告，全部建立社会责任管理机构。

中央企业不仅在国内投资建设、生产经营中积极履行社会责任，而且作

为中国企业"走出去"的排头兵，还在海外坚持负责任经营，为东道国经济社会环境的协调发展作出积极贡献。比如，中国电建在海外推行"治理属地化、经营属地化、资源属地化、发展属地化、责任属地化和文化属地化"，构建"六位一体"属地化管理体系，牵头成立了海外志愿者协会，开展"四个一"管理服务，推出"科技服务""生态保护""社会关爱"3 项品牌行动，通过海外员工的支援服务活动，服务地方发展，传播中华文化，塑造有温度的海外履责形象，为项目健康运营奠定良好的发展环境。《中资企业海外社会责任蓝皮书（2016—2017）》指出，中央企业、其他国有企业和民营企业三类中资企业社会责任发展指数存在一定程度的差异性，其中，中央企业海外社会责任发展指数最高（42.77 分），民营企业其次（20.93 分），其他国有企业最低（7.90 分）。该蓝皮书指出，相对来说，中央企业在海外开展业务时间更久，经验更加丰富，履行社会责任的意识更强。

2018 年 1 月国务院国资委发布《中央企业社会责任蓝皮书（2017）》。根据中国社会科学院企业社会责任研究中心相关研究，国企 100 强社会责任发展指数持续领先于民企 100 强、外企 100 强。以 2017 年的数据为例，国有企业社会责任发展指数得分最高（58.7 分），民营企业其次（29.7 分），外资企业最低（23.9 分）。

2018 年 12 月全国工商联在北京召开的十二届二次执委会议上首次发布《中国民营企业社会责任报告 2018》，对民营企业履行社会责任进行回顾总结和展望。我国民营企业履行社会责任理念有别于西方国家，具有中国特征，而在履责实践方面，又具有集体行动和贴近百姓的总体特征。首先，表现在注重围绕中心服务大局。民营企业家具有听党话、跟党走的光荣传统，对党和国家提出的"走出去"、西部大开发、"一带一路"建设、军民融合、脱贫攻坚等，民营企业都积极响应，并主动作出积极贡献。其次，民营企业履行社会责任具有集体行动特点。如"光彩行""万企帮万村"等集体进行的品牌活动。第三，开发式扶贫是民营企业履行社会责任的突出亮点，如"光彩事业行"等。最后，企业家精神和家国情怀促使民营企业创造了丰富多样、机制灵活的公益模式，如吉利集团的"吉时雨"、红豆集团的"红豆七夕节"等公益项目。

第五章　集团公司混合所有制改革

　　混合所有制是社会主义公有制经济同市场经济融合的主要形式和重要途径；是坚持公有制经济的主体地位，促进多种所有制经济共同发展的社会主义基本经济制度的实现形式；是国有资本增加活力、放大功能、保值增值、增强综合国力、助力集团公司"走出去"发展的重要途径；是国有资本管理体制改革、国有企业治理结构改革的重要支撑。

　　国有企业经过多年企业集团和集团公司股份制改造和公司上市，大量集团公司已经变成混合所有制公司。经济管理体制改革和企业制度改革的实践证明，混合所有制能够有效促进生产力发展。但是，改革过程是渐进的。尽管很多国有集团公司国有资本所占比重已经较低，但是政府部门干预甚多，公司治理结构难以达标，行政化垄断管理还未真正破除。党的十八届三中全会通过的《中共中央关于全面深化改革若干重大问题的决定》提出"积极发展混合所有制经济"，推动国有资本管理和国有企业改革进入深水区。国有资本与民营资本融合、国有企业与民营企业融合成为新一轮国资国企改革的重头戏。

第一节　混合所有制改革的决策部署

党中央、国务院的决策部署，在推进国有企业混合所有制改革，促进各种所有制经济共同发展的进程中发挥着主导作用。党的十一届三中全会以后，农村推行家庭联产承包责任制，城市全民所有制企业推进经济责任承包制，乡村集体所有制经济迅速发展，公有经济、私人经济合作合营，外商资本进入国内，与全民所有制企业、集体所有制企业和私人个体企业合作合资，各种所有者合作形式缤纷呈现，所有制形式多样化趋势出现。

混合所有制在我国第一次见诸文字的提出者是著名经济学家薛暮桥[6]。1987 年 2 月薛暮桥在中国社会科学研究院《经济研究》第 2 期发表了《我国生产资料所有制的演变》一文，提出混合所有制的概念，并加以详细论述，指出在我国经济体制改革中，所有制形式日益复杂，不同行业、不同地区的国有企业之间，国有企业与集体企业和私人企业之间的合资经营日益增多，由于投资方属于不同的所有制，采取的是股份制形式，就形成了混合所有制。

1997 年党的十五大报告首次在党的文件中使用了"混合所有制经济"的概念，指出"公有制经济不仅包括国有经济和集体经济，还包括混合所有制经济中的国有成分和集体成分"。

2002 年 11 月党的十六大报告进一步提出，不能把公有制经济和非公制经济对立起来，进一步探索公有制特别是国有制的多种有效实现形式，积极推行股份制，发展混合所有制经济，实行投资主体多元化。

2003 年 10 月党的十六届三中全会通过的《中共中央关于完善社会主义市场经济体制若干问题的决定》提出，"要适应经济市场化不断发展的趋势，进一步增强公有制经济的活力，大力发展国有资本、集体资本和非公有资本等参股的混合所有制经济，实现投资主体多元化，使股份制成为公有制的主要实现形式"，将多元化投资的股份制形式确定为我国公有制经济制度的主要实现形式，从而为发展混合所有制经济廓清了道路，标志着我国国有企业改革进入新阶段。

2007 年 10 月党的十七大报告提出，"坚持和完善公有制为主体、多种所有制经济共同发展的基本经济制度，毫不动摇地巩固和发展公有制经济，毫不动摇地鼓励、支持、引导非公有制经济发展，坚持平等保护物权，形成各种所有制经济平等竞争、相互促进新格局。深化国有企业公司制股份制改革，健全现代企业制度，优化国有经济布局和结构，增强国有经济活力、控制力、影响力"，"以现代产权制度为基础，发展混合所有制经济"。

2010 年 5 月国务院发布了《关于鼓励和引导民间投资健康发展的若干意见》，标志着民营企业参与国企改革进入新的阶段，进一步为中小企业和民营企业参与国企改革提供了更为广阔的空间和保证。

党的十八大以后，中共中央、国务院加大了国有资本管理体制的改革和社会主义基本经济制度的完善，对国有企业改革作出一系列重大决策和重要部署。2013 年 11 月党的十八届三中全会通过的《中共中央关于全面深化改革若干重大问题的决定》指出，"积极发展混合所有制经济。国有资本、集体资本、非公有资本等交叉持股、相互融合的混合所有制经济，是基本经济制度的重要实现形式，有利于国有资本放大功能、保值增值、提高竞争力，有利于各种所有制资本取长补短、相互促进、共同发展。允许更多国有经济和其他所有制经济发展成为混合所有制经济。国有资本投资项目允许非国有资本参股。允许混合所有制经济实行企业员工持股，形成资本所有者和劳动者利益共同体"。

2015 年 8 月中共中央、国务院印发《关于深化国有企业改革的指导意见》（以下简称《指导意见》），这是指导和推进中国国企改革的纲领性文件。《指导意见》从改革的总体要求到分类推进国有企业改革、完善现代企业制度和国有资产管理体制、发展混合所有制经济、强化监督防止国有资产流失、加强和改进党对国有企业的领导、为国有企业改革创造良好环境条件等方面，全面提出了新时代国有企业改革的目标任务和重大举措。《指导意见》提出，到 2020 年在重要领域和关键环节取得决定性成果，形成更符合我国基本经济制度和社会主义市场经济要求国资管理体制、现代企业制度、市场化经营机制，国有经济活力控制力影响力抗风险能力明显增强。

2015 年 9 月国务院发布《关于国有企业发展混合所有制经济的意见》。该意见作为中共中央 国务院《关于深化国有企业改革的指导意见》的第一个配套文件，强调指出"多年来，一批国有企业通过改制发展成为混合所有制企业，但治理机制和监管体制还需要进一步完善；还有许多国有企业为转换经营机制、提高运行效率，正在积极探索混合所有制改革。当前，应对日益激烈的国际竞争和挑战，推动我国经济保持中高速增长、迈向中高端水平，需要通过深化国有企业混合所有制改革，推动完善现代企业制度，健全企业法人治理结构；提高国有资本配置和运行效率，优化国有经济布局，增强国有经济活力、控制力、影响力和抗风险能力，主动适应和引领经济发展新常态；促进国有企业转换经营机制，放大国有资本功能，实现国有资产保值增值，实现各种所有制资本取长补短、相互促进、共同发展，夯实社会主义基本经济制度的微观基础"。文件对发展混合所有制经济，提出了总体要求、基本原则、分类分层次推进国有企业混合所有制改革、鼓励各类资本参与国有企业混合所有制改革、建立健全混合所有制企业治理机制、建立依法合规的操作规则、营造国有企业混合所有制改革的良好环境、组织实施等方面的细则，为国有企业发展混合所有制经济打破所有制的藩篱，提供了法理依据和政治保证，明确了发展混合所有制的政策、路径和方法，有力地推动了混合所有制经济的发展。

2015 年 10 月国务院发布《关于改革和完善国有资产管理体制的若干意见》。该意见作为中共中央 国务院《关于深化国有企业改革的指导意见》的第二个配套文件，明确了改革和完善国有资产管理体制的总体要求、基本原则、主要措施，并提出了协同推进配套改革的相关要求。该意见明确了改革和完善国有资产管理体制三方面的改革举措：一是推进国有资产监管机构职能转变，准确把握国有资产监管机构的职责定位，明确国有资产监管重点，该管的要科学管理、决不缺位，不该管的要依法放权、决不越位，改进国有资产监管方式和手段，建立监管权力清单和责任清单。二是改革国有资本授权经营体制，改组组建国有资本投资、运营公司，明确国有资产监管机构与国有资本投资、运营公司关系，界定国有资本投资、运营公司与所出资企业关系。同时要开展由国有资产监管机构授权国有资本投资、运营公司履行部分出资人职责的试点工作，以及政府直接授权国有资本投资、运营公司履行出资人职责的试点工作。三是提高国有资本配置和运营效率，建立国有资本布局和结构调整机制，推进国有资本优化重组，建立健全国有资本收益管理制度。

2017 年 11 月为解决国有企业实施混合所有制改革试点中的一些具体操作问题，顺利推进混合所有制改革，国家发展改革委、财政部、人力资源和社会保障部、国土资源部、国资委、税务总局、证监会、国防科工局联合发布了《关于深化混合所有制改革试点若干政策的意见》，对国有资产定价机制、职工劳动关系、土地处置和变更登记、员工持股、集团公司层面开展混合所有制改革、试点联动、财税支持政策、工资总额管理制度、军工企业国有股权控制类别和军工事项审查程序等主要事项作出了具体规定。这些规定对鼓励混合所有制改革规范有序、稳妥健康推进，发挥了重要引导作用。

2018 年 7 月按照中共中央 国务院《关于深化国有企业改革的指导意见》和《国务院关于改革和完善国有资产管理体制的若干意见》的有关要求，为推进国有资本投资、运营公司改革试点工作，国务院发布了《关于推进国有资本投资、运营公司改革试点的实施意见》，对改组组建国有资本投资、国有资本运营公司，推进以管资本为主，改革国有资本授权经营体制的试点工作，提出了总体要求，明确了试点公司的功能定位、组建方式、授权机制、运行模式、监管与约束机制，以及试点工作的内容、实施步骤、配套政策、组织实施方法等，加快推进国有资本授权经营体制的改革。

2019 年 4 月国务院印发《改革国有资本授权经营体制方案》，明确了国有资本授权经营体制改革的总体思路是"重在改革体制、加大授权放权、强化监督监管、放活与管好"相统一。这标志着中国政府国有资产管理机制的重大转变，从管企业转为管资本，在向市场经济转变的过程中又迈出了新的重要步伐。

第二节　混合所有制的改革势在必行

一、为中国特色社会主义市场经济体制奠定经济基础

中国特色社会主义建设的实践证明，我国坚持以公有制为主体、多种所有制经济共同发展的基本经济制度。公有制可以有多种实现形式，除了传

统的国有经济和集体经济两种形式之外，随着生产力社会化和市场经济的发展，混合所有制中的国有控股经济也将成为公有制的重要实现形式，即通过积极发展混合所有制经济，使我国基本经济制度在社会主义市场经济体制新的历史条件下找到新的有效实现途径。

发展混合所有制经济，可以实现国有经济与民营经济在深层次上的融合。公有制经济和非公有制经济都是国民经济的重要支撑。国有资本在体现国家战略意图，实现公共目标等方面更具优势，民营资本在适应市场竞争，激发企业活力等方面更具优势，混合所有制经济兼有国有资本与民营资本的特点。在混合所有制企业中，国有资本与民营资本是一个有机整体，两者利益及发展是完全联系在一起的，同兴衰、共进退。混合所有制经济有利于拓宽国有经济改革的空间和民营资本的流向，为中国的企业发展提供了新的战略机遇，有利于增强我国在全球经济体系中的竞争力。

二、为实现简政放权、政企分开创造产权多元化条件

我国经济体制改革从 20 世纪 80 年代开始，就把政企分开作为企业改革的主要任务。然而进展缓慢。究其原因，是在原经济体制下，国有企业运行的产权基础是单一的国有制，政府是国有企业唯一的投资主体和利益主体。政府作为企业的投资人，在不存在其他利益主体与之制衡的情况下，就理所当然要对企业的生产和经营决策进行直接管理。同时，企业也乐于躺在政府的怀抱里安安稳稳。因此，无论是从政府角度还是从企业角度，无法真正做到政企分开。

要真正做到政企分开，只有一条出路，即必须构建能够实现政企分离的产权基础，在国有经济内部引入其他形式的所有权，使原国有企业的投资主体多元化，造就不同利益主体相互制衡的混合所有制。混合所有制将打破国有所有权铁板一块的格局，企业不再是单一国有经济的利益载体，而是各种不同经济利益的代表，不同经济利益主体之间相互制衡，在企业的发展问题上相互协商，减少政府对企业的行政干预。政府作为股权持有人之一，不必也不能再任意支配和左右企业的投资、生产、经营和分配决策。这样企业一方面不再受政府的操控，另一方面也不能再依赖于政府，政企分开在混合所

有制基础上变成现实。

三、激发产权市场活力盘活国有存量资产

党的十八大以来，产权交易市场迎来政策机遇期。2015年中共中央、国务院《关于深化国有企业改革的指导意见》第一次将产权交易市场明确为资本市场，赋予产权市场更大的发展空间。2016年6月国务院国资委、财政部联合发布施行《企业国有资产交易监督管理办法》，要求国有企业的产权转让、增资扩股等行为要在产权交易机构中公开进行，在具体操作层面为产权交易市场发挥资本市场功能、实现资产流转与融资"双轮驱动"提供了政策依据。

2016年全国产权交易机构共成交国有产权（资产）合计金额2199亿元，平均增值率近20%，引入超过720亿元的各类社会资本参与国企改制重组。据国务院国资委统计，2016年中央企业通过产权市场转让非主业企业股权和低效无效资产487.2亿元；通过退出亏损企业股权，实现减亏37.6亿元；加快从钢铁、煤炭、电力等产能过剩领域退出，累计回收国有资本108.4亿元；回收应收账款、委托贷款等借款资金、批量处置企业库存存货等超过100亿元。2017年全国产权交易市场完成国有企业混合所有制改革项目1091宗，交易额1752.5亿元，其中社会受让股权项目889宗、交易额981.6亿元。

混合所有制推动国有企业产权多元化。产权多元化推动产权交易市场的快速发展。中央和地方国有企业资本运作更加频繁，资产处置进一步加快，国企改革的工作加速推进。

北京是中央企业总部聚集区，北京企业产权交易活跃度是国有企业混合所有制改革进展的晴雨表。据统计，2018年北京产权交易所（北交所）全年交易规模达6.49万亿元，同比增长近3成，再创历史新高，连续四年突破5万亿元大关。随着国有企业混合所有制改革、瘦身健体、提质增效、转型升级等国资国企改革核心工作的推进，北交所的企业国有资产交易数量和交易金额也呈现了"双提升"，全年共完成企业国有资产交易项目5632项，同比增长46.7%，成交金额2742.59亿元，同比增长23%。

混合所有制改革是国企改革的重要突破口。2018年随着国务院国资委第

三批混改试点企业名单的发布和国务院国有企业改革领导小组选取的百余家中央企业子企业和百余家地方国有骨干企业"双百行动"的正式启动，中央和地方国有企业推进混改的力度不断增强，全年共有196家国有企业通过北交所完成混改，较2017年增长24.84%，共计引入社会资本450.22亿元。例如，中国铁路总公司旗下动车网络公司引入腾讯公司与吉利控股实现混改，高铁网和互联网实现"双网"融合，铁路行业迈出混改第一步。

国企之间股权融合程度加深。2018年通过北交所完成央企之间成交的股权多元化项目31项，同比增长106.67%，涉及金额160.67亿元，同比增长17.71%；中央企业和地方国企之间成交的股权多元化项目46项，同比增长39.39%，涉及金额126.15亿元，同比增长69.9%。

2018年的企业国有资产交易中，也呈现出一些新特点。一是国有企业混合所有制改革的力度和深度增强。混合所有制改革企业释放股权比例明显提升，全年通过北交所让渡50%以上股权的混改企业达到45家，同比增长36.36%；七大关键行业混合所有制改革提速，电力、石油、天然气、铁路、民航、电信、军工等七大领域均有相关国企通过北交所实施混改，全年成交项目19项，同比增长18.75%；混改企业所属企业层级提升，2018年共有24家二级及以上国企通过北交所完成混改，同比增长50%。

四、为社会资本聚合优化生产要素提供现实可操作性

混合所有制有利于多种资本优势互补，资源合理配置，增强社会流动性。国有企业有丰富的资源优势、金融优势等，而民营企业有着敏锐市场洞察能力、灵活的应变机制，高效的执行力等优势。发展混合所有制能够通过市场机制，提供民营资本与国有资本互动交流，优势互补，促进融合，提高企业发展的质量和效益。

混合所有制改革为资金大规模聚合运作，以及生产要素的最优配置拓展了广阔的空间。在当今经济全球化的历史条件下，世界各国跨国公司对全球市场和紧缺资源的争夺愈益激烈，而这种竞争实际上是企业规模和经济实力的拼搏较量，依靠资本的联合和实力的汇聚来提高市场竞争能力已经成为世界性潮流。

　　仅 1996 年全球企业的跨国合并、兼并就达 5540 起。世界 500 强大多数跨国公司进入了中国市场，在有的行业已经占据主导权，吞没了我国不少国货名牌。面对跨国公司切割中国市场的巨大压力，铸造我国集团公司联合的"航空母舰"，与外国跨国公司巨头进行商业竞争，已成为中国集团公司国际化的当务之急。

　　要真正培育出一批具有全球竞争力的集团公司，必须配套同步，从国家政策、管理体制与实践上，打破地区、行业、部门和所有制的种种限制，把全社会分散的资金，按市场效率的原则聚合运作，并实现所有生产要素的最优配置。

　　动员和优化配置全社会生产要素规模，操作性的最关键的因素是所有制形式，即所有权的聚合机制和配置机制。不同的聚合机制和配置机制有不同的生产要素组织形式，而生产要素利用的范围和深度不同，其利用效率也不相同。单一的国家所有制形式，难以使不同性质的所有权相互兼容，因而限制其吸收和调动社会经济资源的能力。只有实现多元化的混合所有制，企业成为市场行为的主体，才能做到使不同种类、不同性质的经济要素自由组合、优化配置，并在持续发展过程中达到最优。

　　在吸聚社会闲散资金为大规模资本的能力方面，混合所有制具有其他单一所有制不可比拟的优势。与此同时，混合所有制还造就了资产所有权的流动机制，使资产的存量结构和增量结构，遵循市场效率原则，在动态中不断得以优化，以促进国民经济的持续和稳步发展。

　　从资本市场层面看，2013 年至 2017 年中央企业及其控股的上市公司共实施 IPO、增发、配股、发行优先股和可转债等融资事项 247 项，中央企业控股的上市公司共实施资产重组事项 67 项，累计注入资产近 5000 亿元。截至 2018 年上半年，中央企业全部 398 家境内外上市公司的资产总额、营业收入和利润总额在中央企业"总盘子"中的占比分别达 65.2%、61.2% 和 87.6%。通过产权市场交易是国有企业引入社会资本的重要方式。2013 年以来，有 71 家中央企业所属 211 家子企业通过产权市场转让部分股权引入合作者，共成交 281 宗。同时，产权交易市场拓宽了直接融资渠道，中央企业通过市场挂牌实现融资 827.8 亿元，其中引入非公资本 390.7 亿元，占比达 47.2%。

五、增强国有资本的控制力带动力

我国国有企业长期缺乏活力的根本原因，从深层次看，一方面是所有权与经营权混淆，来自企业外部政府部门对国有企业日常经营管理自主权的干预。另一方面是来自所有者缺位，缺乏高效的动力机制与约束机制，而且委托代理链条长，客观上很难进行有效监管。外部因素是条件性的，内部因素则是决定性的。国有企业内部改革至关重要。产权层面的改革是国有企业最根本的改革。

随着非公资本的引入，国有企业的治理结构将得到有效优化，激励约束机制将得到健全。国有企业通过发展混合所有制经济，可以放大国有资本功能，增强国有资本影响力和带动力，更好发挥国有资本的主导作用。发展混合所有制，一方面可以将更多社会资本引入到国有企业，以国有资本为主导，带动大量社会资本共同发展；另一方面可以将通过向社会资本减持而退出的国有资本更多地投向优先发展领域，从而有效发挥国有资本的产业发展调节作用。

六、为中国集团公司国际化打破所有制的藩篱

历史经验表明，在全球配置资源是西方跨国公司的崛起之路。近年来随着世界科学技术的飞速发展，国际互联网、电讯、交通、运输的迅猛发展，庞然大物的地球瞬间变成地球村，经济全球化趋势日益增强，西方跨国公司正在全世界范围内进行高强度的资源配置和投资并购。我国人口众多，自然资源紧缺，是众多初级产品的最大消费国，经济发展对全球自然资源的依赖程度日益增高。在全球配置资源是我国经济可持续发展和满足人民群众生活需求的重要保障。

由于新中国成立最初 30 年采取高度集中的计划经济模式，推行单一全民所有制经济制度，完全排斥市场经济和私有经济，经济模式僵化，缺乏活力，效率低下，对中国企业国际化形成巨大障碍。从 1979 年改革开放以来，中国探索和建立社会主义市场经济，国有企业发展混合所有制，这个创举打破了中国企业与西方企业在所有制上的藩篱，为中国企业迈向国际化，提升

在全球配置资源的能力，提升国际竞争能力，增强国际影响力铺平道路，为我国经济可持续发展提供资源保障，有助于实现我国从制造和出口大国向产业和资本强国转型的目标。

第三节 混合所有制改革的路径选择

党的十八届三中全会通过的《中共中央关于全面深化改革若干重大问题的决定》，确定了国有企业进行混合所有制改革的指导思想、原则、路径、方法等，强调股权改革是国企改革的核心。对竞争性的商业类国企可以大幅度放开股权混合比例，逐步形成社会资本尤其是民资主导的格局；对公益类国企尽管仍需保留国资的相对控股地位，但也应对与市场衔接的产业环节启动混合所有制改革。

一、多元化股份制是混合所有制改革的主要形式

股份制改革主要包含三个方面的改革，一是企业产权制度层面的改革，即企业所有权和经营权分离，国家作为企业所有者进行资本控股管理，而经营层作为经营者管理企业，做到"产权清晰、权责明确、政企分开、管理科学"。二是公司内部治理机制的改革，按照现代企业制度，建立规范的董事会，形成科学合理的公司内部治理制衡机制。三是市场化融通资金的改革，即具备上市条件的国有股份制企业，向社会大众发行股票，成为股份有限公司，发挥证券市场的融通资金功能，接受大众股东的广泛监督。

二、资本市场是实现混合所有制的最佳路径

资本市场是混合所有制改革的重要实施平台之一。股份制改制后，具备上市条件的，积极推进企业上市。依托资本市场实行公众化公司改革，逐步推进股权多元化。资本市场监管制度规范，信息透明度要求高，市场化程度较高，企业管理层在国资、股东、媒体、中介机构以及群众的监督下，有利于保障混合所有制改革的公正性，在很大程度上防止国有资产流失和腐败的滋生。企业上市后，股权适度分散，国有股比重下降，股权结构更加合理，

公司治理结构更加有效。

据统计，截至 2017 年底，国务院国资委监管的中央企业 54.5 万亿总资产中，大约 65% 已进入上市公司；地方层面，一些省份的国有企业超过 45% 的总资产已进入上市公司。上市公司已经成为中央企业运营的主体。中央企业资产的 65%、营业收入的 61%、利润总额来源的 88% 都在上市公司。

三、国有资本和民营资本之间并购整合、交叉持股

我国国有资本和民营企业经过几十年的发展，积累了巨大的存量资本，如何使这些存量资本发挥应有的社会效益和经济效益，最基本的问题就是要使这些存量资产的结构布局合理。企业并购和整合是调整国民经济产业布局的有效途径。

交叉持股是现代企业制度下产权实现的一种重要表现形式。通过交叉持股，可以达到国有资本和民营企业的资金融通、战略协作，可以发挥国有资本的规模优势、技术优势和管理优势，以及非国有资本的活力和创造力，调整企业内部的生产关系，调动经营管理者和全体员工的积极性，进一步促进混合所有制企业的发展。

四、实施员工持股计划是实现混合所有制的重要方式

党的十八届三中全会允许混合所有制经济实行企业员工持股，形成资本所有者和劳动者利益共同体，这是国有企业改革思路的重大突破。我国国有企业员工持股经历了放开、停止、规范的历程，初步形成了针对上市公司全员持股的一些政策体制，非上市国有企业员工持股尚在试点阶段。

实施员工持股，形成了国有股、非国有股、员工持股的多元产权结构。在企业和员工之间结成一种产权纽带关系，让员工成为企业的股东和主人，将企业的生存和发展与其自身利益密切联系起来，能够激发经营管理者和企业职工的积极性，提升员工的主人翁意识和责任感，增加对公司长期发展的关切度和管理的参与度，进一步规范企业的管理体制和运行机制，不断改善公司的治理水平。员工持股作为企业薪酬制度改革的补充，对优秀管理人才和核心技术人员是更有效的激励和约束手段，能够增强企业管理和技术研发

不断创新的能力。

2016 年 8 月国务院国资委首批选定中央企业 10 家三级子公司进行员工持股试点，这 10 家公司是宁夏神耀科技有限公司、中国电器科学研究院有限公司、欧冶云商股份有限公司、上海泛亚航运有限公司、中国茶叶有限公司、中外运化工国际物流有限公司、中节能大地环境修复有限公司、中材江西电瓷电气有限公司、北京构力科技有限公司、中铁工程设计咨询集团有限公司，员工持股试点，以现金形式入股，持股比例在 10%—25% 之间，不搞全员持股，不搞平均持股，不搞存量转让。截至 2018 年底，中央企业宝武集团所属欧冶云商、中粮集团所属中国茶叶等 10 家首批试点企业全部完成首期员工出资入股、企业工商变更或注册登记。全国 21 个省市选取 126 家企业开展员工持股试点工作，涵盖环保、新能源、互联网、电子信息、农业、旅游服务、制造业等多个行业。

第四节　混合所有制改革的推进实践

党的十八大以来，国有企业混合所有制改革进入新的阶段，呈现出步伐加快、领域拓宽的良好态势，创造了一批可复制、可推广的典型经验，取得了积极的进展和显著的成效。

一、混合所有制改革的试点推进

2014 年国务院国资委启动混合所有制改革试点。中国建材集团、国药集团是开展混合所有制改革的首批两家试点单位。截至 2017 年底，两家集团各自 70%、90% 的营业收入都来自混合所有制企业。

2016 年开始，国家在电力、石油、天然气、铁路、民航、电信、军工等重要行业领域，先后选择三批 50 家国有企业开展混改试点，其中中央企业 28 家。通过各项试点，国有企业积极探索混合所有制改革有效方法，加快形成可复制可推广的经验，起到以点带面的作用。

2018 年这一年中央企业和地方企业新增 2880 家混合所有制改革的企业。到 2018 年底，国有企业主要优质资产都已实现混合所有制。长江证券统计数据显示，2018 年以来，国有企业整体股权交易频次提升 1%，其中地方国有企业下半年占比迅速提升。2018 年地方国有企业股权交易价值为 2396 亿元，共交易 314 次，保持上涨。在国有企业股权交易中，集团公司股权交易频次占比 92.2%，交易价值占比 92.4%。

国有集团公司资本运作是国有企业调整资产、股权结构的主要手段，贯穿国有企业改革进程始终。在积极引入社会资本、规范发展混合所有制经济方面，2016 年下半年中央企业通过产权市场增资扩股，引入社会资本。例如，中国石化川气东输项目成功筹集社会资本 228 亿元，支持天然气主干管网建设；中国华电、中国电信等 46 家中央企业的子企业通过转让部分股权的方式，引入非公资本发展混合所有制经济；中国石化引民资进入销售业务，试水混合所有制；国家电网在充换电设施领域推进混合所有制改革；中国电投允许民资参股旗下子公司和建设项目，民资参股比例达 1/3。

中国诚通控股集团有限公司是国资委首批建设规范董事会试点企业和首家国有资产经营公司试点企业，2016 年 2 月被确定为中央企业国有资本运营公司试点。2018 年随着国企混合所有制改革试点进入集中落实阶段，中国诚通以上市公司为主要载体实现核心业务的混改，通过最为公开、透明的资本市场，引入非公有资本参与所出资企业的混改，以投资基金方式实现与社会资本的融合发展，同时吸引外资参与国有企业混合所有制改革。

中国诚通通过 IPO、并购重组、控股权划转等方式，先后控股诚通发展、中储股份、粤华包 B、冠豪高新、岳阳林纸、美利纸业、华贸物流等 7 家境内外上市公司，主要资产均进入上市公司，资产证券化率达到 82.7%。针对所属的非上市企业，诚通集团则引入包括非公有资本在内的社会资本。作为诚通集团混合所有制改革试点企业中国物流五年内进行了三次混改，先后引入了四川交投、泸州老窖、武汉国资、元纶供应链管理公司等战略投资方及多个投资基金，引入资金 33.6 亿元，非公成分持股比例达 29.79%，管理层持股 9.01%。诚通基金管理有限公司（简称"诚通基金"）管理的中国国有企业结构调整基金（简称"国调基金"），是目前国内规模最大的私募股权投资基金之一，组建总规模达 3500 亿元，首期募集资金 1310 亿元。基金由国务院国资委委托诚通集团，联合多家中央企业共同发起设立，致力于服务中央企业、地方重点国有企业的结构调整、转型升级、创新发展和国际化经营。借助国调基金的引导、带动作用，诚通集团投资了一批标志性的混改项目：投资 129.75 亿元参与中国联通混改项目；投资 6.73 亿元参与京东金融投资项目；投资 28.26 亿元参与洛阳钼业非公开发行项目，支持该公司在海外并购并一跃成为全球第二大金属钴生产商；参与中粮资本混改，与温氏投资、弘毅弘量等民营农业集团和知名金融机构共同助力中粮集团全球化、全产业链布局。此外，国调基金还与金融机构、北京地方民营资本共同搭建了北京国调混改投资基金，作为市场化专向国企混改子基金，首期规模 50 亿元，重点围绕央企及北京地方国企的混改、并购重组等进行投资。

二、混合所有制改革的先行者

在发展混合所有制历史进程中，中国建筑材料集团有限公司是中央企业混合所有制的表率。中联重科集团公司是地方国有企业混合所有制的表率。

中国建材集团有限公司（简称中国建材），前身是名不见经传的 1980 年 3 月成立的国有全资的中国新型建筑材料公司。中国建材处于充分竞争行业，近 40 年来，该公司不断探索发展混合所有制经济，推进国有资本、民营资本、国际资本交叉持股、员工持股成为股东，保护民营资本和国际资本合法权益，选聘具有企业家精神的优秀企业家进行专业管理。

2015 年集团公司所属 1153 家企业有 85% 实现混合所有制。中央企业实力加民营企业活力等于企业竞争力。混合所有制的推行使中国建材在全球市场竞争中获得巨大成功。中国建材 2006 年上市，到 2010 年跻身世界 500 强，2018 年排名 243 名，全年实现营业收入 3042 亿元，利润总额 111 亿元，利润、税费、薪酬、利息合计社会贡献总额达 668 亿元。水泥年产能超过 4.5 亿吨，居世界第一；商品混凝土年产能 4 亿立方米，居世界第一；纸面石膏板年产能超过 20 亿平方米，居世界第一。中国建材在国内率先建成全球规模最大的 1200 吨级燃气燃油型浮法玻璃生产线、850 吨级燃发生炉煤气浮法玻璃生产线、600 吨级浮法玻璃全氧燃烧配套余热发电生产线，建成国内首条超薄电子玻璃生产线，建成国内首条具有自主知识产权的年产 100 万平方米薄膜太阳电池用 TCO 导电膜玻璃基板生产线。中国建材在国内外设计建造了 60

余条先进的浮法玻璃生产线、20 余条太阳电池用超白光伏玻璃生产线。玻璃纤维总产能已达 100 万吨，位居世界第一，拥有目前国内规模最大、技术最成熟的千吨级碳纤维生产线，已具备年产 1 万吨聚丙烯腈原丝、4000 吨碳纤维的生产能力。在国内率先研制出高品质的干喷湿纺 T700 级聚丙烯腈原丝和碳纤维，T700 级原丝产能达 5500 吨，T700 级碳纤维 SYT-45 的产能达 2200 吨。通过坚持自主研发，集成创新，形成了具有自主知识产权的聚丙烯腈基碳纤维工程化技术和关键设备的设计制造技术，实现了碳纤维工程化生产技术开发与生产设备研发的对接。在国内碳纤维领域，技术和产业化进程均处在了领先的位置，彻底打破了发达国家对我国碳纤维市场的长期垄断地位。

中信集团探索出一条分步骤推进混合所有制改革的路径：2011 年中信以集团 90% 以上的核心资产发起设立中信股份；2014 年通过借壳集团旗下公司中信泰富实现在香港上市，同时引入包括淡马锡、泰国正大集团等境外机构和腾讯、泛海、雅戈尔等国内知名民营企业作为战略投资者；2015 年，中信股份继续向泰国正大集团、雅戈尔进行股权转让，继续扩大战略投资者股比，深化混合所有制改革，持续完善多元制衡的公司治理机制。中信集团相关负责人认为，通过混改集团实现了与战略投资者在金融、制造、房地产、信息技术等多领域的协同共赢，提升了中信的品牌价值和核心竞争力，成为国有企业混合所有制改革成功的典范。

中联重科集团公司（简称中联重科）前身是 1992 年 9 月 28 日长沙经济开发区正式成立的中联建设机械产业公司，1993 年销售额仅 500 万元、利税 230 万元。从 1997 年开始进行混合所有制的股份制改造，先后与 5 家发起人合作设立了中联重科科技发展股份有限公司，2000 年在深圳交易所挂牌上市，其中国有持股 49.83%，其他各个股东持股 50.17%。从此，中联重科进入快速发展混合所有制经济的轨道。中联重科上市之后，随着社会资本的进入，国有股权比例不断调整，2009 年国有资本仍然是第一大股东，但持股比例由原来的 49.83% 降为 24.99%。最主要的变化是允许管理层持股，当时管理层持有中联重科 12.56% 的股权。这对中联重科来说是一个大胆创举。随着中联重科不断发展壮大和业务走向世界，不再满足于国内的资本配置，而是将眼光投向国际资本。2010 年中联重科在香港发行 H 股，通过吸收国际资本，中联重科股权更加多元化，产业结构也更加合理。中联重科通过股份制改造、整体上市、发行 H 股等手段，引入社会资本和国际资本，使企业的发展更加具有活力。中联重科通过发展混合所有制经济，大大提高国有资本的控制力，成为从事工程机械、农业机械等高新技术装备的研发制造、持续创新的全球化企业。公司生产具有完全自主知识产权的九大类别、49 个产品系列，800 多个品种的主导产品，成为全球产品链最齐备的工程机械企业。公司的两大业务板块混凝土机械和起重机械均位居全球前两位。2018 年 12 月中联重科在《财富》发布的"2018 中国最具影响力的创新公司"榜单中排名第 44 位。

广东顺德日新发展有限公司与中央企业合作收购智利铁矿开创了中央企业与民营企业组成联合舰队出海，共同对外投资的先例。日新发展有限公司收购的智利铁矿储量高达 30 亿至 50 亿吨、矿石品位达 65%，项目总投资 150 亿元人民币。2009 年 12 月日新发展有限公司与中国五矿珠海公司、中远物流和中国交建海外工程公司签署战略合作协议，由五矿珠海公司负责铁矿石在国内的市场销售，中远物流承担从铁矿到港口的运输业务，中国交建海外工程公司负责铁矿码头等配套设施建设。日新公司通过与三大中央企业建立战略合作联盟，不仅为智利铁矿项目的谈判增加了筹码，并且通过优势互补为铁矿顺利投产提供了可靠的业务链衔接保障。海外联合协同投资智利铁矿项目，为中央企业与民营企业优势互补、组成"联合舰队"，进行海外投资合作提供了范例。

第五节　混合所有制改革的重要举措

集团公司是实现中华民族伟大复兴的企业主力部队，是构建中国特色社会主义市场经济体制的主体力量，是推动中国社会经济可持续发展的重要力量源泉。进一步推进集团公司混合所有制改革，坚持政府引导、市场运作，完善制度、保护产权，严格程序、规范操作，宜改则改、稳妥推进的原则，鼓励国有集团公司和民营集团公司与各类社会资本相互参股，实现集团公司股权多元化，对于构建中国特色的社会主义市场经济体制具有重大的现实意义和深远的历史意义。

一、营造集团公司混合所有制改革的良好环境

集团公司既有国有集团公司，也有民营集团公司；既有中央国有企业，也有地方国有企业；既有国务院国资委监管的中央企业，也有财政部出资的中央企业。因此，推进集团公司混合所有制改革的关键，是要有国家层面的政策环境和良好健康的社会舆论环境。

多年来，国家从顶层设计层面，通过一系列相关配套措施的推进，不断完善国有企业混合所有制改革的法律法规和政策制度，简政放权赋予集团公司自主权，建立依法合规的操作规则，保护混合所有制企业各类出资人的产权和知识产权权益，对各种所有制经济产权和合法权益给予同等法律保护，从而规范有序地推进国有集团公司混合所有制改革。

二、分类分层推进集团公司混合所有制改革

推进混合所有制改革必须坚持稳妥推进的原则。集团公司经营范围广泛，业务种类繁多，情况千差万别，不能把所有企业一概而论。每个行业的集团公司都有自身的特点，即使处于相同行业，不同类型的集团公司也要从实际出发，实行不同的改革措施。相同类型的集团公司更要根据自身的特点，制定出符合自身发展的改革措施。国务院国资委要求稳妥推进主业处于充分竞争行业和领域的商业类国有企业混合所有制改革，有效探索主业处于重要行业和关键领域的商业类国有企业混合所有制改革，引导公益类国有企业规范开展混合所有制改革。

国有集团公司往往由母公司和下属子公司、孙公司多层次构成。此前混合所有制改革多数是在中央企业二、三级子公司进行，集团层面混改较少。2008 年初中央企业集团已经全部完成公司制改制。公司制改制的完成为中央企业集团母公司层面的混合所有制改革创造了条件，积累了经验。

中央企业混合所有制改革的主要做法是：探索在集团公司层面推进混合所有制改革，在国家有明确规定的特定领域，坚持国有资本控股，形成合理的治理结构和市场化经营机制；在其他领域，鼓励通过整体上市、并购重组、发行可转换债券等方式，逐步调整国有股权比例，积极引入各类投资者，形

成股权结构多元、股东行为规范、内部约束有效、运行高效灵活的经营机制；在子公司层面要有序推进混合所有制改革，对国有集团公司二级及以下企业，以研发创新、生产服务等实体企业为重点，引入非国有资本，加快技术创新、管理创新、商业模式创新，合理限定法人层级，有效压缩管理层级。明确股东的法律地位和股东在资本收益、企业重大决策、选择管理者等方面的权利，股东依法按出资比例和公司章程规定行权履职。

从企业层级看，中国联通、上海贝尔、华录集团等3家中央企业是在集团公司层面上进行了混合所有制改革。中央企业二级子企业以下混合所有制企业户数占比超过50%，并逐级提高，四级以下子企业中超过90%的企业实现混合。第二批混合所有制试点企业中国联通，共引入包括腾讯、百度、阿里巴巴、京东等民资在内的14家战略投资者，联通集团持股比例由62.7%降至36.7%，集团公司管理职能人员编制减少51.3%，31个省级分公司压减机构205个，集团二级机构正副职退出14人，省级分公司中层干部受聘平均退出率15%，实现了组织扁平高效、资源内耗大幅减少。同时，中国联通向7800余名核心员工授予占总股比2.7%的限制性股票，激励调动了最核心要素的积极性。

从企业类别看，主业处于充分竞争行业和领域的商业类国有企业，混合程度最高，混合所有制企业户数占比达73.6%，而主业处于关系国家安全、国民经济命脉的重要行业和关键领域、主要承担重大专项任务的商业类国有企业次之，占比为62.6%，公益类企业最低，占比为31.1%。从行业分布看，房地产、建筑、建材、通信、矿业等5个行业企业混合程度较高，混合所有制企业户数占比分别为88.3%、86.3%、78.3%、77.9%和76.8%。

三、鼓励非公有资本以多种形式参与国有企业混合所有制改革

鼓励非公有资本投资主体通过出资入股、收购股权、认购可转债、股权置换等多种方式，参与国有企业改制重组或国有控股上市公司增资扩股以及企业经营管理。非公有资本投资主体可以货币出资，或以实物、股权、土地使用权等法律法规允许的方式出资。

鼓励集体资本参与国有企业混合所有制改革。明晰集体资产产权，发展

股权多元化、经营产业化、管理规范化的经济实体。允许经确权认定的集体资本、资产和其他生产要素作价入股，参与国有企业混合所有制改革。

允许吸收外资参与国有企业混合所有制改革。引入外资参与国有企业改制重组、合资合作，鼓励通过海外并购、投融资合作、离岸金融等方式，充分利用国际市场、技术、人才等资源和要素，发展混合所有制经济，深度参与国际竞争和全球产业分工，提高资源全球化配置能力，加强风险防范。

推广政府和社会资本合作(PPP)模式。优化政府投资方式，通过投资补助、基金注资、担保补贴、贷款贴息等，优先支持引入社会资本的项目。以项目运营绩效评价结果为依据，适时对价格和补贴进行调整。组合引入保险资金、社保基金等长期投资者参与国家重点工程投资。鼓励社会资本投资或参股基础设施、公用事业、公共服务等领域项目。

鼓励国有资本以多种方式入股非国有企业。在公共服务、高新技术、生态环境保护和战略性产业等重点领域，以市场选择为前提，以资本为纽带，充分发挥国有资本投资、运营公司的资本运作平台作用，对发展潜力大、成长性强的非国有企业进行股权投资。鼓励国有企业通过投资入股、联合投资、并购重组等多种方式，与非国有企业进行股权融合、战略合作、资源整合，发展混合所有制经济。支持国有资本与非国有资本共同设立股权投资基金，参与企业改制重组。

探索完善优先股和国家特殊管理股方式。国有资本参股非国有企业或国有企业引入非国有资本时，允许将部分国有资本转化为优先股。在少数特定领域探索建立国家特殊管理股制度，依照相关法律法规和公司章程规定，行使特定事项否决权，保证国有资本在特定领域的控制力。

允许实行混合所有制企业员工持股。坚持激励和约束相结合的原则，主要采取增资扩股、出资新设等方式进行，优先在人才资本和技术要素贡献占比较高的转制科研院所、高新技术企业和科技服务型企业开展试点，支持对企业经营业绩和持续发展有直接或较大影响的科研人员、经营管理人员和业务骨干等持股。完善相关的政策规定，健全审核程序，规范操作流程，严格资产评估，建立健全股权流转和退出机制，确保员工持股公开透明，严禁暗箱操作，防止利益输送。

2017 年 6 月中国东方航空公司旗下的东航物流作为第一批混合所有制改革试点企业，成功引入外资和民营资本。东航物流的国有股权从 100% 降为相对控股。东方航空与联想控股、普洛斯、德邦物流、绿地金融 4 家投资者和东航物流核心员工持股层代表的股份比例分别为 45%、25%、10%、5%、5%、10%。东航实际投资 18.45 亿元，引来 22.55 亿元非国有资本，放大了国有资本的带动力和影响力。首批东航物流核心员工 125 人持有新公司 8% 的股份，预留 2% 的股份给将来的新员工。东航物流新公司建立了授权管理、行政议事、分类考核等内部机制，并与民营资本及外资股东实现了战略资源的有效链接，打通了航空物流全产业链，2017 年营收同比增长超三成、利润总额增长超七成，同年净资产回报率达 53.25%，远高于世界一流航空物流企业净资产回报率 15% 的平均水平。

四、建立健全混合所有制企业的治理机制

进一步确立和落实企业市场主体地位。政府不干预企业自主经营，股东不干预企业日常运营，确保企业治理规范、激励约束机制到位。落实董事会对经理层成员等高级经营管理人员选聘、业绩考核和薪酬管理等职权，维护企业真正的市场主体地位。

混合所有制企业在健全法人治理结构方面，建立规范的董事会，增强董事会决策能力和整体功能，制定完善企业外部董事选聘和管理的规范性文件，建立健全外部董事履职支撑和服务体系，统筹推进，落实董事会职权。

混合所有制企业在健全现代企业制度方面，明晰产权，同股同权，依法保护各类股东的权益；规范企业股东（大）会、董事会、经理层、监事会和党组织的权责关系，按公司章程行使权利，对资本监管，靠市场选人，依规则运行，形成定位清晰、权责对等、运转协调、制衡有效的法人治理结构。

混合所有制企业在建立职业经理人制度方面，以市场为导向选人用人和建立激励约束机制。通过市场化方式选聘职业经理人依法负责企业经营管理，畅通现有企业经营管理者与职业经理人的身份转换通道。职业经理人实行任期制和契约化管理，按照市场化原则决定薪酬。严格职业经理人任期管理和绩效考核，加快建立退出机制。

第六节 混合所有制改革的国际意义

一、中国混合所有制改革的特点

混合所有制经济概念正式提出者是美国经济学家萨缪尔森。萨缪尔森等人对西方国家发展混合经济的实践进行理论总结，认为混合经济是国家干预的、以私人经济为基础的市场经济，即吸收了纯粹私人经济优越性，又克服了市场经济的弊端，不仅不削弱市场经济，而且还会推动市场经济前进。近年来西方国家都将混合式企业、混合经济作为国有企业改革的一种方式。

中西方国家发展混合经济的经济基础、经济结构和具体路径不同。西方发达国家是从市场经济走向混合经济，以私有制为基础，推行公私混合的所有制结构；在分配制度上，实行按资分配与按人力资本分配并存的混合分配制度。随着政府对经济干预程度不断加深，国家运用经济、法律乃至行政手段对收入分配进行干预，建立完善的社会保障制度，为国民提供良好的社会福利等；在经济运行机制方面，实行国家干预与市场机制相结合的混合运行机制。

中国是从计划经济走向混合经济，从完全排斥市场经济、实行高度集中的计划经济逐步过渡到多元化的市场经济，坚持和发展以公有制为主体、国有经济为主导、多种所有制共同发展的所有制结构；在分配制度上，建立与市场经济相适应的机制，由单一按劳分配向以按劳分配为主、其他分配方式并存；在经济运行机制方面，由指令性主导的计划调节向市场机制和宏观调控机制相结合过渡。

二、基本经济制度重要实现形式的历史性突破

从世界近代史看，20 世纪前 80 年苏联在经济管理制度上，排斥市场经济，采取高度集中的计划经济模式；在所有制结构上，排斥私人所有制和多元化的混合所有制，推行单一全民所有制。苏联的计划经济模式和全民所有制经济制度，导致经济结构严重失调，消费品生产增长缓慢，社会矛盾和民

族矛盾突出，最后亡党亡国。实践证明，苏联模式违背社会经济发展的客观规律，最终难逃失败的命运。

1949 年新中国成立后的前 30 年，学习苏联经验，照搬高度集中的计划经济管理模式和单一全民所有制经济制度，严重束缚社会生产力的发展，丧失世界新技术革命的机遇，未能伴随世界经济与科技同步发展。

1978 年中国共产党在总结和反思历史经验教训的基础上，果断抛弃了高度集中的计划经济管理模式和单一全民所有制的经济制度模式，探索新的社会主义发展道路，建设中国特色的社会主义。

人民群众的力量是伟大的。在改革开放的历史进程中，农村创造了联产承包制、城市出现了私营经济和股份制企业。党和政府在总结实践经验的基础上，因势利导，将这些处于萌芽状态、符合经济发展与社会发展规律、代表未来发展趋势的新事物提升到政策层面，进行顶层设计，加以推广，最终形成了波澜壮阔的中国国有企业改革和经济体制改革的大潮。

党的十八大以来，党中央坚定不移地推进国有企业混合所有制改革，将其确定为坚持公有制为主体、多种所有制共同发展的基本经济制度的重要实现形式，进一步明确了混合所有制是新时代中国特色社会主义经济制度的基本结构。这是对公有制经济和非公有制经济的功能定位及其相互关系，在理论、政策和实践上的历史性重大突破，走出了一条做强做大国有企业，建设中国特色社会主义市场经济制度的正确道路。

建立和完善富有活力的以混合所有制经济为主体的社会主义市场经济体制，是中国经济体制改革的历史性任务。全面实现从计划经济体制向社会主义市场经济体制的转轨，形成公有制为主体、公私经济融合发展的新经济体制。完成这一历史性任务，将是中国对当代人类文明的重要贡献。

第六章　中国集团公司的国际化战略

世界各国的经济竞争，实质上是跨国集团公司之间的竞争。经过改革开放以来40多年的高速发展，我国的经济总量虽然已经跃居世界第二，在全球经济体系中具有举足轻重的地位，但是经济发展方式还比较粗放，发展质量还不高。因此，实现集团公司提质增效升级，发展一批具有国际竞争力的世界级跨国公司，对于从经济大国迈向经济强国、推动高质量发展具有重大战略意义。

随着国家经济实力的快速提升，中国集团公司迅速融入全球经济体系，具备了参与全球竞争的实力，改变了中国企业在全球市场的地位。一批集团公司逐步成长为全球卓越企业，正在迈向世界级的跨国公司。

中国从改革开放初期的主要资本输入国到2014年成长为资本净输出国。中国集团公司境外投资和并购，对推动中国和投资东道国经济发展作出了巨大贡献。中国集团公司必将进一步在更大范围、更广领域、更高层次上参与全球合作、投资和并购，投资领域更加多元化，从产业链向全球资源配置发展。未来中国集团公司在参与"一带一路"建设，参与全球治理、构建人类命运共同体以及引领经济全球化方面，将发挥越来越重要的作用。

第一节　中国集团公司国际发展的必然性

一、集团公司做强做优、做大作出特色的必然性

培育世界级跨国公司是进一步释放集团公司生产力的必由之路。集团公司是经济提质增效升级的"排头兵"，是开展国际竞争的主力军。经过改革开放40多年的快速发展，集团公司在规模实力、市场定位、研发能力等方面有了脱胎换骨的变化。但是近年来，尤其是在全球金融危机以后，受国际环境的影响，不少行业面临产能严重过剩、经济效益增长缓慢、资产回报率水平下降、资产负债率水平攀升等状况，可持续发展能力受到较大影响。培育世界级中国跨国公司有利于推动集团公司深化改革、转换机制、转型升级，从而进一步释放出集团公司潜在的强大生产力。世界级跨国公司目标的实现本身也是集团公司释放生产力、发展壮大的必然结果。同时，培育世界级跨国公司也是提高集团公司在全球配置资源能力的必然要求。在全球范围内高效地配置资源是世界级跨国公司的本质特征。集团公司只有走出去，才能推动市场、人力、资金、矿产和能源等各类资源的全球重新配置和组合，也只有具备了全球资源配置能力，才能从根本上提升集团公司的国际化经营效率和实力。

二、中国经济可持续发展的增长点和支撑点

将集团公司培育成世界级跨国公司是中国经济"新常态"背景下可持续发展的新的增长点和支撑点。在国内生产要素价格上升、国内市场饱和等诸多压力下，"新常态"背景下中国经济的进一步发展面临寻找新的市场、新的生产要素、新的增长点和支撑点的问题。支撑中国经济可持续发展的一个重要动力就是立足自身"走出去"，充分地利用全球市场和资源，以中国跨国公司为主要载体，推动中国经济与全球经济的紧密对接。而集团公司无论是自身实力，还是其重要的地位，都决定了将集团公司培育成世界级跨国公司，完全可以成为"新常态"背景下中国经济可持续发展的新的增长点和支撑点。

集团公司走向世界级跨国公司是实现十九大提出的奋斗目标的重要保证。集团公司在贯彻和实现国家战略方面具有重要地位，将集团公司打造成为世界级跨国公司，无疑将大大增强国家经济的活力和实力，从而为上述目标的实现提供重要保障。

三、应对全球竞争与经济全球化的取胜关键

迈向世界级跨国公司是集团公司贯彻和实施国家战略的重要保证。从各国尤其是西方发达国家发展过程看，本国世界级跨国公司往往参与实施本国国家战略，同时是这些战略的受益者。尽管经济体制和发展模式不同，但中国的跨国公司同样是贯彻和实施国家战略的主要力量。走向世界级跨国公司将使得集团公司可以在更高的全球层次贯彻和实施国家的能源资源战略、经济外交战略等。

世界级跨国公司是中国应对国际经济竞争的主要力量。当今世界，国家间的经济竞争越来越多地表现为各国跨国公司之间在产品、科技、管理方面的竞争，而世界级跨国公司更是国家实力的集中体现。将集团公司打造成为世界级跨国公司，将大大提高中国应对国际经济竞争的实力。

第二节　国际跨国公司的特征与发展趋势

一般地讲，跨国公司是指在两个及两个以上的国家注册并开展经营的企业。但由于对功能认识的不同，不同国家对跨国公司的定义也存在一定的差异。

一、跨国公司的一般标准

（一）跨国公司的一般标准

一般来说，跨国公司存在结构标准、业绩标准和行为标准3个判断标准，三者相互补充共同构成跨国公司的标准。

结构标准：在这种标准体系下，跨国公司应该至少满足下述几个条件中的一个：①在两个以上的国家经营业务；②公司的所有权为两个以上国籍的人所拥有；③公司的高级经理人员来自两个以上的国家；④公司的组织形式

以全球性地区和全球性产品为基础。

业绩标准：凡是跨国公司，其在国外的产值、销售额、利润额、资产额或雇员人数所占的比例必须达到一定的百分比。百分比具体应为多少，目前并无统一的共识，实践中采用25%作为衡量标准的情况较多。

行为标准：跨国公司应该具有全球战略目标和动机，以全球范围内的整体利益最大化为原则，用一视同仁的态度对待世界各地的商业机会和分支机构。

其实，对比以上三大标准不难发现，结构标准是跨国公司的最低标准和起码要求（即跨国经营特征）；业绩标准是跨国公司跨国化程度高低的主要衡量标准；行为标准则是跨国公司的本质特征，即从全球视角出发，以全球范围内的整体利益最大化为原则，从事生产经营活动。

综合起来看，跨国公司可以定义为这样一种企业，它在两个或两个以上的国家从事经营活动，有一个统一的中央决策体系和全球战略目标，其遍布全球的各个实体分享资源和信息并分担相应的责任。

（二）世界级跨国公司的标准

在前述跨国公司定义的基础上，可以简单定义世界级跨国公司。世界级跨国公司是在世界范围内跨国化程度高、拥有全球行业领导地位、全球资源配置高效的跨国公司。具体来说，世界级跨国公司的一般标准包括：跨国化程度高（跨国化指数不低于30%）；品牌、标准、技术创新、商业模式、管理水平、服务能力等方面在全球行业拥有领先地位；有能力高效配置和重组全球资源等。

二、跨国公司的特征

（一）跨国公司的基本特征

1. 国际化经营战略。跨国公司不同于国内公司，首先就是其战略的全球性。虽然跨国公司开始时都是在母国立足，把它作为向国外扩张的基础，但跨国公司的最终目标市场绝不限于母国，而是以整个世界为目标市场。其次，跨国公司为了获取资源、占领市场、保持垄断优势等，在世界各地投资设立分支机构，进行国际化经营。国内外投资与经营环境的差异会给企业的生产经营活动带来不同的影响和风险，企业要运用自己所拥有的各种资源，主动地应对环境的各种变化，以实现企业跨国经营的目标。实际上，国际化经营就是企业与国际环境相互作用的过程，是跨国公司的一个最主要特征，如果没有国际化经营，尤其是没有作为国际化经营第二层次的国际直接投资，那么跨国公司也就名不副实了。

2. 在全球战略指导下的集中管理。跨国公司虽然分支机构遍布全球，但诸如制定价格、生产计划、投资计划、研究与开发计划和利润分配等重大决策均由总（母）公司制定，各分支机构执行。而指导总公司作出决策的是跨国公司的全球战略，即将所有的分公司、子公司视为一个整体，以全球的视角而不是地区视角来考虑问题。因此，跨国公司在全球范围内整体长远利益的最大化是其制定政策的出发点和归宿。一切业务经营主要根据整个公司在全球范围内获得最大利益、市场情况和总的发展作出决策，所考虑的不是一时一地的得失，而是整个公司在全球的最大利益。跨国公司将自己视为一个全球公司，而不再是某个国家的公司。这种高度集中的一体化管理，保证了生产经营网点的合理分布及资源的合理配置，避免了重复生产和销售中的自相竞争，减少了资源浪费。

3. 明显的内部化优势。由于跨国公司在多个国家设有分支机构，在宏观管理上又采用集中领导，因此，各个分支机构之间、母公司与分支机构之间关系密切、相互协作、互相配合。这突出地体现在制定内部划拨价格、优先转让先进技术和信息资源共享上，这些做法使得跨国公司具有了国内公司所不具备的独特的竞争优势。这也部分地解释了为什么一国企业达到一定规模后就要向外扩张，向跨国公司方向发展的原因。交易成本和市场失灵的存在，促使跨国公司将交易内部化，即建立内部市场来取代外部市场。实际上，也只有通过这种内部交易，跨国公司才能作为一个国际化生产体系正常运转。跨国公司内部交易在国际贸易中占有相当大的比重。

4. 以直接投资为基础的经营手段。以对外直接投资为基础开展生产经营活动是跨国公司与传统国内公司相区别的最根本特征。一般来说，跨国公司向国外市场渗透有三种方式，即商品输出、无形资产转让（如技术贸易、合同制造等）和对外直接投资。随着竞争的加剧，以向外输出商品为主的做法已满足不了世界市场的需要，跨国公司已越来越多地利用对外直接投资代替传统的商品输出。与出口相比，海外直接生产更符合跨国公司全球战略的需要和最大限度地扩大盈利的目的。当然，跨国公司以对外直接投资为其经营发展的基础，并不意味着对外直接投资是跨国公司唯一的经营活动方式，进出口贸易、技术转让、间接投资等也都是跨国公司经营活动的内容。

（二）世界级跨国公司的主要特征

纵观全球范围内的世界级跨国公司的发展，世界级跨国公司首先要满足跨国公司的基本特征，其次还必须要符合以下几个主要特征：

1. 具备较高的全球资源配置能力。实际上，世界级跨国公司的本质特征就是这类企业拥有在全球范围内配置和重组各类资源的强大能力。世界级跨国公司可以配置和调动的全球资源种类多样，通常包括自然资源（能源、矿产、土地、水资源等）、资金、人力、技术、管理、信息，除此之外还包括政治资源、公关资源、文化资源、政策资源、思想与理念等。全球资源配置和重组的手段通常包括跨境贸易尤其是原材料采购和成品销售及相关服务、境外直接投资、契约式生产和服务（即生产和服务的外包）、金融活动与资本运营、人力资源流动与管理、技术垄断与转让、行业标准和规则的制定、公关和游说活动等。

2. 拥有一定的价值链控制能力。世界级跨国公司区别于一般跨国公司的重要特征在于不仅将原来的国内业务扩展到境外，而且要在所在行业的全球价值链中拥有一定的控制能力。一般来说，行业不同，其价值链中拥有控制和领导地位的环节也不同。如电脑行业价值链的控制环节集中在 CPU 等核心零部件的研发环节和品牌营销环节；汽车行业的控制环节除品牌营销外主要集中在发动机、底盘、变速箱等核心部件的研发和制造环节。归纳起来，世界级跨国公司要想拥有一定的价值链控制能力，就要在核心技术、核心零部件、品牌营销、重要原材料的全球资源储备和开发生产、主要销售市场的渗透和把握等方面具有较强的国际竞争力。

3. 具有较强的软实力或影响力。世界级跨国公司往往拥有自己的企业文化和较高知名度的全球品牌，重视履行企业社会责任和公共关系处理，积极传播母国文化和价值观。可以说，世界级跨国公司已经不再是单纯的生产经营主体，已发展为国家软实力的重要载体。

三、跨国公司的发展趋势

跨国公司的形成和发展是经济全球化的产物，同时又是全球化的主导力量。在经济全球化以及技术变革不断加快的大背景下，全球跨国公司的发展呈现出了一些新的特点与趋势。

（一）跨国公司战略专业化趋势

20 世纪 80 年代美国战略管理学家马凯兹提出了归核化战略的新概念，基本思想是剥离非核心业务、分化亏损资产、回归主业保持适度相关多元化。跨国公司实施归核化目的是把自身业务集中在最具竞争优势的行业上；把经营重点放在核心行业价值链中自己优势最大的环节上；强调核心竞争力的培育、维护和发展；对非核心业务实施战略性外包。实施归核化战略的主要措施有：剥离出售与企业核心能力没有直接关系的业务，并购有利于增强企业核心能力的资源，对非核心业务进行分拆和战略性外包。美国的通用电气公司是实行"归核化"战略获得成功的典型，在实施归核化战略的过程中为强化核心业务，不仅出售回收了 110 多亿美元的资本，而且将这些回收的资本投向了其更有竞争力的领域，购进了一批与其核心能力相关的资产，进一步增强了核心业务。

（二）跨国公司投资方式多样化趋势

投资方式多样化，跨国并购成为跨国公司对外投资的主要手段。经济全球化打破了原有的国家与国家之间、不同市场之间的界限，使得跨国公司的经营进入全球性战略时代，由此导致的新趋势是跨国公司必须以全球市场为目标争取行业领先地位，在本行业的关键因素上追求全球规模（以同业跨国战略兼并和强强联合作为主要手段），追求实现全球范围内的最低成本生产和最高价格销售，追求提高全球市场占有率和利润。由于跨国并购方式具有迅速打进国外市场、扩大产品种类、充分利用现有营销渠道、获得目标公司的市场份额等优点，因此跨国公司在对外直接投资中倾向于更多地采用并购的方式。伴随着大规模跨国并购活动的进行，跨国公司也更加重视股市融资，重视提高本企业的市场资本价值。

（三）跨国公司当地化战略趋势

跨国公司的"当地化"战略成为重要趋势。"当地化"战略的实质是跨国公司从产品制造、产品品牌、人力资源到营销方式、资本运作、研发（R&D）、公司风格和经营管理等各个环节全方位融入东道国经济的过程。这种"入乡随俗"的经营方式有助于跨国公司树立良好的公司形象，减少东道国国内对外来资本的抵触情绪，灵活应对市场变化，在更好地满足消费者需求的同时，能降低综合生产成本从而增强营利性。特别是进入 20 世纪 90 年代以来，随着经济全球化和国际竞争的白热化，东道国为了维持并扩大其在东道国的市场份额，这种强调企业生产经营活动与东道国社会经济环境融合的战略也为越来越多的跨国公司所推崇。

（四）跨国公司战略联盟发展趋势

战略联盟成为跨国公司的重要发展模式。所谓战略联盟是指两个或两个以上的跨国企业在共同投入、互补优势资源的基础上，在研发、生产、开拓市场等方面形成协力运作的战略合作伙伴关系。目前跨国公司战略联盟主要有三种形态：一是合作式联盟。这是两个以上的跨国公司出于对整个国际市场的预期目标和公司自身总体经营目标的要求，采取的一种长期性合作与联盟的跨国投资方式。二是互补式联盟。通常是将联盟方各自的优势结合起来，既充分发挥各自的优势，又与联盟伙伴密切配合，以便共同对付其他竞争对手。三是项目式联盟。这种联盟通常是跨国公司为获取高附加值及高科技领域发展而采取单个项目或多个项目合作的形式，以便分摊巨额的项目研究开发费用，并从中分享战略利益。

（五）跨国公司组织结构网络化趋势

互联网等现代技术的出现，促使跨国公司开始采用新型的管理体制和组织结构。近年来，基于互联网和现代信息技术的新型管理体制与组织结构在许多大公司中开始得到应用。新型管理体制以扁平化、分权化和管理总部小型化为特征，可称之为"网络化"。

"网络化"具体包括两个方面：一方面，跨国公司管理结构向扁平化和多元化发展。跨国公司的母公司或总部逐渐由传统的决策中心转化为支持性机构，专门负责整个企业系统的目标设定、战略规划及企业产权变动等重大决策，而将子公司的具体生产经营决策、对市场变化的应对措施等都放权给子公司独立负责，子公司的独立性和自主性因此得到较大提高。跨国公司母公司或总部和子公司之间的关系由"命令—执行"式转化为"协商—交易"式。另一方面，跨国公司组织结构的内部市场化。许多跨国公司开始注重建立企业内部市场化机制，以强化下级组织的企业家意识。随着子公司与母公司之间的"命令—执行"关系正在被讨价还价关系和激励刺激关系所取代，子公司之间也出现了竞争关系，这就使得跨国公司系统内部的关系具有了市场关系的色彩。

"网络化"的管理体制与组织结构允许人力资源、信息等在跨国公司母公司及其设在全球的子公司网络内跨国界、跨行业自由流动，它强调信息的开发与共享，使同量的信息为更多的子公司所共有，大大减少了子公司独立开发信息的成本。跨国公司对互联网的发展采取了积极的欢迎态度，并且纷纷"触电上网"，制定并实施本企业的网络发展战略。

第三节　中国集团公司国际化进入新阶段

一、集团公司助推中国成为资本净输出国家

2005 年以来，中国集团公司竞争力迅速提升，在中国政府"一带一路"倡议的引导推动下，国际化的步伐大大加快，中国对外直接投资规模连续 13 年增长。2014 年中国企业对外直接投资达到 1400 多亿美元，首次超过外商对中国的直接投资，中国从资本净输入国转变成为资本净输出国。这是中国企业"走出去"的一个里程碑，是中国企业国际化进程的分水岭，是中国从制造和出口大国向产业和资本强国迈进的重要标志。2018 年我国对外非金融类直接投资 1205 亿美元，是 2005 年投资额 69.2 亿美元的 16.4 倍；累计对外直接投资总额 9312.5 亿美元，是 2005 年累计投资总额 572 亿美元的 15.2 倍。

二、集团公司涌现一批国际化领航员

20 世纪 80 年代后期，一批中国集团公司率先走出国门，竞逐海外市场。

电信业的华为、中兴，装备制造业的三一、中联、徐工，重卡行业的中国重汽，家电业的TCL、海尔、美的，PC行业的联想，建筑行业的中国建筑、中交建设集团、中国中铁，汽车行业的吉利、奇瑞，以及中国化工、海航、上海复星、上海绿地等，都是中国集团公司"走出去"的典型样本。这些集团公司或由市场驱动，以获取海外市场份额为目的；或由资源驱动，以获取海外大宗商品为目的；或由资本驱动，以获取更高的资本回报为目的；或抓住机会，大胆出击；或深谋远虑，谋定而后动；等等。无论采用哪种形式，都走出了一条成功进军海外之路。可以说，它们是开拓海外市场当之无愧的先行者和领航员。一路走来，这些企业不仅收获了先行者的果实和荣耀，更是饱尝了探路人注定遭受的各种挫折和艰辛。他们所走过的历程，无疑为其他中国集团公司"走出去"提供了良好的借鉴。

三、集团公司国际化经营管理程度稳步提高

在2018年中国企业联合会发布的"2018中国跨国公司100大"及其跨国指数中，中国石油天然气集团公司、中国石油化工集团公司、中国化工集团有限公司、中国中信集团有限公司、中国远洋海运集团有限公司、中国海洋石油总公司、腾讯控股有限公司、中国中化集团公司、国家电网有限公司、中国五矿集团有限公司位列前10位。"2018中国跨国公司100大"海外资产总额达到8.7331万亿元，比上年增长8.11%；海外营业收入达到5.9652万亿元，比上年增长17.84%；海外员工总数达到129.7121万人，比上年增长11.23%；入围门槛为72.22亿元，比上年增长17.49%。

"2017中国跨国公司100大"跨国指数前10名是：宁波均胜电子股份有限公司、广东省航运集团有限公司、常州天合光能有限公司、浙江吉利控股集团有限公司、中国中化集团公司、中国化工集团公司、联想控股股份有限公司、江苏新潮科技集团有限公司、潍柴控股集团有限公司、华为技术有限公司。其中宁波均胜电子股份有限公司居首位，达到62.59%。

"2018中国跨国公司100大"的平均跨国指数为15.8%，其中高于平均跨国指数的公司达到49家，比"2011中国跨国公司100大"的平均跨国指数提高3.56%；"2018中国跨国公司100大"的海外资产占比、海外营业收入

占比、海外员工占比分别为 18.79%、20.86%、9.76%，与"2011 中国跨国公司 100 大"相比分别提高了 4.06%、3.52%、5.09%。详见表 6-2。

表 6-1　2011-2018 中国跨国公司 100 大有关数据

年　份	2011	2012	2013	2014	2015	2016	2017	2018
海外资产（亿元）	32503	38187	44869	52473	56334	70862	80783	87331
海外营业收入（亿元）	31015	43517	47796	50074	51771	47316	49012	59652
海外员工数（人）	421000	485480	624209	723932	754731	1011817	1166176	1297121
入围门槛（亿元）	7.52	8.82	14.91	21.00	26.67	41.48	61.47	72.22

注：数据来源于中国企业联合会、中国企业家协会 2011—2018《中国 500 强企业发展报告》

表 6-2　2011-2018 中国跨国公司 100 大平均跨国指数及相关指标

年　份	2011	2012	2013	2014	2015	2016	2017	2018
跨国指数（%）	12.24	12.93	13.98	13.60	13.66	14.40	14.85	15.80
海外资产占比（%）	14.73	13.73	14.61	14.65	14.32	15.55	16.01	18.79
海外营收占比（%）	17.34	21.51	22.25	20.86	20.83	20.00	19.54	20.86
海外员工占比（%）	4.67	3.55	5.07	5.29	5.84	7.64	8.99	9.76

注：数据来源于中国企业联合会、中国企业家协会 2011—2018《中国 500 强企业发展报告》

近年来，中国企业不断在国际高端领域取得优异成绩。例如已开始进入通信行业"无人领域"的华为，在国际化扩张的道路上始终追求技术力量的提升，2016 年研发投入达到 764 亿元。2003 年华为在半年不到的时间里，就为英国电信 BT 提供了涉及有线和无线的双模综合解决方案，强大的创新能力让华为成功切入英国电信 21 世纪网络建设。在全球设立研发中心，吸收各地优秀技术并向总部不断输出成果，已成为国际化企业热衷的创新方式。美的则通过收购拥有优势技术的企业，引进最新科技，在 2016 年大半年的时间里，发起要约收购德国 KUKA，完成对日本东芝白色家电业务、意大利 CLIVET 空调等拥有大量先进技术企业的收购，通过不断吸收领先技术并在此基础上进一步研发创新的方式打造业界领先地位。美的 2016 年动工在美国建设新的研发中心，将向美国市场提供用于研发家电产品的专业技术，进一步强化美的在美国的产业布局。华为与美的两家企业的管理人员中有近50% 的人从事研发。华为在海外有 16 个研究所，而美的在美国、日本、意大利设有研究机构，未来将在德国、日本设立海外研发中心。华为与美的二者在全球设立的研发中心、创新中心数量颇为可观，在全球的布局亦有吸收发达国家先进技术并利用发展中国家优势资源的共同性。利用全球各地优势资源的蜂巢式创新所带来的成果显而易见，华为与美的在各自的通信、家电领域，专利数目排行均在前列。汤森路透《2016 全球创新报告——全球信息技术创新排行榜》上，华为位列第 7。

美的集团在全球建立生产基地，采用全球联动的协作模式。目前分别在越南、白俄罗斯、埃及、巴西、阿根廷、印度 6 个国家设立了 7 个海外生产基地。美的使用"全球生产，全球销售"模式，就近提供优质产品的同时在当地市场提供完善的售后服务，以此实现全球经营，为每一个消费者带来全球化企业经营的优质成果。

四、集团公司跨国并购数量和质量不断攀升

中国企业海外并购的步伐加快，根据 PWC 最新数据显示，自 2011 年到2016 年 11 月交易宗数复合年均增长率约为 14%，交易金额复合年均增长率为33%。2016 年中国大陆企业海外并购交易量增加 142%，交易金额增加 246%，达到 2209 亿美元。2018 年中国企业共实施完成海外并购项目 405 起，实际交易金额 702.6 亿美元。

海航集团公司从"连一个飞机翅膀都买不起"的 1000 万元起家的航空公司，2017 年发展成为营业收入 1858 亿元、中国 500 强排名第 85 位、世界

500 强排名第 353 位的国际化金融控股集团，只用了 23 年，做到这一步，主要是通过一系列跨境并购实现的。海航集团通过并购 SEACO 和 Cronos 资产并注入境内上市公司渤海金控，使其成为世界排名第一的集装箱租赁公司，实现海航集团全球海运产业价值链的有效延伸，提升了海航集团在世界集装箱租赁业务中的地位和全球品牌影响力。收购 NH 酒店后，海航酒店集团迅速跻身国内高端酒店市场前列，并已成为欧洲排名第 3 位、世界排名第 21 位的商务酒店集团，正式步入全球高端酒店市场。通过收购瑞士机场地面服务公司 Swissport，海航集团在航空地面服务行业的业务布局更为合理，同时为 Swissport 更好地开拓包括中国在内的新兴市场提供了助力。海航物流麾下的天海投资通过收购英迈，一举成为世界最大的 IT 分销公司。

2016 年全球遭遇金融危机，海外资源价位处于低点，武钢集团加快构建全球化的资源供应链，收购加拿大、澳大利亚、利比里亚等国七大矿山，掌握 232 亿吨矿石资源，成为全球钢铁企业中最大的矿石商。2008 年以前武钢集团矿石自给率只有 16%，2016 年 6000 万吨矿石全部自给。在行业对标中，武钢的铁矿石采购成本单价明显低于行业平均水平，成本优势日益体现，综合竞争力稳步增强。

浙江万向集团依托其在美国设立的万向美国公司，以"股权换市场、参股换市场、设备换市场、市场换市场、让利换市场"等多种形式，成功收购了英国 AS 公司和美国舍勒公司、ID 公司、LT 公司、QAI 公司、UAI 公司等数十家美国本地企业，在全美范围已拥有 28 家工厂、5600 余名员工。

亚洲轮毂巨头万丰奥特控股集团有限公司 2013 年成功并购了加拿大镁合金部件制造商镁瑞丁。镁瑞丁是一家专注于大交通的国际化企业，而且是处于行业领导地位的隐形冠军，占有整个北美地区镁合金汽车配件 65% 以上的市场份额，在全球镁合金汽配市场也有三成以上的份额。2015 年镁瑞丁贡献利润超 2 亿元，而在收购时镁瑞丁的净利润仅 2000 多万元。

浙江龙盛集团公司以 2200 万欧元并购世界染料巨头德国德司达公司，浙江龙盛获得了 1900 项专利和核心研发团队，一举获得全球 14 个生产基地，覆盖 50 个国家和地区的销售网和 7000 多家客户，获得定价话语权，一跃升为全球染料行业的龙头企业。

山东重工集团公司从 2009 年起，相继战略并购重组法国博杜安公司、意大利法拉帝公司和德国凯傲集团，经过几年的整合治理，海外业务开始发挥正向拉动作用。2015 年国内业务收入严重下滑，海外业务成为山东重工集团的主要利润来源。近年来山东重工集团以国际化驱动企业发展，已拥有国内领先的商用车和工程机械核心产业链，涵盖汽车、工程机械、动力系统、豪华游艇、金融服务五大业务板块，分公司、子公司遍及欧洲、北美、东南亚、南亚等地区，产品远销 150 多个国家和地区。

五、集团公司海外投资呈多领域多元化趋势

集团公司海外并购在行业上，主要集中于高新技术行业，包括消费品类行业，投资更具战略性，投资方向从产业链整合转向全球资产配置，不断完善自身的产业链，在全球价值链上不断上移。

均胜电子相继以 11 亿美元、1.26 亿美元并购美国汽配巨头 KSS 和德国 TS 道恩信息技术公司，以及美国 EVANA 机器人公司，在全球进行产业和资源优化布局，使均胜具备能够为汽车零部件、医疗等多个行业领域定制高度集成的全套数字化智能制造解决方案的能力，成为技术国际领先的企业。苏宁以约 2.7 亿欧元获得国际米兰俱乐部约 70% 股份。三胞集团 2016 年收购了以色列家政护理公司 A.S.Nursing Company。

六、集团公司开展属地化经营，树立负责任形象

集团公司海外投资并购采取属地化经营，履行社会责任，树立世界公民的形象，使国际化经营水平显著提升。

（1）推进属地化经营。中建总公司外籍劳务占劳务人员总数近 90%；在阿尔及利亚雇用当地分包队伍近 300 支，住房项目采购率达 85%，年当地采购额近 4 亿美元。中车集团在马来西亚设立东盟制造中心和维保中心，制造、销售和服务全产业链属地化。

（2）立足当地宗教风俗开展文化交流。中建总公司与中铁建集团为海外穆斯林员工建立简易清真寺、祈祷室等，开办阿拉伯语及伊斯兰文化交流班。中远集团欧洲公司中外员工组建龙舟队，连续 8 年参加汉堡龙舟赛。

（3）积极参与当地公益事业。中石油集团在哈萨克斯坦公益投入超过 3 亿美元。在加拿大资源能源企业捐款修建图书馆、赈灾、捐助儿童医院。

（4）关注环境保护。中铝集团秘鲁铜矿项目开工前先投资建设污水处理厂，解决了矿区 70 年的水污染问题，斥资 2 亿多美元为矿区建设现代化城镇设施，获得民众支持，使得项目如期投产。

（5）培养当地管理技术人才。华为、中兴等企业在多国设立培训中心或与知名大学合作，为当地培养大批通信技术人才。

第四节　中国集团公司国际化的主要差距

尽管中国跨国公司已经取得较大进步，在"2017 中国跨国公司 100 大"中，有 6 家公司达到 2017 世界跨国公司的入围门槛，有 1 家公司的跨国指数达到 2017 世界跨国公司的平均跨国指数，有 43 家公司达到 2016 发展中经济体跨国公司的入围门槛，有 14 家公司的跨国指数达到 2016 发展中经济体的平均跨国指数，但是从总体看，远未达到世界级跨国公司的水准。世界级跨国公司是在世界范围内跨国化程度高、拥有全球行业领导地位、能够高效进行全球资源配置的跨国公司。按照上述标准衡量，我国的跨国公司还存在较大差距。

一、国际化程度相对落后于世界的平均水平

"2018 中国跨国公司 100 大"的平均跨国指数为 15.8%，较 2017 年提高 0.95%，但还低于"2017 世界跨国公司 100 大"的平均跨国指数 61.31%，而且低于"2016 发展中国家跨国公司 100 大"的平均跨国指数 36.14%。"2017 中国跨国公司 100 大"中跨国指数在 30% 以上的只有 22 家，达到"2017 世界跨国公司 100 大"平均跨国指数的企业只有 1 家，达到"2016 发展中经济体跨国公司 100 大"平均跨匡指数的企业也只有 15 家，还有 20% 的企业的跨国指数没有超过 5%。

除此之外，"中国跨国公司 100 大"的海外资产、海外营业收入、海外员工的比例都亟须提高，海外经营业绩也亟待提升。"2018 世界跨国公司 100

大"的入围门槛高达 6573 亿元，"中国跨国公司 100 大"的入围门槛仅为72.22 亿元，相差 90 倍。"2018 世界跨国公司 100 大"的平均海外资产比例高达 62.15%，"中国跨国公司 100 大"的平均海外资产比例仅为 18.79%，相差 3 倍。"2018 世界跨国公司 100 大"的平均海外营业收入比例高达 64.93%，"中国跨国公司 100 大"的平均海外营业收入比例仅 20.86%，相差 3 倍。"2018 世界跨国公司 100 大"的平均海外员工比例高达 58.65%，"中国跨国公司 100 大"的平均海外员工比例仅 9.76%，相差 5 倍。

　　"中国跨国公司 100 大"的国际化程度不仅低于世界跨国公司国际化的平均水平，也低于发展中经济体跨国公司国际化的平均水平。"2016 发展中经济体跨国公司 100 大"的入围门槛达 315.29 亿元，而"2017 中国跨国公司 100 大"的入围门槛只有 61.47 亿元。"2016 发展中经济体跨国公司 100 大"的平均海外资产比例达 28.76%；而"2016 中国跨国公司 100 大"的平均海外资产比例只有 16.1%。"2016 发展中经济体跨国公司 100 大"的平均海外营业收入比例达 47.00%，而"2017 中国跨国公司 100 大"的平均海外营业收入比例只有 19.54%。"2016 发展中经济体跨国公司 100 大"的平均海外员工比例 32.67%，而"2017 中国跨国公司 100 大"的平均海外员工比例只有8.99%。详见表 6-3。

表 6-3　中外跨国公司 100 大有关指标比较

货币单位　亿元人民币

年份/类别	入围门槛（亿元人民币）	海外资产比例（%）	海外营业收入比例（%）	海外员工比例（%）	跨国指数（%）
2017/中国	61.47	16.01	19.54	8.99	14.85
2017/世界	6073.82	62.49	64.06	57.38	61.31
2018/中国	72.22	18.79	20.86	9.76	15.80
2018/世界	6573.01	62.15	64.93	58.65	61.91

　　注：汇率按照 1 美元 =6.6968 元人民币换算

二、在技术品牌和管理上缺乏核心竞争优势

当前公认的世界级跨国公司无一例外拥有自己的企业核心竞争优势，这些核心竞争优势或者体现在产品和技术创新方面，或者体现在品牌方面，或者体现在经营管理方面。与世界级跨国公司相比，当前中国跨国公司仍然主要体现为"大而不强""大而不优"，规模庞大但缺少拿得出手的"撒手锏"，即企业的核心竞争优势。

具体来看，中国跨国公司与世界级跨国公司在竞争优势方面主要差在技术、品牌和管理上。一是缺技术。相当一部分中国跨国公司的技术创新能力还不够强，尚未开发出突破性的原创技术，或者仍然处在追赶阶段。二是缺品牌。当前越来越多的中国企业已经意识到品牌的重要性，然而拥有世界一流品牌的中国跨国公司仍然不多。三是缺管理。无论是生产管理、研发管理还是营销管理，中国跨国公司均存在不小的差距。

三、在全球同行业的影响力和地位尚待提升

全球行业领导企业往往是整个行业的技术领先者、商业模式首创者、行业价值链的组织者和控制者。与世界级跨国公司相比，当前不少中国跨国公司的生产经营规模虽然位居世界前列，但是在全球尖端技术、商业模式、价值链上的竞争力和影响力远远不匹配，尤其是缺少全球行业的领导企业、先锋企业。

四、国际化经营管理能力不足

当前我国大企业国际化程度低的问题十分严重。原因是多方面的。但是，高端综合性管理人才的严重短缺是关键性的因素之一。根据《应对中国隐现的人才短缺》报告，我国满足跨国公司所需技能要求的综合型管理人才严重不足。预计到 2020 年中国将需要 7.5 万名具备国际经验的职业经理人，而目前中国仅具备 5000 名此类人才。"2017 世界跨国公司 100 大"国际化员工的比例达到 57.38%，而"2017 中国跨国公司 100 大"国际化员工的比例仅为 8.71%。

第五节　迈向世界级跨国公司的有利条件

一、我国的经济规模和水平不断提升

根据跨国公司发展理论和国际经验，一国人均国民收入或国内生产总值达到一定阶段，就必然出现跨国公司，并将迎来跨国公司快速发展阶段。我国已经进入世界中等收入国家行列，经济总量占全球市场份额不断提升，已经迎来快速发展跨国公司的新阶段。

（1）人均国内生产总值持续增加。从 1978 年到 2016 年，中国人均 GDP 从 381 元提高到 5.3817 万元。按照现行价格计算，2016 年中国人均国民收入达到 8113 美元，高于同时期中等收入国家人均国民收入，这表明中国已经进入世界中等收入国家行列。2018 年中国人均 GDP 达到 6.452 万元，比 1978 年增长 168 倍。

（2）国家外汇储备从短缺变为充足。过去很长时期，外汇储备是我国的稀缺资源。加入世界贸易组织（WTO）后，中国外汇储备大幅增加，2006 年、2008 年、2011 年分别超过 1 万亿美元、2 万亿美元、3 万亿美元。自 2005 年以来，中国超越日本，成为世界上外汇储备最多的国家，为中国发展跨国公司提供了有利条件。

（3）国际地位和国际影响力不断提升。一是中国已经成为世界主要经济大国。从 1992 年到 2013 年，仅仅 21 年中国国内生产总值就从近 5000 亿美元增加到 10.8 万亿美元，跃升为全球第二大经济体。2018 年国民生产总值超过 90 万亿元，经济总量达到 13.6 万亿美元，稳居世界第二位。二是中国成为世界第二大贸易国。从 1992 年到 2016 年，仅仅 24 年中国出口占世界份额就从 2.25% 增加到 13%，跃升为世界第一大出口国。2018 年中国对外贸易额达到 30.51 万亿元。三是中国是世界上吸收外国直接投资（最多的国家之一，持续 20 多年位居发展中国家首位。联合国贸易和发展会议《2019 年世界投资报告》显示，在全球外国直接投资连续第三年下降的情况下，2018 年中国吸引外资总量逆势增长 4%，达 1390 亿美元，继续稳居全球第二大外资流入国之位。四是中国跨境对外直接投资连续 14 年快速增长。商务部、国家统计

局、国家外汇管理局发布的《2017 年度中国对外直接投资统计公报》显示，截至 2017 年底，中国对外直接投资存量为 1.8 万亿美元，排名升至全球第二位。2017 年当年中国对外直接投资以 1583 亿美元位列全球第三位，超过同期吸收外资水平。

二、"一带一路"实施为对外直接投资提供了战略支撑

党的十八大以来，习近平总书记提出"一带一路"倡议。"一带一路"倡议不是传统意义上的对外开放，不是"走出去"的简单延伸，而是新形势下我国对外开放的重大举措，是我国对外合作的重大调整，也是"走出去"战略的重大创新。推进"一带一路"建设蕴藏着巨大的经贸商机。"一带一路"建设的一个重要内容和重要目标就是实现"五通"，即政策沟通、设施联通、贸易畅通、资金融通、民心相通。这每一"通"都蕴藏着巨大商机，每一"通"都通向大量财富。

政策沟通包括建立政府间政策沟通机制，交流经济发展战略和对策，共同制定区域合作规划和措施，协调解决合作发展中的问题，共同为大型项目提供政策支持等。政策沟通突出强调政策和战略对接，没有政策和战略对接，很多大型项目，例如中巴经济走廊是很难很快变成规划并组织实施的。此外，政策沟通还包括海关、通信、检验、检疫等内容，减免税和避免双向征税的问题。

设施连通包括道路、铁路、港口、机场、管道、通信等许多方面，这是"一带一路"沿线国家合作的重点，也是我国企业投资的重点。"一带一路"建设将着力推动陆上、海上、天上、网上四位一体的联通，这中间蕴藏着巨大的商机。据有关资料显示，"一带一路"沿线 70% 的国家基础设施比较落后，5 亿人口无法用电，2015 年接触互联网的人数比例平均值为 52.6%。巴基斯坦电力供应在 190 个国家中排名第 170 位，首都和高档宾馆经常面临断电的困扰，许多单位都自备应急发电设备。据亚洲开发银行报告，2016 年至 2030 年亚洲基础设施建设投资需求将超过 26 万亿美元，年均达 1.7 万亿美元。据有关专家预测，到 2050 年中国倡议的全球能源互联网累计投资将超过 50 万亿美元。

贸易畅通包括消除贸易壁垒、优化贸易环境、创新贸易方式、拓宽贸易领域、优化贸易结构、建设自由贸易区等。2014 年到 2017 年中国与"一带一路"沿线国家贸易规模基本保持在每年 1 万亿美元，占中国货物贸易总额的 1/4 以上，增速高于全球平均水平。2018 年中国与"一带一路"沿线国家贸易规模攀升到 1.3 万亿美元。中国企业对沿线国家实现非金融类直接投资额累计达 802.8 亿美元，在沿线国家新签承包工程合同额累计 3629.9 亿美元。预计 2017 年到 2022 年，我国对外投资将达 6000 亿至 8000 亿美元，相当一部分会落实在"一带一路"沿线国家。据有关专家预测，未来 10 年我国与"一带一路"沿线国家的贸易额增长率有望每年以 20%—30% 的速度递增。

资金融通包括扩大本币互换、开放债券市场、筹建投资开发银行、组建运营投资基金、加强征信评级合作、开展多边金融合作、加强金融监管合作等。截至 2016 年末，共有 9 家中资银行在 26 个沿线国家设立了 62 家一级机构。目前设立的各类多双边产能合作基金超过 1000 亿美元。截至 2016 年 9 月，中国与沿线国家和地区跨境人民币实际收付金额达 8600 亿元，中国央行与 21 个"一带一路"沿线国家或地区的央行签订了双边本币互换协议，总规模 1.4 万亿元。2017 年中国与"一带一路"沿线国家的进出口总额达到 1.4 万亿美元，占中国进出口贸易总额的 36.2%。在第一届"一带一路"国际合作高峰论坛上，国家主席习近平宣布，中国政府将向丝路基金新增资金 1000 亿元，鼓励金融机构开展人民币海外基金业务，规模初步预计约 3000 亿元。

民心相通包括文化交流、人才交流、旅游合作、学术往来、媒体合作、智库合作等。到 2020 年预计文化交流的规模将达 3 万人次。特别是旅游合作，据国家文化与旅游部预测，"十三五"期间，中国将为"一带一路"输送 1.5 亿人次中国游客、2000 亿美元的旅游消费。同时，将吸引沿线国家 8500 万人次来华旅游，拉动旅游消费 1100 亿美元。

自 2013 年"一带一路"倡议构想提出以来，从筹建亚投行到成立丝路基金，再到国家开发银行的近千个项目，"一带一路"建设取得了明显进展，获得了多方积极响应，为各方在投资领域的深度合作奠定了坚实的基础。"一带一路"已经从倡议变成了实际行动，从理念和总体框架设计进入实质性合作阶段。截至 2018 年底，中国在"一带一路"沿线国家建立了境外经贸合作区 82 个，境外经贸区累计投资 209.6 亿美元，通过确认考核的入区企业 933 家，上缴东道国税费 22.8 亿美元，为当地创造近 14.7 万个就业岗位。

2016 年底，联合国 193 个会员一致赞同将"一带一路"倡议写入联大决议。中国积极统筹国内各种资源，加强与"一带一路"沿线各国的合作和对接，"政策沟通、设施联通、贸易畅通、资金融通、民心相通"等主要领域的合作进展顺利。沿线各国的资金融通取得重大进展，发起建立亚洲基础设施投资银行，设立丝路基金，重点为"一带一路"沿线国家与互联互通有关的基础设施建设、资源开发、产业合作等项目提供融资支持。

"一带一路"建设有助于促进沿线国家互联互通，形成互补共赢的合作局面，进一步增强与沿线国家在政治、文化等方面的交流，加速经济一体化进程。"一带一路"将通过沿线国家和地区的战略合作，促进政策沟通，共同打造开放、包容、均衡、普惠的区域经济合作新架构，促进经济要素自由流动、资源高效配置和市场深度融合，推动沿线区域开展更大范围、更高水平、更深层次的经济、教育、科技和金融合作，加快陆上经济走廊和海上合作支点建设，构建沿线大通关合作机制。

共建"一带一路"为中国企业的发展提供了难得的历史机遇。中国集团公司抓住这次机遇不断发展壮大。一是利用广阔的海外市场，通过产能合作，让闲置的生产力得到充分利用。二是利用海外低价的要素资源，通过在更广泛的区域优化产业链的空间布局，来应对国内资源和劳动力要素价格上涨的压力。三是利用发达国家结构调整的机会，通过海外并购获取先进技术、研发能力和国际销售渠道，提高自身的素质和能力。

三、新兴市场国家和发展中国家利用外资政策不断优化

近年来越来越多的新兴市场国家和发展中国家认识到外资流入对东道国的作用，如弥补投资缺口、促进出口增长、带来先进技术、引入竞争机制等。为了更多地利用外资，无论是新兴市场国家，还是发展中国家，都在加强国际投资合作，放宽外资准入限制，加大政策优惠力度，不断优化吸引外资的政策。

　　为了吸引到更多外商直接投资，发展中国家采取了提供投资激励、实行投资自由化、改善投资环境、签订国际投资协议等不同方式和手段。特别是一些发展中国家为加大吸引外资力度竞相出台税收优惠措施，推动发展中国家不断提高对外资的优惠程度，很多发展中国家对外资企业征收的所得税率比发达国家低 1/3 左右。

　　此外，很多新兴市场国家和发展中国家为外商投资企业提供免税期，一般为 5 年。许多发展中国家还出台了公有土地租赁费用减免等优惠措施。同时，新兴市场国家和发展中国家近些年纷纷放宽对外商直接投资的限制。联合国贸易和发展会议指出，最积极吸引外国直接投资的是东亚、东南亚和南亚国家，这些国家出台的吸引外国直接投资的政策占发展中国家全部政策的 1/3 以上。总之，随着新兴市场国家和其他发展中国家投资环境的改善，将为中国企业对外投资提供越来越多的便利。

四、集团公司跨国并购数量和质量不断攀升

　　截至 2018 年 5 月，我国已经与东盟、澳大利亚、巴基斯坦、秘鲁、冰岛、哥斯达黎加、韩国、瑞士、新加坡、新西兰、智利等签署并实施了 16 个自贸协定，涉及 24 个国家和地区。此外还签署并实施了《内地与香港关于建立更紧密经贸关系的安排》《内地与澳门关于建立更紧密经贸关系的安排》，以及大陆与台湾的《海峡两岸经济合作框架协议》。截至 2018 年 7 月，我国已经与全球 152 个国家和地区签订了投资协定。这些自贸协定和投资协定为我国企业对外投资创造了有利的外部条件。

五、发展跨国公司的政策与服务环境逐步改善

　　我国将"走出去"战略上升为国家战略，发展跨国公司，已经具备了良好的政策与服务环境。例如，实施从限制转向放松管制的支持政策，中国政府建立了对外直接投资统计制度、信息服务系统，国内配套服务不断加强，学术研究为跨国公司发展提供智力支持。中国已对外签订了 130 个双边投资保护协定和 98 个避免双重征税协定，为进一步消除中国企业海外投资的障碍，提升海外投资的便利化，降低海外投资风险，维护跨国经营的合法权益

提供了制度保障。

一是中央政府制定了境外投资的综合管理办法。其中主要有，2009 年商务部的《境外投资管理办法》、国家发展改革委的《关于完善境外投资项目管理有关问题的通知》；2012 年发展改革委等部门的《关于鼓励和引导民营企业积极开展境外投资的实施意见》。加快投资审批制度改革，除少数另有规定外，境外投资项目一律取消核准。

二是中央政府建立了规范的监管、统计、服务制度。依据《境外投资联合年检暂行办法》《境外投资综合绩效评价办法（试行）》，商务部、国家外汇管理局分别于 2003 年、2004 年、2006 年、2007 年、2009 年对境外直接投资企业开展联合年检和综合绩效评估。

中央政府发布对外投资国别产业导向目录，以及对外投资国别产业指引，确定了鼓励方向和重点，防止境外盲目投资与自相恶性竞争，鼓励、支持、引导企业更大范围、更广领域和更高层次上参与国际经济合作竞争。

三是多方式、多领域鼓励与扶持对外投资。例如，政府设专项资金支持企业"走出去"，包括中小企业国际市场开拓资金、对外经济技术合作专项资金、境外矿产资源勘查开发专项资金、国外矿产资源风险勘查专项资金等；税收支持企业"走出去"，对企业境外已纳税款，允许企业就境外所得缴纳国内所得税时，按适当方式予以抵扣等；国家积极鼓励轻工、纺织、家用电器等机械电子以及服装加工等领域的企业到境外开展带料加工装配业务，给予境外加工贸易企业周转外汇贷款贴息和人民币中长期贷款贴息等。

六、支持境外投资的国内配套服务逐步加强

银行等金融服务大大支持了企业跨国经营。《关于对国家鼓励的境外投资重点项目给予信贷支持有关问题的通知》《关于建立境外投资重点项目风险保障机制有关问题的通知》《关于实行出口信用保险专项优惠措施支持个体私营等非公有制企业开拓国际市场的通知》等文件出台，银行等金融机构支持企业"走出去"。

国家开发银行在全球设立了 100 多个代表处，开展境外直接投资的金融支持、风险评估等业务，与国内外机构合资设立了 4 支产业投资基金，即中

瑞合作基金、中国—东盟中小企业投资基金、中国比利时直接股权投资基金和中非发展基金，支持中国企业"走出去"。截至 2018 年底，国家开发银行累计为 600 多个"一带一路"项目提供融资 1900 多亿美元。中国工商银行牵头成立了中国—中东欧投资合作基金，为中国与中东欧 16 国合作提供投资服务。中国 3 家银行在波兰、捷克、匈牙利、塞尔维亚设立了 8 家分支机构。

中介和信息服务环境不断改善。一是境外企业成立相关机构。根据商务部《关于成立境外中资企业商会（协会）的暂行规定》的要求，境外企业组建和成立相关中介机构和行业组织，尽可能维护境外企业的权益。二是建立了投资项目信息库。国内许多招商投资促进机构已经建立了企业境外投资意向信息库，中国驻外经商机构网站建立了所在地的投资项目招商信息库，发布驻在国（地区）的招商项目信息。三是组织各类展会，推动企业对外投资。例如"中国国际投资贸易洽谈会"、"中国—东盟博览会"、境外"中国工程与技术展览会"、"走出去"成果展等。四是进一步加强企业境外投资风险控制。2009 年商务部等部门联合发布《境外中资企业（机构）员工管理指引》；2010 年 8 月商务部发布《对外投资合作境外安全风险与预警和信息通报制度》，建立境外安全风险预警和信息通报制度；2012 年 4 月商务部等部门联合发布《中国境外企业文化建设若干意见》。这些服务逐步达到预期效果，指导帮助中国企业解决境外投资中遇到的困难和问题。

第六节　迈向世界级跨国公司的外部障碍

一、集团公司在当今全球市场开拓中的后发劣势

中国集团公司迈向世界级跨国公司面临的第一大外部障碍，就是在全球市场开拓上的劣势地位。与西方跨国公司上百年的发展相比，中国集团公司的出现和发展只有 30 年，起步较晚的中国集团公司面对的是一个已经被欧美日跨国公司瓜分殆尽的全球市场。面对竞争激烈的国际环境，中国集团公司被逼进了政治风险相对较高的国家与地区，承受着政局动荡、内战、政策

不稳定、海外财产与人身安全威胁等各类风险，涉足一些品质低而开发难度大的矿场和油田，生产成本和安全成本明显高于老牌跨国公司。

二、国际投资保护主义抬头，对外直接投资难度增加

国际金融危机引发了国际投资保护主义的抬头。美国、加拿大、澳大利亚等发达国家纷纷出台法律，对外资并购进行安全审查。澳大利亚 2008 年公布了规范和审查外国政府对澳大利亚投资的六项措施，主要审查外国国有企业和主权财富基金对澳大利亚的投资是否损害其国家利益。由于我国境外投资主体以国有企业为主，主要投资领域又集中于高新技术和资源能源方面，这些投资保护措施直接影响到我国对外直接投资。

二十国集团（G20）2011 年发布的国际贸易投资评估报告认为，G20 成员的投资政策既有积极的方面，也有消极的方面，整体而言投资的限制政策明显增多，导致全球对外直接投资放缓。美国、加拿大、澳大利亚等发达国家纷纷出台法律对外资并购加强安全审查，通过引入国家安全、金融安全、环境保护等扩大对直接投资的监管力度。2014 年美国对海外并购提议安全风险梳理 147 起，为 2008 年以来最多。美国对外资进入国防、航空、海运、通信、金融、水力发电、资源开发、原子能开发等领域设有禁止或限制措施。美国外国投资委员会重点审查"关键性基础设施产业"和"关键技术"两大类，主要包括制造业、电信、能源、金融、运输、信息等产业以及与国防密切相关的关键元件和关键技术项目。审查特别关注并购企业和政府之间是否存在战略协调，因此，国有企业成为审查重点。这些将对我国上述相关产业赴美国投资并购活动构成风险威胁。2011 年至 2013 年美国外国投资委员会审查项目的 40% 集中于制造业，对我国企业审查的项目数量最多。

三、政治风险成为对外直接投资的重要障碍

从企业对外投资面临的各种风险看，政治风险是集中的、巨大的、不可抗的。特别是固定资产投入大、投资回报期限长的海外基建项目，对当地政府的履约能力依赖性更高，企业对外投资所在地执政政府更迭或政治环境变化，常常使投资企业损失巨大。2011 年利比亚发生内战，70 多家中资企业在

利比亚的固定资产、原材料、工程垫付款等方面的损失，以及撤离安置人员费就超过 200 亿美元。多数情况下，往往都是企业独自承担对外投资的政治风险，这无疑加大了企业对外直接投资的风险系数。当前，国际形势纷繁复杂，在欧洲，英国脱欧引发的地缘政治格局正在发生冷战后最剧烈的变化，其外溢效应将传递到更多国家和地区。在中东，极端恐怖势力异常活跃，不断影响着中东政治版图与国际反恐格局。同时，中国周边地缘关系复杂，民族、宗教矛盾突出，价值观和战略诉求不同，一些国家发展基础薄弱，各种矛盾冲突突出，政局不稳，局部冲突时有发生，一些国家法制不健全，投资风险较大。这些因素导致少数国家在大国之间左右逢源，对我国报以既合作又防范的矛盾心态，带来很多不确定性，抬高了我国企业进入的门槛，增加了企业对外投资的难度和风险。

四、我国对外投资的法律制度体系建设滞后

西方发达国家普遍都有境外投资法，它是投资母国保护本国企业境外投资的国内立法，为企业对外直接投资提供机制保障和便利，对本国企业规避境外投资风险具有重要作用。1948 年美国就制定了《经济合作法》《对外援助法》《税收法》和《共同安全法》，以法律手段保障私人对外直接投资。随着美国经济日益强大，美国政府又出台了《美英贸易和金融协定》《肯希卢伯修正案》等系列法规，鼓励本土企业向全球投资。目前美国签署的双边投资保护协定有 1800 多个，避免双重征税协定 1900 多个，为美国企业开展对外直接投资提供了制度保障。

由于我国对外直接投资起步晚，相关法律体系建设滞后，2014 年 9 月商务部发布了《境外投资管理办法》，2017 年 12 月国家发展和改革委员会发布了《企业境外投资管理办法》，从国家层面看，还缺乏统一的中国企业境外投资法。现有的对外投资规定以各部门发布的部门规章为主，显得凌乱，且多数为暂行规定或办法，有的仅仅是意见或通知，缺乏统一协调，不利于提升企业境外投资决策和实施的时效性，为增强企业境外投资抗风险的能力，维护国家经济利益，加快建立一套符合我国现实和当代国际投资特点的法律体系势在必行。

第七章 培育具有全球竞争力的集团公司

跨国公司是当代全球经济发展的领航者，是推动世界科技创新与经济发展的强大引擎，是国家综合实力的载体和标志。在全球新一轮科技革命和产业深度变革的时代背景下，培育一批具有全球竞争力的世界一流集团公司，造就中国特色社会主义制度的强大经济基础，是实现中华民族伟大复兴的必然战略选择。

党的十九大提出，要深化国有企业改革，发展混合所有制经济，培育具有全球竞争力的世界一流企业，支持民营企业发展，激发各类市场主体活力。这是以习近平同志为核心的党中央对全面提升企业产品质量与经济效益，加快经济结构调整和科技创新步伐，构建强大的社会主义经济基础，实现中华民族伟大复兴的重大战略部署，是新时代中国集团公司发展的基本原则和路径指引。新时代的集团公司以"培育具有全球竞争力的世界一流企业"为目标，牢牢抓住推动混合所有制改革等突破口，激发企业活力和创造力，努力建设具有全球竞争力的世界一流集团公司。

第一节　深化改革培育世界一流集团公司

集团公司是建设现代化的社会主义的经济基础和重要支柱。培育具有全球竞争力的世界一流企业，深化集团公司改革，做强做优做大集团公司资本，完善中国特色社会主义市场经济体制、建立健全各类国有资产管理体制，对坚持和发展中国特色社会主义、实现"两个一百年"奋斗目标具有十分重大的意义。

一、完善公有制为主体多种经济共同发展的经济制度

公有制为主体、多种所有制经济共同发展是中国特色社会主义的经济制度。集团公司是由国有、民营等不同性质经济类型的大型企业构成的，发展壮大集团公司需要深化集团公司改革，提高效率增强活力，不断发展壮大国有、民营经济。党的十八大以来，各类集团公司改革和发展都取得了重大成效。特别是近年来国有集团公司"1+N"文件顶层设计构建完成，"十项改革试点"深入推进，重大改革举措落地见效，体制机制发生重大变革，与市场经济的融合更加紧密，规模实力和竞争力进一步增强，国有经济主导作用有效发挥。民营集团公司也在改革中不断发展壮大，成为国民经济和社会发展的重要生力军。

2018年进入《财富》世界500强的中国集团公司达到120家，其中民营集团公司20余家。目前，我国民营企业公司数量超过2700万家，个体工商户超过了6500万户，撑起了我国经济的"半壁江山"。民营资本经济发展质量不断提高，越来越多地进入高新技术或新兴领域，部分企业已在高新技术、新业态等细分领域处于领跑地位。但从总体上看，集团公司仍存在着改革发展的不平衡、体制机制的不健全、布局结构的不合理等问题。因此，必须毫不动摇巩固和发展公有制经济，毫不动摇鼓励、支持、引导非公有制经济发展。坚持公有制主体地位，发挥国有经济主导作用，做强做优做大集团公司；积极促进国有、集体和非公有资本等交叉持股、相互融合，发展混合所有制经济，推动各种所有制资本取长补短、相互促进、共同发展。

二、坚持社会主义市场经济改革的目标和方向

深化集团公司改革是实现"两个一百年"奋斗目标的重大任务。2020 年要全面建成小康社会，实现第一个百年奋斗目标，之后要踏上全面建设社会主义现代化国家新征程，为实现第二个百年奋斗目标而努力。在这一历史进程中，集团公司地位重要、作用关键、不可替代。

党的十八大以来，我国集团公司贯彻新发展理念，围绕统筹推进"五位一体"总体布局、协调推进"四个全面"战略布局，切实履行政治责任、经济责任和社会责任，发挥出了应有的重要作用；在载人航天、探月工程、深海探测、高速铁路、商用飞机、特高压输变电、移动通信等领域取得了一批具有世界先进水平的、标志性的重大科技创新成果；承担了一批重大基础设施、公共服务工程和许多国防科技工业重大项目，彰显了国之重器的实力与担当。

在建设中国特色社会主义的新时代，集团公司的改革发展必须与实现"两个一百年"奋斗目标同频共振，与人民群众对美好生活的向往同向共进，这是集团公司必须肩负的光荣使命和历史责任。因此，必须遵循市场经济规律和企业发展规律，将集团公司改革发展继续推向前进，加快建设中国特色的现代集团公司制度，坚持政企分开、政资分开、所有权与经营权分离，坚持权利、义务、责任相统一，促使各类集团公司真正成为依法自主经营、自负盈亏、自担风险、自我约束、自我发展的独立市场主体，形成更加符合我国新时代要求的资产管理体制、现代企业制度和市场化经营机制。

三、激发全体员工创造经济效益和社会效益的积极性

劳动者是生产力发展的决定性因素。全体员工的积极性和创造力是企业发展成为具有全球竞争力的世界一流企业的取之不竭的动力源泉。我国经济发展进入新常态，发展速度、结构、动力呈现出新特点。集团公司特别是国有集团公司是我国先进生产力、国家综合实力和国际竞争力的代表，在行业与产业领域的影响力强，在适应、把握、引领经济发展新常态，推进供给侧结构性改革中发挥着重要带动作用。党的十八大以来，各类集团公司特别是

国有集团公司坚持激发全体员工积极性、创造性，解放和发展生产力，突出主业大力发展实体经济，落实"三去一降一补"五大任务，深入开展瘦身健体、提质增效，大力推动集团公司重组整合，积极发展战略性新兴产业，化解过剩产能、处置"僵尸企业"，有力促进了经济的转型升级，为我国经济持续健康发展作出了积极贡献。为培育具有全球竞争力的世界一流企业，各类集团公司必须进一步坚持不断解放和发展生产力，激发调动全体员工的积极性和创造性，发展生产，创造效益，履行社会责任，深化改革，推进集团公司资本布局优化、结构调整和战略性重组，实现质量更高、效益更好、结构更优的发展，推动我国经济持续发展，迈向中高端水平。

四、坚持加强和改善党对集团公司领导的政治原则

坚持党对国有集团公司的领导是重大政治原则，必须一以贯之；建立现代企业制度是我国集团公司特别是国有集团公司改革的方向，必须一以贯之。加强和改善党对集团公司领导的关键是要把企业党组织内嵌到国有集团公司治理结构之中。企业党委（党组）发挥领导作用，把方向、管大局、保落实，坚持党要管党、从严治党，加强集团公司基层党组织建设，持续推进党风廉政建设和反腐败工作，加强领导班子建设和人才队伍建设，着力培养一支对党忠诚、勇于创新、治企有方、兴企有为、清正廉洁的高素质的国有集团公司领导人员队伍。

第二节　集团公司改革的方向和主要任务

一、继续完善国有资产管理体制

（一）建立健全各类国有资产管理体制

完善中国特色社会主义市场经济体制，建立健全各类国有资产管理体制是建立和培育世界一流集团公司的必备条件。因此，要建立健全各类国有资产监管法律法规体系，实现国有资产监管的制度化、规范化和系统化。要改革国有资本授权经营体制，加快推进经营性国有资产集中统一监管。要以管

资本为主深化国有资产监管机构职能转变，准确把握依法履行出资人职责的定位，科学界定国有资本所有权和经营权边界，建立监管权力清单和责任清单。要创新监管方式和手段，改变行政化监管方式，改进考核体系和办法，落实保值增值责任，提高监管的及时性、针对性、有效性。要深化国有资本投资运营公司综合性改革，探索有效的运营模式，发挥国有资本市场化运作的专业平台作用。

（二）科学布局优化结构调整战略性重组

要紧紧围绕服务国家战略，推动国有经济向关系国家安全、国民经济命脉和国计民生的重要行业和关键领域、重点基础设施集中，优化国有经济布局，有效发挥国有经济整体功能作用。要积极推动国有资本形态转换和结构调整，支持创新发展前瞻性战略产业，加快处置低效无效资产，淘汰落后产能，剥离办社会职能，解决历史遗留问题，提高国有资本配置效率。要积极推动集团公司战略性重组，聚焦发展实体经济突出主业、做强主业，加快推进横向联合、纵向整合和专业化重组，提高集团公司核心竞争力，增强国有经济活力、控制力、影响力、国际竞争力、抗风险能力。

（三）加强监管有效防止国有资产流失

要以国有资产保值增值、防止流失为目标，加快形成全面覆盖、分工明确、协同配合、制约有力的国有资产监督体系。要增强企业内部控制体系的整体性、有效性，强化流程管控刚性约束，确保内部监督及时有效。要强化出资人监督，加快集团公司行为规范法律法规制度建设，加强对企业关键业务、改革重点领域、国有资本运营重要环节的监督。要加强和改进外派监事会监督。要建立健全国有集团公司重大决策失误和失职、渎职责任追究倒查机制，加大集团公司违规经营投资责任追究力度。要加强审计监督、纪检监督、巡视监督，建立有效的外部监督协同联动和监督会商机制，形成监督合力。实施信息公开加强社会监督，建设阳光国企。

（四）增强活力保证国有资产保值增值

要始终把握有利于国有资产保值增值、有利于提高国有经济竞争力、有利于放大国有资本功能的要求，进一步完善国有集团公司监管制度。要明确增强活力是搞好集团公司的本质要求。强化监管是搞好集团公司的重要保障；坚持增强活力与强化监管相结合，则是保证国有资产保值、增值的重要措施和手段。在实践中，必须处理好增强活力与强化监管两者的关系，切实做到有机统一；要围绕增强活力、提高效率，加快建立有效制衡的法人治理结构、灵活高效的市场化经营机制，依法落实企业法人财产权和经营自主权；要着力破除束缚集团公司发展的体制机制障碍，完善激励约束机制，发挥集团公司各类人才积极性、主动性、创造性，有效防止国有资产流失，保障国有资产保值增值。

二、融合国有民营经济发展混合所有制经济

习近平总书记指出：民营经济是我国经济制度的内在要素，民营企业和民营企业家是我们自己人，并提出大力支持民营企业发展壮大的 6 个方面政策举措。公有制为主体、多种所有制经济共同发展的基本经济制度是中国特色社会主义的经济制度，也是完善社会主义市场经济体制的必然要求。改革开放 40 多年来，我国经济发展能够创造中国奇迹，国有和民营经济都作出了重大贡献。我国国有与民营经济相辅相成、相得益彰。在新时代，进一步解放和发展社会生产力，必须坚持和完善我国社会主义基本经济制度，毫不动摇巩固和发展公有制经济，毫不动摇鼓励、支持、引导非公有制经济发展，以有力举措把国有与民营经济共同发展提升到新水平。

（一）充分认识国有经济与民营经济相辅相成相得益彰的重要性

我国国有经济与民营经济相辅相成、相得益彰，既表现在国有企业与民营企业良性竞争、相互协作、共同发展上，还表现在通过混合所有制改革，国有资本与民营资本交叉持股、相互融合上。党中央指出，"国有资本、集体资本、非公有资本等交叉持股、相互融合的混合所有制经济，是基本经济制度的重要实现形式"。在混合所有制经济发展中，国有资本和民营资本相互融合，既可扩大民间投资、推动经济发展，又可加快形成"你中有我、我中有你"的利益共同体，实现优势互补，提升企业竞争力。在发展混合所有制经济的企业改革重组中，国有企业和民营企业要平等合作，重组企业股权结构要按照相关规定、根据具体情况由各方协商确定。实践证明，发展混合所有制经济，有利于国有经济形成新优势、增添新活力，有利于民营经济借助

国有经济平台更快成长。要探索混合所有制企业实行员工持股，逐步形成发展资本所有者和劳动者利益共同体，促进实现共同富裕的目标。

（二）把国有经济与民营经济共同发展提升到新的水平

在新时代，我国社会主要矛盾已经转化为人民日益增长的美好生活需要和不平衡不充分的发展之间的矛盾。但是，我国仍处于并将长期处于社会主义初级阶段的基本国情没有变，我国是世界最大发展中国家的国际地位没有变，解放和发展社会生产力仍是中国特色社会主义的根本任务。因此，继续解放和发展社会生产力，必须坚持和完善我们党和人民经过几十年艰苦探索形成并行之有效的社会主义基本经济制度，毫不动摇巩固和发展公有制经济，毫不动摇鼓励、支持、引导非公有制经济发展，进一步促进国有经济与民营经济相辅相成、相得益彰，让一切劳动、知识、技术、管理、资本等要素的活力竞相迸发，让一切创造社会财富的源泉充分涌流，让改革发展成果更多更公平惠及全体人民。

（三）消除所有制歧视现象营造公平开放统一高效的市场环境

党的十九大把"两个毫不动摇"写入新时代坚持和发展中国特色社会主义的基本方略，作为党和国家一项大政方针确定下来，提出公有制经济和非公有制经济都是社会主义市场经济的重要组成部分，都是我国经济社会发展的重要基础；公有制经济财产权不可侵犯，非公有制经济财产权同样不可侵犯；国家保护各种所有制经济产权和合法利益，坚持权利平等、机会平等、规则平等，废除对非公有制经济各种形式的不合理规定，消除各种隐性壁垒，激发非公有制经济活力和创造力。"健全以公平为核心原则的产权保护制度，加强对各种所有制经济组织和自然人财产权的保护，清理有违公平的法律法规条款"。鼓励民营企业依法进入更多领域，引入非国有资本参与国有企业改革，更好激发非公有制经济活力和创造力。因此，国家要以更加有效的政策措施彻底消除所有制歧视，实现各种所有制经济权利平等、机会平等、规则平等。要全面实施市场准入负面清单制度，清理废除妨碍统一市场和公平竞争的各种规定和做法，支持民营企业发展，激发各类市场主体活力。要深化商事制度改革，打破行政性垄断，防止市场垄断，加快要素价格市场化改革，放宽服务业准入限制，完善市场监管体制。要健全优胜劣汰市场化退出机制，完善企业破产制度，积极稳妥推进企业优胜劣汰，通过兼并重组、破产清算，实现市场出清。

（四）积极有效深入推进国有企业混合所有制改革和发展

国有企业要通过界定功能、划分类别，实行分类改革、分类发展、分类监管、分类定责、分类考核，提高国有企业改革的针对性、监管的有效性、考核评价的科学性，推动国有企业同市场经济深度融合，促进国有企业实现社会效益和经济效益有机统一。国有资产监管要实现从以管企业为主向以管资本为主转变，大幅提高国有资本配置效率。要积极推进混合所有制改革，切实保护各类出资人的产权权益，杜绝国有资产流失。要积极推进主业处于充分竞争行业和领域的商业类集团公司混合所有制改革，有效探索重点领域混合所有制改革，在引导子公司层面改革的同时探索在集团公司层面推进混合所有制改革。要大力推动集团公司改制上市，根据不同企业功能定位，逐步调整国有股权比例。要在取得经验基础上稳妥有序开展国有控股混合所有制企业员工持股，建立激励约束长效机制。要鼓励包括民营企业在内的非国有资本投资主体通过多种方式参与集团公司改制重组，鼓励国有资本以多种方式入股非集团公司，建立健全混合所有制企业治理机制。同时，要优化国有资本重点投资方向和领域，推动国有资本向关系国家安全、国民经济命脉和国计民生的重要行业和关键领域、重点基础设施集中，向前瞻性战略性产业集中，向具有核心竞争力的优势企业集中。

三、完善集团公司现代企业管理制度

现代企业制度的本质是基于契约精神的资源结合体，所有权和治理权分离的组织形式。集团公司现代企业制度是指在现代市场经济条件下，以规范和完善的法人制度为主体，以有限责任制度为核心，以集团股份有限公司为重点的产权清晰、权责明确、政企分开、管理科学的一种新型的企业制度。它并不仅是指企业所有权和治理权分离的组织形式本身，实际上是指适应现代市场经济体制的企业的产权制度、企业的组织制度、管理制度、领导制度、财务会计制度、法律制度、政府与企业的关系，以及其他各种企业制度与外部环境的统称。其主要内容：

（一）要坚持适应社会主义市场经济发展的要求

我国所要建立的现代企业制度中的企业法人是具有民事权利义务主体资格的经济组织。企业法人财产权是指企业法人代表在向出资者负责、保证资产保值增值的前提下，对资产的占有、使用、收益和处分的权利。这些并不改变企业的所有制性质。我国企业按财产构成可以有多种组织形式。各类企业实行集团公司制是建立现代企业制度的有益探索。规范的集团公司能够有效地实现出资者所有权与企业法人财产权的分开，有利于政企职责分开、转换经营机制，企业能够彻底摆脱对行政机关的依赖，国家能够彻底解除对企业承担的无限责任。除集团公司制企业外，还有非集团公司制企业，如个体业主企业、合伙企业、股份合作制企业和国家独资企业等，形成我国的企业制度体系。每个企业采取哪种组织形式，不强求一律，要因企业实际情况而异，以有利于发展生产力、提高企业经济效益为标准。现代企业制度要求所有企业都应朝着集团公司这个方向努力，逐步改变原有不适应市场经济体制的企业制度。这里需要指出的是，企业不是改称为集团公司就实现了现代企业制度，而是要以《公司法》为依据，在产权明晰的基础上，转变经营机制，建立完善适应现代经济社会发展需要的集团公司治理结构。

（二）要实行有效制衡公司法人治理结构的原则

集团公司建立现代企业制度，要全面实行"产权清晰、权责明确、政企分开、管理科学"的原则，特别是国有集团公司要全面改变国有企业是政府机构的附属物，国家实际上对企业债务承担无限连带责任的状况。国家作为出资者，享有资产受益、重大决策和选择管理者等权利，要搞好监督，不干预企业的具体经营活动。企业独立经营，享有民事权利，承担民事责任，成为拥有法人财产权的独立法人实体，集团公司法人要依法正确运用企业法人财产权，对所有者承担资产保值增值的责任。现代企业制度是一个完整的制度体系，它的建立涉及集团公司与集团公司之间、集团公司与政府之间、集团公司与市场之间、集团公司与社会之间等多方面生产关系的调整。因此，建立现代企业制度，实行同步配套改革尤为重要，要按照现代企业制度，建立健全科学的组织管理体系、领导体制和经营管理制度，要根据各自行业特点，形成有效制衡的集团公司法人治理结构，提高企业的整体管理水平。

（三）健全高效市场化运营机制管控的制度

集团公司现代企业制度的建立和完善是一个系统工程，它的组织制度有多种形式，都要通过法律确定其独立地位和债务责任，以保持该制度的公平和有效，并建立灵活高效的市场化经营机制。特别是国有集团公司要在全面完成公司制改革的基础上，积极推进股份制改革，引入各类投资者实现股权多元化，探索建立优先股和国家特殊管理股制度；要全面推进规范董事会建设，切实落实董事会职权，改革外部董事管理制度，严格董事选聘和履职管理，使董事会真正成为企业的决策主体；要持续深化企业内部三项制度改革，推进经理层任期制和契约化管理，推行职业经理人制度，探索企业领导人员差异化薪酬分配办法，建立健全与劳动力市场基本适应、与企业经济效益和劳动生产率挂钩的工资决定和正常增长机制，推动企业内部管理人员能上能下、员工能进能出、收入能增能减制度的实施。集团公司还要大力实施创新驱动发展战略，以市场为导向持续加大研发投入，突破和掌握一批关键核心技术，培育一批高附加值的尖端产品，打造一批国际知名的高端品牌，形成一批引领全球行业技术发展的领军企业；要加快推进产业升级，在一些优势行业和领域，向价值链高端迈进；要深入开展国际化经营，不断加大开放合作力度，在"一带一路"建设中推动优势产业走出去，带动中国装备制造、技术、标准和服务走向世界；要充分利用国际国内两个市场、两种资源，培育一批国际化经营人才，努力在国际市场竞争中占据有利地位，形成一批在国际资源配置中占主导地位和在全球产业发展中具有话语权和影响力的领军企业。

第三节　培育世界一流集团公司的着力点

世界一流企业应当是在国际资源配置中占主导地位，引领全球行业技术发展、在全球产业发展中具有话语权和影响力的领军企业，在效率指标、效益指标、产品服务品质等方面的领先企业，在践行新发展理念、履行社会责任、有全球知名品牌形象的典范企业。中国集团公司要牢固树立全球视野，抓住新机遇、迎接新挑战，不断修炼并增强国际化能力，努力提升国际化经营水平，打造一批真正意义上大而强的跨国公司。

一、制定和实施科学有效国际化经营战略

集团公司国际化经营战略包括集团公司战略和国际化战略两个层面。集团公司战略是解决集团公司发展方向以及如何实现的问题，集团公司需要根据全球政治经济环境、产业发展趋势以及自身的核心竞争力而制定的大规模全方位的长期行动计划。国际化战略是要明确哪些集团公司战略可以通过国际化，即海外并购、绿地投资方式来实现。中国集团公司国际化已进入一个新的发展阶段，但仍有相当一部分集团公司并未充分研究清楚其自身战略，在进行海外并购时，一些集团公司盲目地追逐一些热点行业和概念领域，到处寻找一些处于风口浪尖上的标的公司，然而在最终决策是否投资的关键时刻，便开始动摇和迷失，导致最终放弃，在其过程中集团公司也消耗了大量的资源。

海外并购现已成为中国集团公司国际化的主要途径，集团公司在海外并购之前尤其应当制定符合公司战略的、行之有效的海外并购战略，谋定而后动。完善的海外并购战略可以指导集团公司开展有效的海外并购，提升集团公司在国际经济环境中对机遇的捕捉以及对挑战的应变能力，避免集团公司偏离战略方向而导致并购活动失败。是否谋定而后动，也是跨境海外并购老手与菜鸟的根本区别。在海外并购时主要应考虑以下几个方面的问题：一是并购项目是否符合集团公司的战略规划；二是并购项目的技术是否在全球具备先进性；三是并购项目的盈利能力是否足够强；四是被并购公司的品牌是否在全球细分行业领跑；五是引入国内生产之后，是否有利于集团公司的进一步发展。与此同时，还要考虑研究当地的法律体系、集团公司文化与当地文化是否可以有效地结合，团队是否需要切换，产品是否可以引进亚洲市场，战略规划是否需要重新制定等。到目前为此，我国企业比较成功的海外并购都是围绕企业核心业务进行的。如联想、万达、中国化工、复星等。

中国集团公司走出去，要根据国际化的目的和出发点、自身的能力和行业特点，选择合适的切入点。不同的市场进入有难易之分，进入新兴市场相对容易，进入成熟的发达市场比较困难；地理位置近的比较容易，地理位置

遥远的比较困难，可选择先难后易，如海尔；或先易后难，如华为、中兴；合资与收购兼并是一种选择，如中联重科；绿地投资又是另一种模式。

中国集团公司在布局海外市场时，要量力而行，先着手区域布局，稳扎稳打，逐步全球化。坚持全球标准与本土特色并重。一是价值全球化。在品牌、服务及流程方面形成始终如一的全球价值和标准，以便让各国消费者都有相同品牌的联想、认知及印象。二是策略区域化。考虑不同区域客户的差异和相似性，针对目标市场设定适当策略。三是战术本土化。集团公司要脱颖而出，须根据当地市场条件，制定具有本土特色、有别竞争对手的营销组合和销售技巧。

二、不断提高整合能力推动资源优化配置

只有具备一流的资源整合能力，有效推动资源优化配置，才能真正提高国际化经营水平。中国集团公司需要能够根据战略的需要，结合下属单位的绩效表现，把有限的资源进行价值链和资产层面的合理配置，真正提高公司整体的投资回报，使其价值最大。

一是开展持续性的资源整合，专注于公司核心竞争力的提升。从国际经验看，跨国公司的发展历程不但是一个不断并购做大的过程，也是根据发展战略，通过剥离出售非优势、不具发展潜力的业务板块等手段，不断进行调整优化的过程。所有的跨国公司在发展过程中，都在不断淘汰出售自己的非优势业务、收购新的业务，不断对业务进行调整和优化。公司按照企业的战略发展方向，对哪些业务需要退出，哪些业务需要加强，通过什么手段来加强，自建还是并购等，都需要有清晰的思路，并可以通过落实到投资项目层面和对战略性投资项目的动态控制来实现业务的组合管理。

二是全球化的资源配置。世界一流跨国公司的资源整合早已不局限于某个区域和国家，而是在全球范围内有效配置资源，实现从跨国公司到全球化公司的转变。在资源最便宜的地方开采资源，在制造成本最低的地方生产加工，在融资成本最低的地方进行融资，在市场最大的地方卖产品，在研发能力最强的地方搞研发，实现在全球最适合的地方运营，因地制宜，最有效利用全球资源和能力。这已成为世界一流跨国公司必备的一种能力。

三是切实推进并购重组后整合，实现 1+1>2。跨国并购由于其投资环境的高度复杂性，致使并购结果具有很强的不确定性，这种不确定性往往给跨国公司带来极大的风险。我国集团公司国际化中，特别是对发达国家的投资中，一旦确定采取并购的方式，应对并购可能带来的各种风险进行详尽的分析并提出有效对策。并购完成后要进行有效的整合，集团公司应当重视整合过程中的沟通管理，如果目标企业具有较好的管理模式、经营理念和企业文化，不妨保留其原有的管理制度，而将主要精力放在管理控制方面。同时集团公司也要注意维护好客户关系，使他们认可合并后的产品和服务，在留住老客户的基础上吸引新顾客，并利用联合产品去创造新的品牌。企业文化的整合是并购后整合过程中难度最大的任务，被并购企业所在国的员工、媒体、投资者甚至是工会仍有可能对我国企业持偏见和怀疑的态度，因此，并购后要想把文化的冲突降到最低程度，就要学会建立起一种共同的文化。可以在领导、决策、激励与报酬方面借鉴当地习惯做法，以减少和降低文化冲突所引起的企业不稳定。

三、构建与国际接轨的跨国公司管控体系

一个理想的公司管控体系通常需要具备管控战略导向明确、管控理念统一清晰、管控利益协调一致、管控定位科学合理、管控模式求同存异、管控组织健全严密、管控机制清晰和系统、管控事项完善到位、管控途径规范可行、管控决策执行高效、管控制度柔性完备、管控能力胜任匹配等多项特征。根据"整—分"逻辑，每个模块设计和运行的内在机理都要具体体现管控体系运行的整体价值创造最大化和相互摩擦损耗最小化的要求。不应该仅是公司管理总部的单方面"己所欲施于人"，而应是引导公司所有成员企业都朝着整体价值最大化的方向努力，在兼顾相关方利益诉求的基础上分进合击，群策群力。

随着经营地域的扩展和国际化进程的加速，我国集团公司要积极稳妥地推进全球化管控体系建设，合理设置海外业务管理的组织架构，明确集团总部与海外专业分支机构经营与管理职能定位，并在实践探索和经验总结中

形成一套成熟的适合自身全球化管控需要的可复制管控体系。按照责权利相统一的原则，科学划分集团公司与国际分支机构的职责与权限，探索职能模块、业务条线、区域板块的矩阵式运作模式，实现跨地域、多层次经营的资源有效配置方式，促使集团母公司发挥宏观管理的作用。发挥集团在海外分支机构发展过程中的技术和资源支持、竞争优势附加值的注入、品牌无形资产的支撑、战略引领，以及推动国际联盟合作等关键作用，强化集团母体对海外分支机构的影响力和控制力。

四、不断强化国际化人才的培养和使用

中国企业要成为世界一流跨国公司就必须有世界级人才，世界一流跨国公司不仅善于从世界范围内吸引中级和高级人才，并公平对待、充分尊重具有多元文化背景的员工，全面激发员工的创造力和主动性，在企业文化上体现海纳百川的气魄，而且在构建全球知识流动机制的基础上，使员工形成开放的学习与合作态度，树立灵活的全球职业发展理念，从而最大限度地发挥全球范围的智力优势。

中国企业要在以下五个方面下功夫。一是制定明确的人才计划。要根据企业国际化发展战略要求制定全球的人才计划和分配，如哪些部门和业务环节需要本地化员工，哪些地方需要全球的管理人员。

二是加大国际化人才培训力度。要依据国际化人才培训需求，完善企业内部人才培养培训体系。通过与国外跨国公司、知名院校建立战略合作关系，选派优秀人才到境外研修，培养人才的国际化思维、全球视野和跨文化经营管理能力。要注重在跨国经营和海外投资项目中培养人才，通过实践锻炼，使得大批国际化人才在跨国经营中茁壮成长。要通过多种方式选派员工参加海外工作，体验海外文化和生活方式，培养一批能够融入海外市场，具有多元文化背景的专家，使得企业的触角多元化、丰富化。

三是加大海外优秀人才引进力度。要根据企业发展需要，注重择优聘用外籍人士参与海外分支机构管理，逐步加大从国外知名院校引进优秀毕业生的工作力度，为国际化经营管理人才队伍建设做好人才储备。同时，要建立

有效的激励机制吸引和挽留国际先进人才。

四是加大境内外人才交流力度。建立交换项目，为员工提供在不同国家和地区工作环境中工作的机会，促进不同地区文化背景的员工相互沟通与交流，设计共同的信息和通信技术平台，鼓励知识信息共享和开展建设性的"头脑风暴"创新活动。有计划地选派国内优秀的经营管理人才到国外合资合作企业、国外分支机构工作锻炼，使其进一步熟悉国外的经营环境和国际商业规则，提高涉外工作能力、多元化团队领导力和跨国经营管理水平。要注重把经过国外复杂环境考验、国外工作业绩突出的优秀人才优化配置到集团总部、国内重要分支机构的关键岗位上，使其在推动企业国际化经营中担当重任。

五是实施员工本土化战略。招聘、培训和雇用当地各类人才，有利于跨文化交流和沟通，聚合政商渠道和经营管理所需的各种资源，降低东道国市场进入的门槛和经营管理成本。

五、强化集团公司风险防控和合规经营

跨国投资所处环境具有巨大的复杂性和不确定性。企业海外经营必然遇到比国内经营更多更大的风险。近年来中国集团公司在"走出去"遭遇到的跨国投资风险明显上升。尤其是我国已经提前进入涉外知识产权纠纷的高发期，政治风险、技术利用风险更加需要引起企业的高度重视。

中国集团公司应当从中兴集团涉外知识产权纠纷案例中吸取经验教训，进一步规范公司内部的合规性审查和持续的内外部审计监督，最大限度降低此类法律风险。一是要建立和健全海外风险管理组织体系与内控制度。二是加快建立风险识别、评估、预警与防控体系。三是投资前要对拟投资项目做好调研评估和科学论证。四是进行风险投保以转移风险。五是实施投资地区的多元化策略以分散风险。六是采取合资方式等柔性进入海外市场的策略，既减少进入阻力又分散风险。

最近几年跨国公司在强化企业社会环境责任的基础上，正在加大合规反腐的力度，强化合规经营已经成为跨国公司发展的一个新趋势。我国

集团公司也应高度重视这一新的动向，借鉴跨国公司合规反腐的经验和教训，建立和健全合规经营体系，特别要关注在高风险地区投资的合规性，努力做到与当地社会互利共赢。

六、提升中国集团公司在国际上的素质和形象

集团公司应熟悉并遵守东道国市场的游戏规则，完善企业社会责任体系，积极推动本地化经营，尽快树立起本地企业、优秀企业的形象。要保持其在海外经营的持久发展，就需要和当地国家以及社会的利益共融，不仅为自己负责，还要为当地的人文社会环境负责。要加强跨文化沟通和交流，培养跨文化创新团队，妥善处理文化冲突，尽可能规避文化冲突和信任危机。遵守当地法律法规，尊重、适应当地风俗习惯，按照当地文化习惯处理社会责任问题。在企业管理层，要建立多文化、多背景的团队推进组织间交流与合作，应该安排熟悉当地市场，并与总部关系紧密的管理人员在各个地区履行本地化运营职能。

树立长远发展的理念，加强责任沟通管理机制的建设，积极、正面、及时应对各类社会责任危机，树立一个敢于应对、勇于负责的企业形象。要与东道国政府和相关组织增进沟通，降低政治风险和经济风险；通过与当地企业合资和研发等产业链环节的本地化，加强与当地联系，贴近东道国市场需求，服务好本地市场和区域市场；积极推进中高层人力资源本土化，发挥人才的积极性和创造性；重视与非政府组织的联系，积极加入东道国相关行业协会组织，在遇到问题时，可利用行业协会组织拓宽解决途径；与投资地居民友好沟通，积极参与当地社区活动，让当地居民了解中国文化和企业文化；借鉴知名跨国公司在华投资的做法，积极参与东道国与本企业有关的慈善活动；利用好东道国的各类媒体，在宣传时尽量使用本地化的语言和习惯，做到符合实际，避免夸大其词；注重对自然环境和各类资源的保护，在环境保护、当地社区稳定、商业诚信、社区公益、慈善活动等方面有所作为，做一个融入当地社区的"企业公民"，力争公司效益和社区发展的双赢，在当地居民中树立起中国企业的良好形象。

第八章　中国集团公司促进会与集团公司

中国集团公司促进会是原国家经济委员会和原国家经济体制改革委员会为推动、指导、帮助组建企业集团所设立的，与中国集团公司有着天然的血缘关系，同生相伴，风雨同舟，历经30年的发展，已经成为全国大集团大公司集中度最高的社会团体，以中央企业为主体的会员企业覆盖军工、能源化工、钢铁有色、交通运输、装备制造、电子信息、建筑建材、轻工纺织、医药、农林、文化产业、金融服务等行业。

中国集团公司促进会沿着企业集团发展的路径，在战略决策、集团创建、联合重组、改革改制、管理创新、资本运营、国际化发展等方面，发挥高端智库作用，聚焦难点探索破解方法，为政府决策服务，为会员企业服务，在集团公司改革发展的理论和实践等方面作出了重要贡献，向党中央、国务院、全国人大、全国政协和有关部委报送建议152件，完成重要课题与专项研究报告32项，举办跨国公司国际年会、集团公司总裁座谈会、聚焦经济热点论坛等活动200多次，组织国际交流200多次，出版书籍21部。

中国集团公司促进会云集着国内众多的优秀大公司，有很多名声显赫的企业家，承载着会员企业的重托，未来将以新时代中国特色社会主义思想为指导，为培育具有全球竞争力的世界一流集团公司作出新的更大贡献。

第一节　发展时期为企业集团的主要服务

一、反映企业家"救救国家队"的强烈诉求

1989 年是国家治理通货膨胀和经济过热处于胶着状态的一年，也是企业集团在组建发展中遇到较多困难的一年。众多企业集团和企业普遍遇到资金短缺、能源和原材料供应紧张的问题，且因"三角债"负担过重，致使经营出现滑坡。在这个特殊困难时期，中促会及时组织调研，专题研究如何搞活大中型企业、发展企业集团的问题，为此召开专题会议，邀请国家体改委、国家计委、财政部和物资部有关负责人与 13 家企业集团总经理沟通，寻求对策。中促会紧急起草《搞活大企业，发展企业集团》的专题情况反映，报送中央办公厅、国务院办公厅及有关部门。物资部为此印发了《保重点，为大中型企业服务》的通知，要求各级物资部门提出改进措施，努力改善服务工作，克服困难，千方百计地搞好重点企业的物资供应工作，并派专人会同地方物资部门，为山西榆次液压集团解决紧缺物资供应问题。财政部工交司审核武钢集团上缴利税情况，决定重新核定留利方案，以增强企业的发展后劲。新华社以"13 家企业经理呼吁救救国家队"为题，将中促会的专题情况反映编发《国内动态清样》，呈送国家领导人，并在《经济参考报》发表，发挥舆论引导作用，促进政府重视解决企业集团面临的实际困难。

二、组织探讨发展企业集团问题

企业集团对中国企业界来说是一个陌生的舶来品，创建初期只能是边探索边实践。研究和解决企业集团创办、架构、管理、运营问题，成为一些企业面临的迫切需要。为此，中促会组织征文活动，发动网络成员探索企业集团的理论与实践问题，既为企业内部自身改革服务，又可以有效地向有关部门反映企业集团发展存在的问题，寻求解决之道。征文活动涌现出了一批具有真知灼见、现实操作性强的研究成果。同时，中促会多次举行工作会议，交流建设企业集团的工作经验，研讨和解决企业集团申请、组建与经营管理

遇到的实际问题，推动会员企业相互借鉴、互相促进、共同发展。中促会在大企业实行国家计划单列政策初期，指导帮助企业集团申办计划单列；在企业集团相继组建财务公司时期，帮助会员企业，报批财务公司，探索有效融资的办法，促进财务公司的组建和发展。

三、给行业性控股"翻牌"公司敲警钟

1994 年企业改革进入集团公司试点、深化改革的新时期。特别是 2001年中国加入 WTO 以后，集团公司直接面对实力强劲的全球跨国公司的竞争压力。在这种新形势下，中促会围绕国家产业发展战略，为推动企业集团改革重组、做大做强营造良好的外部环境进行不懈努力。

1995 年国务院机构改革方案决定逐步削弱并取消行业主管部门，并在电力部、冶金部进行行业控股公司试点。行业主管部门改组为行业控股公司后，出现了行政化的行业控股公司将企业自主权上收，形成新的垄断，阻碍企业成为市场主体的趋向。中促会急企业之所急，向国家经贸委报送《防止产权关系行政化》的建议。国家经贸委将报告转呈国务院。中促会牵头组织开展关于设立国家授权投资机构的课题研究，向国务院报送了《关于优先选择大型企业集团进行国家授权投资机构试点的意见》。在 1996 年全国人大八届四次会议上，由中促会会长牵头，30 位人大代表联名递交提案，建议推进大型企业集团成为国家授权投资机构的试点工作，对行业主管部门"翻牌"成为行业控股公司的趋势起到遏制作用。大型企业集团试点在上海宝钢、中国石油、中国石化等 10 多家大型企业集团得到落实。

2001 年中促会根据对大型企业集团的调研结果，提出了《关于中央管理企业授权经营的若干意见》。2004 年在国资委起草《企业国有资产授权经营条例》(以下简称《条例》)的过程中，中促会向国资委报送《关于制定企业国有资产授权经营条例的若干建议》。国资委领导批示："建议内容很好，在今后工作中应发挥中促会的作用。"这些建议在董事会试点中进一步得到落实。国有资产授权经营的改革从 1995 年提出，至政府部门认可，再到制定《条例》，直至《条例》的实施，前后经历了 10 年时间，中促会不断为此建言献策。这一方面说明改革的长期性和复杂性，另一方面表现出中促会的专注与坚持。

四、构建企业家向国务院反映意见的民间渠道

为了推进国家经济政策的科学化、民主化，从 2000 年到 2008 年中促会就优秀企业家参与国务院重大经济决策咨询的议题，先后 5 次向国务院报送建议。

2000 年中促会常务副会长顾家麒写信给国务院领导，提出"多数大集团公司希望能建立一个民间通向国务院主管领导的渠道与桥梁"的建议。2004 年中促会向国务院报送了《关于选聘一批优秀企业家参与经济决策咨询，完善重大经济决策机制的建议》。2005 年中促会向国务院报送了《关于国务院重大经济决策（企业家）咨询小组工作制度和管理办法的建议》和企业家咨询小组 50 人名单。名单进入国务院研究室咨询专家库。

2006 年中促会对企业家参与政府经济决策咨询的管理办法再次修改和完善，正式向国务院报送了《关于企业家参与国务院重大经济决策咨询及其管理办法的建议》。该建议特别强调，参与国务院重大决策咨询是企业家的期望，是建立"对话"和"咨询"制度、形成长效机制的重要形式。企业家们一再表示，不要名分，不戴官帽，不计报酬，也不需要另外设立专门管理机构，只需要一个畅通渠道。

2008 年中促会向国务院报送了《关于企业家参与政府宏观调控部门重大决策咨询的建议》，回顾总结企业家参与国务院重大决策咨询及其管理的实施情况，并提出了进一步完善的建议。

五、建言改革大型企业集团投资项目审批的制度

投资决策权是企业作为市场主体的核心自主权，是国有企业盼望多年的一项重大的改革授权。在计划经济体制下，国有企业全部投资项目都要经过国家审批，周期长，时效性差，许多项目一投产就面临市场过剩的窘境，严重束缚企业发展。改革传统的企业投资审批制度，是企业集团发展过程中最普遍、最强烈的呼声之一。

2001 年中促会进行"大型企业集团发展规划研究"和"大型企业集团投资审批制度改革研究"，依据宝钢、鞍钢在三期工程建设和"九五"技改工程

中，实行"批规划、不批项目"的成功案例，向国务院报送了《关于改革大型企业集团投资审批制度的报告》，提出选择一批具备条件的大型企业集团，实行"政府审批企业集团的发展规划，具体项目由企业自主决策"。根据国务院领导的批示，中促会领导拜会了国家计委和国家经贸委领导，就有关情况作了汇报与沟通。"两委"领导均赞成中促会的建议，同意进行"批规划、不批项目"的试点工作。

2002 年中促会再次向国务院报送《关于改革大型企业集团投资审批制度的报告》，建议继续推进和扩大投资审批制度改革试点工作，完善宏观调控和市场准入制度，在控制低水平的重复建设中防止回到加强和扩大项目审批的老办法上去，加大制定投资体制改革方案的透明度。

2003 年国家发改委草拟《关于投融资体制改革方案（征求意见稿）》，在听取中促会及其会员企业的意见进行修改后，正式报送国务院。在国务院 2004 年 7 月发布的《国务院关于投资体制改革的决定》中，采纳中促会意见，在"扩大大型企业集团的投资决策权"的条款中，明确基本建立现代企业制度的特大型企业集团也可编制中长期发展建设规划，规划经国务院或国务院投资主管部门批准后，属于《目录》内的项目不再另行申报核准，只需办理备案手续。

六、帮助三大航空公司顺利实现股份制改造

民航运输业三大骨干企业中国航空、中国东方航空、中国南方航空 1998 年出现严重亏损，一个重要原因是将企业利润作为基础设施建设基金上缴。主管部门国家民航总局自 1993 年开始征收民航基础设施建设基金，至 1997 年共向三家航空公司征收 94 亿元，之后又陆续收取起降费、航路费等。基金缴纳成为航空公司的沉重负担。1998 年航空市场萎缩，三大航空公司只能靠挤占公司利润来上缴基金。基础设施是为航空企业的发展服务的，用削弱航空企业竞争力的办法搞基础设施建设，只能是束缚航空业的发展。

三大民航企业强烈要求取消基础设施建设基金，但又怕得罪政府主管部门。1998 年中促会向国家经贸委报送了《三大航空公司严重亏损，停收基础建设基金是当务之急》的建议。国家经贸委根据中促会建议，向国务院报送

专题报告。国务院综合调研后，决定从1999年1月起按原定标准的50%减收基础设施建设基金，使三大航空公司每年减负12亿元。1999年中促会再次写报告给财政部、国家经贸委，提出了全部取消民航基础设施建设基金的建议。相关部门结合税费改革综合调研，最终取消了基础设施建设基金。

七、为企业集团财务公司的发展保驾护航

试点企业集团组建财务公司，加强资金统一管理，提高使用效率，是企业发展的内在要求。企业集团设立财务公司，最初是由中国人民银行总行（以下简称"人总行"）批准并监管。2003年国务院机构改革后，企业集团财务公司转由中国银行业监督管理委员会（以下简称"银监会"）监管。中促会四次对企业集团财务公司监管中的问题提出意见，反映企业的呼声，最终促进了企业集团财务公司的准入门槛和功能定位等问题的解决。

八、配合"三委"推动试点企业集团深化改革

中促会为配合国家经贸委、国家计委、国家体改委在120家大型企业集团改革试点，做了一系列工作，包括举办试点企业集团政策培训班；总结24家企业集团改革发展的经验；对会员企业进行调研，向国务院呈报《关于试点企业集团深化改革的几点建议》；审阅分析了19家企业集团的试点方案，推荐一汽集团、万向集团、广核电、上海建工4家企业各具特色的试点方案，供试点企业集团借鉴；举办与国际同行业大型公司进行比较的"对标管理"培训班；总结典型案例，出版发行《中国企业集团制度创新案例精选》等书籍。

九、开展母子公司关系与公司改革走向研究

"母子公司关系"是集团公司内部治理的重要组成部分，是企业集团改革发展中的热点、难点问题，受到国务院领导的关注，也受到了政府部门和企业集团领导的重视。2002年受国家经贸委委托，中促会开展了对母子公司关系的研究。课题组摆脱了在集权与分权问题上的争论，从母子公司在产权、法律、内部交易三个基本关系入手，进行分层次的剖析，明确了资本联

结是母子公司关系的基础，法律是规范母子公司关系的依据，内部交易是母子公司关系的重要内容，同时提出企业集团的组织结构是动态的，是根据企业发展战略不断调整的。

2005 年中促会启动了"集团公司改革走向与实现途径"的课题研究，提出集团公司改革三种可供选择的走向，即由国有独资企业改组为国有独资有限公司，或改组为股权多元的有限责任公司，或推进集团公司整体上市。集团公司可以根据自身特征、不同发展阶段的职能定位，选择不同的管控模式，包括财务管控型、战略管控型和经营（操作）管控型；对不同类型的企业，管控模式没有最好的，只有最适合的。特别是阐明了各种改革走向的操作方式，并对操作层面的相关问题进行了逐一探讨，提出了可供借鉴的方案。《集团公司改革走向与实现途径研究》与《母子公司关系研究》形成了姊妹篇，出版后成为畅销书。

十、助推企业集团"走出去"跨国经营

中国加入 WTO 后，国内市场进一步国际化。中央审时度势，及时提出并实施了"走出去"的战略。中促会以前瞻性的眼光，研究企业集团"走出去"的政策环境。2001 年进行"大企业'走出去'的政策研究"，提出政策建议。2002 年与国务院法制办公室组成联合课题组，进行企业对外投资情况调研，参与《境外投资管理暂行条例》起草和修改。2005 年受国家发改委委托，进行"我国跨国企业集团的培育和发展"的课题研究，为国家发改委制定"十一五"规划提供了重要建议。举办中外跨国公司国际年会，搭建中外企业交流合作平台，组织对亚洲、欧洲、美国的跨国公司专题考察，借鉴跨国公司的发展经验，提升企业国际竞争力。

从 2005 年开始，中促会作为联合国开发计划署的合作伙伴，参加"丝绸之路区域项目"，组织会员企业参加"丝绸之路投资论坛"，推动中国与中亚各国的区域经济合作；举办"公司治理与公司信誉度管理国际研讨会""企业全球拓展战略峰会"，集中探讨交流企业"走出去"时操作层面的实际问题；召开"中国企业公司责任与软竞争力峰会"，推动我国企业将公司社会责任理念纳入发展战略。

十一、协助企业集团解决个性化特殊困难

中促会积极帮助会员企业集团解决特殊性的困难，及时向政府有关部门报告，做好各方的沟通协调工作。1998 年鄂尔多斯羊绒集团反映，在筹备上市过程中，当地政府部门要收取一定比例的股票发行监管费。中促会与国务院减轻企业负担办公室进行沟通协调，使该企业减少了额外费用负担。2001年为理顺西安电力机械制造公司领导干部管理体制问题，2004 年为长江航运集团申请债转股问题，中促会介入协调，都得到了顺利解决。

第二节　转型时期为集团公司的主要服务

2008 年六届一次会员大会以来，中促会工作进入转型发展时期，围绕应对金融危机、产业结构调整、完善集团公司治理、实施创新驱动战略、加快企业"走出去"、参与"一带一路"建设、发展互联网经济等重大问题等展开。从 2014 年开始，中促会不断创新工作内容和方式，实行了会长轮值制度，确立了以"社会团体＋企业智库"为特色的办会模式；建立起了一支以协会、企业、研究机构为一体的高素质研究团队，实行了"社会团体＋互联网"的服务方式；构建了商、企、政、研、学，海内与海外相结合的大型交流平台；先后建立了经济政策研究、法律服务、境外投资、产城融合、工业设计、智能财税等专业委员会，聚合智力资源，拓宽服务渠道，深化服务功能，为优化企业经营政策环境、完善法律风险管理机制、帮助会员企业"走出去"、助力创造更多中国名牌等提供服务；同时建立联络员制度，增强会员凝聚力，更加精准地为会员企业服务和政府决策服务，形成新的工作模式和工作格局。

一、发挥智库作用，为国家"十二五"和"十三五"规划建言献策

中促会在为国家制定"十二五"和"十三五"规划建言献策方面作了卓有成效的工作。2010 年国家发改委委托中促会协助开展国家"十二五"规划建言献策活动。中促会网站开设了"共绘蓝图——我为'十二五'规划建言

献策"的专版,组织开展了征文活动,召开专题座谈会,为在国家"十二五"规划纲要中反映会员诉求,将专题座谈会的意见梳理出 17 份建议,报送国务院规划纲要起草组。2011 年 7 月国家发改委向中促会颁发了"十二五"规划建言献策"突出贡献奖",获此荣誉的全国性社会团体仅有两家。

"十三五"期间,中促会 2016 年接受国家工商行政管理总局的委托,就"企业公平竞争存在的问题及其政策建议"进行课题研究,重点提出了我国全面加强和改进企业公平竞争的六条政策建议:一是要积极推动顶层作出设计,确立企业公平竞争法治准则;二是要增加工商行政管理部门功能,践行企业公平竞争职责;三是要深化商事登记制度改革,营造企业便捷公平准入环境;四是要完善市场监管消费维权机制,维护公平竞争社会秩序;五是要鼓励和扶持小微企业发展,推动大众创业、万众创新;六是要加强有关部门联合执法行动,完善企业公平竞争制度。这些建议为《国务院关于印发"十三五"市场监管规划的通知》,以及为制订《"十三五"市场监管现代化规划》和《工商行政管理信息化发展"十三五"规划》提供了重要的决策咨询。

二、连续举办 12 届中外跨国公司国际年会,促进集团公司发展

中外跨国公司国际年会是推动中外大公司交流合作,促进中国企业"走出去"的大型高端会议,也是为中国集团公司提供咨询和服务的重要平台。中促会成功举办了 12 届中外跨国公司国际年会。参加历届年会的世界 500 强企业有 100 多家,出席代表有近 5000 人,高规格演讲对话嘉宾 292 位。跨国公司国际年会主题选择具有前瞻性,受到国家领导人和联合国组织的关注。

2009 年以"海外投资、机遇、风险、战略"为主题的国际年会,九届全国人大常委会副委员长成思危,以及有关部委的主要领导出席会议,对海外投资的机遇和风险发表了重要的指导意见和看法。

2011 年全球经济剧烈动荡,境外投资风险突发事件令人触目惊心,风险管控成为当务之急,年会选择"境外投资风险管控"为主题。九届全国政协副主席陈锦华致辞指出:中促会为帮助企业"走出去",坚持从宏观政策和企业管理两个层面,为政府经济决策和企业提供咨询建议。跨国公司年会是

一个很好的交流平台。希望大家借助这个平台，继续分析境外投资形势和风险，交流经验和教训，分享境外投资的信息和机遇，探讨境外投资风险的机制和策略，提高境外投资与经营的水平，增强核心竞争力。出席会议的企业领导一致认为这个主题很有针对性，感到收获颇丰。

2013 年中国经济增长减速，市场需求紧缩，减速运行可能成为新常态，年会选择以"探究经济减速态势下企业发展之路"为主题，分析经济趋势，探讨政策取向，谋划经营战略，共促企业发展。

2014 年年会以"互联网与产业革命"为主题，全国人大常委会副委员长陈昌智致辞指出：本次年会以"互联网与产业革命"为主题，恰逢其时。互联网的发展不断改变人类的生产方式和生活方式，创造出无限商机和巨大财富。我国虽是互联网大国，但不算是强国，我们只有坚持科技创新，提高自身竞争力，才能在网络安全领域赢得话语权，抢占下一代互联网的高地。中国工程院院士等数十名专家学者、企业家在会上作专题发言和对话交流。

2016 年年会以"全球创新协同，振兴实体经济"为主题，来自国内外的近 600 位跨国公司领袖、财经政要、商界精英、学界大师齐聚一堂，展开深入的探讨交流。全国人大常委会副委员长陈昌智出席年会，指出：实体经济是立国之本、强国之基。中促会召开这次年会，紧跟时代发展步伐，很有现实意义。希望大家围绕主题，进行深入研讨和交流，取得更多的共识和成果，为推动实体经济发展做作出新的贡献。新华社、人民日报、经济日报等数十家媒体作了报道；仅新华社客户端《智库聚焦国家战略 跨国公司年会在京举办》的报道，三天的浏览量就超过 110 万人次。

三、举办"聚焦经济热点论坛"，为集团公司改革发展破解难题

中促会每年举办"聚焦经济热点论坛"，作为为集团公司服务的一个重要平台和品牌活动，邀请会员企业领导、国内外知名企业家、经济界著名专家学者参加，深入研讨经济形势，集思广益，寻找对策，化解难题，发展企业。

2009 年"聚焦经济热点论坛"，研讨"国际金融危机对实体经济影响"。2010 年研讨"集团公司法律风险管理机制建立"。2011 年研讨"境外投资与

经营法律风险管理"，总结中国企业境外投资与经营的经验教训，增强法律风险防范机制的价值创造理念，发挥法律风险防范机制的保障作用，提出了推动完善企业境外投资法律风险管理机制的意见和建议。2012 年探讨"当前中国经济的难点与热点问题"，分析国际国内经济形势，研判中国经济进入减速发展时期的趋势。2013 年研讨"经济形势与财政政策走向"。2014 年研讨"中国在欧洲和全球市场的投资趋势与合作商机"，分析中国国企对欧直接投资案例。2015 年研讨"当前经济形势与财政政策走向"，解读党中央、国务院财税制度改革的创新思路及实践，探讨在以税制改革为突破口的全面深化改革大背景下企业发展的新路径。2016 年探讨"供给侧结构性改革创新中如何运用制度和技术实现经济转型"。2017 年研讨"中美贸易与美国投资环境新动向"，邀请曾任奥巴马高级法律顾问的布莱恩·伊根演讲，介绍特朗普政府经济制裁政策和中国企业应对经济制裁风险的策略。

四、举办"总裁座谈会"，研究集团公司做强做优做大新路径

从 2008 年开始，中促会创办了"集团公司总裁座谈会"，每年一次，分析经济形势，交流发展思路，探讨前瞻性问题，并整理良言良策，向国务院提出建议和意见，建立企业家与国务院领导直接沟通和向政府部门上报政策建议的渠道。这是中促会转型升级时期加强与会员企业联系的重要抓手。

2008 年美国爆发次贷危机后，全球遭遇金融风暴袭击，国际经济环境急剧恶化，我国出口大幅下降，严重冲击实体经济发展，许多会员企业处于非常困难的局面。中促会召开集团公司总裁座谈会，中国海油、鞍钢、宝钢、中国海运、国开投、西电、首钢、上汽等 10 家集团公司领导参加，分析国际金融危机对我国实体经济造成的危害，提出"苦练内功、蓄势待发、抓住机遇、积极应对"的策略。中促会向国务院领导报送了《大型企业集团反映的新情况和对策建议》。

2009 年中促会组织企业界、金融界专家共同研究"全球金融危机与集团公司可持续发展"问题；收集整理《集团公司应对全球金融危机对策》和《国外跨国公司应对全球金融危机对策》专辑资料，分送会员企业和相关政府部门领导；召开总裁座谈会，交流对全球金融危机的分析判断，探讨应对全球

金融危机的策略，提出政策建议，报送国资委等部门。

2010年总裁座谈会，收集会员企业对编制"'十二五'规划纲要"的建议，向国务院规划起草组报送了17项建议。

2011年总裁座谈会听取会员企业关于境外投资与经营的风险管理经验及建议，提出了从政策指引、法规制定、信息发布、资金扶持以及监管协调改进等方面完善企业境外投资风险管理的建议。

2012年总裁座谈会分析宏观经济形势和企业面临的困难，探讨企业自身加快调结构转方式、提升管理水平、降本增效。同时建议政府部门采取有力措施，改善和优化企业经营环境。

2013年总裁座谈会围绕发挥市场在资源配置中的决定作用、坚持公有制主体地位和发挥国有经济主导作用三大议题，研讨企业面临的重大问题及其解决办法，提出了关于加大对"页岩气开发科研投入"、关注"资源枯竭型老油田、老矿山资源税递减""天然气价格倒挂"等问题的建议。

2014年总裁座谈会研究企业如何适应经济新常态，提出了改革创新求发展的对策建议。

2015年总裁座谈会交流国企改革试点经验，研讨发展混合经济问题，分析深化国企改革的难点，提出破解国企改革难点问题的路径和方法。

2017年总裁座谈会就如何着力营造依法保护企业家合法权益的法治环境、尊重和激励企业家干事创业社会氛围等议题进行座谈，并提出重要建议。

五、向"两会"提交 20 多项助推集团公司改革发展的提案

中促会围绕集团公司在改革、创新、兼并、重组过程中出现的新情况，围绕在我国经济发展新常态下，出现的企业"走出去"跨国经营，完善税制改革、减轻老企业社会负担、鼓励投资民生工程和公益事业、新能源开发、节能减排重大技术改造等问题。向全国人大和全国政协提交了21项提案。

按照"两会"关于议案和提案的办理规定，这些提案件件得到了答复和大部分的落实。其中，对于"走出去"的提案，国家税务总局专门召开会议，听取中促会的意见，共同研究如何优化"走出去"企业的税务政策问题。

六、为构建集团公司境外投资安全保障体系建言献策

（一）报送构建境外投资安全保障体系九条建议

2011 年上半年北非地区局势动荡，境外投资合作与经营的风险突发。针对这种情况，中促会向中央财经领导小组和国务院呈报了"关于构建境外投资安全保障体系的建议"，具体内容包括：一是由国务院牵头设立高层次的境外投资工作多部委联合协调机制，实施多部委联合办公，提供"一站式"服务，对前期境外已投资项目的增资事宜采取备案制度。二是尽快制定境外投资法及配套法规，以便协调东道国、境外投资企业与我国政府之间的关系，保护境外投资企业的合法权益。三是完善境外投资保障制度，对非商业性风险采取保护措施，代位向东道国索取投资损失赔偿金。四是加大境外投资的财政税收支持力度，设立"境外资源开发风险基金""境外投资损失准备金""专项海外资源发展基金"。五是拓宽企业融资渠道，允许境外投资多渠道使用外汇资金和人民币资金。六是培育和发挥投资银行金融创新功能，组建或指定现有银行组建专业投资银行，鼓励支持大型优质证券公司发展投资银行业务。七是建立境外投资信息共享服务平台，加强境外投资的风险评估。八是建立企业间境外投资合作机制，形成协同作战、优势互补、一致对外的产业联盟。九是培育发展我国的境外投资中介服务行业，逐步打破境外并购由外资中介机构垄断的局面。这九条建议经中央财经小组领导批转中央文件起草小组参阅。

（二）发布境外投资与经营法律风险管控系列研究报告

2011 年中促会组织 19 家中央企业、民营企业集团、跨国公司的高级法律顾问，开展"境外投资与经营法律风险管理机制"课题研究。课题组先后赴宝钢、中国移动、中化、大唐、中国通用、中国外运、中国铝业、联想、万向、百度等公司调研，对境外投资与经营风险管理进行深入研究，多次组织专家梳理境外投资与经营的法律风险、知识产权风险和争议解决风险。摩托罗拉、GE、IBM、施耐德、思科、沃尔沃、西门子、嘉能可等 9 家公司高级法律顾问亲自撰写跨国公司法律风险管理体制与运行机制建设的经验，为中国企业系统防范境外投资与经营风险提供了宝贵的第一手资料。

2011 年 8 月中促会向中央财经领导小组、国务院国资委、商务部、国家发改委领导报送了《关于境外投资与经营法律风险管控研究及建议》《关于涉外知识产权风险管理研究及建议》《关于涉外争议解决风险管理研究及建议》《关于跨国公司法律与合规风险管理体制和运作机制研究及对中国企业完善法律风险管理机制的建议》4 份专题研究报告。这些研究报告总结了中国企业境外投资与经营的法律风险、知识产权风险和争议解决风险，提出了相应的加强管理的重要建议；总结了跨国公司法律与合规管理体制和运行机制，以及合规文化培育的实践经验，对中国完善境外投资与经营的法律与合规风险管理机制提出了重要建议。国务院国资委领导批示向中央企业摘要印发这些研究报告。

七、组织开展企业管理和技术创新课题研究

（一）开展企业技术创新三大课题研究

围绕创新驱动和产业升级，2008、2009、2015 年中促会先后完成了国家科技部委托的国家软科学研究重大科研项目"集聚创新要素促进创新型龙头企业成长研究""大企业发展战略研究"和"充分利用美国科技创新资源"。《集聚创新要素促进创新型龙头企业成长研究报告》作为重大研究成果，录入国家软科学研究成果数据库。《大企业发展战略研究报告》提出了许多有价值的政策建议，报送政府部门并公开出版。

关于"充分利用海外科技创新资源"的研究受到科技部和集团公司领导的重视。课题组对联想、万向、中联重科、长安汽车、海信、中国移动、百度等 8 家集团公司，特别是对设在海外的中资研发机构进行了实地走访，形成研究报告，总结了我国集团公司在海外投资研发的五种模式：在充分尊重知识产权的前提下，一是投资建立独立的境外研发机构。这类研发机构主要分为两类，一类是技术应用型研发机构，其科研活动与本企业的生产活动紧密相连，适应开拓本地消费市场的需要；另一类是技术监测或技术开发型机构。二是跨国技术联盟。大型公司通过与战略伙伴结盟，签订技术合作协议，进行优势互补。三是特定的目标合作开发。企业根据自身需要，同境外大学、研究机构和企业合作，进行特定目标的研发活动。四是委托研发。当

企业不具备某项技术产品的研发能力，或在国内研发成本太高时，委托境外研发机构进行研发。五是兼并和收购海外研发机构或科技型企业等。这对我国进一步完善国家科技对外开放和境外研发政策具有重要的借鉴意义，得到了科技部的充分肯定和好评。

（二）开展集团公司管理创新三大课题研究

2012 年中促会接受亚洲开发银行的委托，开展"完善中国企业社会责任、公司治理与合规管理"的课题研究，组成了 26 家中外大型集团公司和著名国际专家参加的课题组，对宝钢集团、东风汽车、武钢集团、中国西电、中国石油、兖矿集团、广交集团等进行调研。研究报告指出：公司治理是企业可持续发展的基础，合规管理是连接公司治理与内部控制的关键因素，社会责任是立足于有效的公司治理与合规管理的总体过程。研究报告不仅总结了我国大型企业在社会责任、公司治理与合规管理方面的实践经验，通过亚洲开发银行这个窗口展示了会员企业的社会形象，而且吸取了 IBM、思科、西门子等跨国公司可借鉴的经验，对中国企业提出了完善社会责任、公司治理与合规管理的建议。中促会向国资委报送了研究成果，得到充分肯定。

2013 年中促会接受中国石油委托，进行"建设集团公司规范董事会，加强合规管理"课题研究，对中油 BP、广西石化、中国石化、中国中铁、中国交建、宝钢、武钢、东风汽车、中国西电、广交集团、兖矿集团等 11 家公司进行了实地调研。在总结我国大型国有公司董事会建设与合规管理的实践经验的基础上，从中国石油的实际情况出发，对集团公司层面的规范董事会建设、加强合规管理提出了若干建议。专家评审认为，研究报告所提建议从企业实际出发，对中国石油集团公司规范董事会建设，加强合规管理提出了具有可操作性的建议，达到了立项研究的目的，以优秀成绩通过评审。

2016 年中促会完成了亚洲开发银行委托的"国有企业信息披露、公司治理与混合所有制的发展和完善"课题研究。研究报告从国有企业信息披露的角度，对混合所有制的发展与完善，社会和民间资本权益的保护、吸引和平衡做了深入研究，根据国有企业市场化改革的国际经验，结合国情，提出了重要建议。这份研究报告，无论是在学术研究上，还是在推动混合所有制经济的改革实践上，都具有重要的参考价值，填补了这方面研究的空白。

八、推动互联网、智能技术与传统产业的融合

为推进"网络强国"战略，以信息化带动工业化，实现传统产业与互联网的融合，中促会组织会员企业参与下一代互联网的建设，促进集团公司经济结构调整和产业升级。2014年3月中促会成立了共建下一代互联网产业领导小组，召开了"共建下一代互联网产业IPv6"座谈会，发动会员企业参与下一代互联网建设。中促会向黑龙江省、河北省、北京市、广西壮族自治区、安徽省等政府部门推荐，并组织由工业和信息化部通信管理局负责人主持召开的有中促会、中国移动、中国联通、中国电信和黑龙江省通信管理局负责人参加的协调会。经过各方努力，IPv6建设取得了实质性进展。2016年习近平总书记对建设下一代互联网作出了重要批示，将建设下一代互联网提到重要议事日程。2017年1月中共中央办公厅、国务院办公厅发出《推进互联网协议第六版（IPv6）规模部署行动计划》。

2014年中促会举办中外跨国公司国际年会，专题探讨互联网、数字信息、智能控制与传统产业的融合，为大型企业出谋划策。22位院士、知名专家和中央企业主要领导发表演讲。美国前国务卿助理、全球智库EWI副总裁布鲁斯·麦克尔就网络安全问题与会议代表进行了互动对话交流。这次年会在会员企业和社会上引起强烈反响。2016年以来中促会多次举办"大数据、金融智能与全球共享平台研讨会"，并不断跟踪一批具有世界先进水平的前沿技术的发展状况，特别是对我国自主创新技术，包括卫星导航通信一体化、人体器官再生、生物土壤修复、细胞修复等技术及其应用的推广。

九、开展国际公关服务，为中资企业保驾护航

组团出席中国—中东欧国家高级别智库研讨会。2014年中促会根据外交部的安排，承担"中国与中东欧国家经贸合作战略方向"研究，组团出席在斯洛文尼亚布莱德举行的第二届中国—中东欧16国高级别智库研讨会。这是"16+1"合作框架下最大规模、最具权威的智库交流平台。多位中东欧国家前政要以及中东欧国家智库专家、学者、企业代表、媒体代表出席，中促会常务副会长张重庆在《中国与中东欧国家经贸合作战略方向》的发言中，就

全面深化中国与中东欧国家经贸合作方向提出 5 项建议：（1）选择一批具有技术含量的企业或产品，尽可能提供投资便利化条件，吸引中国同行业的龙头企业参股；（2）以现代电子信息技术手段促进中东欧国家中小企业对中国的贸易出口；（3）推动具有技术含量、适合中国市场需求的产品转移到中国进行生产；（4）强化技术研发和技术创新的合作交流；（5）发挥金融机构多元化服务，加强中国—中东欧国家金融机构的合作。这 5 项建议受到与会代表的欢迎。

巴基斯坦是"一带一路"的重要枢纽，也是中促会会员企业投资与建设项目最集中的国家。为争取巴基斯坦政府给中资企业创造较为宽松的投资环境与政策，促进中国企业在巴基斯坦进行多元化投资，2015 年中促会与巴基斯坦探路者集团合作，分别在伊斯兰堡、卡拉奇、拉合尔三大城市主办了"一带一路""中巴经济走廊""中巴经济特区建设"论坛。巴基斯坦政要、议员、将军、金融家、企业家出席会议。张重庆常务副会长针对会员企业反映的税赋过重等有关问题发表主题演讲，并接受巴基斯坦电视台和报纸媒体的采访，建议巴基斯坦政府"发挥税收杠杆的调节作用，激发市场活力"，"经济发展不仅要政府驱动，更要市场驱动"，"鼓励多元化投资"，受到巴基斯坦政要、企业家和中资企业负责人的欢迎。中促会代表团实地考察中国移动巴基斯坦分公司，为该公司对接巴基斯坦电子金融业务合作项目。

尼日利亚是非洲第一人口大国、经济大国，是中国企业在非洲投资较多的地区。2016 年中促会与尼日利亚国家投资促进委员会在阿布贾联合举办了尼日利亚—中国经济合作论坛，尼日利亚国家投资促进委员会首席执行官拉蒂女士与各局局长出席。论坛重点推介了中国通号、宝钢集团、中交集团、中国大唐集团、燕山石化、中原油田等会员企业。中国通号、宝钢集团等介绍了企业优势，播放了企业宣传片，给尼日利亚官方留下深刻印象。

中促会不仅为会员企业搭建国际交流平台，而且积极反映企业会员的诉求，维护会员企业海外投资与承包工程的权益。2012 年欧盟委员会主席巴罗佐访华，同国务院总理协商加快签署中欧双边投资贸易保护协定。为了收集掌握我国企业在欧盟 27 国投资和承包工程中遇到的需要向欧盟委员会交涉的问题，以便在会谈中提出中国企业的诉求，维护中方企业的权益，中促会与商务部条法司联合召开座谈会，并组织问卷调查，梳理出一批影响中资企业在欧盟区域投资与合作的问题，例如商务短期签证受限、投资保护协定欠缺、欧盟和美国对出口和投资的过度管制，以及欧盟反垄断审查程序繁琐、等待处理时间过长等问题，提交给商务部，在双边投资贸易保护协定谈判中进行交涉。

引导会员企业利用双边投资贸易保护协定维护权益。近年来，中国企业积极实施"走出去"战略，境外投资取得显著进展，但随着国际局势的变化，在全球金融风暴冲击下，投资环境日趋复杂。为了更大限度发挥双边投资协定对我国境外投资企业权益的保护作用，帮助企业更好地应对在境外投资并购等经营活动中遇到的困难，预防和降低风险，2012年中促会举办"中国企业如何利用双边投资协定保护境外投资"论坛，特邀国际著名的权益保护专家作主题演讲，解读"双边投资协定"与企业境外投资有关内容，分析秘鲁仲裁胜诉案对中国企业境外投资的积极影响，对中国企业利用"双边投资协定"获得境外投资保护提出建议。通过主题演讲和互动对话，参加会议的企业感到受益匪浅。

帮助中资企业利用法律手段维护境外投资权益。近几年中国企业在韩国济州岛大量购买土地，进行开发，投资1亿美元以上的项目大约有15家，与岛内居民和企业发生经济利益矛盾，当地政府大幅调整吸引外资的政策，停止审批许可业务，对已获批项目重新核查，造成外资项目停顿，损失与日俱增。为了帮助中资企业维护权益，2015年中促会代表团访问韩国，张重庆常务副会长携韩国律师联盟负责人赴济州岛调研，在中国驻济州岛总领馆支持下，了解中国企业投资济州岛的情况，考察了蓝鼎、新海园、绿地海外（韩国）公司在济州岛的开发项目，倾听企业诉求，共同探讨如何推动济州岛政府改善外商投资环境问题，提出应对方案，通过韩国律师联盟和韩国高等法院前行政长官在济州岛与当地政府进行斡旋，帮助中资企业化解困难。

十、助力"一带一路"建设信息交流与项目合作对接

为落实"一带一路"倡议，中促会积极与"一带一路"沿线国家相关机构开展合作，通过民间外交助力中国企业开拓业务。中促会与美国、加拿

大、日本、韩国、马来西亚、印度尼西亚、新加坡、巴基斯坦、印度、塔吉克斯坦、斯洛文尼亚、希腊、尼日利亚、马达加斯加等国的经济组织建立了合作关系，为会员企业提供境外投资与合作项目咨询服务。例如，中促会与美国律师协会国际法委员会主席威廉·凯利先生达成为本会会员企业免费提供境外投资法律咨询和培训的合作协议；与美国康奈尔大学肯尼迪研究院达成为企业家、高管人员量身定制适用中国企业走出去的培训课程的合作意向；2016年尼日利亚总统访华，将中国经济特区列入招商引资项目；与塔吉克斯坦共和国投资和国有资产管理委员会签署战略合作协议，推荐优质会员企业优先承接塔吉克斯坦电站建设、矿产资源开发项目；与马来西亚国际经济交流总会签署全面长期战略合作关系协议，明确双方在政府之间发挥高端智库作用，共同营造两国经济文化交流合作的牢固基础和良好关系，在官方机构、民间组织和企业之间发挥项目对接作用，协助经贸投资、物流运输、基础设施与能源、科技、农业、金融等领域的合作项目的落地。

组织"一带一路"合作交流考察。中促会代表团访问印尼，考察投资环境和投资项目；访问希腊，评估希腊经济现状，探讨中国企业收购希腊国有资产的路径与可行性；访问韩国，考察韩国生命科学、环境保护、绿色农业、食品安全等方面的最新科技成果，探讨中韩企业合作的途径和方式，为会员企业提供对接的路径，参加中资企业与韩国企业在首尔开办合资企业的签约仪式；访问斯洛文尼亚共和国，进行投资项目考察；访问马来西亚马六甲皇京港和皇京工业园，听取运营管理汇报，察看筹建施工现场，进行了座谈，对工业园区建设和皇京港建设提出了具体建议。

十一、参与筹划建设尼日利亚中国经济特区

中国是世界人口第一大国，经济发展对全球自然资源的依赖程度日益加深。全球配置资源是我国经济可持续发展的重要保障。中促会认为，创新主权基金和企业投资模式，从分散投资向拥有经营管辖权的经济特区模式发展，构建若干境外长期拥有经营管辖权的经济特区，应是中国企业全球配置资源的一种重要战略选择。为此，中促会经过与尼日利亚官方机构的接触协商，从2016年开始筹划尼日利亚中国经济特区。经尼日利亚总统批准，决定

在濒临大西洋、相邻接壤的克罗伊斯河州和阿夸伊博姆州划出 2000 平方公里土地，作为中国经济特区，赋予中国企业 99 年经营管辖权。这个经济特区对外开放力度大，政策优惠，油气资源丰富，可以形成经济特区建设的资金池。为推进尼日利亚中国经济特区项目，中促会与尼日利亚国家投资促进委员会和尼日利亚区内公司合作，吸收资深石油天然气、国际工程承包、铁路交通通信专家，组成经济合作项目办公室，为中国企业进入尼日利亚提供项目对接和公共关系服务。

第三节　为集团公司会员服务的主要经验

中促会经历了 30 年的发展历程，不断创新，初步形成了以社会团体＋高端智库＋互联网公共服务平台的服务模式。

一、以"社会团体＋高端智库"为核心业务

中促会是国内大型集团公司自愿发起成立的社会团体，不同于国内具有政府转移管理职能的行业协会，其会员企业多是以中央企业为主体的大公司大集团，分布在国民经济的几十个行业领域。基于这种民间性、跨行业的综合性和特大型公司会员为一体的组织特性，中促会把发挥智库作用，为政府和为会员企业提供决策咨询服务作为核心业务。

在发挥智库作用，提供决策咨询服务这个核心业务上，中促会做了一系列建言献策的工作，例如，为推进构建境外投资安全保障体系，为使企业成为技术创新的主体，为健全完善公司治理与合规管理，为国有企业混合所有制改革，为互联网与传统产业的融合、传统产业与金融产业的融合，为建立企业公平竞争的市场体系，为集团公司国际化经营，为培育具有全球竞争力的世界一流企业等，先后组织调研 200 多次，完成重要课题研究 32 项，向党中央、国务院、全国人大、全国政协和国务院宏观经济管理部门报送建议152 件，不少建议得到党中央、国务院领导的批示，被国务院和政府有关部门采纳。

在配合国家发展战略和大公司大集团发展战略，开展重大课题研究方

面，中促会先后承接了外交部、国家发改委、商务部、科技部、国资委、国家市场监管总局、中国民航总局，以及亚洲开发银行、中国石油、中国移动、中国东方航空、天津粮油商品交易所等单位的课题研究任务，聚合政府部门、跨国公司、中央企业、大型民营企业、高等院校的专家参加，出色完成了课题研究与专项研究任务。据不完全统计，先后完成33项课题研究与专项研究，为国家经济管理体制改革和企业管理体制改革，以及企业重组、公司治理、风险管理、技术创新、"一带一路"建设等提出许多重要建议，《企业成为技术创新主体的体制和环境研究》等课题研究报告，作为软科学重大项目研究成果列入国家软科学研究成果数据库。《完善中国企业社会责任、公司治理与合规管理研究》报告列入亚洲开发银行课题研究数据库。这些重要研究成果象征中促会智库品牌，表明中促会已经基本形成了以民间智库为主要特色的协会模式。

二、以互联网公共服务平台为重要载体

互联网正以改变一切的力量和史无前例的巨大动能改变着世界，改变着人类的生活生产和工作方式，创新决策方法、管理模式、服务手段，激发出无限新业态，推动结构调整和产业升级，同时也成为社会团体和高端智库必备的工作平台、服务手段和管理体系。

近年来中促会不断创新服务方式，推进"社会团体＋高端智库＋互联网"的服务模式，先后成立了智库委员会、法律工作委员会、智能技术研究院、智慧财税服务联盟、农业生态循环产业联盟、企业家决策与财务管理分会、主权网分会、区块链分会、产城融合发展委员会、京雄传统产业现代化升级改造委员会、企业信息化工作委员会等分支机构，努力培育和打造智能建模、验证识别、智慧财务、区块链服务、通信导航一体化等互联网公共服务平台，为会员企业和社会公众提供服务。

第四节　中国集团公司促进会的未来发展

中促会30年来形成了以集团公司高端智库为主要特色的发展模式，得

到有关部门的认可。2016年民政部评估专家组评估认为，中促会为会员企业服务的思路明确，工作有前瞻性；智库建设日益完善，调查研究成果突出；为政府建言献策、反映企业诉求效果明显。国务院国资委有关领导在智慧城市发展及智慧党建研讨会上说："中国集团公司促进会是创新工作的一个重要平台，在企业领域尤其是集团公司领域有着重要的影响。"中促会面临着商会协会发展的历史机遇。机遇与挑战共存。

一、创新发展的主要举措

（一）向"社会团体＋高端智库＋互联网公共服务平台"转型

导入互联网思维，向"社会团体＋高端智库＋互联网公共服务平台"转型，创新会员发展、活动、宣传、服务的工作方式，克服时空障碍，提高工作效率，提升服务效果。会员基础和服务资源取决于大数据的挖掘。中促会的活动需要融合线上和线下互动交流和具体落实。中促会的传媒工作须借力瞬息万变的新媒体，进行品牌传播与精准服务。中促会的服务工作须利用微平台，更有利于分众、精准、个性和交互。中促会要充分发挥智库委员会、智能技术研究院、工业设计工作委员会、产城融合发展专业委员会、智慧财税服务联盟、主权网分会、区块链分会等分支机构的作用，建设好面向国内外的互联网公共服务平台。

（二）探索高端社会智库研究管理模式

加强智库建设，探索高端社会智库研究管理模式，整合经济政策研究委员会、法律工作委员会、境外投资工作委员会、智能技术研究院、智慧财税产业联盟、产城融合发展专业委员会、产业投资工作委员会、工业设计工作委员会、农业生态循环产业联盟、央企民企融合发展工作委员会、京雄传统产业现代化改造提升委员会、区块链分会、安保服务工作委员会等分支机构，形成新的研究结构，增加研究成果输出量。建立集团公司优秀企业家决策咨询数据库、会员企业数据库，为研究工作提供数据资源支撑。实行随机性与计划性相结合的课题管理制度，制订中长期研究计划，提前布局对企业集团改革发展具有重要意义的新研究领域，提高为国家决策和企业决策服务的针对性和有效性。

（三）拓展社会团体智库服务新领域

要发挥中促会工作"五大品牌"优势：一是针对国内外跨国公司合作交流的需求，精心选题，继续办好"中外跨国公司国际年会"；二是针对集团公司管理层需求，继续办好"聚焦经济热点论坛"；三是针对集团公司领导层的需求，继续组织好"集团公司总裁座谈会"；四是加强"两会提案"的调研和撰写工作，增加提案数量，提升提案质量；五是办好"内部参阅"，及时向党中央、国务院和相关部委反映宏观经济、产业经济和企业发展的重大问题和建议，及时向集团公司领导传递重大信息和建议。

（四）聚集优秀人才构建智库联合体

由于中促会工作对象主要是特大型企业集团和跨国公司高管，核心业务是高层次的智库咨询服务，所以对日常工作的领导者和秘书处工作团队人员的知识广度、经验阅历、理论功底、文字水准、研究咨询能力、信息分析判断能力要求较高，选拔和培养优秀的专职工作团队、加强能力建设，是做好服务工作的前提条件。聚集优秀人才是未来发展的基石。要善于调动和发挥会员企业优秀人才的作用。大多数会员企业都有相当规模、实力雄厚的经济技术研究院（所），中促会要继续扩大与会员企业研究院（所）的联系，增强智库联合体的凝聚力，逐步形成中促会智库委员会与中央企业、地方国企、民营集团公司联合的智库研究机构。

二、智库研究的重点与方向

中促会智库研究工作的重点与方向集中在大公司大集团的治理体系、战略创新、海外购并、全球资源配置和国际化经营发展等方面，从政策、制度、机制、环境、战略等方面进行深入研究，为培育具有全球竞争力的世界一流企业作出新贡献。

（一）加强集团公司党建问题的研究

坚持党的领导、加强党的建设，是我国国企的光荣传统，是国企的"根"和"魂"，是我国国企的独特优势。国有企业取得的业绩，都与企业加强和改善党的领导密不可分。要深入研究集团公司党组织建设问题；党组织在公司治理框架下如何科学参与企业重大问题决策的问题；党组织如何支持股东会、董事会、监事会和经理（厂长）依法行使职权、完成生产经营任务的问题；党在集团公司领导思想政治工作、精神文明建设和工会、共青团等群众组织，弘扬优秀企业文化等问题。

（二）加强集团公司现代企业制度问题的研究

深入研究集团公司现代企业制度完善和体制机制建设，对推进国有企业深化改革，促进市场资源优化配置，发展和完善社会主义市场经济体制意义重大。要继续开展深入研究，为集团公司深化改革，健全现代企业制度，促进市场资源优化配置，推动社会主义市场经济体制的完善，提供更好的智力支撑和决策咨询服务。

（三）加强对国有资本投资和运营问题的研究

构建国有资本投资、运营主体，实行国有资本授权经营，是贯彻落实党的十九大精神，完善国有资产管理体制，推进国有资本所有权与企业经营权分离，实现国有资本市场化运作的重要举措。要加强调查研究，帮助试点会员企业总结经验，沟通协调解决实际问题；要深入研究试点企业集团总部与子公司关系的转型，把集团公司管理的重点从直接管控转向战略管控，建立规范、专业高效的集团公司总部管控模式，把集团公司总部真正打造成为产业培育的牵引、风险管控的枢纽、公司治理的典范。

（四）深化国有资产保值增值与经济增速关系问题的研究

提质增效益，实现国有资产保值增值，是国有集团公司的责任和使命。要深入研究在经济新常态条件下，集团公司转变发展方式，调整产业结构，推进自主创新，实施名牌战略，增强核心竞争力，提升产品质量和经济效益，实现国有资产保值增值问题，为促进国有经济更好更快发展，推动政府公共财政税收增长，进一步增强社会主义的物质基础，推动社会主义市场经济体制的发展和完善服务。

（五）加强民企成长壮大内外部环境问题的研究

毫不动摇地鼓励、支持、引导非公有制经济的发展，是发展和完善社会主义经济体制的重要内容。在党和政府政策的支持下，民营集团公司在实力、规模、速度、效益等方面有更大的发展和提升的空间。中促会要深入研究，力求取得更多研究成果，为党和国家制定更多科学有效的鼓励、扶持和引导民营集团公司的方针政策，推进民营集团公司不断发展壮大，提升发展质量，发挥更大的作用。

（六）加强外资公司投资与发展的国民待遇问题的研究

对外开放、吸收外资是我国的基本国策之一。党和国家把鼓励外商投资作为一项重要国策予以实施。中促会要深入研究党和国家鼓励和引导外资集团公司在国内投资发展的方针政策，外资公司在国内投资发展应具备的国民待遇等问题，为党和国家制定相关政策，吸引更多外资公司到中国投资，提供更多更好的智力支撑和决策咨询服务。

（七）加强培育世界一流集团公司战略问题的研究

造就一大批具有全球竞争力的世界一流集团公司，是支撑我国经济可持续发展的重要保障。深入研究世界 500 强企业成功的国际经验和最佳实践，对完善中国集团公司可持续发展的体制、机制、能力、战略和策略，培育世界一流中国跨国公司意义重大。中促会要加强培育具有全球竞争力的世界一流集团公司的环境、战略与策略问题的研究，为党和国家制定相关方针政策提供建议，激励和引导更多的中国集团公司跻身世界 500 强企业。

（八）加强集团公司"走出去"和参与"一带一路"建设问题的研究

近年来中国集团公司海外投资和并购决策能力提升，海外投资和并购进入黄金期。中促会要深入研究集团公司"走出去"，参与"一带一路"建设、全球投资并购，全球配置资源等问题，推动中国集团公司"走出去"、"走进去"、"走上去"，在世界经济舞台上发挥更大的作用。

（九）加强集团公司建立"中国制造"和优质品牌基地问题的研究

世界已经进入品牌经济时代。建立中国特色品牌发展基地，打造出成千上万个享誉世界的"中国制造"和"中国创造"的优质品牌，引领中国制造升级，建设制造强国是千年大计。中促会要深入研究国际品牌发展趋势和提升中国品牌的途径方法，为党和国家制定鼓励和引导集团公司建立"中国制造"和"中国创造"优质品牌基地的政策措施提供建议。

第九章　集团公司改革创新发展最佳实践

　　改革开放，特别是从组建企业集团以来，企业集团和集团公司改革重组波澜起伏，成就辉煌，举世瞩目，为中国经济繁荣、社会进步、国力增强、国际影响的提升，作出了巨大贡献。

　　丰硕果实要靠耕耘者的汗水浇灌。辉煌成就要靠引路人、带头人和整个团队的拼搏奋斗来换取。每一位优秀企业家显赫声名的背后，都有数不清的辛酸苦辣。每一个优秀企业的背后，都有数不清的充满奉献精神、震撼心灵的动人故事。

　　本章收集了军工、能源、建筑、森工、服务等五大行业具有代表性的集团公司案例。每个案例都陈述了本企业在改革开放的大潮中，解放思想、实事求是，与时俱进、改革创新，拼搏奋斗、发展壮大和国际化的辉煌历程；总结提炼出许多极其宝贵的历史经验，展现出精准制定的发展目标和战略规划，不断做强做优做大，努力成为具有全球竞争力的世界一流集团公司。

社会主义是干出来的

神华集团有限责任公司

神华故事是一部国有企业坚决贯彻执行党中央决策部署、深化国有企业改革、践行"创新、协调、绿色、开放、共享"发展理念、推进"一带一路"建设、履行社会责任、推动国有企业做强做优做大的史诗。

一、社会主义是干出来的

2016 年 7 月 19 日下午，在宁夏回族自治区银川市郊宁东能源化工基地，习近平总书记视察神华集团煤制油项目。厂区一望无垠，巨大的烟囱、脚手架、作业平台展示着工厂的活力。正在建设的神华集团 400 万吨煤炭间接液化煤制油项目，是世界单体规模最大的煤制油项目，是拥有自主知识产权的项目，也是保障国家能源安全的战略项目。习近平总书记到来的消息，一传十、十传百，传遍了项目工地。员工们涌到高高的作业平台上，齐声向习近平总书记问好，万千声音汇聚，像潮水般一次又一次激荡现场。习近平总书记一次次挥手，一次次问候。习近平总书记即兴讲话，他的声音充满了力量："我的心情也很激动，看到了社会主义的大厦在一砖一瓦地建起来。在场的工人兄弟姐妹们，我对你们充满了敬意。社会主义是干出来的，就是靠着我们工人阶级的拼搏精神，埋头苦干、真抓实干，我们才能够实现一个又一个的伟大目标，取得一个又一个的丰硕成果。""中华民族的事业不能停顿，要接续前行。中华民族积蓄的能量太久了，要爆发出来去实现伟大的中国梦。这是我们这一代人的历史使命，我们每一个人都在自己的岗位上为实现这个目标而奋斗。"那一天，车开出去很远，工人们还在眺望，掌声、欢呼声经久不息。

这个项目是基于我国"缺油、少气、富煤"的能源结构，推进国家中长期发展战略而实施的煤炭深加工示范项目。项目投资 550 亿元，动静设备

1.3万台，仪表设备11万台，电气、仪表电缆1.8万公里，相当于目前我国高铁的运营里程数。项目承担着国家37项重大技术、装备及材料自主国产化任务，按照工艺技术、装备台套数统计的项目国产化率达到98.5%。

从2004年国家启动实施项目到产出油品历经13年，特别是在项目建设的3年多时间里，广大技术人员和建设者敢为人先、负重拼搏、攻坚克难，突破了一个又一个工程和技术难题，许多核心技术和装备材料工业化应用都是第一次，填补了国内空白，打破了国外长期垄断格局，带动形成了科技含量高的煤制油装备制造产业链，向党中央和全国人民交上了一份满意的答卷，充分体现了社会主义集中力量办大事的优越性，生动诠释了习近平总书记提出的"社会主义是干出来的"这个真理。

项目成功建成投产，标志着我国在能源战略储备方面迈出了实质性步伐，标志着我国拥有了煤炭间接液化核心技术和成套大型工艺技术，标志着我国装备制造业集成能力达到了新的水平。

项目于2016年12月21日一次试车成功打通全流程，产出合格油品。2016年12月28日项目产出油品庆祝仪式在宁东能源化工基地项目区举行。习近平总书记作出重要指示："在神华宁煤煤制油项目建成投产之际，我代表党中央，对此表示热烈的祝贺！向参与工程建设、生产运行、技术研发的广大科技人员、干部职工，表示诚挚的问候！这一重大项目建成投产，对我国增强能源自主保障能力、推动煤炭清洁高效利用、促进民族地区发展具有重大意义，是对能源安全高效清洁低碳发展方式的有益探索，是实施创新驱动发展战略的重要成果。这充分说明，转变经济发展方式、调整经济结构，推进供给侧结构性改革、构建现代产业体系，必须大力推进科技创新，加快推动科技成果向现实生产力转化。希望同志们再接再厉、精益求精，保证项目安全、稳定、清洁运行，不断扩大我国在煤炭加工转化领域的技术和产业优势，加快推进能源生产和消费革命，为实现'两个一百年'奋斗目标、实现中华民族伟大复兴作做出新的更大的贡献。"

神华集团正在以习近平总书记重要指示为引领，精益求精、再鼓干劲，高水平推进项目安全、稳定、清洁运行，努力打造精品工程、样板工程；瞄准世界一流水平，持续加大科技创新和技术攻关，不断提升核心竞争力，保持煤化工技术的国际领先水平和煤化工产业的优势；大力推进煤化工产业由资源优势向经济优势转变，向产业链高端发展，为推进能源生产和消费革命作出神华贡献。

二、神华"神"在商业模式

1992年8月18日国务院副总理朱镕基视察神东矿区，要求神华集团对神东矿区实行大规模现代化开发，不能搞人海战术，坚持用人少、效率高，成为煤矿、电站、铁路、港口、航运等一体化经营的企业集团，并字斟句酌地为神华集团起名。"神"代表神东矿区，神华集团的煤炭基地；"华"代表"黄骅港"，"西煤东运"和"北煤南下"的枢纽港口。从此，神华集团的商业模式和企业字号就这样被确定下来，并且延续至今。

1992年10月党的十四大报告中提出"集中必要的力量，高质量、高效率地建设一批重点骨干工程，抓紧长江三峡水利枢纽、南水北调、西煤东运新铁路通道、千万吨级钢铁基地等跨世纪特大工程的兴建"。其中"西煤东运新铁路通道"就是神华集团的铁路项目。媒体赞誉为："南有三峡，北有神华。"

1995年8月8日国务院文件批复，同意成立"神华集团有限责任公司"和以该公司为核心组建"神华集团"，列入国务院大型企业集团试点，在国家计划中实行单列。神华集团公司是国家投资组建的国有独资公司，负责开发经营神东煤田及其配套的铁路、电站、港口、航运船队，以及与之相关的产业。神华集团公司拥有对外融资、外贸经营和煤炭出口权。神华集团公司董事会按国家有关法规设立，董事长由国家计委推荐，国务院任免，列入国务院管理。这标志着神华集团成为在《公司法》颁布后第一家按照现代企业制度原则注册设立的企业集团。1995年10月26日国家计委、国家经贸委、国家体改委文件批复，同意将神华集团列入国务院大型企业集团试点，希望神华集团转换企业经营机制，建立现代企业制度，进一步调整优化企业集团的组织机构，完善集团功能，发挥集团优势，努力提高经济效益，为加快我国能源工业和交通运输业的发展作出积极贡献。至此，神华集团的体制构建初步完成。

国务院任命的神华集团的第一任董事长是曾任煤炭工业部党组书记、部长的肖寒同志。肖寒同志坚决贯彻执行党中央决策部署，筚路蓝缕、以启山林，艰难困苦、玉汝于成，从无到有，组建了神华集团，全面开展了煤矿、铁路、港口、电站等项目建设。

九层之台，起于垒土；天道酬勤，日新月异。通过一代代神华人的不懈努力，神华集团已经成为以煤为基础，集电站、铁路、港口、航运、煤制油与煤化工为一体，产运销一条龙经营的特大型能源企业，是中国规模最大、现代化程度最高的煤炭企业和全球最大的煤炭供应商，2016年度《财富》全球500强企业排名第270位。截至2016年底，神华集团全资和控股子公司22家，生产煤矿49个，投运电厂总装机容量8305万千瓦，拥有2155公里的自营铁路、2.6亿吨吞吐能力的港口和煤码头以及拥有40艘船舶的航运公司，总资产9793亿元，在册员工20.2万人。2016年神华集团完成自产商品煤量4.2亿吨、煤炭销量5.2亿吨、发电量3303亿千瓦时、铁路货运量3.97亿吨、油品化工品894万吨、港口吞吐量2.47亿吨、航运量7924万吨，实现营业收入2479亿元、利润总额361亿元。神华集团是中央直接管理的国有重要骨干企业，国有资本保值增值率处于国企优秀水平，经济贡献率位于煤炭行业第一，利润总额名列央企前茅，安全生产保持世界先进水平。

三、海上丝路的神华足迹

2000多年前，中华先辈扬帆远航，穿越惊涛骇浪，开辟了连接东西方的海上丝绸之路，打开了各国友好交往的新窗口，书写了人类发展进步的新篇章。印尼发现的千年沉船"黑石号"见证了这段历史。神华集团积极落实"一带一路"倡议，运用自身技术、资金、人才等优势，持续拓展国际化经营。

印度尼西亚幅员辽阔、人口众多、经济加速、严重缺电。神华集团利用印尼拥有煤炭资源的优势，因势利导，拾遗补缺，在印尼开发煤电项目。通过优势互补、合作共赢，神华集团开启两国煤电建设合作新纪元，赢得良好口碑。神华印尼南苏电厂是目前印尼南苏电网单机和总装机容量最大的电厂。电厂以BOO模式（建设—运营—拥有）开发印尼南苏门答腊省穆印县境内的两台15万千瓦燃煤机组，以及配套年产量210万吨的露天煤矿。2009年7月煤电项目破土动工，仅用24个月就实现了2台机组的高标准投产发电，创造了印尼电力建设史上同类型机组建设工期最短纪录。

2015 年 12 月 22 日印尼总统佐科在视察神华项目时，对神华项目表示满意。2016 年 10 月 14 日神华印尼南苏电厂从印尼 115 家电厂中脱颖而出，荣获印尼矿能部、国家电力公司和能源协会共同颁发的"最佳 IPP 电厂奖"。

目前，神华集团正在建设印尼爪哇 7 号项目。项目一期工程将建设 2 台 1050 兆瓦超超临界燃煤发电机组。这是印尼目前单机容量最大的机组，也是中国出口海外单机容量最大的机组。项目于 2016 年 11 月签署开工令，计划于 2020 年商业运行。项目建成后，预计年发电量约 150 亿千瓦时，可有效缓解爪哇地区电力紧张局面，对爪哇—巴厘电网起到强有力的支撑作用。

四、神华创造神话

中国古代有个寓言，叫作"愚公移山"。愚公创造了神话。现在也有两座压在煤炭产业头上的大山，一座叫作产能过剩，一座叫作环境污染。神华集团早就下了决心，要挖掉这两座山。

（一）淘汰落后煤炭产能

神华集团坚决贯彻国务院《关于煤炭行业化解过剩产能实现脱困发展的意见》，积极落实国家去产能任务。2014 年以来，神华集团陆续关闭了 12 处生产能耗大、煤质不环保、安全隐患多、经营成本高的煤矿，关闭产能 940 万吨；压缩近 10 个煤矿的产能，2014 年至 2015 年累计减少煤炭产量 9500 万吨、煤炭销售量 1.7 亿吨。2016 年神华集团主动停产停建煤矿 12 处，减少产能近 3000 万吨。2017 年上半年神华集团退出煤矿 1 处（产能 90 万吨 / 年）。通过淘汰落后产能、增强先进产能，在 2017 中国煤炭企业科学产能百强排行榜中，神华集团上榜 23 家，其中前 5 名全是神华所属煤矿，核定科学产能 2.434 亿吨。

（二）增加绿色环保设施

神华集团通过建立"开采前治理、开采中保护、开采后恢复稳定"生态治理模式，努力减少煤炭生产对外部环境的扰动，为市场供应最干净的煤炭。神东矿区植被覆盖率由开发初期的 10% 提高到 60% 以上，昔日风沙肆虐、植被稀少的不毛之地变成了风景秀美、植被茂密的塞上绿洲。

　　神华集团在国内率先实施绿色煤电改造计划，截至 2016 年底，超低排放燃煤机组已达 85 台，占全集团燃煤机组总装机容量的 61%，改造比例居全国首位。京津冀地区燃煤机组全部完成超低排放，烟尘、二氧化硫、氮氧化物等主要污染物排放低于天然气机组排放标准。

　　神华集团持续加大安全投入。2016 年安全生产投入资金 53 亿元，杜绝安全事故和隐患，全力保障安全生产，煤矿百万吨死亡率为 0.005，达到世界先进水平，神东矿区创下生产原煤近 2 亿吨零死亡纪录。

　　随着全国碳排放交易市场的正式启动，碳排放的检测和监管将更为严格，碳排放将从合规行为延伸到商业化范围，直接以收支的形式影响企业的效益水平。神华集团积极发展可再生能源，截至 2016 年底，风电装机容量为 726 万千瓦，光电装机容量为 33 万千瓦，水电装机容量为 13 万千瓦，全年发电 136 亿千瓦时，减排二氧化碳 1126 万吨。二氧化碳捕集、利用与封存技术（CCUS）作为一种二氧化碳大规模直接减排手段，日益受到国内外的重视。神华集团在全球首次建成了 10 万吨 / 年煤制油高浓度二氧化碳陆相咸水层封存 CCS 示范工程，拥有了全流程 CCS 成套技术，实现了二氧化碳经济捕获和高效注入，已累计注入二氧化碳 21 万吨。该示范工程可为食品、化工等行业提供高纯度的二氧化碳，还可为石油开采提供驱油剂。

五、新时代 新集团 新征程

　　党中央、国务院高度重视国有企业改革重组和结构调整工作。习近平总书记在十九大报告中明确指出，要加快国有经济布局优化、结构调整、战略性重组，推动国有资本做强做优做大。

　　2017 年 8 月 25 日国务院批准，中国国电集团公司与神华集团有限责任公司实施联合重组，成立国家能源投资集团有限责任公司，资产规模超过 1.8 万亿元，净资产超过 6600 亿元，营业总收入超过 4300 亿元，拥有员工 33 万名，形成煤炭生产、火力发电、清洁能源、交通运输、煤基化工、科技研发、节能环保、产业金融等八大业务板块，是世界最大的煤炭生产公司、最大的火力发电公司、最大的风力发电公司和世界最大的煤制油煤化工公司。

　　神华集团和国电集团实施联合重组，是党中央、国务院作出的重要决策，是近年来中央企业规模最大的一次重组，有利于理顺煤电关系、实现煤电一体化发展，提升企业整体效益；有利于实现资源优化配置，形成更为合理的行业发展新格局；对落实供给侧结构性改革部署，发挥产业协同效应，推动企业结构调整和转型升级，加快打造一家规模实力更强、协同优势更为突出、产业结构更为合理的综合性能源集团，有效提升在国际能源市场影响力，更好发挥中央企业在保障国家能源安全的作用等方面具有重要意义。

国家能源集团将以习近平新时代中国特色社会主义思想为指导，加强党对集团全面工作的领导，坚持稳中求进工作总基调，坚持新发展理念，紧扣新时代我国社会主要矛盾变化，按照高质量发展的要求，坚持以供给侧结构性改革为主线，大力推进国企改革，积极实施"一带一路"建设，锐意进取，埋头苦干，扎扎实实做好各项工作。

"潮平两岸阔，风正一帆悬"。新时代中国特色社会主义的航线已经明确，中华民族伟大复兴的巨轮正在乘风破浪前行。这艘巨轮，有中国共产党掌舵领航，有中国改革开放的浩荡东风，有全国各族人民扬帆划桨，一定能够抵达光辉的彼岸！

转型升级　争创国际一流企业

中国建筑集团有限公司

中国建筑集团有限公司原名中国建筑工程总公司。2017年11月中国建筑工程总公司从全民所有制企业改制为按照《公司法》登记的有限责任公司，公司名称变更为"中国建筑集团有限公司"，简称"中建集团"。

一、改革发展的历程

（一）变革阶段（1982—1991年）

中建集团正式组建于1982年，由国家建筑工程总局所属的六个工程局和东北、西北、西南建筑设计院，以及专门从事对外承包工程的公司合并成立。1993年成建制地接收了原基建工程兵第21、22支队。与管理体制变革相对应的，是发展理念上的变革。中建集团成立伊始，就经历了中国史无前例地从计划经济向市场经济转型期疾风暴雨般的洗礼。在市场大潮中，中建集团在传承中创新，在竞争中突破，始终践行着"市场、盈利、竞争"理念，成为为数不多的不占用大量国家投资、不占用国家的自然资源和经营专利，以从事完全竞争性的建筑业和地产业为核心业务而发展壮大起来的国有重要骨干企业。

（二）发展阶段（1992—2002年）

从1992年开始，乘着小平同志南方谈话的东风，中建集团加快改革发展的步伐。这一时期，中建集团承接了国内外一系列知名、重大工程项目并再创建筑奇迹。继"三天一个结构层"的"深圳速度"后，中建二局、三局在深圳地王大厦项目又创造了"两天半一个结构层"的"新深圳速度"。中建八局在"天上无飞鸟、地上石头跑"的戈壁腹地巴丹吉林沙漠承建了酒泉卫星发射中心工程，并以顽强拼搏的铁军作风，高质量完成了建设任务，创出了三项世界第一、一项亚洲第一、三项中国第一的建筑奇迹。

1992 年 8 月中建集团下属的中国海外发展有限公司成功在香港上市，开创了中资企业在香港上市的先河，成为港股红筹第一家。从此，中建集团搭上了国际资本的快车，实现了生产经营与资本经营的有机结合。

中建集团导入 CI 战略，实施文化整合与品牌统一，强力推进了"中国建筑""中海地产"品牌建设，为中建集团的快速发展奠定了形象基础和文化基础。尤其是 1996 年在中建集团系统内开始的文化理念、CI 战略、行为规范"三位一体"文化建设工程，使得项目管理和文明施工有机结合，文化和管理有机结合，开启了中建集团企业文化发展的新篇章。

（三）腾飞阶段（2003 年—至今）

中建集团体制改革实现重大突破，通过资本运作和兼并重组实现跨越发展，不断向现代化企业转型，实现了向公众企业的历史性转变。

2007 年中建集团完成了整体重组改制工作，联合中国石油、中国中化、宝钢集团共同组建了中国建筑股份有限公司（简称中国建筑）。2009 年 7 月中国建筑在 A 股上市，募集资金超过 500 亿元，成为当年全球最大的 IPO。公司市值开盘达 2000 亿元。中建集团还重组了新疆建工集团、山东筑港集团、中汽财务公司。中建集团在香港的下属公司兼并重组了香港上市公司宏洋集团和远东环球公司。中建集团内部 10 家专业公司（集团）相继整合成立。中建装饰、中建钢构、中建安装、中建商砼成为业内排头兵。中建设计集团进入全国建筑设计前 3 强，排名 2017 年 ENR 全球工程设计 150 强第 37 位。

中建集团的海外经营曾遭遇过严峻的考验。2003 年阿尔及利亚发生 6.7 级大地震，中建集团建造的房子无一倒塌，被誉为"震不垮的丰碑"而载入史册，但中建八局 9 位同志因租住的房子倒塌，永远长眠在阿尔及利亚。2011 年中东、北非动乱加剧，利比亚战乱升级，中建集团在党中央、国务院的部署下，仅用 3 天时间，就将 9271 名中国籍员工和 956 名孟加拉国、越南等外籍员工安全撤出，创造了"万人万里安全大撤退"的奇迹。

在这一时期，中建集团也体现了鲜明的商业化特色，实现了"危机永存、激励同在"的动态管理，大大增强了员工的使命感和危机感。中建集团积极推进产业结构优化和经营布局调整，建立与之匹配的管理制度体系，尤其体现了鲜明的绩效考核特色，使得压力得以层层传递。

二、改革发展的成就

中建集团已成为全球最大的投资建设集团，主营业务涉及勘察设计、工程施工（房屋建筑、基础设施施工）、投资开发（地产开发、融资建造、城镇综合建设、持有运营）以及建筑工业化、水务环保、电子商务、金融等多个领域，下属35个二级单位、驻外机构95个，26万名在岗员工。

2016年公司完成合同额20693亿元，同比增长23.6%，是5年前（2011年，后同）的2.22倍；营业收入9600亿元，同比增长9.0%，是5年前的1.99倍；利润总额524亿元，同比增长9.6%，是5年前的2.02倍。公司营业收入排名中央企业第4位，利润总额排名第5位。

2017年公司第12次获得国务院国资委中央企业考核A级；名列《财富》全球500强企业第24位，继续稳居全球投资建设集团之首；保持标普、穆迪、惠誉等国际评级机构信用评级A级，继续保持投资建设领域国际最高信用评级。

三、改革发展的主要经验

（一）坚持党的领导，加强党的建设

坚持党的领导、加强党的建设，是国有企业的独特优势。长期以来，中建集团始终高度重视企业党建工作，坚持把党的领导融入公司治理各环节，把企业党组织内嵌到公司治理结构之中；坚持完善党的基层组织，把支部建在项目上，从而为企业提供了取之不竭的精神动力和深厚的组织保障，将党建优势进一步转化为企业的改革发展优势和竞争优势。

（二）坚守"改革永远在路上"的改革发展理念

回顾发展历程，改革始终是公司敢为人先的价值理念，是融入血脉的优秀基因，是跨越发展的根本动力。这种对于改革的高度认同和坚守，很大程度上来源于中建集团与生俱来的忧患意识，因为公司处于一个完全竞争的行业，必须时刻保持对市场的敬畏，改革发展的脚步一刻也不能停歇。

在改革理念的引领下，中建集团三十多年来抢抓改革开放的时代机遇，积极拥抱市场经济，着力推动陈旧观念变革，彻底破除体制机制障碍，建立

现代企业制度和市场化运行机制，推动公司逐步成为世界最大投资建设集团。对于改革理念的坚守，也成为中建集团改革发展的基本保障。

（三）通过产业结构转型升级为公司平稳发展提供有力保障

中建集团的产业结构曾经非常单一，基本以房屋建筑为主，20 世纪房屋建筑的份额曾占 95％左右。从"十五"到"十一五"期间，随着建筑市场重心的转移，在国家日趋加大基础设施投资的大背景下，面对竞争日益激烈的房建市场，不能将所有的鸡蛋置于一个篮子当中，规模越大的企业，越要做好风险的规避和防范工作。中建集团按照相关多元化的思路积极推进相关领域的拓展，根据行业市场的发展趋势，在不断拓展房建高端市场的同时，大力调整以房屋建筑为主的业务格局，积极拓展基础设施业务和房地产开发业务。产业结构的转型升级有力地提升了中建集团的核心竞争能力。

中建集团多元化经营没有盲目扩展。按照相关多元化的原则，提出了"无房建不稳，无基础设施不强，无投资不富，无设计不优，无海外不亮"的发展重点，大力向基础设施业务和海外业务转型。经过持续不断进行结构调整，中建集团转型升级取得显著成效。通过内部发展和外部并购，集团在基础设施方面的人才、资源、资质和经验不断累积，"大海外"营销体系不断完善，加之对子企业放开海外经营权，促进了基础设施和海外业务不断实现跨越式增长。2016 年中建集团基础设施业务呈现爆发式的发展，新签合同额超过 5700 亿元，同比增长 83％，海外业务订单首次突破百亿美元。

（四）锻造一支业务突出、政治过硬、敢于担当的人才队伍

由于中建集团处于完全竞争行业，并且正在逐步由传统的劳动密集型企业转向资本密集、智力密集、管理密集、技术密集型企业，生产方式也由过去单一的施工建造向融投资带动总承包、设计带动总承包、城市综合开发、投资运营等方面转变，因此人才队伍建设的成功与否直接关系到企业的成败。为此，集团按照中组部关于干部管理的央企职业经理人的要求，将"商业化""市场化"的理念贯穿于人员的任用和选拔当中，实现了干部能上能下，人员能出能进，通过以下几个方面的措施，锻造了一批业务突出、政治过硬、敢于担当的人才队伍。

按照"业绩导向"的原则，公司制定了《工程局重要所属机构第一负责

人职级提任的有关规定》，明确连续三年综合排名前列的三级公司第一负责人，符合条件的可以进行职级提任。提职人员不占二级单位领导人员职数，不参与班子决策，并根据业绩情况进行动态管理。同时，对特大型项目、重点项目的第一负责人也开展了职级提任。这些做法和尝试在一定程度上调动和激发了领导干部的积极性，也为推进领导人员市场化管理积累了经验。同时，为进一步拓宽领导人员职业发展路径，公司建立了行政管理与技术管理职业双通道，评选出了多名总监级、副总监级项目经理，并对专业序列人员实行动态管理，设立降级退出制度，定期对工作业绩进行评价，对于业绩不达标的人员，对其专业序列职级作降级或退出处理。

（五）明确"突破高端、兼顾中端、放弃低端"的发展方向

中建集团坚持"有所为有所不为"的策略，高端领域与跨国公司进行竞争，中低端市场不与中小民营企业争夺。央企不仅要做国民经济的支柱，更要做市场经济下和谐发展的典范。

为坚持这一经营策略，中建集团规定了工程承包业务"承接底线"，要求"合同条款差的项目不接，业主资信差的项目不接，低于一定金额的项目不接"。为了强化"底线管理"，公司通过考核强化，以及年末在全公司大会上公布大项目承接情况等举措，促使承接大项目的比例逐年提高。在这一战略方针的指引下，中建集团按照"突破高端、兼顾中端、放弃低端"的策略，积极实践、大胆创新，达到了预期的效果。目前，中国300米以上超高层建筑90%以上由中建集团承建，许多城市大体量、大跨度的地标性建筑也出自中建集团之手。

（六）践行"倡导什么就考核什么"、以业绩论英雄的文化

2004年初，"中建集团"与国资委第一次签署了绩效考核责任书之后，企业便加大了绩效考核的执行力度。公司在具体考核指标的设计上形成三方面的特色：其一是以创造价值为核心，即经济增加值（EVA）指标占有绝对的权重比例；其二是体现"中建集团"特点，实现企业"倡导什么就考核什么，考核什么就兑现什么"的发展目标；其三是培育起"以业绩论英雄"的企业文化，将业绩考核面覆盖到了全系统，并有效地将考核指标与集团总体发展目标，以及当年重点推进的工作密切相连，与企业全面预算管理相结合，与

薪酬发放挂钩，与经营者的选拔、任用、淘汰机制融为一体。通过"年初定目标、年中有检查、年末有述职、业绩有考核、考核有兑现"的强力执行，使各单位树立起强烈的"以考核定奖罚""无功就是过"的绩效文化。

（七）推行"专业化"，提升核心竞争力

中建集团以房屋建筑为主业，房屋建筑业务属传统市场，门槛低、竞争激烈、利润微薄、内部同质化竞争严重。为拓展高端市场、减少内部同质化竞争，以实施"专业化"为突破口，推进相关多元化发展，实现产业转型升级。在横向上调整以房屋建筑为主的业务格局，积极拓展房地产开发和基础设施业务。在纵向上，向产业链上下游延伸，打造定位高端市场的建设领域专业公司。同时为企业开展矩阵式的组织变革奠定基础。

1. 专业化的做法。自 2008 年以来，中建集团先后投入百亿元，打造了中建设计、中建交通、中建钢构、西部建设、中建安装、中建装饰、中建铁路、中建电力、中建地下空间等占领高端市场的专业公司，推动企业转型升级和核心竞争力的提升。同时加大外部并购力度，重组了山东筑港、上海港工和河北路桥等，成功打造出中建筑港和中建路桥，为推进公司基础设施业务提供了专业化发展的支撑。

中建集团明确提出：要做有质量的专业化，如果在一个专业领域经过一段时间的发展还做不到前三名，公司将坚决退出。因此，各个专业公司持续健康发展，为集团公司总承包业务提供了强力支撑，各家专业公司（集团）显示出良好的成长性，专业品牌和市场地位进一步提升。

中建设计集团规模效益持续提升，在 2017 年度 ENR 全球 150 家顶尖设计公司中排名第 37 位，列全国建筑设计企业首位；中建装饰集团已成为中国排名第一的建筑装饰公司；中建钢构的钢结构设计研究院正式挂牌运营，并实现了"东南西北中"的钢结构制作、加工布局，基本实现了全产业链运作，成为中国钢结构行业的领军企业；中建安装坚持经营结构扩展及产业价值链延伸的战略方向，形成了 EPC 总承包能力，已成为横跨建筑安装和石化安装业务，规模、效益行业第一的安装企业；中建集团将系统内商品混凝土业务与上市公司"西部建设"整合，在中建系统内第一次拥有了专业公司上市平台，现已成为中国最大的商品混凝土公司之一，正在向世界顶尖的商品混凝土专业集团目标努力。中建电力在进入核电站常规岛施工22年后，终于跻身核岛施工，并取得"民用核安全机械设备安装许可证"，成为核系统外唯一一家土建施工企业。中建财务公司作为公司资金集中管理的重要载体，加大了对集团主业各板块的信贷支持及金融支持力度，为集团提高资金运作效益作出了很大的贡献。中建筑港在进入中建集团之后，获得了超常规的发展，成为中建集团进军水务市场重要载体，被青岛市树为企业重组样板单位。

2. 专业化的深化。中建集团整合系统内专业资源的主要方式是依托优势工程局，通过对其专业公司现金注资，与工程局各占50%股权，但管理权都在工程局，充分调动了工程局的积极性，使专业公司获得了快速发展。2012年中建集团审时度势，将归口工程局管理、业务发展良好的中建钢构、中建安装两家专业公司升级为集团直接管理的二级企业，并引入系统内单位参与增资扩股，实现了中建钢构、中建安装股东多元化，并成为全集团的专业化支撑平台。

2013年集团将专业化重组范围扩大到地产业务。中建集团旗下"中海地产"已连续11年荣获"中国蓝筹地产企业"榜首和"中国房地产行业领导品牌"，利润水平连续多年位居行业第一。2013年集团将总部直营地产业务全部注入中海地产。2016年下半年中海地产又完成对中信地产住宅业务的整合，交易对价高达310亿元，进一步壮大了中海地产的业务规模。此外，中建集团还将城市综合建设部实体化，组建了中建方程投资有限公司，希望通过实体化、专业化运作实现城镇综合建设业务的跨越式发展。

（八）推行"区域化"，做深做透目标市场

由于建筑行业的特点，集团各下属工程局业务遍布全国，不仅分散了资源，还造成了不必要的内部竞争。针对这种状况，集团要求各工程局必须明确自身的重点产出区，并将资源向重点产出区域集中，集中力量做深做透重点区域市场。近年来，区域化策略取得明显成效，公司在重点区域的深耕细作，提高经营效率，降低运营成本，资源统一配置、合理流动，实现区域的效益最大化和可持续发展。

中建集团按照"两级推进，双管齐下"的方式加大力度推进区域化发展，在总部层面，后成立了东北、西北和西南三个"区域总部"，提高了上述区域的整体营销能力。在子企业层面，推行了"5+N"的区域化经营引领考核指标，子企业区域集中度不断提升。各子企业通过扶优扶强，对区域内规模效益排名靠后的法人公司采取行政和市场相结合的手段进行整合，重点区域的经营规模和效益明显提高，区域集中度大幅提升。中建五局先后 10 次推进区域化整合，基本消灭了局内部在同一区域的竞争，效果十分明显。中建三局在西北、西南地区则是将下属子公司设立的多家分公司整合成立局属区域公司，斩断原分公司与下属子公司的产权关系，由此推动了中建三局在这两个区域迅猛发展。

中建集团还以中建七局最优秀的子公司——中建七局三公司作为区域化的主体，引入系统内中建三局、四局、东北院、上海院为股东，在福建组建中建海峡公司，以区域公司的形态进入当地高端市场，并在授权体系下在该区域内作为中建集团城市运营投资运作平台，这种探索极大地丰富了区域化的内涵。此外，中建集团还发布了投资业务区域化管理办法，通过大力宣传和积极推进，投资业务区域化的运行效果良好。

通过这些区域化的做法，在公司的战略引领、政策奖惩下，在子企业的层层分解、具体落实下，不同层面、不同业务板块的"区域化"一步一步向前迈进，集团内部的无序竞争大幅减少，资源配置的效率有效提升，企业整体协同的力量越来越强。

（九）推行"标准化"，力求消灭管理偏差

中建推行的标准化，包括实现项目管理标准化、制度流程标准化、组织架构标准化、管控模式标准化、商业模式标准化、薪酬体系标准化。

1. 项目管理标准化——确保产品的高品质。建筑产品是特殊的产品。周期长、隐蔽工程多、造价高是其主要特点。因此要获得建筑产品的高品质，主要取决于项目管理的标准化。中建集团目前有上万个在施项目，如果项目管理不能实现标准化，就无法确保产品的质量。为此，中建集团以编制和推行全集团统一的《项目管理手册》作为实现产品品质保障的重要举措。

2. 制度流程标准化——规范管理，规避风险。中建集团在集团层面成立标准化管理委员会，完善组织体系建设，加强了公司总部与二级企业的二下联动，通过编制《总部制度管理规定》，构建了总部制度体系树，实现制度的分级分类分层管理，并实现了制度的精简优化。公司明确了集团在战略模式、商业模式、管控模式等八方面的标准化领域，初步编制了子企业治理结构标准化指南。

3. 组织结构标准化——现代企业管理体系。为充分适应市场经济环境，中建集团一直致力于建立现代企业管理制度，实现组织架构的标准化。

在集团层面，公司持续强化"战略管控型总部"这一定位，不断完善总部的"引领、服务、监督"职能。为更好履行总部的定位和职能，近年来，集团总部本着分工明确、协同高效的原则，逐步进行"大部制"调整。在二级单位层面，中建集团发布了《子企业总部组织机构标准化指南》，将二级子企业的总部定位为"战略管控和业务运营型总部"，在公司整体框架内，细化本企业战略，同时在事关战略转型领域，借助自身力量直接投入营销和运营。各级子企业按照"专业化、区域化"的基本原则完善组织结构，裁短管理链条，强化内部协同，提高管理效率。

（十）推行"信息化"，大幅提升运营效率

为有效支撑信息化工作的开展，中建集团在总部成立了信息化归口统一管理的独立部门——信息化部。信息化部联合各部门深入开展了人力资源管理、财务管理、产权管理、科技管理等 16 项信息系统建设工作，并联合用友软件着手开发集成各业务板块、各子企业数据的统一平台，使信息化真正成为公司"集约化管控"的重要抓手。以财务信息化为例，建立并持续优化集团统一财务 NC 集中核算平台，构建了集团资金集中管理系统，建立了企业全面预算管理系统、税务管理系统、费用报销系统，并完善了统计管理系统。信息化水平跻身央企 A 级行列。

整合供应链、开展集中采购是提质增效的重要手段。中建电商构建的"云筑"电商平台 2.0 版上线，2016 年实现集采交易额 3300 亿元。"海外项目国内平台采购"模式已全面落地，海外事业部、阿尔及利亚公司、工程局和专业公司的驻外机构或项目均已开通集采平台并实施采购。集中采购被国务院国资委称为"中建模式"，在央企中推广。

（十一）推行"国际化"，全面提升企业综合实力

30 多年来，"最具国际竞争力"是中建集团矢志不渝的目标和追求。"走

出去"不仅给集团带来了海外收入，更能使集团与国际一流大承包商同台竞争，在竞争中不断成长，从而实现从全球最大到全球最强。中建集团的发展历程充分说明，正是由于中建集团成立初期就奉行的国际化路线，使中建集团在很长一段时间里在业界的管理和技术处于领先地位，可以说，没有当年的国际化进程就没有今天的中建集团。

在国际化方面，中建确立了一个挑战性的目标，未来中建海外营业收入要达到 10%。近年来，开展国际化的主要举措包括：

一是打造"大海外"平台。积极推动建立中建集团海外业务资源和信息共享平台，探索实现事业部、工程局、专业公司与驻外机构之间形成共享市场信息、联动发展海外业务的有效机制，并通过强化内控管理，实现了全面风险管控。中国建筑建立"大海外"事业平台的目的在于集成中建系统内的资源和国内其他优质资源，包括政府、银行、分包商、供应商等。近年来，通过组合系统内外资源、产融结合，成功获得了总额 26.8 亿美元的刚果（布）国家 1 号公路项目、15.4 亿美元的肯尼亚水坝项目。中建集团还在南美洲、大洋洲和东非等新市场取得突破，签约 2.8 亿美元的巴布亚新几内亚住宅项目、4.3 亿美元的阿根廷灌溉项目等。在融资建造方面，公司签约 2.52 亿美元的斯里兰卡道路项目，实现"两优"项目的突破。

二是调整海外业务管理体系。为加速发展海外业务，对于阿尔及利亚、美国等中建集团扎根时间长、规模大、成熟度高的驻外机构，提升管理层级，缩短管理链条，扩充经营职能，加大经营授权，给予更多资源和政策倾斜，推进驻外机构从一个国家向周边国家辐射发展，打造中建集团在海外的区域化发展平台。

三是实施资本运营，推进海外兼并收购。2014 年 5 月中建美国公司成功完成了对美国 Plaza 建筑公司的收购交割。收购完成后的中建美国公司在手合同额超过 30 亿美元，一跃跨入全美承包商前 40 强行列，这一举措有力地扩大了中建集团在发达国家的市场份额。此外，中建集团在香港的上市公司——中国建筑国际集团有限公司（3311.HK）成功并购了远东环球（0830.HK），成为 3311 拓展国际业务的旗舰。中建还布局纽约、伦敦，实施高端物业收购及地产开发，进一步加强了海外拓展的力度。

四是创新海外营销模式。中建集团紧跟国家"走出去"政策导向，大胆探索把国内成熟的"融投资带动工程总承包"商业模式运用到海外，在海外积极探索融投资带动工程总承包模式。中建美国公司通过与中国进出口银行合作，在美国总承包了超过 19 亿美元额度的巴哈马大型海岛度假村项目，开创了中建集团在北美融投资带动工程总承包的先河。

四、未来发展目标

为明确战略目标和路径，经过历时一年多的充分调研和论证，2016 年初，中建集团编制发布"十三五"战略规划。公司愿景由"十二五"时期的"成为最具国际竞争力的建筑地产综合企业集团"调整为"最具国际竞争力的投资建设集团"，将公司主业界定为"投资和建设"两大领域。集团将在继续巩固和深化勘察设计、房屋建筑、房地产开发领域优势地位的基础上，集全集团之力向基础设施领域转型，并进一步加大海外拓展力度。

2017 年中建集团经过深入研究，又将集团的战略目标作了具体的细化和延伸，正式提出"1211"战略：在外部环境不发生特殊变化的前提下，中建集团力争在 2030 年进入世界 500 强企业前 10 名，年营业收入 2 万亿元，市值突破 1 万亿元，成为世界投资建设领域的第一品牌和推动我国城镇化建设的一面旗帜。

企业的改革发展之路是一个持续的过程，只有起点，没有终点。尽管 30 多年来中建集团的改革发展取得了一定的成绩，但是离国际一流企业还有一定差距，只有经过长期卓绝的努力才能实现既定的战略目标。中建集团将深入学习贯彻党的十九大精神，以长远的眼光、坚韧的毅力、扎实的行动不断推进各项工作，持续加强和深化企业改革发展，一步一个脚印，努力为做强做优做大国有资本，打造世界一流企业作出新的更大的贡献。

改革调结构　创新促发展

中国内蒙古森林工业集团有限责任公司

一、企业发展成就

美丽富饶、瑰丽雄奇的内蒙古大兴安岭林区是我国四大重点国有林区之一。生态功能区地跨呼伦贝尔市、兴安盟的 9 个旗市，总面积 10.67 万平方公里，森林面积 8.37 万平方公里，森林蓄积 9.4 亿立方米，均居全国国有林区之首。其森林生态系统维护着呼伦贝尔大草原、松嫩平原乃至整个东北粮食主产区的生态安全，是黑龙江、松花江的主要发源地，是我国重要的生态安全屏障和森林资源培育战略基地。

内蒙古大兴安岭林业管理局成立于 1952 年。1995 年经国务院批准，将经营职能整合，组建内蒙古森林工业集团，为全国首批 57 家企业集团试点之一，同时保留林业管理局的行政事业职能。

内蒙古大兴安岭林区开发建设六十多年来，几代森工务林人在 10.67 万平方公里寥无人烟的莽莽林海中，以高度的责任感和使命感，筚路蓝缕，栉风沐雨，爬冰卧雪，谱写了一曲曲波澜壮阔的辉煌诗篇。累计为国家提供商品材 2 亿立方米，上缴各种税费 200 多亿元，是国家当期投资的 4 倍；更新造林 2000 多万亩，森林面积、活立木蓄积、森林覆盖率较开发初期分别增长 200.4 万公顷、3.7 亿立方米、18.29%；实现林业产业总产值 1588 亿元，完成国家资产投资 519 亿元。建立国家森林公园 9 处，总面积 4221 平方公里；国家湿地公园 12 处，总面积 1355 平方公里；国家级、省部级自然保护区 8 处，总面积 1.23 万平方公里，各类保护区面积占林区总面积 17.11% 以上。为建设祖国北方生态屏障，维护生态安全，支援国家和自治区现代化建设，推进边疆少数民族地区繁荣稳定做出了巨大贡献，荣获全国"五一劳动奖状"，被列入国家"生态保护与建设示范区"，位列"中国的脊梁"国有企业五百强，无愧于"共和国长子"的光荣称号。

二、改革创新跨越式发展

（一）转变观念，科学决策，推动林区社会跨越式发展

一是适应市场经济和木材产量大幅度调减对森工企业的冲击，不断改善单一木材生产和独木支撑的经济结构，在突出生态效益的同时，找到林业生态效益、社会效益和经济效益的平衡点。二是积极推动林业经营指导思想的转变，即由以木材生产为主向以生态建设为主的历史性转变。经营理念上，全面确立生态优先的发展战略，由单纯的"木材经济"转变为生态经济优先，生态、经济和社会效益并重。职能定位上，将"毫不动摇保生态"作为引领科学发展、奠基科学发展的主导战略，在国有林区率先将施业区确定为林业生态主体功能区，突出了林区在国家发展大局中的使命、职责和基本功能；凸显了林区在生态文明建设中的地位、作用和公益属性；主动做林业生态文明建设的脊梁。思想认识上，全面深化对林业"四个地位""四大使命""五大功能"的认识，系统总结宣传林区森林生态系统的独特区位和价值；提炼升华和集中展示几代务林人坚持、坚守为国家、为民族生态事业做奉献的良好形象；做靓"生态品牌"，使之成为社会认可尊重、各级机构理解支持、争取政策倾斜的主要载体。体制设计上，将建立生态保护建设长效机制、提高生态保护水平作为林区体制改革的主攻方向和落脚点，全面理顺和强化林管局的生态保护建设职能，将确保森林生态安全，实现森林面积、蓄积持续增长，森林质量不断提高作为林管局的首要职责。工作部署上，多方争取生态建设投入，保障生态建设所需的人力、物力、财力，高效解决危及生态安全的民生问题，全面缓解了林区生存发展对森林资源的压力。

（二）树立企业形象，打造森工品牌，扩大林区生态和社会影响

大兴安岭文化是林区核心竞争力的重要内容和不断发展的动力，有着强大的穿透力和影响力。着力打造"绿色森工品牌"。林区有 14 家企业通过了ISO9000 质量体系认证，有 3 家企业获得绿色食品标志认证；有 3 种产品获得"自治区名牌产品"称号，产品远销日本、韩国、东南亚等十几个国家和地区。坚持问题导向，着力提升各级领导干部应对和处理复杂问题的能力，制定了处置公共突发事件预案，妥善解决了群众关注的热点、焦点、难点问

题，为改革发展创造了稳定的环境。加强人本文化建设。森工品牌的塑造和企业知名度的提升，关键在于森工人的精神和价值取向，特别是企业领导人的领导艺术、个人魅力和精神凝聚力。由于森工人的坚定信念、执着追求，培育和形成了良好的企业道德和企业信誉，企业的生存空间和知名度及社会地位得到了不断提升。

（三）调整产业结构，整合优势资源，加快林区经济发展

坚持生态建设产业化、产业发展生态化的原则，以结构调整为主线，以转型升级为主题，转变观念，拓宽思路，构建多元发展、多极突破的产业发展格局。

重点发展工业经济。建设年产 60 万—80 万立方米集装箱底板项目，填补了国内落叶松深加工项目的空白，是全国木材深加工项目上的历史性突破；建设 40 万吨浆纸项目及年产 1 万吨的育果袋纸项目；整合林区 7 家人造板厂，组建根河板业公司；建设年产 2000 吨电工层压木的阿里河层压木厂，国内市场占有率上升到 60%。林区基本形成以人造板、浆纸、集装箱底板等产品为主的工业经济格局。

做精森工主业。严格执行资源管理各项政策，围绕市场抓调查设计和木材生产，创新采伐工艺流程，全面推行原条下山和贮木场效益造材；合理调整材种结构，提高优质材种和畅销材种比重；在木材生产、森林抚育、植树造林等环节实施招投标制，森林资源采伐消耗利用率提高 10%，经济材比重提高 15%，实现了资源利用率和经济效益的"双提高"。

做大旅游业。主动融入地区旅游经济发展大局，规划建设了以阿尔山、北部原始林区、毕拉河为中心的南、北、东三大旅游板块，着力推进森林公园、旅游景区的保护、开发和建设。将发展旅游业作为拉动林特产品销售、促进职工就业增收的重要产业，统一谋划，突出重点，加大投入，打造精品。新林区建设使林区各通道成为亮丽的旅游线路，形成了点、线、面相融合的森林旅游格局，增强了市场吸引力，形成了林区大旅游开发格局。"十二五"期间，各景区累计接待游客 485 万人次，年均增幅 32.64%；旅游综合收入 25.42 亿元，年均增幅 34.98%。

做活赴俄采伐业。按照国家实施"走出去"战略的要求，开发和利用俄

罗斯木材资源，组建了两个赴俄采伐公司，年均采伐木材 20 多万立方米。

全力推进林下经济。科学利用林间林下资源，打造绿色林特产品生产基地。重点建设了山野菜采集加工、食用菌培植等 6 个非林非木产业基地，有效安置了转岗职工，拓宽了职工就业增收渠道。

（四）深化改革，强化管理，开创林区经营管理新局面

1. 成功实施体制机制改革。一是建立了以董事会为核心的法人治理结构。修订完善了公司章程，党委会、董事会、经理层各项议事规则；制定了提案管理、投资管理、重大信息披露等相关制度办法。建立了决策、执行、监督三位一体，既协调统一又相互制衡的现代企业经营管理体制。二是对重点企业进行股份制改造。将原事业单位森隆设计公司变为独立经营的股份制企业。将森源建材公司、光明机械厂、伊图里河兴林公司改制成民营企业。整合森泰、绿宝、山野菜开发集团，组建了股份制的茏丰大兴安岭绿色产业开发有限公司。整合林区医疗资源，组建了全国林业系统和自治区首家医疗集团。三是以剥离社会职能、搞活企业体制机制为切入点，在林区开展了开发建设史上最大规模的改革实践。林区教育、卫生、电视系统共 138 个机构单位的 13,088 名在职人员和 5.3 亿元资产全部移交属地政府。将根河电业局和大杨树供电所整体移交给自治区电力系统。林区的公共服务、公益事业全部纳入属地范畴。实现了林区社会职能的归位和社会资源的有效整合，解决了社会事业人员待遇问题。企业办社会这个长期困扰森工改革发展的重大难题得到破解。四是在林区全面推开以产权制度改革为核心的辅业改制工作。对森工采伐以外的所有辅助产业、林产工业和多种经营产业实施了以国有资产、国有身份"双退出"为核心的辅业改制。五是内部改革全面深化。伴随整体改制的突破，企业内部实施了一系列布局、结构调整和三项制度改革。组织机构和人员按照统一标准核定员工编制，确定员工岗位结构和人员管控目标。推进管理岗位聘用制、环节干部聘任制，激活了用人机制。活化分配机制，实行了机关岗位绩效工资制度；规范了年薪奖金发放制度；工资分配向重点岗位和生产一线倾斜。六是全面停止天然林商业性采伐，年停伐木材量 110 万立方米，实现了由以木材生产为主向以生态修复和建设为主的转变，由利用森林获取经济利益为主向保护森林提供生态服务为主的转变。将

与木材生产相关的 1.65 万名职工转岗安置到森林管护、抚育、防火等岗位，确保了职工收入稳步增长。对附属的 78 家经营性企业进行分类改革，采取划转属地、转制重组、转变职能、注销转让等方式，依法依规妥善处置。七是着力推进森林管护、森林经营、森林防火内部购买服务工作。制定《内蒙古大兴安岭重点国有林管理局生态保护建设购买服务指导意见（试行）》和森林管护、森林经营、森林防火等管理办法，完善了购买计划、预算编报、组织采购、项目监管、考核评价等业务流程，激发了体制机制活力。通过改革，林区实现了社会职能全部剥离、社会保障全面理顺、森工辅业全面改制、管理层次压缩，管理扁平化得以良好推进。

2. 打造森林管护创新体系。实现山川秀美、生态和谐，是林区人永远的追求。一是加强森林资源管理体系建设。严格执行占用林地定额管理制度，从严控制林地占用，实现占补平衡。深入探索加强林缘管护的有效途径，守住"红线"，确保林业生态主体功能区的完整性。二是加强森林资源防护体系建设。科学防控森林自然灾害。倡导实施了"投重兵、打小火、当日灭、立大功"的扑火理念，采取了主要领导靠前指挥、加大责任追究力度、增加防扑火装备投入、提高应急反应速度、增强联动扑火能力等措施，航空护林、森警部队通力协作，使林区防扑火能力得到全面提升，使"打早、打小、打了"成为现实。近年来，林区森林火灾发生率、森林受害面积和蓄积损失环比下降 70%，年扑火费用环比减少 1500 万元左右。新的防扑火思路得到了国家林业部的认可，并在全国进行了推广。

3. 加快林区科技进步。一是建立了林业科技创新体系，组建起一支精干、高效的林业科研队伍，培植了一批科技先导型龙头企业，增强了吸纳和应用科技成果的能力；二是建立了科技推广体系，加强林管局、林业局、林场三级林业技术推广机构建设；三是建立以集团公司投入为主的多元林业科技投入体系。自 2000 年以来，林区已研究开发项目 69 个，获国家专利 8 项，获省部级科技进步奖 6 项，同时积极引进先进技术数十项。

4. 全面推进基础创新。一是推广"物资零库存"的管理模式，物资价格环比降低 15%。二是建立健全了以目标成本控制为中心的生产经营指标考核体系。三是完善了办公网络建设，对工作流程进行再造整合，提高了行政效能。近年来，森工集团在全林区相继开展了"企业管理达标创优活动""质量效益年""资源节约活动""企业管理年""企业管理创新活动"等，并将活动纳入经营责任目标中，严格考核，企业管理水平不断提升，多次荣获内蒙古自治区国资监管 A 级企业，并获 2013—2015 年度业绩优秀企业奖。

（五）创新载体，提升林区党建和精神文明建设水平

森工集团（林管局）党委始终把加强党的建设作为提高林区软实力的重要载体，融入中心，服务大局，为企业改革发展稳定提供了坚强的思想、政治和组织保障。明确提出了党建工作"服务发展重心、紧扣政治核心、确保党政同心"的"三心"原则；确立了党建工作"三步走"战略规划，出台了《关于加强林区党建工作的意见》，健全完善了《关于进一步加强林区领导班子思想政治建设的实施意见》，建立了党建工作责任制、党建工作问责制、党建工作投入机制，建立了专项督查和纪律保障机制等 20 多项规章制度，推进了党建工作的规范化、制度化。进一步推进了以"思想政治好、工作业绩好、团结协作好、领导形象好、制度体制好和群众评价好"为内容的林区"六好"领导班子创建活动。突出特色，常规工作求实效，重点工作深思考，使林区党建工作体现时代性、把握规律性、富于创造性。建立健全了思想政治工作目标管理机制，实行经营管理目标与"四好""六好"班子捆绑式管理，同部署、同考核。进一步完善干部培养使用制度，积极推进公开选拔、竞争择优的干部任用工作；加强干部素质教育，通过开展"五破五探"活动，着力提高干部的政治业务水平。注重把思想政治工作融入生产经营活动的全过程，抓好基层组织，以完善载体、发挥作用为重点，推行"三到""四包"工作制度，即思想政治工作到段队、到岗位、到家庭，干部包段队、段队包职工、党员包群众、团员包青年，把党务工作渗透到经济活动的全过程，切实增强了基层组织的活力。以"党员政治思想、技术业务双过硬"为目标，激活了先锋责任区和党员先锋岗等活动载体，全面提升了党建工作水平。贯彻"依靠"方针，深入推行职代会、厂务公开、集体合同制度，广泛开展"两个民主直选"，企业民主管理在创新中不断发展。提高了职工群众在选人用人上的参与权、知情权和监督权。以开展"创建学习型组织，争做知识型职工"活动为切入点，组织 11 万人次参加了技术培训、岗位练兵等活动；在

35 个工种评聘了 3000 多名"首席工人"，推动了技术革新和合理化建议活动的深入开展。"林区青工技能振兴计划"以岗位训练、岗位培训、职业鉴定为主要形式，为青工实现岗位成才、岗位奉献和开展创业行动搭建了平台。

（六）立足根本，普惠民生，推动地区经济发展

民生改善、社会和谐稳定是做好林区各项事业的前提。一是着力改善民生，关注"热点民生"。完善职工工资增长机制，按照公平、合理、效率的原则，综合平衡各单位工资增长比例，实现林区工资水平均衡发展。抓好富余职工转岗分流和安置工作，维护林区社会和谐稳定。抓好"基本民生"，加大改善林区基础设施和棚改力度，着力提高职工基本生产生活条件。加大深山远山居民搬迁和林区乡镇一级标准化卫生室、文化室、村村通广播电视工程等建设力度，促进城乡融合发展、协调发展。保障"底线民生"，进一步完善社会保障体系，落实好政策，着力破解林业地方公共服务二元结构，推进公共资源合理配置和基本公共服务均等化。截至 2018 年末，林区已基本建成棚改房 170264 户，基本建成率达 99.7%；职工人均收入由"九五"期末的 4457元增加到 2018 年的 51879 元，提高了近 12 倍；解决了 5.8 万名混岗集体工养老保险待遇，有序开展了 8.5 万名天保工程和改制一次性安置人员社保补贴发放工作。二是积极承担社会责任。森工集团本着"先生产后生活""边生产边生活"的原则，白手起家，自力更生，逐步建立起公安消防、教育医疗、社区管理等健全完备的社会管理服务体系，主导建设了 25 个林业城镇，又经棚户区改造工程、深远山搬迁，林区面貌焕然一新。三是大力支持区域经济发展，促进了地方经济和少数民族地区的经济繁荣。自 2000 年以来，森工集团公司公益性投入及政社性支出 217631 万元。筹资 12 亿元改善林区交通、通信、电力设施，加快城镇住宅、供热、供水、排污等生活基础设施条件的改善，支援呼伦贝尔市各级地方政府修建城镇广场 12.2 万平方米，城镇公路166.4 公里，城镇防火隔离带 5099 公里，城镇防洪堤坝 28.7 公里。

三、腾飞的"六字经"

经验之一："输血"是源。"问渠哪得清如许，为有源头活水来。"林区生态建设的成就，林区生存发展的基础，源于国家的政策支持，源于国家的

"输血"，这是林区的源头活水。

经验之二："造血"是本。仅靠生态政策只能解决温饱，但是要让职工富起来，实现富民兴林的伟业，必须要靠自身"造血"，挖掘潜力、激发活力、增强动力、提升能力，加快发展，这是做好工作的根本。

经验之三：决策最重。林区既需要"输血"，又需要"造血"，决不能堵塞"输血"，更不能放弃"造血"，这是唯一的、正确的思路和决策，如果稍有偏颇，就会影响林区事业的发展。因为决策失误是最大的失误，疏忽不得。

经验之四：民主最佳。发扬民主是中国共产党的光荣传统，"兼听则明，偏信则暗"，决策中发扬民主、尊重民主，才能避免片面性，避免决策失误，民主也是最佳的管理方式。

经验之五：创新最贵。创新是促进发展的不竭动力。没有创新就没有突破，就不会有好的业绩。要继承又要突破，要夯实基础又要敢于争气、勇于争先，这是林区实现科学发展的必要条件。

经验之六：和谐最优。只要上下一心、社会和谐，事业就会兴旺；如果不和谐、不团结，事业就会受到影响。所以，领导班子的团结、干部职工的团结、社会的稳定，是开展一切工作的基础。

内蒙古森工集团的发展变化表明："艰苦奋斗，无私奉献"的大兴安岭人精神是国有林区生存和发展的根本。调整生产布局、调整产品和产业结构、构建现代企业制度，实现生态、社会和经济协调发展是森工企业发展的战略决策和现实选择。"长风破浪会有时，直挂云帆济沧海。"党的十九大开启了中国特色社会主义现代化建设的新征程，也开启了中国林工伟大建设事业的新征程。在新的历史时期，森工务林人将以高度的政治责任感和强烈的历史使命感，挺起生态建设脊梁，扛起生态文明大旗，肩负起保障国家生态安全、夯实生态根基的重大使命，奏响筑牢祖国北疆绿色屏障"最强音"，打造祖国北疆亮丽风景线，谱写生态文明建设新篇章，为发展现代林业、建设美丽林区、构筑祖国北疆万里绿色长城做出新的更大贡献。

建设世界一流航天产业投资集团

航天投资控股有限公司

航天投资控股有限公司（简称航天投资）成立于 2006 年 12 月，2008 年 3 月 8 日正式运营，履行中国航天科技集团有限公司（简称集团公司）赋予的产业孵化、资本运作、战略并购、投资融资等职能。

航天投资自成立以来，紧紧围绕"建设世界一流航天产业投资公司"的战略目标，瞄准"卫星及电子信息、火箭及特种装备制造、新能源新材料与节能环保"三大方向，按照"稳中求进、改革创新、防范风险、提升能力，实现高质量发展"的工作思路，深耕产业投资，成功孵化和参与航天工程、泰航特车、中天火箭、康拓红外、航天恒星、源动力、川南航天、航天机电、时代光电、航天彩虹、东方红卫星移动通信有限公司等航天领域项目，参与中国核电、中核建设、中国重工、中国电科、国电南瑞、中建科技、中国中车等央企项目，投资美中宜和、苏州口腔医院、赛升药业等医疗消费项目，通过投资凯富基金、中飞租赁等项目进行海外战略布局。

通过资本运作和流转，航天投资积极融通国内外社会资源，秉承"创新战略，稳健投资，规范管理，创造价值"的经营理念，致力于通过价值创造和自我发展助推航天产业、服务国民经济。

一、发展历程

航天投资经过十年的发展，从小到大，走出了具有中国行业特色的管理新模式，也为航天产业发展做出了突出贡献。

航天投资先后引入多家军工集团、知名央企和金融投资机构等战略投资者，股东资源不断丰富，服务航天产业发展的能力明显提高。航天投资自成立以来，注册资本由最初的 8000 万元增加至 120 亿元，先后引入中国光大银行、国家开发投资集团有限公司、中兴通讯、信达投资、中国成达、中国银行、国新国同和中国人保财险等作为战略投资者。

　　建立"本级+基金+海外投资+融资租赁"的多元化投资架构，先后发起设立航天产业基金、航天创投基金（一期和二期）、中央企业专利基金、航天物联网基金、国华军民融合基金、国创投资引导基金、卫星应用基金和新能源汽车基金，设立1家融资租赁公司和1家海外投资平台，面向企业全生命周期不同阶段的特点和需求，构建了由专利投资、创业投资、成长期投资和并购投资组成的完整投资体系。

　　2016年度为贯彻落实军民融合深度发展国家战略，航天投资代表集团公司出资人民币50亿元，作为主发起人联合中核工业、中核建设、中船重工、中船工业、兵器工业、兵器装备、国机集团等军工央企，以及中国人保、兴业银行、广东粤财、中信银行和中信证券等金融机构共同发起设立国华军民融合产业发展基金，基金总规模1000亿元，首期规模352亿元。

　　2017年度为贯彻落实党中央、国务院关于加快实施创新驱动发展战略，促进中央企业科技创新及战略性新兴产业发展，受国务院国有资产监督管理委员会委托，航天投资代表集团公司联合中国保险投资基金、中国邮储银行、上海浦发银行、中国工商银行、北京市政府、中国中车集团、国新国际发起设立中央企业国创投资引导基金，推动中央企业突破战略性新兴产业关键核心技术及实现产业化，促进中央企业间及中央企业与其他主体间的协同创新。国创基金总规模1500亿元，首期规模1139亿元。该基金是国资委委托产业集团成立的唯一一支委级基金。

　　2017年度航天投资实现国际化发展战略的重要突破，决策出资不超过1亿欧元投资瑞士凯富基金，成为其亚洲唯一的战略投资者，将通过"基金+项目"的模式实现对欧洲特别是德语区工业制造和技术领域的投资并购，布局海外项目，丰富投资组合。

　　2018年度代表集团公司与科工局重大专项办、国创基金、国华基金、上海国际、南京市政府等共同发起设立国华卫星应用产业基金，总规模200亿元，首期规模40.25亿元，主要投资于国家卫星数据服务等领域，进一步落实军民融合深度发展战略。发起设立航天产业基金（二期），总规模40亿元，聚焦航天技术应用和医疗技术装备等领域。

截至目前，航天投资所投资企业共有 23 支先后上市，目前持有 16 支上市公司股票，市值 103.3 亿元。

2018 年度航天投资实现利润总额 20.21 亿元，同比增长 18%，年复合增长率 82%；截至 2018 年底，航天投资管理资金规模 2,131 亿元，实现项目投资 166 个，总投资额 639.5 亿元，其中航天内项目投资 105 个，总投资额 399 亿元，占比 62%；公司连续 10 年以不低于注册资本 5%，近两年以不低于注册资本 8% 向股东分红，2018 年度向股东分红 9.8 亿元，达到股本金的 13.2%，累计分红 42.39 亿元。

二、发展战略

航天投资作为集团公司产融结合的重要平台，是贯彻落实国家创新驱动和军民融合发展战略的重要载体。公司自成立以来，始终不忘初心、牢记使命，以"钉钉子"精神，一张蓝图干到底。以"助推航天产业、服务国民经济"为战略使命，践行"以国为重、以人为本、以质取信、以新图强"的核心价值观，坚持"创新战略、稳健投资、规范管理、创造价值"的经营理念，贯彻"严、慎、细、实"的工作作风，融通方圆、共赢天地，致力于成为最具价值创造力的航天产业投资控股公司。

航天投资着眼世界一流，全面支撑航天强国建设，聚焦与航天技术紧密相关的战略性新兴产业，围绕自主可控、军民融合和商业航天等领域，坚持稳中求进、坚持模式创新，统筹运用基金、租赁等金融工具，积极投资孵化航天优质项目，战略布局重大科技创新项目，全面参与军民融合重大项目、军工企事业单位改制和国企改革；开展对产业运营类服务项目的投资，推动航天产业从产品制造为中心到制造与运营服务并重的转变；与资本市场接轨，推进公司上市或控股上市公司；积极配合集团公司开展国际化投资业务；持续加强人才队伍、激励机制、内控体系、风险管控、研究能力建设，不断增强公司软实力，促进集团公司资产整合、产业孵化和产业化，提升产业发展水平；稳步提升公司盈利能力，回报股东。到 2020 年，航天投资将建设成为国内一流、国际知名的航天产业投资控股公司。

三、规范管理

在完善业务体系过程中，航天投资公司本级及控股公司积极推进混合所有制改革，公司本级引入中国人民财产保险股份有限公司、国新国同（浙江）投资基金合伙企业（有限合伙）、中国进出口银行、中国光大投资管理有限责任公司、中国国投高新产业投资有限公司、中兴通讯股份有限公司、信达投资有限公司、中国成达工程有限公司、中国节能环保集团公司等战略股东，实现股权多元化。充分发挥现代企业制度治理结构，有效防控风险。

以风险管理为导向，不断规范业务操作，优化业务流程，着力加强资金管理、投资等关键业务风险管控。截至 2018 年底，航天投资已建立五大制度模块、十二类办法，形成了包含 118 项制度、64 项业务流程的制度体系。公司通过内部审计、内控评价等方式持续检验和评估管理制度的有效性，促进内部控制制度的有效执行和持续改进。

以智慧企业建设为抓手，不断完善公司内控体系；梳理公司知识体系，通过企业知识的存储、传递、获取、共享和应用，形成更加规范高效的管理。运用量化分析模型提高公司项目组合构建、投资、管理、退出的科学性；进一步完善覆盖公司本级和控股子公司的项目管理、预警和风险管控机制，实施投资和投后管理全过程风险管控，构建适应公司发展的风险管控和监督体系。

借鉴航天型号管理工作经验，在公司管理中引入"技术归零"和"管理归零"的五项标准，做到"定位准确、机理清楚、问题复现、措施有效、举一反三"，落实"过程清楚、责任明确、措施落实、严肃处理、完善规章"。

四、团队建设

航天投资坚持以人为本的理念，紧密围绕中心业务，充分结合投资行业特征，着力打造高素质的投资管理团队。截至 2018 年底，航天投资共有员工240 人，硕士以上（含）学历所占比例为 83%，党员所占比例为 55%。

航天投资建立项目经理制和风险保证金制度，不断完善公司激励与约束机制，充分调动公司核心团队的积极性，实施 EVA 激励和贡献奖。

五、坚持党的领导，建立现代企业制度

航天投资党委以习近平新时代中国特色社会主义思想和党的十九大精神为指导，贯彻落实两个"一以贯之"要求，贯彻落实习近平总书记"8.26"重要批示和集团公司第七次工作会议战略部署，进一步完善党的建设总体思路：聚焦"一个战略任务"，建设世界一流航天产业投资公司，支持世界一流航天企业集团建设，推动航天强国建设和世界一流军队建设；坚持"两个遵循"，落实全面从严治党"两个责任"；实现"三个融合"，坚持党的领导与完成中心任务有机融合，大力弘扬航天三大精神与打造一流团队有机融合，党风廉政建设与公司内控体系建设有机融合，坚持党的领导，加强党的建设，建立现代企业制度，将党建优势转化为企业发展优势。

发挥党委"把方向、管大局、保落实"的领导作用，明确党委在决策、执行、监督各环节的职责和工作方式，形成各司其职、各负其责、协调运转、有效制衡的公司治理机制。持续加强作风建设，落实中央"八项规定"精神，开展以案为戒、提高治理效能相关工作，着力在持之以恒正风肃纪上下功夫，营造风清气正的政治生态。

大力弘扬航天精神，强化使命担当，让"航天科技创造美好生活"成为公司员工共同的使命和价值观。开展与航天院所及大型央企党组织共建活动，学精神、学技术、促合作。激励干部和员工在新时代有新担当、新作为，凝聚员工士气，汇聚发展合力，打造一支有自豪感、使命感、责任感和担当意识的人才队伍，为支撑世界一流航天企业集团建设提供人才保障。

六、履行社会责任

按照中国航天科技集团有限公司赋予的使命和定位，航天投资紧紧抓住国家着力培育航天产业和战略新兴产业快速发展的有利时机，以助推航天产业、服务国民经济为己任，沿着航天产业链深入布局，通过数据资本与航天技术相结合，助推航天产业发展，成功孵化了航天恒星、中公教育、美中宜和等众多与国计民生休戚相关的优质项目，让航天技术走进千家万户。

参与特色产业脱贫。公司出资 3 亿元参与设立中央企业扶贫基金，紧紧

围绕国家脱贫攻坚战略，旨在聚合中央企业优势，广泛吸引社会资本，积极探索产业化、市场化扶贫。通过灵活多样的投资方式，支持贫困地区产业发展，增强贫困地区的造血功能和内生动力，带动贫困群众精准脱贫，为中央企业以工补农走出新路、树立品牌。

参与中央企业定点帮扶贫困革命老区县"百县万村"活动。公司多次赴河北涞源，协助蔬菜基地、养殖园、社会救济等 5 个项目开展扶贫工作，积极支持解决缺水缺电缺路等"三缺"问题，改善贫困群众生产生活条件；资助涞源办学条件，促进教育事业发展。资助陕西太白县支教 2.0 远程教育系统项目，优化老区边远乡镇的教育资源，帮助当地群众改善教育条件；推进陕西洋县光伏扶贫工程建设，帮助贫困群众稳定增收，实现贫困村增加集体收入。

努力打造职业化、市场化、专业化的人才队伍。公司实施人才强企战略，积极探索有利于优秀人才脱颖而出、发挥所长的人才激励机制，形成了"多渠道聚才、多平台炼才、多途径育才、多举措留才"的良好局面。航天投资现有从业人员约 1700 名，在为员工搭建发展平台的同时，提供多样化的培训支持，充分调动员工主动性和积极性，实现员工与公司共成长、共发展。

七、未来展望

航天投资将继续在集团公司的领导下，在股东会、董事会和监事会的指导下，继续贯彻落实党的十九大精神，以习近平新时代中国特色社会主义思想为指导，不忘初心，牢记使命，居安思危。继续保持谦虚谨慎、不骄不躁、艰苦奋斗、严慎细实、万无一失的作风，以永远战战兢兢、永远如履薄冰的态度，做好各项工作。坚持和加强党的领导，落实国家创新驱动发展战略和军民融合深度发展战略，坚持"稳中求进、改革创新、防范风险、提升能力，实现航天投资高质量发展"的工作思路，为发展航天事业、建设航天强国作出新的贡献！

专业价值新坐标 "两新"组织新境界

中联企业管理集团有限公司

大国崛起，公司重器。现代企业制度见证了中国经济改革开放辉煌成就，尤其是中国大型、特大型集团公司更成为中国经济发展的支柱和脊梁。

在这场恢宏的经济与社会变革以及现代企业制度变迁和要素重构过程中，助力中国大型集团公司发现价值、创造价值、实现价值的综合性财经专业服务机构中联企业管理集团有限公司，循着市场经济发展规律和集团公司客户腾飞轨迹，踏上了集团化壮大跃升之路，成为在资本市场和企业客户中享有金灿灿"中联"品牌的现代高端专业服务航母。

一、相伴企业集团 共舞市场经济

改革开放以来，国有企业改革是整个经济体制改革的重要环节。20 世纪 80 年代后期，一些企业开始横向联合，向集团化、市场化方向发展。而后伴随着社会主义市场经济的发展，企业集团，特别是央企集团蓬勃发展，诸多财经专业服务机构为这些企业集团改制、上市、重组等提供专业服务。中联企业管理集团是其中的佼佼者之一。

（一）萌生起步 在大时代下踏歌起舞

20 世纪 90 年代，社会主义市场经济体制改革目标确立，改革开放加速。从 1994 年起国有企业改革开始进入转换经营机制、建立现代企业制度的阶段。中国资产评估行业应运而生，中国资产评估协会于 1993 年 12 月成立。经国务院批准，由财政部、国家经贸委于 1993 年 8 月发起设立中国投资担保有限公司。随后，中国投资担保有限公司评审部启动评估咨询业务。国家国有资产管理局副处长王子林参与公司筹建，任计划发展部总经理。

为把相关的软性的专业服务如评估、咨询、造价等发展起来，更好地服务企业改革发展。中国投资担保有限公司与几家央企共同投资，于 1995 年

11月成立中联投资管理有限公司，并取得资产评估资质。

1997年1月中联资产评估事务所单独设立。1998年12月经财政部和中国证监会批准，中联资产评估事务所取得证券业务资产评估资格，并设立首家区域分支机构。

（二）脱钩改制 与央企集团同进共舞

1999年是一个深刻变革的年度。1999年9月22日中国共产党第十五届四中全会通过了《中共中央关于国有企业改革和发展若干重大问题的决定》，国有企业开启战略调整，改革大步推进，大量国企进行公司制、股份制改革，为资产评估提供了巨大发展机遇。与此同时，资产评估等中介行业按照国务院要求开展脱钩改制。1999年12月中联资产评估事务所正式更名为中联资产评估有限公司，成为以注册资产评估师为股东的有限公司，开始了市场创业和服务升级。

大规模的央企和国有金融机构改制上市，为资产评估服务拉开序幕。改制后的中联评估则以市场作为发挥作用的大舞台，以专业服务于宏大的国企改革进程和资本市场发展，赢得了企业客户和资本市场的高度认可。

完成脱钩改制的中联评估，1999年12月完成了石油双雄之一的中国石化海外上市资产重组评估，成为少数几家具有完成大型"集群"项目经验的评估机构。2000年中国石化在纽约、中国香港和伦敦成功地挂牌上市。

随后，中联评估服务于众多企业集团客户尤其是央企客户，并与客户一起创造众多载入史册的中国之最：第一家国企回归A股三地上市资产评估（2001年中国石化回归A股）；第一家有色央企改制上市资产评估（2002年中国铝业香港、伦敦、纽约上市）；第一家国有银行香港上市资产评估（2002年中银香港上市）；第一家中央水电集团改制上市资产评估（长江电力2003年A股上市）；中国银行改制上市评估（2004年中国银行香港上市）；中国工商银行改制上市资产评估（2006年中国工商银行成功实现A+H股上市）；第一家央企辅业改制上市资产评估（中国通信服务2006年香港上市）；第一家工程建设集团改制上市资产评估（中国中铁2007年A+H上市）；第一家特大装备制造业央企改制上市资产评估（中国南车2008年A+H挂牌）；最大规模的机场重组资产评估（首都机场2008年三期工程注入上市公司整体香港上市）；

第一家旅游央企改制上市资产评估（中国国旅 2009 年 A 股上市）；第一家资产管理公司商业化改制资产评估（中国信达 2010 年改制设立股份有限公司）；中国资本市场无先例上市公司（ST 东北高）分拆上市项目资产评估（2010 年吉林高速和龙江交通在上交所挂牌）等等。

（三）集团运营 在评估行业创先领舞

市场经济迅猛发展和国企改革大步推进，评估机构规模普遍偏小，评估业务覆盖面不足、核心竞争力不够、服务不相适应的问题愈显突出。2009 年 12 月财政部发布《关于推动评估机构做大做强做优的指导意见》。评估行业做优做强做大的历史责任落在了中联评估身上，财政部、中评协领导多次到中联评估调研。中联评估呈报了母子公司集团化试点申请。

2010 年 12 月中联资产评估集团有限公司获财政部批准、国家工商总局核准注册，标志着中国资产评估行业旗舰型机构诞生。2011 年 3 月中联资产评估集团有限公司揭牌仪式在人民大会堂举行，董事长王子林发出《评估师践行社会主义核心价值体系、做好中国特色社会主义专业建设者》的倡议书，标志着中联评估在探索通过集团化经营模式、打造行业旗舰的道路上迈出了可喜的一步。

随后的迅猛发展成绩表明，作为财政部批准的首家实行母子公司试点的集团化评估机构，中联不负众望，很快发展成为国内规模最大、资格最全、业绩最好、实力最强的评估集团。

中联在发展壮大过程中，以评估为起点和支点，不断延伸服务链条，全面服务市场经济，20 多年的躬耕，始终坚持"至精至诚，共创共荣"的宗旨，现已发展成为综合性财经专业服务机构，服务范围覆盖价值评估、财务审计、税务咨询、造价咨询、财务顾问、资信评级、投资融资、资本管理、商务代理、职业教育等诸多领域，成为独具全价值链财经专业服务、高效能专业投资和财经智能互联网生态系统三大板块的现代高端专业服务航母。

二、专业成就品牌 责任系于天下

社会主义市场经济迅猛发展，中国成为全球第二大经济体，财经专业服务行业迎来宏大的全国市场、跨国市场、全球市场空间，规模化、品牌化、优质化成为中联集团追求的方向。

（一）以专业回报时代　铸就铮铮品牌

1. 治理基石牢。母公司雄厚的专业资源和子公司资深的专业团队。以"中联"品牌为内在标准，通过集团化、网络化运作，建立品牌、基本制度、执业标准、信息系统、质保风控制度、全员培训、合伙人制度等"七统一"的集团化管理构架，构建品牌发展中心、战略客户开发维护中心、技术标准方法研发中心、创新高端优秀执业示范中心、质保风控中心、全员培训中心等六大"中心"，夯实核心竞争力，并在内部控制和执业模式上实行标杆治理，从而为客户提供"高品质、零距离、匀质化"的服务。

2. 服务网络广。本着"集团网络化、区域集团化、全球一体化"的治理理念，以母子公司为纽带，构建了覆盖全国各省市的服务网络，拥有 5 家专业子公司、27 家区域子公司、2 家分公司、3 家成员机构和 1 家研究院，并在中国香港特别行政区以及美国、澳大利亚、加拿大设有专门服务机构。

3. 专业底蕴深。集团设有由全国"官、产、学、研"领域 50 位研究员、教授、资深专家、学者组成的专业委员会。

4. 执业口碑响。集团客户遍及全国，涵盖 90% 的中央企业和财政部直管金融企业及各省市骨干企业，拥有丰富的战略交易信息，保障专业服务交易价值最大化。"中联"品牌在资本市场具有很高的声誉，核心团队是业内知名、资深的策划和顶级运作专家。中联构造的交易方案可使参与方实现多赢与财富的增值。中联在业内已成为成功运作的旗帜，执业质量得到政府监管部门、海内外投资者、境外监管当局的高度认可。

5. 发展业绩优。中联评估是目前国内最大的资产评估机构。集团专业服务累计涉及资产总量已逾百万亿元，项目遍布基础设施等 20 多个行业，年综合收入 20 多亿元。在中国资产评估协会公布的行业综合评价和收入排行榜中，中联评估 2012 年以来连续 7 年位列第一。中联在上市公司重大资产并购重组评估中具有行业领先的市场占有率，2010 年以来每年占当年并购重组总量的 20% 以上。

（二）以责任回报社会　不负神圣使命

1. 以理论建树向行业贡献智慧。集团专业团队积极参与行业各项专业活动，踊跃代表行业发声，积极参与证监会、国资委等部委及各大企业集团相关专业活动，为政府依法行政、科学执政，为国有资产的保值增值，提供重要的专业保障。中联积极参与评估行业自律体系建设，在教材审定、行业教学实践基地建设、执业案件申诉处理、高端专业培训和交流等方面发挥资深专业人士作用，不断探索评估执业新领域和发挥作用的新空间。

2013 年 10 月 28 日全国人大财经委《中华人民共和国资产评估法》起草小组莅临中联评估，就《资产评估法》开展调研。王子林董事长结合中联评估实践及理论思考提出了建议。此前他作为全国人大财经委《资产评估法》起草小组咨询专家，提出了一系列有利于评估科学发展的建议和条文，得到采纳。

2. 以新型企业文化关怀员工、回馈社会。短短十多年使一个不足百万元收入的小事务所逐步发展为行业龙头机构，解决数千专业人员就业。公司党团工会组织健全，形成"至精至诚、共创共荣"的团队氛围和"锐意进取、开拓创新"的企业文化。累计拨付课题研究和人才培养专款 600 多万元。每年投入 200 多万元，持续 10 多年推动《中国上市公司业绩评价报告》编撰和上市公司业绩评价，推动业绩导向扎根资本市场。倡导社会奉献，在重大灾害到来时踊跃捐款。

3. 以公司治理革命和行业共同理想探索解决专业服务机构"断代危机"。20 年奋斗史浓缩了一代专业人士的历史。一些专业机构高级专业人士和合伙人遇到所谓"成功之惑"：我是谁？我在干什么？我到哪里去？中联带头探索的母子公司集团化发展，可以使专业服务机构摆脱单纯个人抱负、个人意志、个人利益和个人能力所左右的宿命，并作为新经济组织、新社会阶层回归社会，与主流社会相对接，形成共同的理想和追求，得到社会的认可。公司高管范树奎当选为全国政协委员，多名专业人士在各级人大和政协参政议政。这是专业服务行业生生不息发展的巨大源泉，是党和国家重视的"两新"组织的未来之路，是解决"断代危机"的真正出路。

三、投身"一带一路"建设 贡献民族复兴

中联企业管理集团作为党和国家高度重视的"两新"组织的典型代表，

义不容辞地投身到"一带一路"建设，将中联梦与"中国梦"有机融入与衔接，为中华民族伟大复兴和人类命运共同体构建积极贡献力量。

（一）积极建立国际网络体系

20多年躬耕，中联发挥集团化优势，凭借专业服务领域的综合实力，搭建了一个服务各类客户、对接监管部门以及覆盖全国并不断走向国际的网络体系，在中国香港特别行政区以及美国、澳大利亚、加拿大等国家设有专门服务机构，服务中国企业"走出去"和境外企业"走进来"，为遍布全球的客户项目提供高品质、零距离的专业服务。

2016年10月中联与国际企业价值评估分析师协会主席威廉·汉林共同发起组建中联国际评估联盟，这是中国评估行业国际化具有里程碑意义的事件。中联通过与世界主要经济体的领头评估机构合作，传出中国的声音，推广中国的准则，做出中国的贡献。2016年11月3日中联资产评估集团与香港评值国际有限公司战略合作签约，以香港为桥头堡，中联国际化又开先河，为中国企业全球投资提供深度定制服务。

（二）高质量培养国际执业人才

2015年12月8日中联与全球久负盛名的皇家特许测量师学会（RICS）签署了战略合作协议，双方在信息交流、高层互访、学术研讨、专业培训、执业标准、项目协作等领域开展合作。2016年中秋节前夕，RICS全球主席阿曼达·克拉克女士访问中联，搭建专业服务全球合作网络以及在国际标准体系建设方面进一步加强双方的合作。2016年10月RICS专门为中联35位高管和业务骨干进行了国际化培训。中联还参加ISO/TC289/WG1品牌评价国际标准起草工作，并同美国沃顿商学院等国内外多家科研院所、行业协会建立了战略合作。

（三）稳步推进国际市场开拓

中联跟随中国企业"走出去"，不断延伸服务链条，帮助企业客户创造更大的价值。例如，中国铝业收购秘鲁铜矿采矿权价值评估项目、中煤集团收购澳大利亚煤矿采矿权价值咨询项目、中国一汽集团主业重组改制设立股份公司境外资产评估项目、宝钢集团重组广钢时涉及智利铁矿采矿权价值项目、中钢集团公司收购澳大利亚铁矿项目价值评估、中国北方工业集团公司哈萨克斯坦油田价值评估和叙利亚油田价值评估、中国水电建设集团国际工程有限公司转让持有的中国水电矿业（老挝）钾盐有限公司股权项目等等。

近年来，中联国际业务进展较大，2015 年正式组建国际部，当年涉外业务收入占全年收入 15% 以上，主要业务类型为出境并购及对外投资。例如，中联承做了中国化工橡胶、油气和农化三个板块的境外重大资产重组项目，完成了中国银行转让东南亚 6 行股权或整体资产项目、紫金矿业在刚果等国家的铜矿金矿重大并购项目、洛阳钼业 275 亿元超级矿业海外并购项目、中国农化旗下沙隆达 185 亿元收购全球农化巨头安道麦（ADAMA）项目等，引起国内外高度关注，起到了很好的示范引领作用。

当前，中联正从国内市场向国内与国际市场并重过渡。中联近两年承做了五大洲 40 多个国家和地区 100 多个境外项目的专业服务工作，国际业务收入实现快速增长。作为财经专业服务机构，中联正抓住重大战略机遇，进一步提供综合配套的财经专业服务供给，贡献专业智慧，践行历史使命。

四、创新颠覆传统制高点 赢得未来

中联通过不断对集团的事业进行精准定位和结构性升级，从而创新不竭，这是中联快速成长与引领未来的不二法宝。

（一）创新与卓越

1. 以创值模式维护企业和国家利益。中联企业管理集团以研发为先，擅长以重大课题研究开发为先导，创造性地解决重大、疑难问题，组织完成了一系列重大的、无先例的、创新性的重要项目，如中国石化、中国中车、中国铝业、中煤能源、中国中铁、中国一汽、中国银行、中国工商银行、中信集团、光大银行等整体重组改制评估，涉及的政策问题复杂。中联依据国家有关资产评估规范，与国资委、财政部进行充分沟通，争取支持，最大限度地保护了国有企业合法利益，为这些企业顺利上市奠定了坚实的基础。

在力拓高管涉嫌侵害商业秘密案定损评估中，中联通过深入、严谨、创新的专业工作，发现了解决该案的科学评估逻辑、有效评估策略、雄辩评估参数，一举突破商业秘密案定损这一世界性难题，为我国司法赢得尊严，受到公安部相关领导的高度评价。

在中国工商银行重组上市评估中，中联以科学的专业判断守住"贷款五级分类"的正确底线，为银行保住了 300 多亿元资本金的价值，为工商银行推进国有商业银行改革的战略决策做出不可或缺的贡献。

2. 以颠覆思维引领智慧财经革命。2015 年底，中联提出互联网改造升级计划。2016 年中联财联网面世，借助互联网、大数据、人工智能等现代科技对传统财经服务进行赋能升级，以企业财税运行作为核心，形成业票财税融新生态体系，打造智慧财经新产业格局和平台体系，引领财经 4.0 升级发展。中联以"高端服务＋科技""财税代理服务＋科技""产教融合新财经教育＋科技"三大形态引领智慧财经新突破，成功实现专业服务由传统数据服务到大数据产业的革命，成功实现由单边对"财"服务到"人""财"双全服务的历史性跨越，真正引领财经专业服务领域的供给侧改革，这也是中联集团发展史上产业升级、创新创业和跨越式发展的又一壮举。

3. 以前瞻布局构建集团未来发展战略制高点。资产评估行业根本大法《中华人民共和国资产评估法》2016 年出台实施。王子林董事长撰文分析指出，《资产评估法》在评估机构门槛设置方面强调专业特性，对名称、法定代表人、评估师股东专业类别及股比不再设限，为特大型、综合型、集团型评估机构发展提供了制度保障。据此中联提出再构建战略，进行战略制高点的构建，进行股权文化、合伙文化和治理结构的构建，进行固本工程与升级工程互益结构的构建，进行内力和外力有机结合使用的构建，进行中联品牌体系的构建，开启中联集团更加辉煌的转型发展。

（二）经验与体会

1. 理论先导。中联发展优异，在于能够始终不懈地对专业服务运营规律进行深刻研究和总结提炼，对实践进行指导和促升。集团设有以中联研究院为平台的独立研究机构，开展经济政策、市场环境、行业政策、投资实务等诸多重大问题研究，并承担多个部委及多家中央企业赋予的课题研究工作。同时，为适应全球经济一体化，同美国沃顿商学院、英国皇家特许测量师学会等国内外多家科研院所、行业协会建立了战略合作关系。

2. 制胜突破。制胜的关键在于要有核心竞争力。一是要有专业核心竞争力。专业底蕴：中联专家团队已累计承担财政部、国资委等国家部委重点咨询课题近 100 项，不仅能有针对性地提出问题，而且能创造性地解决问题，能真正做到贴身服务。专业实效：依托行业专家的专业意见，并以行业经济技术指标、参数为基础，借助财务顾问所特有的价值组合和再造功能，为资产最优利用和配置提供科学合理、并能为有关各方接受的依据，为客户提供最适用的、最具实效的"高端产品"。专业品牌：大量成功案例树立了在监管部门和企业客户中的"专业口碑"，同时既考虑改制企业的实际情况，又考虑监管要求，处理好政府审批、政策与市场约束的关系，确保一次通过，为中联赢得了声誉。

二是要有战略核心竞争力。战略定位：总是能够把握时代的脉搏和主旋律，对中联的事业进行精准定位和结构性升级，努力绽放新的光彩。比如中联进行的集团化发展战略、当前推进的决胜智慧财经战略等。战略整合：对内狠练内功，建立统一标准体系；对外整合统筹现有服务体系和资源。战略布局：中联各类专业服务覆盖价值发现、价值公证、价值再造、价值实现、价值增益等企业客户完整生命周期和全价值链条，且在每个领域都具有绝对或一定的制胜优势，同时相互之间互动聚力、相互增益；中联服务网络遍布全国并延伸国外，同时在每个区域能形成绝对或一定的制胜优势。

3. 标杆治理。一是外部对标。在遇到有差距的时候，把先进标准作为基准标杆，与自己现有的正在执行的标准进行对比对照，通过"比（行业比对）、学（标杆学习）、赶（寻找差距、追赶目标）、帮（对标伙伴）、超（追求卓越）"，积极改进，迅速提升，建立全新的竞争优势。

二是内部对标。在执行对标提升的时候，不仅集团要与行业内外的先进标杆进行对标，内部各专业部门和区域分子公司之间、各专业部门与所在专业领域标杆之间、各区域分子公司与所在区域的行业标杆之间，都要进行对标提升，在相互竞赛、相互督导、相互约束下，实现自我完善和升华，形成整体优势带动局部提升、局部优势集聚呈现整体更大优势的良性循环。

三是不断升标。在成为行业龙头标杆时，要以更高标准要求自己，适时提出更高的标准，主动升标，并以升标为新的对标标准，实现自我革命和螺旋式提升，从而始终掌握战略优势和主动权。

第十章　中国集团公司 30 年座谈会文集

中国集团公司肩负着历史赋予的重任，是实现中华民族伟大复兴的经济基础，是中国经济崛起于世界之林的中坚力量，是中国企业转变经济增长方式的推动者，是坚持创新、发展高科技产业的领航者，是国家重要民生领域的主导者，是国家财政税收和社会责任的贡献者，为中国经济的快速发展、综合国力的增强、国际地位的迅速提高做出了重大贡献。

在中国企业集团创建发展的 30 周年和中国集团公司促进会成立 30 周年的这个重要历史节点上，2017 年 12 月 21 日"中国集团公司 30 年座谈会"在北京隆重举行，200 家集团公司会员企业代表出席会议。十二届全国人大常委会副委员长陈昌智和原国家经济体制改革委员会党组书记、常务副主任贺光辉分别致贺词；中国集团公司促进会会长陈进行发布《中国集团公司 30 年蓝皮书》；中国一汽集团负责人发布《中国集团公司促进会 30 年报告书》；中国中车股份有限公司党委书记、董事长，中促会会长刘化龙等 10 多位领导、企业家在会上发言。这次会议引起社会各界强烈关注。仅新华社客户端对会议的报道，3 天的浏览量超过 110 万人次。

服务国家战略　培育世界级集团公司

中国集团公司促进会常务副会长　张重庆

　　今年（2017）是党中央、国务院决定推进中国集团公司组建的 30 周年，也是为推进中国企业集团和集团公司组建而成立的中国集团公司促进会诞生的 30 周年。1986 年 3 月国务院发布《关于进一步推动横向经济联合若干问题的规定》。在推进横向经济联合中，松散自发组织的企业集团出现了。1987 年 12 月国家经济体制改革委员会和国家经济委员会联合发布了《关于组建和发展企业集团的几点意见》，从而拉开了中国国有企业进行企业制度改革的帷幕，掀起了国有企业集团化的历史大潮。

　　回顾历史，气象万千。30 年前以长春第一汽车制造厂、东风汽车工业公司、中国重型汽车公司、西安电力机械制造公司为首的 23 家大型工业联营公司和企业集团，在改革开放的历史潮流中，向僵化的、高度集中的计划经济体制发起了挑战，自发成立了全国工业公司联络网（中国集团公司促进会的前身），无私无畏，为推进国有企业改革呐喊，为组建企业集团奔走，成为中国企业组织结构和管理模式改革创新的先锋。

　　30 年来，国有企业和民营企业在党和政府的领导下，经历了横向联合、集团组建、依照《中华人民共和国公司法》建立现代企业制度、进行公司制改制、资产重组、混合所有制改革、国际化发展的历史进程。企业集团和集团公司从无到有，从小到大，从弱到强。短短 30 年，已经形成一批引领国民经济发展、具有全球竞争力的大型企业集团和集团公司，为增强综合国力、参与全球市场竞争、建设中国特色社会主义做出了重大贡献，创造出举世瞩目的辉煌成就。世界 500 强企业排名实现了从零到百的突破，在国内外经济舞台上的影响力愈来愈大。中国大型企业集团已经成为中国现代经济发展的脊梁和支柱，成为国家经济实力的标志和象征，成为具有国际影响力的全球市场活跃的竞争者，成为中国经济持续发展、实现中华民族伟大复兴、构建人类命运共同体的主力军。

30 年来，中国集团公司促进会与中国集团公司相伴而行，配合政府部门和大型集团公司开展工作，从全球战略高度，探索中国企业创新发展和参与经济全球化历史进程的新思路、新途径，密切关注跨国公司发展趋势，深入研究前沿动态，聚焦改革难点热点，开展可操作性的研究，探索破解困难的途径方法，为集团公司的创建发展、改革重组、改制创新、转型升级、国际化经营和政府配套的科学治理决策，提供智库研究成果和务实的服务，起到了其他社团组织无法替代的独特作用，得到主管部门和会员企业的充分肯定，曾被国家经济贸易委员会评选为"先进协会"，国家发改委曾授予建言献策活动"突出贡献奖"。

国有企业改革是中国经济体制改革的中心环节和重要突破口。企业集团和集团公司的快速发展，谱写了中国经济体制改革和中国特色社会主义建设的最为辉煌精彩的篇章。在纪念"两个 30 年"的重要历史节点上，按照中央有关规定和要求，我们不举行庆典活动，不举办颁奖仪式，仅仅举办座谈会，以极其简朴的形式，发布《中国集团公司 30 年蓝皮书》和《中国集团公司促进会 30 年报告书》，这是对"两个 30 年"最好的纪念。

今天会议的主要议程：一是发布《中国集团公司 30 年蓝皮书》和《中国集团公司促进会 30 年报告书》，总结中国企业集团和中国集团公司促进会发展的历史经验，展望国际化发展趋势，规划行动方略，面向未来，砥砺前行，为中华民族复兴再创辉煌；二是为保护激发企业家精神，邀请为建设中国特色社会主义做出卓越贡献的优秀企业和优秀企业家发言，围绕习近平总书记发出的"培育具有全球竞争力的世界一流企业"的进军令，交流经验，展示培育具有全球竞争力的世界一流企业的行动纲要。

党的十九大高举新时代中国特色社会主义的伟大旗帜，作出了我国社会主要矛盾已经转化为人民日益增长的美好生活需要和不平衡不充分的发展之间的矛盾等重大判断，阐述了新时代中国共产党的历史使命，提出了新时代建设中国特色社会主义的基本方略，确定了全面建设社会主义现代化国家的宏伟目标，对推进新时代中国特色社会主义伟大事业作出了全面部署，为中国集团公司的发展指明了前进方向，为中国集团公司促进会的发展提供了行动指南。

我们要以习近平总书记新时代中国特色社会主义思想为指导，不忘成立中促会之初心，牢记历史赋予的重任，以实际行动落实党的十九大精神，站在时代的前列，继往开来，履行培育具有全球竞争力的世界一流企业的光荣使命，为中华民族伟大复兴做出新贡献。

要特别强调的是，当代科学技术突飞猛进的发展，激动人心的科技新成果层出不穷，令人眼花缭乱，目不暇接、无比兴奋。智能化、互联网、大数据，几乎在所有领域都取得了史无前例的进展。这充分表明人类社会在经历农业经济、工业经济、信息经济时代后，正在昂首阔步向智能经济时代迈进。智能经济的崛起必将焕发出无比巨大的社会生产力，千百倍加速社会经济的发展，更高程度、更大范围改变全人类的生活方式和生产方式，把人类社会推向一个更加辉煌壮丽的历史新时代。

中国集团公司促进会作为全国大企业集中度最高的社会团体，要从全球化的战略高度思考和探索未来国际化发展之路，服务国家发展战略，培育具有全球竞争力的世界一流集团公司，主动适应智能技术和智能经济崛起的新趋势，高瞻远瞩，未雨绸缪，聚合国内外的智力资源、金融资源、网络资源、高端人才资源，充分发挥高端智库和社会团体的桥梁纽带作用，既为政府宏观经济决策和会员企业战略决策提供智库咨询服务，又下气力构建实体经济、科技创新、现代金融协同发展的跨界公共服务平台，作为落实党的十九大精神，提升为政府和为会员企业服务能力的具体举措之一。

中国集团公司促进会已经设立了智库委员会、智能技术研究院、智能财税服务联盟、区块链分会等机构，本着前瞻务实、接地气的原则，为促进传统产业、智能技术、金融资本的相互融合发展，助力集团公司做强做大做优做出特色，助力集团公司国际竞争力的不断提升和国际化发展战略的实施，助力智能技术和智能经济在中国的崛起，助力"一带一路"国际经济合作交流的发展做出新的贡献。

我们要努力把这次座谈会开成党的十九大精神贯彻的落实会，习近平新时代中国特色社会主义思想的学习会，培育具有全球竞争力的世界一流企业的动员会，中国集团公司促进会迈向新征程的启动会，分享企业集团和集团公司改革创新经验、探讨新时代中国集团公司创新发展之路的交流会。

创造辉煌的中国集团公司 30 年

《中国集团公司 30 年蓝皮书》发布

中国集团公司促进会会长　陈进行

为深入贯彻落实党的十九大精神，培育具有全球竞争力的世界一流企业，国集团公司促进会理事会作出决定，撰写和发布《中国集团公司 30 年蓝皮书》，并成立了以全国人大常委会副委员长陈昌智、原国家经济体制改革委员会党组书记贺光辉为总顾问的编委会。现在这部约 40 万字的蓝皮书征求意见稿已经问世。

《中国集团公司 30 年蓝皮书》以习近平新时代中国特色社会主义思想为指导，系统研究 1986 年 3 月 23 日国务院发布《关于进一步推动横向经济联合若干问题的规定》和 1987 年 12 月 16 日国家经济体制改革委员会、国家经济委员会联合发布《关于组建和发展企业集团的几点意见》以来，党和国家制定的有关引领企业集团发展的方针政策和法律法规，对中国集团公司孕育、创立、形成、发展和壮大发挥的指引和保障作用。

《中国集团公司 30 年蓝皮书》以中国共产党十一届三中全会以来，党和国家关于经济体制改革、企业改革和建立现代企业制度的政策法律为依据，以促进我国经济社会发展为前提，以建设中国特色社会主义现代化强国为原则，以中国企业集团和集团公司整体为考察研究对象，沿着发展轨迹考察不同时期、不同阶段企业集团和集团公司的发展概况、组织结构、经营方式、技术状况、企业文化等，以及在国民经济发展中的地位与贡献，特别是从国家宏观的层面，对 30 年来中国企业集团的发展壮大的历史作了一次系统梳理，回顾创建发展的进程，总结宝贵经验教训，提出未来发展的对策建议。

《中国集团公司 30 年蓝皮书》全书体系比较完整，内容比较全面，系统阐述了党和国家关于集团公司的顶层设计、历史意义，从企业集团向集团公司和从单一全民所有制向混合所有制的发展变化、迈向国际化的进程、主要成就、重要地位和特殊贡献等。总结若干经验，提出了培育具有全球竞争力和世界一流集团公司的途径；论述了在激烈的国际竞争中面临的挑战，承担实现中华民族伟大复兴的重任，肩负参与全球经济科技竞争和"一带一路"建设、构建人类命运共同体的使命；阐述了中促会在集团公司发展中所发挥的独特作用，以及新的目标定位等。

《中国集团公司 30 年蓝皮书》由十章构成。第一章中国集团公司的创建与发展，论述了党和政府关于组建企业集团的战略决策，国务院有关部门建立第一批试点企业集团，《中华人民共和国公司法》的实施与大型企业集团的快速建立，促使企业集团向集团公司转变的内外部主要原因，企业集团向集团公司转变的历史过程，以及党的十八大以来集团公司进入新时期做强、做优、做大、做出特色的新发展等内容。第二章中国集团公司的特征与优势，论述了集团公司的概念与主要特点，集团公司与企业集团的异同，集团公司的不同分类，集团公司的优势和成立的意义等内容。第三章中国集团公司的主要发展成就，从资产增值扩张、税收与就业贡献、技术研发和国际影响力等方面论述了集团公司的主要贡献。第四章中国集团公司现代企业制度的建立，论述了现代企业制度的总体设计、组织实施、治理结构的完善、管理体制的优化、产融结合的趋势、社会责任的践行等内容。第五章中国集团公司混合所有制改革，论述了国家推进混合所有制改革的决策部署、改革的必要性、改革的路径选择、推进混合所有制改革的实践、健全混合所有制治理机制，以及发展混合所有制的国际意义等内容。第六章中国集团公司的国际化经营，论述了中国集团公司国际化的重要意义，中外跨国公司的标准、特征和中国集团公司国际化主要表现形式，以及中国集团公司国际化面临的障碍、存在的差距和实施国际化发展战略的有利条件等内容。第七章培育具有全球竞争力的世界一流集团公司，论述了需要配套同步深化管理体制与企业改革、改革的主要方向和重要任务，以及培育具有全球竞争力的集团公司的着力点等内容。第八章中促会与中国集团公司发展，论述了中促会为中国集团公司提供的主要服务，总结了为集团公司服务的若干经验，提出了未来的发展模式等内容。第九章中国集团公司改革创新发展典型案例，包括神华集团、中国建筑集团、中国航天科技集团等世界 500 强集团公司的典型案例。第十章中国集团公司 30 年座谈会文集，收集了中航工业集团、中国华能集团、中国大唐集团、神华集团、中国一汽集团、中国中车集团、中国西电集团等企业领导的发言。本书选编有中国企业集团改革创新发展的重要文献，附有中国集团公司 30 年大事记。

《中国集团公司 30 年蓝皮书》是至今为止我国编撰的第一部集团公司方面的文集，所以，除文献资料和数字外，文中几乎所有的观点和论述都是独立研究的，具有创新思维。

这是第一部系统论述 30 年来党和政府高度重视国有企业改革和民营企业发展的顶层设计，指导引领和具体推动集团公司 30 年发展壮大的文集；是第一部打破经济结构上不同所有制界限，对不同所有制形式的集团公司综合进行考察研究，全方位系统论述中国集团公司的文集；是第一部系统论述中国集团公司概念、性质、特征和具有中国特色的集团公司的特有优势的文集；是系统论述中国集团公司成立历史意义、重要作用和辉煌成就，及其世界影响力，揭示中国经济高速发展动力源的文集；是第一部从全球视野论述中国集团公司增强竞争力，迈向世界级跨国公司的战略与途径的文集；是第一部系统论述中国集团公司促进会坚持服务宗旨，建设高端智库，为政府和会员集团公司提供"双向"服务的文集。这部书的出版对经济界、企业界、学术界和国际机构对中国企业集团和集团公司的深入研究工作将起到抛砖引玉的作用。

作为第三方的社会组织，中促会组织力量在不到一年的时间内，写出了第一部总结中国集团公司 30 年发展的蓝皮书，是一件十分不容易的事情。这是中促会多年来为集团公司服务成果的汇集，是中促会全体员工集体智慧的结晶，是中促会新时期工作创新的表现，是中促会为会员企业提升服务质量和水平的体现，是一件值得充分肯定和高度赞赏的事情。这部文集填补了经济出版界这方面的空白，在理论和实践上为今后中国集团公司崛起于世界之林，涌现更多的世界一流的企业奠定了重要的思想基础。

为集团公司改革创新发展服务的 30 年

《中国集团公司促进会 30 年报告书》发布

中国集团公司促进会会长单位代表 胡 咏

今年是中国集团公司创建发展的 30 周年，也是中国集团公司促进会〔以下简称中促会）成立的 30 周年。我受第一汽车集团有限公司委托，代表会长单位作《中国集团公司促进会 30 年报告书》的发布。

30 年来，中促会从第一汽车集团公司等 23 家会员企业发起，到现在已经发展成为大企业集中度最高的全国性社会团体，拥有以中央企业为主体的 200 家大型集团公司会员，行业覆盖军工、能源、钢铁有色、交通运输、装备制造、电子信息、建筑承包、建筑材料、轻工纺织、医药、农林、文化、旅游、金融服务等。在为政府、为会员企业提供务实服务方面做了大量工作，在集团公司改革发展的理论、实践和政策研究方面做出了重要贡献，曾被国家经贸委评为"先进协会"，获得国家发改委建言献策活动"突出贡献奖"。

《中国集团公司促进会 30 年报告书》从全局视野出发，概述中促会在集团公司创建发展和国际化历史进程中所发挥的独特作用；客观反映工作的全景和亮点；总结为集团公司和政府决策服务的经验，阐述未来向"社会团体＋高端智库＋公共服务平台"转型升级的目标定位。这份报告书是我国非官方社会团体首次发布 30 年报告书。

中国集团公司促进会肩负的历史使命

国有企业改革是 20 世纪八九十年代中国经济体制改革的中心环节。1978年12月党的十一届三中全会之前，经济长期处于僵化封闭、高度集中的计划经济体系内，企业除手工业作坊属于集体所有制之外，都是清一色的全民所有制。企业是政府的附属物。政府计划部门负责企业产供销调度，财政部门负责企业统收统支。企业自身没有自主权，效率低下。改革成为必然趋势。

党的十一届三中全会揭开了中国经济体制改革和对外开放的帷幕。企业自主权的回归和市场的放开，市场竞争机制激发了企业内在的发展活力，大型企业横向经济联合的苗头出现。1980 年 7 月国务院颁布《关于推动经济联合的暂行规定》，提出推动联合的若干政策。1986 年 3 月国务院颁布《关于进一步推动横向经济联合若干问题的规定》，要求逐步形成新型的经济联合组织，发展一批企业群体或企业集团。"企业集团"的名称第一次在我国官方文件正式出现。

为了推动企业集团的健康发展，1987 年 12 月国家经济体制改革委员会、国家经济委员会联合发布《关于组建和发展企业集团的几点意见》，对企业集团的含义、组建的原则、组建的条件、集团内部管理和宏观政策措施等，作出了明确规定，全国出现组建企业集团的高潮。

正是在这种背景下，为了推进企业集团的组建，引导企业集团健康发展，提升市场竞争力，在国家经济委员会的倡导下，1987 年 8 月 17 日在长春第一汽车制造厂，由一汽、上海电气、哈尔滨电气、东风汽车、中国重型汽车、西安电力机械制造、东方电气等 23 家大型企业发起，宣告成立"全国工业公司联络网"。这是新中国成立以后，也是中国改革开放历史上第一个由大型企业自发成立的民间团体，不向政府要编制、要经费，总干事、副总干事、干事全部由企业人员担任，没有政府官员兼职。

1988 年 5 月在国家经济体制改革委员会的倡导下，以通用电气集团、汾酒集团、长城计算机公司等发起组建了"集团公司联络网"。1989 年 11 月"两网合并"，1993 年经民政部登记更名为"中国集团公司促进会"。

从上述历史背景不难看出，中促会从诞生起，就是大企业大公司联合重组、集团化发展的代表者、促进者，肩负着推动中国企业向具有国内外市场竞争力的大型集团公司发展的历史使命。

履行历史使命 不断开拓进取的 30 年

从 1987 年到 2017 年，中促会 30 年砥砺前行，始终不忘建会初心，履行历史使命，坚持为政府、为企业服务的宗旨，与中国集团公司共同成长。本报告书分为初创、发展和转型创新三个时期对 30 年发展历程进行了总结。

1. 初创时期（1987—1994 年），主要是探讨企业集团的理论和政策问题，交流企业集团组建发展的信息与经验，帮助解决普遍性的困难和政策问题。秘书处反映企业诉求的《搞活大企业，发展企业集团》专题"情况反映"和《13 家企业经理呼吁救救国家队》媒体报道，牵动国务院相关部委具体解决行动，开启了民间团体在重大问题上发挥企业与政府之间桥梁纽带作用的先河。

2. 发展时期（1994—2007 年），1993 年 11 月全国工业公司联络网更名注册登记为中国集团公司促进会，树立起新的发展里程碑。中促会在企业集团试点、改革改制、合并重组的进程中作用凸显，组织规模迅速扩大，中央试点的 120 家企业集团，有 100 家成为中促会的会员。会员企业间的信息交流加强，形成了一批重要的研究成果，向国务院及有关部门上报专题报告 73 件，经国务院领导直接批示 20 件，产生了重要的社会影响；开展专题调研 32 项，课题研究 9 项，公开出版书籍 6 部。

这 13 年中促会为企业集团改革发展争取良好的机制，为推动企业集团改革重组改制服务，为解决个别企业集团的特殊困难奔走呼号，主要体现在：给行政性"翻牌"控股公司敲警钟；构建企业家向国务院直接反映意见的民间渠道；终结特大型企业投资项目由国家逐项审批的制度；协助三大航空公司顺利实现股份制改造；破除企业集团设立财务公司的障碍；为促进试点企业集团深化改革，推出《母子公司关系研究》和《集团公司改革走向与实现途径研究》成果；为企业集团"走出去"争取政策支持等。

尤其是顾家麒常务副会长为构建优秀企业家与国务院直接沟通的渠道，8 年时间，5 次亲自起草并向国务院报送了《希望建立一个民间通向国务院主管领导的渠道与桥梁》《关于选聘一批优秀企业家参与决策咨询，完善重大经济决策机制的建议》《关于国务院重大经济决策（企业家）咨询小组工作制度和管理办法的建议》《关于企业家参与国务院重大决策咨询及其管理办法的建议》《关于企业家参与政府宏观调控部门重大决策咨询的建议》等重要建议。中促会提出的企业家咨询小组 50 人名单，由此进入国务院咨询专家库。

3. 转型创新时期（2008—2018 年）。会员范围从中央企业扩大到地方国企、民企和外资企业，服务工作从国内发展到国外，从集团公司领导层延伸到专业部门。为增强凝聚力，创新领导体制和治理机制，实行轮值会长和候任会长制度；为激活组织体系，设立和发挥专业委员会的作用；为聚合智力资源，加大培育核心工作团队和智库研究团队力度，基本形成了"社会团体+智库服务+互联网公共服务平台"的新工作模式，以及官方网站和微信、公众号等新的活动方式。工作重心是发挥智库研究和桥梁纽带作用，促进集团公司提升全球竞争力，培育世界一流企业。

在发挥智库作用方面，中促会着力打造跨界交流平台，加大资政建言的广度和深度，做好为企业和政府决策的"双向服务"，完成重要课题与专项研究报告 27 项，国内外企业调研 115 次，举办中外跨国公司国际年会、集团公司总裁座谈会、聚焦经济热点论坛和科技创新、管理创新、企业法治等论坛活动 100 多次，接待海外来访交流 119 次，向党中央、国务院、全国人大、全国政协和有关部委报送建议 70 件。公开和内部出版书籍 12 部。在国家发改委开展的为制定《"十二五"规划纲要》建言献策活动中，有 17 项重要建议被采纳，获得国家发改委颁发的"十二五"规划建言献策"突出贡献奖"。《企业成为技术创新主体的体制和环境研究》和《积聚创新要素，促进创新型龙头企业成长》两项研究成果，被录入国家软科学重大科研成果数据库。在国资委主管的 365 家协会中，只有 4 项研究成果入库，而中促会占 2 项。这些重要的研究成果成为中促会智库研究实力的象征。

在促进集团公司提升全球竞争力方面，中促会系统研究和发布了中国企业对外投资风险及其管控的 6 份重要研究报告，围绕创新要素向龙头企业集聚、传统产业与智能技术融合、完善公司治理与合规管理、规范董事会建设、发展混合所有制、调整优化能源发展战略、构建境外投资安全保障体系、创新海外投资模式、中国企业在美国研发投资活动、中国与中东欧国家经贸合作战略方向、发展国际安保事业、企业公平竞争、建立粮油商品交易跨境贸易平台、提升在全球粮油交易规则制定中的话语权、海外投资并购等重大事项，向国务院和相关部门、省市政府和集团公司提出许多重要建议。同时本着务实、接地气的原则，组织对中资海外企业实地调研，帮助解决投资经营中发生的摩擦，帮助中国自主研发的技术走向海外，在东亚、东南亚、南亚、中亚、中东欧、非洲等"一带一路"国家，为会员企业搭建合作伙伴平台，组织交流考察，对接合作项目，举办海外论坛，为中资企业开展公共关系服务，维护和争取更多的国际权益。

牢记历史使命 为培育具有全球竞争力的企业奋斗前行

三十而立。历经30年奋斗，中促会基本形成了以社会智库为主要特色的协会模式。历史昭示未来。从中促会特殊的服务对象、成长历程和发展基础出发，适应智能经济崛起的新形势，未来发展目标应定位于社会智库型品牌协会。确立这个目标，既是中促会30年成长发展的历史积淀的最佳选择，也是智能经济崛起的大势所趋。

为建设社会智库型品牌协会，中促会将着力组织集团公司社会智库联合体，探索高端社会智库研究管理模式，拓展社会团体智库服务新领域，推进内部治理体系的现代化，向"社会团体＋高端智库＋互联网公共服务平台"转型。

习近平总书记在十九大的报告中提出"要培育具有全球竞争力的世界一流企业"。这是提高我国国家竞争力的核心举措，是中华民族实现伟大复兴的经济基础。落实习近平总书记提出的培育具有全球竞争力的世界一流企业战略任务，是历史赋予中促会的重大使命。

展望未来，前景壮丽。历史的航船正在驶向新时代的辉煌彼岸，中国正在经历着千百年来的巨大变革，天地广阔，中促会大有可为。

中促会聚集着一批进入世界500强的优秀的大公司大集团，云集着全国各行各业的管理精英、领军人物，承载着党中央、国务院、政府主管部门和会员企业的期望与重托，要不忘建会初心，牢记历史使命，从国际战略眼光思考自身的改革和发展，从全球战略高度抓好为集团公司的服务，创新工作思路，集聚高端人才，增强服务实力，为创新集团公司治理体系和发展战略，推进大集团大公司全球化，培育具有全球竞争力的世界一流企业，实现中华民族的伟大复兴奋力拼搏，再接再厉，作出新的贡献！

贯彻新的发展理念 全面深化国企改革

中国集团公司促进会会长　陈进行

中国企业集团创立 30 年是改革开放全面深化和中国特色社会主义市场经济体系日臻完善的 30 年也是企业集团在探索中锐意改革、在创新中转型发展的 30 年。在党和国家各项事业取得全方位开创性成就的背景下，中国企业集团顺势而为、主动作为，取得了举世瞩目的辉煌业绩。

企业集团创新发展的辉煌成就

企业集团规模快速壮大。2017 年中国企业 500 强总收入达到 64 万亿元，总资产达到 256 万亿元，分别是 2009 年的 2.46 倍和 3.46 倍；入围门槛达到 283 亿元，是 2009 年的 1.7 倍。在 2017 年世界 500 强中，中国企业也由 2009 年的 43 家上升到了 115 家，内地上榜企业平均营业收入也由 285 亿美元上升到 559 亿美元，基本上翻了一番。

品牌影响力大幅提升。得益于对外开放深度广度的不断拓展，加上产品及服务提质升级，企业集团国际化水平及品牌影响力大幅提升。2017 年全球最具价值品牌 500 强中，中国企业有 55 家上榜。其中，16 家内地企业跻身前 100 名，而在 2009 年仅有 5 家。

企业集团规模效益充分彰显。通过建立健全现代企业制度和深化内部体制机制改革，强化对重大经营活动、重要资源要素的集中管控，企业集团运营效率效益显著提升。2017 年中国企业 500 强净利润总额达到 2.83 万亿元，上缴税金 3.88 万亿元，分别是 2009 年的 2.34 倍和 2.03 倍，而且上缴税金占全国税收总额比重始终保持在 35% 左右，彰显了企业集团在经济社会发展中的中流砥柱作用。

研发创新能力显著增强。近年来，企业集团强化创新驱动，研发投入不断增加，专利数量及质量大幅提升。2017 年中国企业 500 强研发投入总额达到 7359 亿元，是 2009 年的 2.55 倍；拥有专利 73.72 万件，是 2009 年的 5.41 倍。其中，发明专利 22.77 万件，是 2009 年 4.92 万件的 4.63 倍。

履行政治经济社会责任　推进质量效益动力变革

2017 年在入围世界 500 强的中国内地企业中，国有企业占 61%；在入围全球最具价值品牌 500 强的中国内地企业中，国有企业占 64%。但是也要看到，大而不强、大而不优问题仍然比较突出，盈利能力、创新能力、管控能力与国际先进企业相比，还存在一定差距。作为中国特色社会主义的重要物质基础和政治基础，国有企业承担着贯彻落实中央重大决策部署的政治责任，承担着确保国有资产保值增值和推进国有资本做强做优做大的经济责任，也承担着满足人民日益增长的美好生活需要的社会责任。党的十九大强调必须把发展经济着力点放在实体经济上，并对国有企业提出了培育具有全球竞争力的世界一流企业目标。习近平总书记在徐工集团考察时再次对国有企业提出殷切希望，强调要推动国有企业深化改革、提高经营管理水平，使国有企业成为贯彻新发展理念、全面深化改革的骨干力量。

进一步履行好"三大责任"，要深入贯彻落实党的十九大精神，毫不动摇坚持党的领导。习近平总书记指出，党政军民学，东西南北中，党是领导一切的。国有企业要认真贯彻新时代党的建设总要求，全面落实全国国有企业党的建设工作会议精神，把政治建设摆在首位，牢固树立"四个意识"，在政治立场、政治方向、政治原则、政治道路上同以习近平同志为核心的党中央保持高度一致。紧紧抓住党建责任制这个"牛鼻子"，层层压实管党治党责任，把严格的要求贯彻到管党治党全过程、落实到公司党的建设和工作各个方面。推进企业基本组织、基本队伍、基本制度建设，筑牢基层党建工作基础。持之以恒正风肃纪，营造风清气正的干事创业氛围。发挥政治优势，进一步找准党建工作服务生产经营的结合点，把各级基层党组织建设成为宣传党的主张、贯彻党的决定、团结动员群众、推动改革发展的坚强战斗堡垒。

进一步履行好"三大责任"，国有企业必须坚持质量第一、效益优先，着力推动"三个变革"，加快做强做优做大。

1. 更加注重发展质量的变革。党的十九大报告对经济增速没有提出明确的量化指标，而是紧扣发展不平衡不充分的问题，强调更加注重质量效益，从供给侧入手，减少无效和低端供给，扩大有效和中高端供给，实现供需在更高水平的动态平衡。对于发电集团而言，必须认真落实新发展理念，加快推进电力生产革命，优化电力供给结构，提升清洁高效和低碳绿色水平。2016年我国新能源和可再生能源发电量所占比重达到了 31.4%，近 10 年累计提高了 14.1 个百分点。随着能源革命持续深化，这个比重将进一步扩大，2020 年将达到 35%，为打赢污染防治攻坚战作出应有的贡献。2030 年将接近 50%，将在建设美丽中国的新征程中发挥重大作用。

2. 更加注重发展效率的变革。党的十九大报告指出，深化经济体制改革的重点是完善产权制度和要素市场化配置。国有企业及电力体制改革的中心任务也是提高国有资本效率、增强国有企业活力。对于发电集团而言，既要依靠科技引领、管理创新、深化改革、流程再造，降低运营成本，全面提升参与改革、赢得竞争的能力，也要通过战略重组，包括中央企业与地方企业、国内企业与国际企业、国有企业与民营企业间战略重组，也包括实体经济与金融机构深度融合，实现在更大范围内更高水平的资源优化配置。

3. 更加注重发展动力的变革。创新是引领发展的第一动力。当生产要素特别是劳动力优势减弱后，必须通过科技、管理、商业模式等全面创新，加快推进发展由要素驱动转向创新驱动，推动企业朝着高端化、智能化、低碳化方向转型升级，打造新的核心竞争力。从发电行业看，伴随着日新月异的电力科技创新，新能源产业方兴未艾，传统能源清洁高效水平大幅提升。2016年我国燃煤发电企业供电煤耗降低到 312 克 / 千瓦时，10 年来供电煤耗累计下降 58 克 / 千瓦时。在煤电装机增长 1.7 倍的情况下，电力排放的二氧化硫占全国总量的比重从 2005 年 51% 降到 9.7%，氮氧化物所占比重从 54.9% 降到8.7%。不仅为建设生态文明作出了卓越贡献，也进一步提升了企业竞争力。

中国集团公司 30 年成就有目共睹，经验弥足珍贵。这是我们进一步深化改革、创新发展的定力所在、动力之源。我们愿与各位领导、专家一道，不忘初心、牢记使命，紧密地团结在以习近平同志为核心的党中央周围，锐意进取，埋头苦干，在决胜全面建成小康社会、夺取新时代中国特色社会主义伟大胜利的征程中，共同发挥好企业集团顶梁柱的作用。

致力打造受人尊敬的国际化公司

中国中车集团有限公司党委书记、董事长 刘化龙

中国中车是以轨道交通装备研发制造为主的企业集团，30 年来同样经历了脱钩分立、改革改制、重组整合的风雨洗礼。

党的十八大以来，我们深入学习贯彻习近平新时代中国特色社会主义思想，特别是习近平总书记视察中车的重要指示精神，全面落实党中央、国务院和国资委的各项决策部署，以"大国重器、产业引擎"为己任，努力打造受人尊敬的国际化公司，推动我国轨道交通装备事业发展迈入了新时代。中国中车成为全球轨道交通装备的重要供应商，位居世界 500 强第 385 位。

强化战略引领 致力打造高端装备"国家名片"

中国中车是在落实制造强国战略、加快高端装备"走出去"的重大背景下组建的，"振兴民族工业、发展高铁事业"成为中车与生俱来的基因。2015 年 7 月 17 日和 2017 年 4 月 20 日习近平总书记先后两次视察中车，给我们以巨大的鞭策和鼓舞。习近平总书记指出"高铁、中国产的动车，是中国一张亮丽的名片，体现了中国的装备制造业水平"，要求中车持续领先领跑，带动整个装备制造业形成"比学赶帮超"的格局。我们坚决贯彻落实总书记的重要指示精神，提出"打造受人尊敬的国际化公司"的战略目标，力求做到"全球行业引领、国企改革先锋、高端装备典范、走向世界名片"。

聚焦国际化经营。主动对接"中国制造 2025""一带一路"倡议等国家重大战略，积极推行"产品＋技术＋服务＋资本＋管理"五位一体的合作方案，大力实施"本地化制造、本地化用工、本地化采购、本地化维护、本地化管理"的五本模式。中车产品已经服务全球七大洲 105 个国家和地区，承担起文化"传译者"、人才"孵化器"、产业"推进器"和社区"好邻居"四种角色。

聚焦供给侧改革。认真落实供给侧结构性改革部署，加强顶层设计，形成深化改革"1+19"文件体系架构，改革开始进入"施工高峰期"和"收获

期"。深入落实"三去一降一补"五大任务，推动机车、货车等相关业务整合，淘汰落后产能，扩大优质供给，实现各类资源的高效合理配置，行业供给体系质量稳步提升，企业内生动力得到不断释放。

聚焦转型升级。积极推动数字化、信息化和工业化深度融合，促进企业智能转型，建设"数字化中车"。目前已有 15 个智能制造项目获得工信部批复立项，总投资近 30 亿元，这些项目建成以后，核心企业将整体实现精益制造、数字制造、绿色制造。正在研制比"复兴号"更加智慧的新一代高速列车，能够实现自驾驶、自诊断、自决策、自控制、自恢复，在高端、智能、绿色、安全等方面实现全球领先。瞄准"智能研发、智能产品、智能装备、智能制造、智能物流、智能检测、智能服务"等七大领域，积极探索新技术、新产业、新业态、新模式。

聚焦新时代发展。作为十九大代表，我亲身感受了大会的盛况，并光荣当选为中纪委委员，我个人在深感荣幸的同时，也深刻认识到中车的历史使命和责任担当。我们将不辜负习近平总书记的嘱咐，进一步丰富"打造受人尊敬的国际化公司"的时代内涵，积极融入交通强国、科技强国、制造强国、质量强国等国家战略，找准发展方位，扛起责任使命，打造国之重器，努力建设具有全球竞争力的世界一流企业。

强化创新驱动　致力构建全球行业发展新格局

创新强，则企业强。我们始终坚持自主创新、开放创新和协同创新相结合，统筹实施"三大工程"，实现了从"跟跑"到"并跑领跑"的华丽转身。

实施体系创新工程。率先承担国家科技体制改革先行先试的任务，与青岛市共建国家高速列车技术创新中心，承担国家先进轨道交通重点专项任务，形成了以企业为主体，"政、产、学、研、用"深度融合的技术创新体系，包括 11 家国家级研发机构、20 家国家级企业技术中心、47 个省部级研发机构和 13 家海外研发中心。中车成为国家行业技术创新的主导力量。3年来主持或参与起草或制定、修订 70 余项国际标准、200 余项国家标准、近1000 项行业标准，初步形成了国际先进的轨道交通装备产品技术标准体系；积极参加建设有国际公信力的中国轨道交通行业认证认可体系，加强与欧、美等先进地区轨道交通行业互认互信工作，保证中国轨道交通行业企业国际竞争力。

实施能力创新工程。努力破解制约创新发展的体制机制障碍，营造有效激发创新要素活力的创新生态环境。2016 年累计拥有有效专利数量达到 17572 件，在中央企业排名第 5 位。在 2017 年第 19 届中国专利奖评选中，获得中国发明专利金奖 2 项，占全国的 10%；获外观设计专利金奖 1 项，占全国的 20%，均居于装备制造业第一位，充分体现了中车的创新能力。

实施研发创新工程。成功研制出以"和谐号""复兴号"动车组为代表的先进轨道交通装备全系列谱系化产品，能够满足高速、高寒、高温、高原、高风沙等各种复杂的环境条件。"复兴号"被誉为新时代的"国家名片"，成为中国速度、中国装备、中国制造的重要标志。过去的五年，中车科技投入达到 584 亿元，科技投入比例达到 5.34%。2016 年科技经费投入 115 亿元，位列"2016 全球企业研发投入排行榜"第 96 位，居中国制造业第一位，高于 2017 中国制造业 500 强平均研发强度 2.07% 的水平。

强化品质取胜 致力推动产业迈向中高端

品质是制造业的基石。我们始终坚守"高端高质"的理念，抓住产品品种、品质、品牌攻坚发力，向世界展示了中国制造的强劲实力，奏响了中国高铁在世界舞台上的最强音。

追求产品高品质。高铁作为一张国家名片，高端高质就是这张名片的核心基因。我们坚持匠心营造，把每道工序、每个零件都干成了精品。2017 年 9 月 21 日，"复兴号"动车组在京沪高铁率先实现时速 350 公里运营，标志着我国成为世界上高铁商业运营速度最高的国家。截至 2017 年 10 月末，中国中车累计交付各类高铁动车组 2499 列（2874 组），累计安全运行里程超过 50 亿公里，相当于绕地球 12 万 5 千圈，运送旅客 60 多亿人次，均居世界首位。

追求企业高品质。我们提出的"打造受人尊敬的国际化公司"的奋斗目标，集中体现了中国中车面向未来的价值追求，希望做到大而强、富而善、新而美，能够承担更多国家责任、社会责任、企业责任、股东责任，用受人尊敬的行动赢得全世界的尊敬。

追求经营高品质。以提升发展质量和效益为中心，努力探索质量更高、效益更好、结构更优、后劲更足的发展新路，加快从"规模速度"向"质量效益"转变，从"产品经营"向"资本经营"转变，从"装备供应商"向"综合价值创造者"转变，实现高质量发展。

强化党的建设　致力打造央企党建"金名片"

中国中车拥有 15 家百年以上的企业，具有厚重的红色基因和优良的党建传统。我们以习近平总书记关于国有企业党的建设重要论述为指导，牢固树立"抓党建就是抓发展、抓发展必须抓党建"理念，致力打造央企党建"金名片"。

提高政治站位。深入学习习近平新时代中国特色社会主义思想和党的十九大精神，认真贯彻落实习近平总书记视察中车的重要指示精神，不断强化"四个意识"，增强"四个自信"，坚决做到"两个维护"，始终忠诚于党，听党指挥，努力成为党最可信赖最可依靠的重要力量。

孕育高铁工人精神。站在弘扬中华民族精神的战略高度，深入挖掘支撑中国高铁装备事业发展的内在力量，总结提炼出以"产业报国，勇于创新，为中国梦提速"为内核的中国高铁工人精神，成为新时期国企精神的代表，成为推动中国高铁事业发展的精神力量。

实施品牌工程。认真贯彻落实党的十九大对新时代党的建设的总体部署，充分发扬和传承中车党建工作的优良传统，突出中车特色，培育党建品牌，努力打造"党建金名片"，推动全面从严治党向基层延伸，向经营管理全过程延伸，向境外企业延伸，凝聚起推动企业改革发展的强大合力。

怀揣中车心，情系中国梦。进入新时代，我们将深入学习贯彻落实党的十九大精神，传承我国轨道交通装备行业的百年积淀，不忘初心，牢记使命，拥抱新时代，擘画新蓝图，努力形成打造受人尊敬的国际化公司的生动实践，为实现中华民族伟大复兴的中国梦作出新的更大贡献！

中国航空工业的发展与航空人精神

中国航空工业集团有限公司原总经理助理 谭卫东

中国航空工业的发展是在西方国家进行技术封锁的状态下，在党中央、国务院的领导下，靠航天人不屈不挠、艰苦奋斗的精神发展起来的。中国的军工行业在夺取政权的战争年代几乎是从零开始的。当时解放军的装备，靠缴获什么用什么，缴获什么打什么，就像歌里唱的"没有枪，没有炮，敌人给我们造"。那时候，军工行业起步就是以修理为主，很少自己造，我们造出来的手榴弹质量参差不齐。但是军工行业就是靠着这么一种奋斗精神，走到了今天。

中国航空工业发展的四个阶段，分别是从"望尘莫及"到"望其项背"，再到"同台竞技"，最后定的目标是与西方发达国家的航空器相比，达到"遥遥领先"。

第一阶段"望尘莫及"。实际上中国航空工业的起步是从修理开始的，家底是源自苏联的苏制飞机。大家都非常清楚，在朝鲜战场上我们打得非常艰苦，没有制空权，被敌人狂轰滥炸。在 1950 年朝鲜战争爆发以后，苏联给了我们飞机。我们从部队抽调优秀的人才，经过短暂的飞行训练，很快建立了自己的空军，建立了自己的修理队。美国有句话说：整个中国一夜之间变成了空中强国。那时候咱们解放军飞行员不怕死，敢于在空中跟那些王牌飞行员拼刺刀。我们的航空工业就是一个修理队，修理苏联的飞机，我们的制造不可能跟西方国家去比，也没法比。毛泽东有一句话说：我们跟人家比，就是龙王跟叫花子比宝。别说跟西方发达国家，就跟苏联比，也完全是苏联援助我们，就这样建立起了初期的中国航空工业。

从修理到制造，我们走过了一个非常艰难的历程。当然苏联给我们的飞机也不是最先进的，也留了一手。苏联最初提供给我们的是歼-5飞机，当然也不是无偿提供的。1950 年国务院下达了批准航空工业建设的决定，组织了一大批骨干企业、高校、机构研发，中国人很争气，四年就造出了我国第一架教练机。毛泽东主席亲自签发嘉奖令，在南昌某厂生产，这就是我国第一架飞机，当时基本上也是仿制的。

到了 20 世纪 60 年代末 70 年代初，我们才走上仿制过程中结合自主研发，但基本上还是仿制，体系都是苏联的。中国航空工业站在苏联老大哥的肩上，慢慢地有了自己的设计力量和研发水平。老一辈的航空专家、三代机歼 –10 之父宋文骢院士，这一代航空人的经历，激发了他们要干自己的航空工业的理想、决心和信心。有一次听宋老讲起在云南的部队上学，选择学航空源于小时候看到日本飞机在天上轰炸，我们没有办法，他立志一定要让中国的飞机保卫自己祖国的蓝天。这就是我们老一代航空人最初立下的志向。

实际上发展到第二阶段二代机的时候，基本上还是仿制。在仿制歼 –6 和歼 –7 过程中，逐步探索我们自身能不能脱离苏联的模式，生产出自己的飞机。当时我们歼 –6 生产了一万多架，空军司令喊出"歼 –6 万岁"。这在当时也有计划经济的特色，好像歼 –6 飞机就可以一直生产下去。但是数量多没有用。当然歼 –6 飞机机动性好，低空性能也好，空中格斗能力水平高。但是到第三代战机，空中格斗就很少，打的是电子战、信息战。可以说，从第一代到第二代飞机都是在探索摸索，要和别人比还是望尘莫及的。

真正到"望其项背"应该是在 20 世纪 80 年代以后，也就是南联盟内战和科索沃战争发生，整个世界上的军事指导思想发生了重大变化。特别是科索沃战争对中国的武器装备，特别是航空武器装备的发展是非常大的刺激。国家开始启动"995"工程。1999 年 5 月开始大力发展中国的先进武器装备，使我国的军工、航空工业集中力量进行突破，这才有了后来的三代机技术。从以前对飞机的探索进入到歼 –10 这款三代机的生产。歼 –10 是我们自主知识产权的飞机。

通过歼 –10 飞机三代机的研发，以宋文骢院士为首的老一代航空人，带领一支年轻的队伍，走过了我们自主知识产权全过程的飞机研发阶段，奠定了后来我们歼 –20 飞机的基础。这就是第二阶段"望其项背"。大家看到歼 –11 整个内部火控系统、雷达系统、信息系统，和引进的某型机完全不是一个档次。

真正航空工业进入四代机的爆发时期，是在 2008 年中国航空工业第一集团和第二集团合并以后。两个集团合成为中国航空工业集团，形成一个合力，真正实现长足的发展。特别是在新中国成立 60 周年的时候，阅兵时天上飞的所有飞机都是中国航空工业集团生产制造的，而且都是具有自主知识产权的。

我们现在的四代机，美国、苏联把它说成是第五代机，实际上是一样的。现在俄罗斯 T-50、美国 F-22、中国的歼 -20，我们统称四代机。歼 -20 是跟着 F-22 后续研发的，歼 -20 的指标强于 F-22，特别是低空突防能力。现在大家看到歼 -20 飞，歼 -16 跟上。这是因为我们四代机有了非常大的突破。航空工业是一个国家的工业之花，航空发动机又是工业之花上的明珠。

现在全世界生产飞机的国家很多，连巴西、加拿大都在生产飞机。但真正能够生产飞机发动机的国家就 5 个：美国、俄罗斯、法国、英国、中国。中国现在还只能生产军机发动机。但是相信我们航空人。既然第四代机能生产出来，我们发动机最终肯定能够解决。现在一些关键性技术已经取得很大突破。给我们的四代机装上中国发动机芯，不会等待很长的时间。

中国航空工业经历了望尘莫及、望其项背，现在已经发展到同台竞技。同台竞技，包括现在歼 -20、轰 -20、直 -20、运 -20。大家看到国庆 60 周年阅兵飞行的预警机、加油机、歼击机，是整整一个配套系列，还有直升机、无人机等。

航空工业发展的第四个阶段的目标是遥遥领先。这只是个时间问题。我国已经成为世界航空大国，要想成为一个航空强国，必须提高全民的航空意识。航空产业是中国经济发展的支柱性产业。航空产业的发展不仅是加强国防建设的需要，而且具有极大的社会效益和经济效益。中国人民有信心、有能力，一定能赶超世界先进国家。我们相信在全国人民的支持下，实现中国航空工业的腾飞指日可待。

建设具有全球竞争力的世界一流企业

中国西电集团有限公司党委副书记、副总经理　张明才

党的十九大报告提出，要深化国有企业改革，发展混合所有制经济，培育具有全球竞争力的世界一流企业。这一论断不仅为国有企业集团的发展指明了方向和目标，也为培育世界一流企业明确了方法与途径。近年来，国有企业集团积极推进企业改革，不断调整企业体制机制，优化企业结构，建设中国特色现代企业制度；积极参与"一带一路"建设，塑造中国国家形象软实力，讲述中国故事，在积极参与、贡献智慧、创造价值中获得了成长；始终坚持党的领导，加强党的建设，充分发挥党对国有企业领导的独特优势，为保障改善民生、维护国家安全、增强综合国力做出了积极贡献。

建设一流企业是国有企业集团的努力方向

党中央、国务院决定推进组建企业集团 30 年来，国有企业集团始终把建设一流企业作为努力方向。按照实施主体的不同，要从"培育"和"成为"两个层面来解读，培育一流企业是社会各界的共同事业；成为一流企业是企业的重要需求，需要持之以恒的改革创新，不断完善管理体制机制，建设现代员工队伍、培育企业家精神，以坚实的内在动力赢得市场的认可。

总体来看，中国集团公司建设一流企业基本经历了核心竞争力到国际竞争力、再到全球竞争力的历程。改革开放以来，通过技术引进、合资合作，打造企业核心竞争力，取得了很多实践和理论研究成果，推动了一大批企业快速成长；第二阶段，围绕打造国际竞争力，推动一大批中国企业加快了"走出去"的步伐，企业的国际化程度和国际竞争优势明显提高；进入新时代，瞄准全球竞争力，正在努力和培育一大批中国企业发展成为世界一流企业。国务院国资委 2010 年提出了央企要努力打造世界一流企业，形成了适应当时情况的 13 个要素，先后建立了首席专家、科技带头人制度，国有企业集团设立了 CIO 制度；注重产业结构调整，把科技投入作为考核指标内容；通过"大众创业、万众创新"，为企业和个体创造价值实现的平台。引领指导

国有企业集团在努力做优做强做大中，持续推动中国制造向中国创造、中国速度向中国质量、中国产品向中国品牌的转变，在"走出去"的征程中展现了中国企业的亮丽风采。

党的十九大提出建设世界一流企业，任重道远、使命光荣。这个目标需要中国的企业、媒体、研究机构、政府机构、社会各界共同努力，来推动中国的产品、中国的服务、中国的技术、中国的标准、中国的品牌实现全球化的发展，从而为全球经济发展和世界人民的幸福贡献中国力量。我们必须摒弃大企业就是世界一流企业的思想，即使跻身世界 500 强，也不能保证在全球市场竞争浪潮中持续获取领先竞争力，这就要求我们在企业重组和扩大规模的过程中，立足全球影响力和世界一流，按照竞争要素进行。企业实践表明，做不好就不可能做大体量，做不大就不能做大市场、打大仗，强和大都是成为世界一流企业的要素；同时在建设世界一流企业过程中，必然会遇到各种问题，这些问题是阻碍，也是改善提升的机遇。

建设世界一流企业是新时代中央企业的使命

建设世界一流企业是国有企业集团发展的历史使命，中央企业是骨干力量。目前，我国跻身世界 500 强的企业数量仅次于美国，占到 1/5 还多，一批大企业不仅规模达到了世界级，技术、管理、国际化水平等方面也走在了世界前列，尤其是在高铁、通信、互联网、装备制造、工程建设等领域，已经培育超出了一大批具有自主知识产权、自主品牌和较强竞争力的优势企业，在这些企业中，国有企业集团特别是中央企业占了绝大部分。

建设世界一流企业是国有企业集团和中央企业的功能、使命决定的。在新时代我国日益走近世界舞台中央、经济实力日益强大的环境下，在我国经济增长动力转换、发展方式转变的迫切要求下，国有企业集团不仅要在关系国家安全、国民经济命脉的重要行业和关键领域保持控制力，更要发挥推动技术进步和经济转型升级的引领作用，要在我国开创对外经济新格局中发挥更大的作用。

建设世界一流企业是国有企业集团和中央企业的特征、性质决定的。国有企业集团是我国大企业群体中的龙头和主体，在国民经济基础性和支柱性产业中处于优势地位，产业控制力和辐射力大，是我国推动经济发展质量变革、效率变革、动力变革的重要力量。国有企业集团的业务规模巨大、创新资源丰富、地域分布广泛，把一批国有企业集团培育成为世界一流企业，有效引导带动我国经济结构优化、产业创新升级和区域协调发展。

建设世界一流企业是当前我国跨国公司群体中国有企业集团占主体的现状决定的。以中央企业为代表的国有企业集团是我国企业"走出去"的先锋队和主力军，一些国有企业集团"走出去"时间长、区域分布广、产业领域宽、实施形式多，已经积累了丰富的海外运作经验，培育了一批国际化人才，初步具备了进行全球业务整合、管理整合、文化融合的能力，具备了高度参与国际竞争的能力。

新时代赋予国际一流企业新的发展要素

企业"走出去"与国家利益和国家形象密切关联，每个历史时期一流要素的内涵和外延都必须满足时代需要、具备时代特点。

党的十九大对我国作出了新时代的历史定位，向全人类宣示了中国共产党将带领中国人民举什么旗、走什么路、担负什么样的历史使命、建设什么样的国家。中国已经成为世界第二大经济体，成为全球对外投资大国，从国际市场的贸易对象转变为合伙人。这充分彰显了中国在国际舞台的新位置和力量，改变了世界对中国的看法和态度，新时代从正反两个方面赋予国际一流企业新的发展要素。

一方面，中国提出"一带一路"倡议，重新塑造了新时代经济生命线，为世界各国提供了更多发展机会，越来越多的国家参与其中；同时为建设国际一流企业架设了桥梁，使企业集团能够坚持市场导向，合理地在全球布置产业链，整合全球资源，到劳动力便宜和市场强劲的国家和地区投资建厂。

另一方面，国有企业集团在建设世界一流企业和"走出去"的过程中，在展现中国企业新时代的新形象、新作为的同时，不能忘记国际舞台特殊的地缘政治和区域文化，要充分考虑国家关系因素。以美国为例，尽管该国制度法律透明完善，但是设立了外国投资管理委员会，以国家安全的名义对国外企业投资人为地设置障碍，增大了企业风险和不确定性。同时，我国企业选择的发展路线和欧美主流投资思路的不同，也增加了欧美企业对中国企业认同的难度，对我们建设世界一流企业形成了挑战。

建设中国特色的世界一流企业

集团公司要建设的世界一流企业，必须是立足中国实际，有别于利益至上的西方企业集团，能够积极落实国家战略，代表国家利益和国家形象的企业集团。这就要求我们必须做好以下几个方面的工作：

（一）明确企业集团发展的定位。要明确自己的品牌定位；要立足于传播海外形象，与地缘政治博弈，尊重、融入当地文化；要立志长期深耕市场，在推进企业合资合作和当地化的过程中，努力建造企业、政府、媒本、客户等关联方在内的生态圈。

（二）积极加强企业集团内功。要加快企业重组步伐，做大企业体量，补全核心竞争要素；要加快企业改革，改体制、转机制，从根本上激发企业活力；要充分利用"一带一路"发展机遇，从"走出去"到"根植本土"；要建立全球视野，配置全球资源；要建立国际法律法规服务平台，化解风险。

（三）明晰世界一流企业集团的标准。世界一流企业集团应具有如下特征：战略始终能够应对复杂多变的环境、具有优秀的公司治理结构和制度体系、具有合理的企业文化统领员工思想和行为、具有强大的企业家精神、具有优秀的品牌和良好的声誉、业务随着动态的环境不断地调整转型、具有全球化资源配置能力、具有一流的人力资源管理。

（四）坚持党的领导，加强党的建设。坚持党的全面领导、加强国有企业党的建设，是国有企业集团打造具有全球竞争力的世界一流企业的根本保证和最大优势。国有企业不仅是纯粹的经济体，更是关系国计民生的国民经济重要支柱，是增强我国综合国力无可替代的可靠力量，在国际上展现着党和国家的形象，必须把党对国有企业的领导落实到位，把加强党的领导和完善公司治理统一起来，建设中国特色社会主义国有企业制度。

注　　释

注释 [1]

　　1991 年列入第一批试点的 57 家大型企业集团名单是：一汽集团、东风集团、重汽集团、哈电集团、东电集团、上电集团、西电集团、东北输变电集团、一拖集团、振华集团、一重集团、二重集团、四联集团、嘉陵集团、长城计算机集团、长江计算机集团、攀钢集团、武钢集团、鞍钢集团、宝钢集团、仪征化纤集团、华能集团、华北电力集团、东北电力集团、华东电力集团、华中电力集团、西北电力集团、中远集团、长航集团、吉化集团、渤海化工集团、南化集团、乐凯集团、新型建材集团、非矿集团、耀华玻璃集团、洛玻集团、内蒙古大兴安岭森工集团、黑龙江大兴安岭森工集团、龙江森工集团、吉林森工集团、西飞集团、南动集团、上海航空工业集团、贵州航空工业集团、江南航天工业集团、三江航天工业集团、中化集团、五矿集团、东北制药集团、华北制药集团、国际航空集团、东方航空集团、南方航空集团、广东核电集团、葛洲坝工程集团、神华集团。

注释 [2]

　　确定为国务院建立现代企业制度试点单位的 100 家企业为：1. 北京第一轻工业总公司；2. 北京化学工业集团公司；3. 北京牡丹电子集团公司；4. 天津汽车工业公司；5. 天津立达（集团）公司；6. 天津钢管公司；7. 河北省保定变压器厂；8. 河北省唐山碱厂；9. 太原重型机械集团公司；10. 太原钢铁（集团）公司；11. 包头市纺织总厂；12. 本溪钢铁公司；13. 金城造纸股份有限公司；14. 沈阳机床股份有限公司；15. 瓦房店轴承厂；16. 通化钢铁公司；17. 吉林化纤股份有限公司；18. 长春汽油机股份有限公司；19. 黑龙江龙涤股份有限公司；20. 佳木斯造纸股份有限公司；21. 桦林集团公司；22. 上海汽车工业总公司；23. 上海针织内衣集团公司；24. 上海无线电三厂；25. 上海一百（集团）有限公司；26. 上海三维制药公司；27. 无锡威孚股份有限公司；28. 徐州工程机械集团公司；29. 南京电瓷总厂；30. 杭州汽轮动力（集团）公司；31. 绍兴中国轻纺城股份有限公司；32. 宁波敦煌集团股份有限公司；33. 中国扬子电气（集团）公司；34. 安徽轮胎厂；35. 福州第二化工厂；36. 厦门海燕实业总公司；37. 江西

新余钢铁有限责任公司；38.烟台合成革总厂；39.济南市大观园股份有限公司；40.淄博化学纤维总厂；41.青岛益青实业总公司；42.安阳钢铁股份有限公司；43. 河南嵩岳纺织工业集团；44.湖北亿学纤维总公司；45.大冶特殊钢股份有限公司；46.武汉锅炉厂；47.湖南省国光瓷业股份有限公司；48. 湖南省物资产业集团；49.广州味精食品厂；50.深圳华强电子工业总公司；51.广东省物资集团公司；52.深圳市物资总公司；53.海南省地方国营罐头厂；54.广西贵港甘蔗化工厂；55.四川物资集团公司；56.四川沱牌实业股份有限公司；57.成都红光实业股份有限公司；58.重庆钢铁（集团）公司；59.贵州开阳磷矿矿务局；60. 昆明重型机械工业总公司；61.国营西北第七棉纺织厂；62.秦川机床厂；63.中国标准缝纫机（集团）公司；64.兰州第三毛纺织厂；65.兰州民百股份有限公司；66.青海省西宁钢厂；67.西北轴承厂；68.新疆八一钢铁总厂；69.西藏拉萨啤酒厂；70.新疆石河子八一毛纺织厂；71.长春高新技术产业股份有限（集团）公司；72.中国建筑第一工程局；73.福建省电力公司；74.兖州矿务局；75.彩虹电子集团公司；76.冶金工业部舞阳钢铁公司；77.贵州赤水天然气化肥厂；78.大连铁路局；79.广州海运（集团）公司；80.邮电部武汉通信电源厂；81.水利部丹江口水利枢纽管理局；82.中国水产总公司；83.中国林业机械总公司；84.中国机电设备总公司；85.中国五金交电化工公司；86.中国粮油食品进出口总公司；87.中国机械进出口总公司；88.国成套设备进出口（集团）总公司；89.中国国际旅行社总社；90.昆明三聚磷酸钠厂；91.中国纺织机械工业总公司；92.北京新型建筑材料总厂；93.中国医药对外贸易总公司；94.江南造船厂；95.建设工业集团公司；96.航天部南京晨光机器厂；97.大港石油管理局；98.北京燕山石油化工公司；99.大厂矿务局；100.中国新兴铸管联合公司。

注释 [3]

1994 年列入第二批试点的 63 家大型企业集团名单是：中水集团、中垦集团、中牧集团、上海农工商集团、吉林省吉发集团、中汽集团、上海汽车集团、重钢集团、太钢集团、巨化集团、上海天原集团、山东海洋化工集团、大同煤矿集团、兖州矿业集团、广东佛陶集团、唐山陶瓷集团、广西贵糖集团、中国神马集团、内蒙古鄂尔多斯羊绒集团、天津汽车集团、中国纺织集团、徐州工程机械集团、洛轴集团、猴王集团、彩虹集团、长虹集团、新疆纺织集团、哈尔滨药业集团、三九企业集团、中国北京同仁堂集团、广州铁路集团、中海集团、中港集团、中建集团、上海建工集团、北京建工集团、安徽海螺集团、华星物产集团、中轻物产集团、中谷粮油集团、联想集团、北方正大集团、中国华录集团、上海广电集团、熊猫电子集团、首钢集团、本钢集团、浙江物产集团、上海华联集团、洛阳春都食品集团、中粮集团、中技集团、中国外运集团、中纺集团、中艺进出口集团、东方国际集团、国投集团、深圳经济特区发展集团、长江经济联合集团、新疆建设集团、万向集团、万杰集团、红豆集团。

注释 [4]

PCT 国际申请是指依据《专利合作条约》提出的申请。PCT 是利合作条约（PATENT COOPERATION TREATY）的简称，是在专利领域进行合作的国际性条约。其目的是为解决就同一发明创造向多个国家申请专利时，减少申请人和各个专利局的重复劳动。在此背景下，《专利合作条约》于 1970 年 6 月在华盛顿签订，1978 年 1 月生效，同年 6 月实施。我国于 1994 年 1 月 1 日加入 PCT。截至 2017 年初，已有 152 个国家加入了该条约。PCT 是在巴黎公约下只对《巴黎公约》成员国开放的一个特殊协议，是对巴黎公约的补充。

注释 [5]

表内资产是指资产负债表上反映的资产，与表外资产是对称的概念。表内资产主要用在企业或者公司中的资产负债表，表内资产也就是表内资金。在资产所有权未转入筹资企业表内，而其使用权已经转入时，表内资金可以使企业满足扩大经营规模，缓解资金不足之需。表外资产，一般是按公认会计原则（GAAP）容许的会计技巧，企业将旗下一些资产，包括子公司、贷款、衍生工具等置于此项，以降低公司债务与资本比率；表外资产无须列于资产负债表内，但要在财务报告以注释形式列明。研发投入、组织建设、品牌渠道等都属于表外资产。

注释 [6]

薛暮桥（1904—2005），江苏无锡人。曾任政务院财经委员会秘书长会秘书长兼私营企业局局长、国家统计局局长、国家计委副主任、全国物价委员会主任、国务院经济研究中心总干事。出版《按照客观经济规律管理经济》等著作。《我国生产资料所有制的演变》发表于《经济研究》1987 年第 2 期。

国有资产管理体制与国有企业改革重要文件

《国务院关于进一步推动横向经济联合若干问题的规定》
国发〔1986〕36 号
《国家体改委、国家经委关于组建和发展企业集团的几点意见》
体改生发〔1987〕78 号
《中共中央 国务院关于深化国有企业改革的指导意见》
中发〔2015〕22 号
《国务院关于国有企业发展混合所有制经济的意见》
国发〔2015〕54 号
《国务院关于改革和完善国有资产管理体制的若干意见》
国发〔2015〕63 号
《国务院关于推进国有资本投资、运营公司改革试点的实施意见》
国发〔2018〕23 号
《国务院改革国有资本授权经营体制方案》
国发〔2019〕9 号

国务院
关于进一步推动横向经济联合若干问题的规定

国发〔1986〕36号

各省、自治区、直辖市人民政府,国务院各部委、各直属机构:

党的十一届三中全会以来,随着对内搞活经济、对外实行开放方针的贯彻执行,地区、部门之间开始打破封锁,在生产、流通、科技领域,多层次、多形式的横向经济联系有了很大的发展,势头很好。在扩大企业自主权的基础上,企业之间出现了不同内容、不同形式的横向经济联合,这是我国经济生活中的一个新事物,已经显示出了很大的优越性和强大的生命力。横向经济联合,是经济体制改革的重要内容,是发展社会生产力的要求。它促进了资源开发和资金的合理使用,促进了商品流通和社会主义统一市场的形成,促进了技术进步和人才的合理交流,促进了经济结构和地区布局的合理化。横向经济联合,是发展社会主义商品经济的客观要求,是社会化大生产的必然趋势,是对条块分割、地区封锁的有力冲击,对于加快整个经济体制改革和社会主义现代化建设,具有深远的意义。为了进一步推动横向经济联合的健康发展,现就有关问题做如下规定。

横向经济联合的原则和目标

一、企业之间的联合,是横向经济联合的基本形式,是发展的重点。企业之间的横向经济联合,要在自愿的基础上,坚持"扬长避短、形式多样、互利互惠、共同发展"的原则,不受地区、部门、行业界限的限制,不受所有制的限制。要积极发展原材料生产与加工企业之间的联合,生产企业与科研单位(包括大专院校)之间的联合,民用与军工企业之间的联合,工、农、商、贸企业之间的联合,以及铁路、公路、水运、民航企业之间的联营,等等。这些联合，可以是专业化协作，也可以是人才、资源、资金、技术和商品购销等方面的联合。通过企业之间的横向经济联合，逐步形成新型的经济联合组织，发展一批企业群体或企业集团。

二、企业之间的经济联合，提倡以大中型企业为骨干，以优质名牌产品为龙头进行组织。联合可以是紧密型的、半紧密型的，也可以是松散型的。可以采取合资经营、合作生产、来料加工等多种方式。各种经济联合，都要以合同、协议关系确定下来。

三、发展经济联合，应当围绕以下目标和要求进行：（1）有利于充分挖掘现有企业潜力，做到投入少、产出多，产品质量好，技术进步快，经济效益高；（2）有利于促进企业组织结构、产业结构和地区布局的合理化；（3）有利于形成和发展商品市场、资金市场和技术市场；（4）有利于打破条块分割，实现政企职责分开、简政放权和所有权与经营权适当分开。

四、企业发展经济联合，是一项重要经营战略决策，要按照国家宏观经济发展的要求，进行可行性论证，注意经济、技术的合理性，不要一哄而起。

维护企业横向经济联合的自主权

五、要维护企业横向经济联合的自主权，允许企业按照协议和章程的规定，自愿参加、自愿退出。经济联合的组织管理形式，由参加联合的各方协商确定。

六、国务院有关部门和各级政府要进一步贯彻落实国务院发布的有关扩大企业自主权的规定，积极推动和引导企业发展各种形式的经济联合，特别是跨地区、跨部门、跨行业的企业之间的经济联合，不得从本位利益出发加以干涉。要防止继续采取行政办法拼凑各种所谓的经济联合组织。对联合中暴露出来的管理体制上的各种弊端和妨碍联合的某些政策、规定，都要认真加以研究，积极进行调整和改革。

七、企业之间的横向经济联合组织是企业性的，不能变成行政性的管理机构。不允许在联合组织上面再加一层行政性的公司，或把现有的行政性公司换个牌子当作联合组织，不准行政性公司干涉企业之间的经济联合。

改进计划管理和统计方法

八、在发展经济联合中，要切实加强宏观管理和指导，搞好行业、地区规划，避免盲目性。鼓励联合开发能源，增加原材料生产和资源的综合利用；联合发展交通运输事业；联合增产市场短缺产品。特别要鼓励工贸、农贸联合增加出口产品和顶替进口产品的生产，为国家多创外汇和节约外汇。同时，要限制长线产品的生产，限制工艺技术落后、消耗高、质量差的产品的发展。

九、发展横向经济联合，是控制固定资产投资规模，改善投资结构，提高投资效益的重要途径。凡通过企业横向联合，在产量、质量、品种上能够满足需要的，就不要另上新的建设项目。凡联合起来进行技术引进和技术改造能够做到投资省、见效快的项目，要优先予以安排。

十、在国家控制的固定资产投资规模内，国家、部门、地区每年要预留一定额度，主要用于能源、交通和原材料联合建设项目。企业联合兴建的基本建设和技术改造项目，按国家规定程序进行审批。企业和单位用原有厂房、设备和技术、专利、商标等折价投资的，均不计入固定资产投资规模控制指标。

十一、参加经济联合组织的企业，必须保证完成国家的指令性计划，严格履行合同。经济联合组织承担的指令性生产计划，由主管部门或地区按原来渠道下达到经济联合组织的各个企业，也可以直接下达到经济联合组织。国家统配物资的分配指标，随生产、建设计划下达。在经济联合组织内部，生产、建设指标和物资分配指标可以互相划转。

十二、经济联合组织的生产、建设、劳动、物资、财务、成本等各项经济技术指标，要纳入国家统计范围，按统一核算的联合组织或按独立核算的基层企业统计。同时，经济联合组织应按统计办法汇总所属企业的统计资料，报送主管部门和当地统计部门，作为上报计算"所在地"和"所属地"统计数字的依据。统计部门对经济联合组织的经济活动要进行统计分析，定期编报有关资料。

促进物资的横向流通

十三、物资管理部门要促进横向经济联合。各地要逐步扩大和发展生产资料市场，中心城市要办好物资贸易中心，吸收生产、物资、商业、外贸企业参加，积极开展物资协作、串换，搞活物资流通。仓储、运输、装卸也要通过横向经济联合，逐步实现社会化和企业化，提高储运能力和社会经济效益。

十四、通过横向经济联合增加的产品，除国家有特殊规定的以外，凡不属于国家投资和计划供应原材料的，由企业自行销售。企业从联合中分得的产品和节约的能源、原材料，物资部门不扣减分配指标。高能耗产品转移到能源富裕地区生产，不减少给原地区切块分配的能源指标。

十五、经济联合组织内部自产自用属于国家计划分配的原材料，由参加联合组织的企业的主管部门或所在地区划转分配指标，经主管订货部门平衡安排后，可由企业直拨自供。大宗经济协作物资，都要经过有关部门的综合平衡，纳入运输计划。

加强生产与科技的结合

十六、要采取有力措施，促进生产与科技密切结合，推动生产企业同科研单位的联合。科研单位与生产企业的联合，可以以科研单位为主，吸收生产企业参加；也可以以生产企业为主，吸收科研单位参加。有关主管部门都要积极促进，给予支持。

十七、经济联合组织要加强技术开发能力，可以通过联合吸收科研单位作为自己的开发机构，为联合组织的技术开发工作服务，也允许它们为其他企业和单位服务。参加联合的科研单位，可继续享受独立的科研单位原来的纳税优惠，其事业费的增减不受影响。

十八、要积极支持生产企业和科研单位联合进行中间试验。主管部门在计划上要给予安排，银行要在贷款方面制定鼓励办法。纳税有困难的，可向税务部门申请减免税。

十九、经济联合组织投资开发的技术成果，属联合组织所有，由成员单位共享。各成员单位自行开发的成果归本单位所有；互相委托开发的成果，属投资方和技术开发方共有，其利益分配比例应按资金和智力投资情况在合同或协议中予以明确。

发展资金的横向融通

二十、在工商行政管理部门已登记注册的经，济联合组织，各专业银行应按分工和开户规定，允许其在当地开立帐户。

二十一、在国家控制的固定资产投资规模和贷款额度内，允许各专业银行跨地区、跨专业向经济联合组织发放固定资产投资贷款，也可以跨地区、跨专业组织银团贷款。要保障银行在这方面的自主权不受侵犯。经济联合组织及参加各种形式联合的企业和单位，从银行取得的固定资产投资贷款，可以用于内部互相投资。流动资金贷款，可以由经济联合组织上贷下拨、统贷统还，也可以由参加联合的企业分别贷款，横向划拨，谁贷谁还，但不准用于固定资产投资，不准参与分配。

二十二、各专业银行及其他金融机构，可以采取多种信用方式支持经济联合。联合组织签发的商业票据，经付款企业或有关银行承兑后，可以跨地区、跨专业向金融机构办理贴现。

二十三、经济联合组织按照中国人民银行的有关规定，经过批准，可以通过银行和其它金融机构向内部职工以及社会发行债券。

调整征税办法

二十四、对经济联合组织不要重复征税。凡实行统一核算的经济联合组织，内部各单位之间相互提供的协作产品，不缴纳产品税；对外销售的产品缴纳产品税，税率要按联合前各单位缴纳的税额占对外销售额的比例换算确定。不实行统一核算的经济联合组织的产品，除烟、酒、化妆品等高税率产品外，可以实行增值税。增值税征收办法，暂由省、自治区、直辖市及计划单列城市税务局商有关部门制定，报财政部税务总局备案。没有条件实行增值税的协作产品，按税务总局制定的减免税的规定执行。

二十五、采取补偿贸易方式，由对方提供资金、设备，以新增产品分期偿还投资的，应当在交付产品时，按实际销售收入就地缴纳产品税（增值税）、资源税。

二十六、经济联合组织及参加各种形式联合的企业，应在当地依法缴纳产品税（增值税）、营业税，然后按照"先分后税"的原则，由联合各方按协议规定分配利润，在各自所在地缴纳所得税。全民所有制从联合中新分得的利润，免缴调节税，这些企业的原有利润，应继续缴纳调节税。

二十七、企业和单位向能源、交通设施以及"老、少、边、穷"地区进行投资分得的利润，可减半征收所得税五年。参与投资的企业和单位，从联合中分得的利润再投资于上述行业和地区的，可免征所得税。联合集资办电（柴油发电除外），其新增的售电量定期减免产品税。经济联合组织开发的新产品，按照有关税收规定减征或免征产品税（增值税），减免的税款，专项用于技术开发。企业的技术转让收入，年净收入在三十万元以下的，暂免征收所得税；超过三十万元的部分，依法缴纳所得税。

保障经济联合组织的合法权益

二十八、经济联合组织，经所在地政府授权部门批准后，工商行政管理部门按有关规定予以登记注册。经济联合组织必须遵守国家的法律和有关政策、规定；它的合法权益如本金、利息、利润、产品和外汇留成等，受国家的法律保护。

二十九、经济联合组织的章程，是联合组织的基本准则，由参加单位协商制定，共同遵守。章程应明确规定：参加各方的权利和义务，利益的分配和风险的承担，加入和退出的手续，领导机构的产生和领导人员的任期等。

三十、联合各方如有不履行章程、合同和协议或在执行中发生纠纷时，属于行政管理方面的，由所在地的主管部门协调解决；协调不了的，在省范围内的由省有关部门协调解决，跨省、跨部门的由国务院有关部门协调解决。属于经济合同方面的，可依法由工商行政管理部门仲裁，也可向法院起诉。

本规定自发布之日起施行。

1986 年 3 月 23 日

国家经济体制改革委员会 国家经济委员会
关于组建和发展企业集团的几点意见

体改生字〔1987〕78 号

各省、自治区、直辖市体改委、经委：

为进一步落实国务院《关于进一步推动横向经济联合若干问题的规定》和《关于深化企业改革增强企业活力的若干规定》，推动企业集团的健康发展，提出如下意见：

企业集团的含义

1.企业集团是适应社会主义有计划商品经济和社会化大生产的客观需要而出现的一种具有多层次组织结构的经济组织，它的核心层是自主经营、独立核算、自负盈亏、照章纳税、能够承担经济责任、具有法人资格的经济实体。

2.企业集团是以公有制为基础，以名牌优质产品或国民经济中的重大产品为龙头，以一个或若干个大中型骨干企业、独立科研设计单位为主体，由多个有内在经济技术联系的企业和科研设计单位组成；它在某个行业或某类产品经营活动中占有举足轻重的地位。有较强大的科研开发能力，具有科研、生产、销售、信息、服务等综合功能。

3.组建企业集团，对深化经济体制改革、发展生产力具有深远意义。发展企业集团有利于打破条块分割，改变企业"大而全"、"小而全"的格局，促进企业组织结构合理化；有利于发展社会化、专业化生产协作，实现生产要素的优化组合和资源的合理配置，形成合理的经济规模；有利于促进技术进步，使科学技术迅速转化为生产力；有利于增强企业经济技术实力，提高企业在国内外市场中的竞争能力；有利于实行政企职责分开，转变政府管理经济的职能，深化企业内部改革，完善企业经营机制。

组建企业集团的原则

4．自愿互利，积极引导。要在自愿互利、符合社会需要和企业互有需要的基础上，由企业自主组建集团。企业可按章程规定自愿加入和退出。各级政府和行业主管部门应根据产业政策和企业组织结构的合理化要求，积极引导企业参加有关集团，但不得采取行政手段自上而下地强行组织。企业集团不得兼有政府的行政职能。

5．鼓励竞争，防止垄断。在一个行业内一般不搞全国性的独家垄断企业集团，鼓励同行业集团间的竞争，促进技术进步，提高经济效益。集团内部要引入竞争机制，成员间既要加强协同合作，也要开展有益的竞争，不保护落后。

6．优化组合，结构合理。要打破部门、地区、行业、所有制界限，促进企业组织结构合理化。在发展军工和民用企业，沿海和内地企业，工业、运输业、商业、外贸企业相互之间联合的基础上，国家和地区都逐步形成一批企业有机结合、资源合理利用、实力雄厚的企业集团。

7．依靠科技，增强后劲。企业集团必须有较强的技术开发能力，积极推进技术进步。要鼓励独立科研设计单位进入企业集团，成为集团的技术开发中心。同时，企业集团可以充实和加强自己已有的技术开发力量；也可以发展同科研设计单位的横向联合。

组建企业集团的条件

8．企业集团具有多层次的组织结构，一般由紧密联合的核心层、半紧密联合层以及松散联合层组成。

集团公司是企业集团的紧密联合层，是集团的实体部分，逐步实行资产、经营一体化；半紧密联合层的企业可以以资金或设备、技术、专利、商标等作价互相投资，并在集团统一经营下，按出资比例或协议规定享受利益并承担责任；松散联合层的企业在集团经营方针指导下，按章程、合同的规定享有权利，承担义务，并独立经营，各自承担民事责任。

企业集团可试行股份制，进一步探索所有权与经营权分离的形式。

9.集团公司必须具备：共同遵守的章程，与其经营范围相适应的条件和手段（如资金、设施、场所等），集团公司企业名单、健全的财务制度、相对稳定的组织形式和管理机构，以及可行性论证报告。

10.跨省市、跨部门的全国性集团公司，由国务院授权有关部门组织审批；地区性集团公司，由公司总部所在省、自治区、直辖市或计划单列城市的人民政府商国务院行业主管部门按组建企业集团的原则和条件审批，经工商行政管理部门注册登记，依法独立开展经营活动。

企业集团的内部管理

11.企业集团的领导体制，原则上由成员单位根据实际情况自行协商确定。集团公司，有的可实行董事会领导下的经理负责制，也可实行经理负责制等其他领导制度，不论哪种制度，都要建立相应的民主管理和监督机构。

12.企业集团的内部管理，既要充分发挥集团的整体优势，又要充分调动成员企业的积极性和创造性，努力做到统一经营战略，统一发展规划，统一开发主导产品等。集团公司要按照集权、分权相结合的原则进行管理，不同情况的集团公司，集中、分散管理的范围和程度可以有所区别，一般应注意搞好重大经营决策，重大投资项目确定，主要管理人员任免等方面的集中统一管理。

13.企业集团要正确处理国家、地方、部门、成员企业之间的利益分配关系，照顾到各方面的利益，做到利益均沾，见险共担，集团成员企业之间的经济往来，要遵循平等、互利、有偿的原则，不要搞无偿转让，更不许损害国家利益。要在企业集团章程中明确规定成员企业间的和利益及其应承担的经济责任。

14.企业集团要在产业政策指导下，制定集团整体的近期和中长期发展规划，根据生产发展的需要，进行专业化调整。要逐步建立健全集团自我发展、自我约束的机制，注意克服企业的短期行为。

企业集团发展的外部条件

15. 企业集团特别是集团公司应具有相应的经营自主权。逐步创造条件，在基本建设和技术改造的立项和审批、新产品开发、经营销售范围、自销产品定价、外贸进出口以及用自有外汇引进技术等方面，扩大其权限，并规定其应当承担的经济责任。

16. 经过中国人民银行批准，企业集团可以设立财务公司。财务公司在集团内部融通资金，并可同银行或其他金融机构建立业务往来关系，也可以委托某些专业银行代理金融业务。经过批准，集团公司可以向社会筹集资金。从中央到地方，都应在信贷指标中划出专项额度，扶持企业集团的发展。

17. 在国民经济中具有重要地位和作用的大型集团公司，可在国家计划中实行单列。省、自治区、直辖市以及计划单列，对具备条件的区域性集团公司，也可以进行计划单列的试点。

18. 各地区和各部门应积极引导和支持本地区、本部门的企业，跨出地区和部门参加集团，并应一视同仁，继续使企业享受所在地区和主管部门的同样政策和待遇。参加企业集团的独立科研、设计单位，亦应继续享受原来的政策待遇。

企业集团的发展有一个过程，各地区、各部门都应运用经济手段和法律手段，积极支持和保障企业集团的发展。特别是在投资保护、资产所有、资产管理、各方权益的保障等方面，尽快制订有关法规。组建企业集团必须按照产业政策、行业发展规划及实际情况，经过充分的可行性方案和经济效益分析、努力实现组合的最优化，防止一哄而起。各地区、各部门和企业集团应注意在实践中积极探索，总结经验，使企业集团健康发展。

1987 年 12 月 16 日

中共中央 国务院
关于深化国有企业改革的指导意见

中发〔2015〕22号

各省、自治区、直辖市，国务院各部委、各直属机构：

国有企业属于全民所有，是推进国家现代化、保障人民共同利益的重要力量，是我们党和国家事业发展的重要物质基础和政治基础。改革开放以来，国有企业改革发展不断取得重大进展，总体上已经同市场经济相融合，运行质量和效益明显提升，在国际国内市场竞争中涌现出一批具有核心竞争力的骨干企业，为推动经济社会发展、保障和改善民生、开拓国际市场、增强我国综合实力作出了重大贡献，国有企业经营管理者队伍总体上是好的，广大职工付出了不懈努力，成就是突出的。但也要看到，国有企业仍然存在一些亟待解决的突出矛盾和问题，一些企业市场主体地位尚未真正确立，现代企业制度还不健全，国有资产监管体制有待完善，国有资本运行效率需进一步提高；一些企业管理混乱，内部人控制、利益输送、国有资产流失等问题突出，企业办社会职能和历史遗留问题还未完全解决；一些企业党组织管党治党责任不落实、作用被弱化。面向未来，国有企业面临日益激烈的国际竞争和转型升级的巨大挑战。在推动我国经济保持中高速增长和迈向中高端水平、完善和发展中国特色社会主义制度、实现中华民族伟大复兴中国梦的进程中，国有企业肩负着重大历史使命和责任。要认真贯彻落实党中央、国务院战略决策，按照"四个全面"战略布局的要求，以经济建设为中心，坚持问题导向，继续推进国有企业改革，切实破除体制机制障碍，坚定不移做强做优做大国有企业。为此，提出以下意见。

一、总体要求

（一）指导思想

高举中国特色社会主义伟大旗帜，认真贯彻落实党的十八大和十八届三中、四中全会精神，深入学习贯彻习近平总书记系列重要讲话精神，坚持和完善基本经济制度，坚持社会主义市场经济改革方向，适应市场化、现代化、国际化新形势，以解放和发展社会生产力为标准，以提高国有资本效率、增强国有企业活力为中心，完善产权清晰、权责明确、政企分开、管理科学的现代企业制度，完善国有资产监管体制，防止国有资产流失，全面推进依法治企，加强和改进党对国有企业的领导，做强做优做大国有企业，不断增强国有经济活力、控制力、影响力、抗风险能力，主动适应和引领经济发展新常态，为促进经济社会持续健康发展、实现中华民族伟大复兴中国梦作出积极贡献。

（二）基本原则

——坚持和完善基本经济制度。这是深化国有企业改革必须把握的根本要求。必须毫不动摇巩固和发展公有制经济，毫不动摇鼓励、支持、引导非公有制经济发展。坚持公有制主体地位，发挥国有经济主导作用，积极促进国有资本、集体资本、非公有资本等交叉持股、相互融合，推动各种所有制资本取长补短、相互促进、共同发展。

——坚持社会主义市场经济改革方向。这是深化国有企业改革必须遵循的基本规律。国有企业改革要遵循市场经济规律和企业发展规律，坚持政企分开、政资分开、所有权与经营权分离，坚持权利、义务、责任相统一，坚持激励机制和约束机制相结合，促使国有企业真正成为依法自主经营、自负盈亏、自担风险、自我约束、自我发展的独立市场主体。社会主义市场经济条件下的国有企业，要成为自觉履行社会责任的表率。

——坚持增强活力和强化监管相结合。这是深化国有企业改革必须把握的重要关系。增强活力是搞好国有企业的本质要求，加强监管是搞好国有企业的重要保障，要切实做到两者的有机统一。继续推进简政放权，依法落实企业法人财产权和经营自主权，进一步激发企业活力、创造力和市场竞争力。进一步完善国有企业监管制度，切实防止国有资产流失，确保国有资产保值增值。

——坚持党对国有企业的领导。这是深化国有企业改革必须坚守的政治方向、政治原则。要贯彻全面从严治党方针，充分发挥企业党组织政治核心作用，加强企业领导班子建设，创新基层党建工作，深入开展党风廉政建设，坚持全心全意依靠工人阶级，维护职工合法权益，为国有企业改革发展提供坚强有力的政治保证、组织保证和人才支撑。

——坚持积极稳妥统筹推进。这是深化国有企业改革必须采用的科学方法。要正确处理推进改革和坚持法治的关系，正确处理改革发展稳定关系，正确处理搞好顶层设计和尊重基层首创精神的关系，突出问题导向，坚持分类推进，把握好改革的次序、节奏、力度，确保改革扎实推进、务求实效。

（三）主要目标

到 2020 年，在国有企业改革重要领域和关键环节取得决定性成果，形成更加符合我国基本经济制度和社会主义市场经济发展要求的国有资产管理体制、现代企业制度、市场化经营机制，国有资本布局结构更趋合理，造就一大批德才兼备、善于经营、充满活力的优秀企业家，培育一大批具有创新能力和国际竞争力的国有骨干企业，国有经济活力、控制力、影响力、抗风险能力明显增强。

——国有企业公司制改革基本完成，发展混合所有制经济取得积极进展，法人治理结构更加健全，优胜劣汰、经营自主灵活、内部管理人员能上能下、员工能进能出、收入能增能减的市场化机制更加完善。

——国有资产监管制度更加成熟，相关法律法规更加健全，监管手段和方式不断优化，监管的科学性、针对性、有效性进一步提高，经营性国有资产实现集中统一监管，国有资产保值增值责任全面落实。

——国有资本配置效率显著提高，国有经济布局结构不断优化、主导作用有效发挥，国有企业在提升自主创新能力、保护资源环境、加快转型升级、履行社会责任中的引领和表率作用充分发挥。

——企业党的建设全面加强，反腐倡廉制度体系、工作体系更加完善，国有企业党组织在公司治理中的法定地位更加巩固，政治核心作用充分发挥。

二、分类推进国有企业改革

（一）划分国有企业不同类别。根据国有资本的战略定位和发展目标，结合不同国有企业在经济社会发展中的作用、现状和发展需要，将国有企业分为商业类和公益类。通过界定功能、划分类别，实行分类改革、分类发展、分类监管、分类定责、分类考核，提高改革的针对性、监管的有效性、考核评价的科学性，推动国有企业同市场经济深入融合，促进国有企业经济效益和社会效益有机统一。按照谁出资谁分类的原则，由履行出资人职责的机构负责制定所出资企业的功能界定和分类方案，报本级政府批准。各地区可结合实际，划分并动态调整本地区国有企业功能类别。

（二）推进商业类国有企业改革。商业类国有企业按照市场化要求实行商业化运作，以增强国有经济活力、放大国有资本功能、实现国有资产保值增值为主要目标，依法独立自主开展生产经营活动，实现优胜劣汰、有序进退。

主业处于充分竞争行业和领域的商业类国有企业，原则上都要实行公司制股份制改革，积极引入其他国有资本或各类非国有资本实现股权多元化，国有资本可以绝对控股、相对控股，也可以参股，并着力推进整体上市。对这些国有企业，重点考核经营业绩指标、国有资产保值增值和市场竞争能力。

主业处于关系国家安全、国民经济命脉的重要行业和关键领域、主要承担重大专项任务的商业类国有企业，要保持国有资本控股地位，支持非国有资本参股。对自然垄断行业，实行以政企分开、政资分开、特许经营、政府监管为主要内容的改革，根据不同行业特点实行网运分开、放开竞争性业务，促进公共资源配置市场化；对需要实行国有全资的企业，也要积极引入其他国有资本实行股权多元化；对特殊业务和竞争性业务实行业务板块有效分离，独立运作、独立核算。对这些国有企业，在考核经营业绩指标和国有资产保值增值情况的同时，加强对服务国家战略、保障国家安全和国民经济运行、发展前瞻性战略性产业以及完成特殊任务的考核。

（三）推进公益类国有企业改革。公益类国有企业以保障民生、服务社会、提供公共产品和服务为主要目标，引入市场机制，提高公共服务效率和能力。这类企业可以采取国有独资形式，具备条件的也可以推行投资主体多元化，还可以通过购买服务、特许经营、委托代理等方式，鼓励非国有企业参与经营。对公益类国有企业，重点考核成本控制、产品服务质量、营运效率和保障能力，根据企业不同特点有区别地考核经营业绩指标和国有资产保值增值情况，考核中要引入社会评价。

三、完善现代企业制度

（一）推进公司制股份制改革。加大集团层面公司制改革力度，积极引入各类投资者实现股权多元化，大力推动国有企业改制上市，创造条件实现集团公司整体上市。根据不同企业的功能定位，逐步调整国有股权比例，形成股权结构多元、股东行为规范、内部约束有效、运行高效灵活的经营机制。允许将部分国有资本转化为优先股，在少数特定领域探索建立国家特殊管理股制度。

（二）健全公司法人治理结构。重点是推进董事会建设，建立健全权责对等、运转协调、有效制衡的决策执行监督机制，规范董事长、总经理行权行为，充分发挥董事会的决策作用、监事会的监督作用、经理层的经营管理作用、党组织的政治核心作用，切实解决一些企业董事会形同虚设、"一把手"说了算的问题，实现规范的公司治理。要切实落实和维护董事会依法行使重大决策、选人用人、薪酬分配等权利，保障经理层经营自主权，法无授权任何政府部门和机构不得干预。加强董事会内部的制衡约束，国有独资、全资公司的董事会和监事会均应有职工代表，董事会外部董事应占多数，落实一人一票表决制度，董事对董事会决议承担责任。改进董事会和董事评价办法，强化对董事的考核评价和管理，对重大决策失误负有直接责任的要及时调整或解聘，并依法追究责任。进一步加强外部董事队伍建设，拓宽来源渠道。

（三）建立国有企业领导人员分类分层管理制度。坚持党管干部原则与董事会依法产生、董事会依法选择经营管理者、经营管理者依法行使用人权相结合，不断创新有效实现形式。上级党组织和国有资产监管机构按照管理权限加强对国有企业领导人员的管理，广开推荐渠道，依规考察提名，严格履行选用程序。根据不同企业类别和层级，实行选任制、委任制、聘任制等不同选人用人方式。推行职业经理人制度，实行内部培养和外部引进相结合，畅通现有经营管理者与职业经理人身份转换通道，董事会按市场化方式选聘和管理职业经理人，合理增加市场化选聘比例，加快建立退出机制。推行企业经理层成员任期制和契约化管理，明确责任、权利、义务，严格任期管理和目标考核。

（四）实行与社会主义市场经济相适应的企业薪酬分配制度。企业内部的薪酬分配权是企业的法定权利，由企业依法依规自主决定，完善既有激励又有约束、既讲效率又讲公平、既符合企业一般规律又体现国有企业特点的分配机制。建立健全与劳动力市场基本适应、与企业经济效益和劳动生产率挂钩的工资决定和正常增长机制。推进全员绩效考核，以业绩为导向，科学评价不同岗位员工的贡献，合理拉开收入分配差距，切实做到收入能增能减和奖惩分明，充分调动广大职工积极性。对国有企业领导人员实行与选任方式相匹配、与企业功能性质相适应、与经营业绩相挂钩的差异化薪酬分配办法。对党中央、国务院和地方党委、政府及其部门任命的国有企业领导人员，合理确定基本年薪、绩效年薪和任期激励收入。对市场化选聘的职业经理人实行市场化薪酬分配机制，可以采取多种方式探索完善中长期激励机制。健全与激励机制相对称的经济责任审计、信息披露、延期支付、追索扣回等约束机制。严格规范履职待遇、业务支出，严禁将公款用于个人支出。

（五）深化企业内部用人制度改革。建立健全企业各类管理人员公开招聘、竞争上岗等制度，对特殊管理人员可以通过委托人才中介机构推荐等方式，拓宽选人用人视野和渠道。建立分级分类的企业员工市场化公开招聘制度，切实做到信息公开、过程公开、结果公开。构建和谐劳动关系，依法规范企业各类用工管理，建立健全以合同管理为核心、以岗位管理为基础的市场化用工制度，真正形成企业各类管理人员能上能下、员工能进能出的合理流动机制。

四、完善国有资产管理体制

（一）以管资本为主推进国有资产监管机构职能转变。国有资产监管机构要准确把握依法履行出资人职责的定位，科学界定国有资产出资人监管的边界，建立监管权力清单和责任清单，实现以管企业为主向以管资本为主的转变。该管的要科学管理、决不缺位，重点管好国有资本布局、规范资本运作、提高资本回报、维护资本安全；不该管的要依法放权、决不越位，将依法应由企业自主经营决策的事项归位于企业，将延伸到子企业的管理事项原则上归位于一级企业，将配合承担的公共管理职能归位于相关政府部门和单位。大力推进依法监管，着力创新监管方式和手段，改变行政化管理方式，改进考核体系和办法，提高监管的科学性、有效性。

（二）以管资本为主改革国有资本授权经营体制。改组组建国有资本投资、运营公司，探索有效的运营模式，通过开展投资融资、产业培育、资本整合，推动产业集聚和转型升级，优化国有资本布局结构；通过股权运作、价值管理、有序进退，促进国有资本合理流动，实现保值增值。科学界定国有资本所有权和经营权的边界，国有资产监管机构依法对国有资本投资、运营公司和其他直接监管的企业履行出资人职责，并授权国有资本投资、运营公司对授权范围内的国有资本履行出资人职责。国有资本投资、运营公司作为国有资本市场化运作的专业平台，依法自主开展国有资本运作，对所出资企业行使股东职责，按照责权对应原则切实承担起国有资产保值增值责任。开展政府直接授权国有资本投资、运营公司履行出资人职责的试点。

（三）以管资本为主推动国有资本合理流动优化配置。坚持以市场为导向、以企业为主体，有进有退、有所为有所不为，优化国有资本布局结构，增强国有经济整体功能和效率。紧紧围绕服务国家战略，落实国家产业政策和重点产业布局调整总体要求，优化国有资本重点投资方向和领域，推动国有资本向关系国家安全、国民经济命脉和国计民生的重要行业和关键领域、重点基础设施集中，向前瞻性战略性产业集中，向具有核心竞争力的优势企业集中。发挥国有资本投资、运营公司的作用，清理退出一批、重组整合一批、创新发展一批国有企业。建立健全优胜劣汰市场化退出机制，充分发挥失业救济和再就业培训等的作用，解决好职工安置问题，切实保障退出企业依法实现关闭或破产，加快处置低效无效资产，淘汰落后产能。支持企业依法合规通过证券交易、产权交易等资本市场，以市场公允价格处置企业资产，实现国有资本形态转换，变现的国有资本用于更需要的领域和行业。推动国有企业加快管理创新、商业模式创新，合理限定法人层级，有效压缩管理层级。发挥国有企业在实施创新驱动发展战略和制造强国战略中的骨干和表率作用，强化企业在技术创新中的主体地位，重视培养科研人才和高技能人才。支持国有企业开展国际化经营，鼓励国有企业之间以及与其他所有制企业以资本为纽带，强强联合、优势互补，加快培育一批具有世界一流水平的跨国公司。

（四）以管资本为主推进经营性国有资产集中统一监管。稳步将党政机关、事业单位所属企业的国有资本纳入经营性国有资产集中统一监管体系，具备条件的进入国有资本投资、运营公司。加强国有资产基础管理，按照统一制度规范、统一工作体系的原则，抓紧制定企业国有资产基础管理条例。建立覆盖全部国有企业、分级管理的国有资本经营预算管理制度，提高国有资本收益上缴公共财政比例，2020 年提高到 30%，更多用于保障和改善民生。划转部分国有资本充实社会保障基金。

五、发展混合所有制经济

（一）推进国有企业混合所有制改革。以促进国有企业转换经营机制，放大国有资本功能，提高国有资本配置和运行效率，实现各种所有制资本取长补短、相互促进、共同发展为目标，稳妥推动国有企业发展混合所有制经济。对通过实行股份制、上市等途径已经实行混合所有制的国有企业，要着力在完善现代企业制度、提高资本运行效率上下功夫；对于适宜继续推进混合所有制改革的国有企业，要充分发挥市场机制作用，坚持因地施策、因业施策、因企施策，宜独则独、宜控则控、宜参则参，不搞拉郎配，不搞全覆盖，不设时间表，成熟一个推进一个。改革要依法依规、严格程序、公开公正，切实保护混合所有制企业各类出资人的产权权益，杜绝国有资产流失。

（二）引入非国有资本参与国有企业改革。鼓励非国有资本投资主体通过出资入股、收购股权、认购可转债、股权置换等多种方式，参与国有企业改制重组或国有控股上市公司增资扩股以及企业经营管理。实行同股同权，切实维护各类股东合法权益。在石油、天然气、电力、铁路、电信、资源开发、公用事业等领域，向非国有资本推出符合产业政策、有利于转型升级的项目。依照外商投资产业指导目录和相关安全审查规定，完善外资安全审查工作机制。开展多类型政府和社会资本合作试点，逐步推广政府和社会资本合作模式。

（三）鼓励国有资本以多种方式入股非国有企业。充分发挥国有资本投资、运营公司的资本运作平台作用，通过市场化方式，以公共服务、高新技术、生态环保、战略性产业为重点领域，对发展潜力大、成长性强的非国有企业进行股权投资。鼓励国有企业通过投资入股、联合投资、重组等多种方式，与非国有企业进行股权融合、战略合作、资源整合。

（四）探索实行混合所有制企业员工持股。坚持试点先行，在取得经验基础上稳妥有序推进，通过实行员工持股建立激励约束长效机制。优先支持人才资本和技术要素贡献占比较高的转制科研院所、高新技术企业、科技服务型企业开展员工持股试点，支持对企业经营业绩和持续发展有直接或较大影响的科研人员、经营管理人员和业务骨干等持股。员工持股主要采取增资扩股、出资新设等方式。完善相关政策，健全审核程序，规范操作流程，严格资产评估，建立健全股权流转和退出机制，确保员工持股公开透明，严禁暗箱操作，防止利益输送。

六、强化监督防止国有资产流失

（一）强化企业内部监督。完善企业内部监督体系，明确监事会、审计、纪检监察、巡视以及法律、财务等部门的监督职责，完善监督制度，增强制度执行力。强化对权力集中、资金密集、资源富集、资产聚集的部门和岗位的监督，实行分事行权、分岗设权、分级授权，定期轮岗，强化内部流程控制，防止权力滥用。建立审计部门向董事会负责的工作机制。落实企业内部监事会对董事、经理和其他高级管理人员的监督。进一步发挥企业总法律顾问在经营管理中的法律审核把关作用，推进企业依法经营、合规管理。集团公司要依法依规、尽职尽责加强对子企业的管理和监督。大力推进厂务公开，健全以职工代表大会为基本形式的企业民主管理制度，加强企业职工民主监督。

（二）建立健全高效协同的外部监督机制。强化出资人监督，加快国有企业行为规范法律法规制度建设，加强对企业关键业务、改革重点领域、国有资本运营重要环节以及境外国有资产的监督，规范操作流程，强化专业检查，开展总会计师由履行出资人职责机构委派的试点。加强和改进外派监事会制度，明确职责定位，强化与有关专业监督机构的协作，加强当期和事中监督，强化监督成果运用，建立健全核查、移交和整改机制。健全国有资本审计监督体系和制度，实行企业国有资产审计监督全覆盖，建立对企业国有资本的经常性审计制度。加强纪检监察监督和巡视工作，强化对企业领导人员廉洁从业、行使权力等的监督，加大大案要案查处力度，狠抓对存在问题的整改落实。整合出资人监管、外派监事会监督和审计、纪检监察、巡视等监督力量，建立监督工作会商机制，加强统筹，创新方式，共享资源，减少重复检查，提高监督效能。建立健全监督意见反馈整改机制，形成监督工作的闭环。

（三）实施信息公开加强社会监督。完善国有资产和国有企业信息公开制度，设立统一的信息公开网络平台，依法依规、及时准确披露国有资本整体运营和监管、国有企业公司治理以及管理架构、经营情况、财务状况、关联交易、企业负责人薪酬等信息，建设阳光国企。认真处理人民群众关于国有资产流失等问题的来信、来访和检举，及时回应社会关切。充分发挥媒本舆论监督作用，有效保障社会公众对企业国有资产运营的知情权和监督权。

（四）严格责任追究。建立健全国有企业重大决策失误和失职、渎职责任追究倒查机制，建立和完善重大决策评估、决策事项履职记录、决策过错认定标准等配套制度，严厉查处侵吞、贪污、输送、挥霍国有资产和逃废金融债务的行为。建立健全企业国有资产的监督问责机制，对企业重大违法违纪问题敷衍不追、隐匿不报、查处不力的，严格追究有关人员失职渎职责任，视不同情形给予纪律处分或行政处分，构成犯罪的，由司法机关依法追究刑事责任。

七、加强和改进党对国有企业的领导

（一）充分发挥国有企业党组织政治核心作用。把加强党的领导和完善公司治理统一起来，将党建工作总体要求纳入国有企业章程，明确国有企业党组织在公司法人治理结构中的法定地位，创新国有企业党组织发挥政治核心作用的途径和方式。在国有企业改革中坚持党的建设同步谋划、党的组织及工作机构同步设置、党组织负责人及党务工作人员同步配备、党的工作同步开展，保证党组织工作机构健全、党务工作者队伍稳定、党组织和党员作用得到有效发挥。坚持和完善双向进入、交叉任职的领导体制，符合条件的党组织领导班子成员可以通过法定程序进入董事会、监事会、经理层，董事会、监事会、经理层成员中符合条件的党员可以依照有关规定和程序进入党组织领导班子；经理层成员与党组织领导班子成员适度交叉任职；董事长、总经理原则上分设，党组织书记、董事长一般由一人担任。

国有企业党组织要切实承担好、落实好从严管党治党责任。坚持从严治党、思想建党、制度治党，增强管党治党意识，建立健全党建工作责任制，聚精会神抓好党建工作，做到守土有责、守土负责、守土尽责。党组织书记要切实履行党建工作第一责任人职责，党组织班子其他成员要切实履行"一岗双责"，结合业务分工抓好党建工作。中央企业党组织书记同时担任企业其他主要领导职务的，应当设立1名专职抓企业党建工作的副书记。加强国有企业基层党组织建设和党员队伍建设，强化国有企业基层党建工作的基础保障，充分发挥基层党组织战斗堡垒作用、共产党员先锋模范作用。加强企业党组织对群众工作的领导，发挥好工会、共青团等群团组织的作用，深入细致做好职工群众的思想政治工作。把建立党的组织、开展党的工作，作为国有企业推进混合所有制改革的必要前提，根据不同类型混合所有制企业特点，科学确定党组织的设置方式、职责定位、管理模式。

（二）进一步加强国有企业领导班子建设和人才队伍建设。根据企业改革发展需要，明确选人用人标准和程序，创新选人用人方式。强化党组织在企业领导人员选拔任用、培养教育、管理监督中的责任，支持董事会依法选择经营管理者、经营管理者依法行使用人权，坚决防止和整治选人用人中的

不正之风。加强对国有企业领导人员尤其是主要领导人员的日常监督管理和综合考核评价，及时调整不胜任、不称职的领导人员，切实解决企业领导人员能上不能下的问题。以强化忠诚意识、拓展世界眼光、提高战略思维、增强创新精神、锻造优秀品行为重点，加强企业家队伍建设，充分发挥企业家作用。大力实施人才强企战略，加快建立健全国有企业集聚人才的体制机制。

（三）切实落实国有企业反腐倡廉"两个责任"。国有企业党组织要切实履行好主体责任，纪检机构要履行好监督责任。加强党性教育、法治教育、警示教育，引导国有企业领导人员坚定理想信念，自觉践行"三严三实"要求，正确履职行权。建立切实可行的责任追究制度，与企业考核等挂钩，实行"一案双查"。推动国有企业纪律检查工作双重领导体制具体化、程序化、制度化，强化上级纪委对下级纪委的领导。加强和改进国有企业巡视工作，强化对权力运行的监督和制约。坚持运用法治思维和法治方式反腐败，完善反腐倡廉制度体系，严格落实反"四风"规定，努力构筑企业领导人员不敢腐、不能腐、不想腐的有效机制。

八、为国有企业改革创造良好环境条件

（一）完善相关法律法规和配套政策。加强国有企业相关法律法规立改废释工作，确保重大改革于法有据。切实转变政府职能，减少审批、优化制度、简化手续、提高效率。完善公共服务体系，推进政府购买服务，加快建立稳定可靠、补偿合理、公开透明的企业公共服务支出补偿机制。完善和落实国有企业重组整合涉及的资产评估增值、土地变更登记和国有资产无偿划转等方面税收优惠政策。完善国有企业退出的相关政策，依法妥善处理劳动关系调整、社会保险关系接续等问题。

（二）加快剥离企业办社会职能和解决历史遗留问题。完善相关政策，建立政府和国有企业合理分担成本的机制，多渠道筹措资金，采取分离移交、重组改制、关闭撤销等方式，剥离国有企业职工家属区"三供一业"和所办医院、学校、社区等公共服务机构，继续推进厂办大集体改革，对国有企业退休人员实施社会化管理，妥善解决国有企业历史遗留问题，为国有企业公平参与市场竞争创造条件。

（三）形成鼓励改革创新的氛围。坚持解放思想、实事求是，鼓励探索、实践、创新。全面准确评价国有企业，大力宣传中央关于全面深化国有企业改革的方针政策，宣传改革的典型案例和经验，营造有利于国有企业改革的良好舆论环境。

（四）加强对国有企业改革的组织领导。各级党委和政府要统一思想，以高度的政治责任感和历史使命感，切实履行对深化国有企业改革的领导责任。要根据本指导意见，结合实际制定实施意见，加强统筹协调、明确责任分工、细化目标任务、强化督促落实，确保深化国有企业改革顺利推进，取得实效。

金融、文化等国有企业的改革，中央另有规定的依其规定执行。

2015 年 8 月 24 日

国务院

关于国有企业发展混合所有制经济的意见

国发〔2015〕54 号

各省、自治区、直辖市人民政府，国务院各部委、各直属机构：

发展混合所有制经济，是深化国有企业改革的重要举措。为贯彻党的十八大和十八届三中、四中全会精神，按照"四个全面"战略布局要求，落实党中央、国务院决策部署，推进国有企业混合所有制改革，促进各种所有制经济共同发展，现提出以下意见。

一、总体要求

（一）改革出发点和落脚点。国有资本、集体资本、非公有资本等交叉持股、相互融合的混合所有制经济，是基本经济制度的重要实现形式。多年来，一批国有企业通过改制发展成为混合所有制企业，但治理机制和监管体制还需要进一步完善；还有许多国有企业为转换经营机制、提高运行效率，正在积极探索混合所有制改革。当前，应对日益激烈的国际竞争和挑战，推动我国经济保持中高速增长、迈向中高端水平，需要通过深化国有企业混合所有制改革，推动完善现代企业制度，健全企业法人治理结构；提高国有资本配置和运行效率，优化国有经济布局，增强国有经济活力、控制力、影响力和抗风险能力，主动适应和引领经济发展新常态；促进国有企业转换经营机制，放大国有资本功能，实现国有资产保值增值，实现各种所有制资本取长补短、相互促进、共同发展，夯实社会主义基本经济制度的微观基础。在国有企业混合所有制改革中，要坚决防止因监管不到位、改革不彻底导致国有资产流失。

（二）基本原则。

——政府引导，市场运作。尊重市场经济规律和企业发展规律，以企业为主体，充分发挥市场机制作用，把引资本与转机制结合起来，把产权多元化与完善企业法人治理结构结合起来，探索国有企业混合所有制改革的有效途径。

——完善制度，保护产权。以保护产权、维护契约、统一市场、平等交换、公平竞争、有效监管为基本导向，切实保护混合所有制企业各类出资人的产权权益，调动各类资本参与发展混合所有制经济的积极性。

——严格程序，规范操作。坚持依法依规，进一步健全国有资产交易规则，科学评估国有资产价值，完善市场定价机制，切实做到规则公开、过程公开、结果公开。强化交易主体和交易过程监管，防止暗箱操作、低价贱卖、利益输送、化公为私、逃废债务，杜绝国有资产流失。

——宜改则改，稳妥推进。对通过实行股份制、上市等途径已经实行混合所有制的国有企业，要着力在完善现代企业制度、提高资本运行效率上下功夫；对适宜继续推进混合所有制改革的国有企业，要充分发挥市场机制作用，坚持因地施策、因业施策、因企施策，宜独则独、宜控则控、宜参则参，不搞拉郎配，不搞全覆盖，不设时间表，一企一策，成熟一个推进一个，确保改革规范有序进行。尊重基层创新实践，形成一批可复制、可推广的成功做法。

二、分类推进国有企业混合所有制改革

（三）稳妥推进主业处于充分竞争行业和领域的商业类国有企业混合所有制改革。按照市场化、国际化要求，以增强国有经济活力、放大国有资本功能、实现国有资产保值增值为主要目标，以提高经济效益和创新商业模式为导向，充分运用整体上市等方式，积极引入其他国有资本或各类非国有资本实现股权多元化。坚持以资本为纽带完善混合所有制企业治理结构和管理方式，国有资本出资人和各类非国有资本出资人以股东身份履行权利和职责，使混合所有制企业成为真正的市场主体。

（四）有效探索主业处于重要行业和关键领域的商业类国有企业混合所有制改革。对主业处于关系国家安全、国民经济命脉的重要行业和关键领域、主要承担重大专项任务的商业类国有企业，要保持国有资本控股地位，支持非国有资本参股。对自然垄断行业，实行以政企分开、政资分开、特许

经营、政府监管为主要内容的改革，根据不同行业特点实行网运分开、放开竞争性业务，促进公共资源配置市场化，同时加强分类依法监管，规范营利模式。

——重要通信基础设施、枢纽型交通基础设施、重要江河流域控制性水利水电航电枢纽、跨流域调水工程等领域，实行国有独资或控股，允许符合条件的非国有企业依法通过特许经营、政府购买服务等方式参与建设和运营。

——重要水资源、森林资源、战略性矿产资源等开发利用，实行国有独资或绝对控股，在强化环境、质量、安全监管的基础上，允许非国有资本进入，依法依规有序参与开发经营。

——江河主干渠道、石油天然气主干管网、电网等，根据不同行业领域特点实行网运分开、主辅分离，除对自然垄断环节的管网实行国有独资或绝对控股外，放开竞争性业务，允许非国有资本平等进入。

——核电、重要公共技术平台、气象测绘水文等基础数据采集利用等领域，实行国有独资或绝对控股，支持非国有企业投资参股以及参与特许经营和政府采购。粮食、石油、天然气等战略物资国家储备领域保持国有独资或控股。

——国防军工等特殊产业，从事战略武器装备科研生产、关系国家战略安全和涉及国家核心机密的核心军工能力领域，实行国有独资或绝对控股。其他军工领域，分类逐步放宽市场准入，建立竞争性采购体制机制，支持非国有企业参与武器装备科研生产、维修服务和竞争性采购。

——对其他服务国家战略目标、重要前瞻性战略性产业、生态环境保护、共用技术平台等重要行业和关键领域，加大国有资本投资力度，发挥国有资本引导和带动作用。

（五）引导公益类国有企业规范开展混合所有制改革。在水电气热、公共交通、公共设施等提供公共产品和服务的行业和领域，根据不同业务特点，加强分类指导，推进具备条件的企业实现投资主体多元化。通过购买服务、特许经营、委托代理等方式，鼓励非国有企业参与经营。政府要加强对价格水平、成本控制、服务质量、安全标准、信息披露、营运效率、保障能力等方面的监管，根据企业不同特点有区别地考核其经营业绩指标和国有资产保值增值情况，考核中要引入社会评价。

三、分层推进国有企业混合所有制改革

（六）引导在子公司层面有序推进混合所有制改革。对国有企业集团公司二级及以下企业，以研发创新、生产服务等实体企业为重点，引入非国有资本，加快技术创新、管理创新、商业模式创新，合理限定法人层级，有效压缩管理层级。明确股东的法律地位和股东在资本收益、企业重大决策、选择管理者等方面的权利，股东依法按出资比例和公司章程规定行权履职。

（七）探索在集团公司层面推进混合所有制改革。在国家有明确规定的特定领域，坚持国有资本控股，形成合理的治理结构和市场化经营机制；在其他领域，鼓励通过整体上市、并购重组、发行可转债等方式，逐步调整国有股权比例，积极引入各类投资者，形成股权结构多元、股东行为规范、内部约束有效、运行高效灵活的经营机制。

（八）鼓励地方从实际出发推进混合所有制改革。各地区要认真贯彻落实中央要求，区分不同情况，制定完善改革方案和相关配套措施，指导国有企业稳妥开展混合所有制改革，确保改革依法合规、有序推进。

四、鼓励各类资本参与国有企业混合所有制改革

（九）鼓励非公有资本参与国有企业混合所有制改革。非公有资本投资主体可通过出资入股、收购股权、认购可转债、股权置换等多种方式，参与国有企业改制重组或国有控股上市公司增资扩股以及企业经营管理。非公有资本投资主体可以货币出资，或以实物、股权、土地使用权等法律法规允许的方式出资。企业国有产权或国有股权转让时，除国家另有规定外，一般不在意向受让人资质条件中对民间投资主体单独设置附加条件。

（十）支持集体资本参与国有企业混合所有制改革。明晰集体资产产权，发展股权多元化、经营产业化、管理规范化的经济实体。允许经确权认定的集体资本、资产和其他生产要素作价入股，参与国有企业混合所有制改革。研究制定股份合作经济（企业）管理办法。

（十一）有序吸收外资参与国有企业混合所有制改革。引入外资参与国有企业改制重组、合资合作，鼓励通过海外并购、投融资合作、离岸金融等方式，充分利用国际市场、技术、人才等资源和要素，发展混合所有制经济，深度参与国际竞争和全球产业分工，提高资源全球化配置能力。按照扩大开放与加强监管同步的要求，依照外商投资产业指导目录和相关安全审查规定，完善外资安全审查工作机制，切实加强风险防范。

（十二）推广政府和社会资本合作（PPP）模式。优化政府投资方式，通过投资补助、基金注资、担保补贴、贷款贴息等，优先支持引入社会资本的项目。以项目运营绩效评价结果为依据，适时对价格和补贴进行调整。组合引入保险资金、社保基金等长期投资者参与国家重点工程投资。鼓励社会资本投资或参股基础设施、公用事业、公共服务等领域项目，使投资者在平等竞争中获取合理收益。加强信息公开和项目储备，建立综合信息服务平台。

（十三）鼓励国有资本以多种方式入股非国有企业。在公共服务、高新技术、生态环境保护和战略性产业等重点领域，以市场选择为前提，以资本为纽带，充分发挥国有资本投资、运营公司的资本运作平台作用，对发展潜力大、成长性强的非国有企业进行股权投资。鼓励国有企业通过投资入股、联合投资、并购重组等多种方式，与非国有企业进行股权融合、战略合作、资源整合，发展混合所有制经济。支持国有资本与非国有资本共同设立股权投资基金，参与企业改制重组。

（十四）探索完善优先股和国家特殊管理股方式。国有资本参股非国有企业或国有企业引入非国有资本时，允许将部分国有资本转化为优先股。在少数特定领域探索建立国家特殊管理股制度，依照相关法律法规和公司章程规定，行使特定事项否决权，保证国有资本在特定领域的控制力。

（十五）探索实行混合所有制企业员工持股。坚持激励和约束相结合的原则，通过试点稳妥推进员工持股。员工持股主要采取增资扩股、出资新设等方式，优先支持人才资本和技术要素贡献占比较高的转制科研院所、高新技术企业和科技服务型企业开展试点，支持对企业经营业绩和持续发展有直接或较大影响的科研人员、经营管理人员和业务骨干等持股。完善相关政策，健全审核程序，规范操作流程，严格资产评估，建立健全股权流转和退出机制，确保员工持股公开透明，严禁暗箱操作，防止利益输送。混合所有制企业实行员工持股，要按照混合所有制企业实行员工持股试点的有关工作要求组织实施。

五、建立健全混合所有制企业治理机制

（十六）进一步确立和落实企业市场主体地位。政府不得干预企业自主经营，股东不得干预企业日常运营，确保企业治理规范、激励约束机制到位。落实董事会对经理层成员等高级经营管理人员选聘、业绩考核和薪酬管理等职权，维护企业真正的市场主体地位。

（十七）健全混合所有制企业法人治理结构。混合所有制企业要建立健全现代企业制度，明晰产权，同股同权，依法保护各类股东权益。规范企业股东（大）会、董事会、经理层、监事会和党组织的权责关系，按章程行权，对资本监管，靠市场选人，依规则运行，形成定位清晰、权责对等、运转协调、制衡有效的法人治理结构。

（十八）推行混合所有制企业职业经理人制度。按照现代企业制度要求，建立市场导向的选人用人和激励约束机制，通过市场化方式选聘职业经理人依法负责企业经营管理，畅通现有经营管理者与职业经理人的身份转换通道。职业经理人实行任期制和契约化管理，按照市场化原则决定薪酬，可以采取多种方式探索中长期激励机制。严格职业经理人任期管理和绩效考核，加快建立退出机制。

六、建立依法合规的操作规则

（十九）严格规范操作流程和审批程序。在组建和注册混合所有制企业时，要依据相关法律法规，规范国有资产授权经营和产权交易等行为，健全清产核资、评估定价、转让交易、登记确权等国有产权流转程序。国有企业产权和股权转让、增资扩股、上市公司增发等，应在产权、股权、证券市场公开披露信息，公开择优确定投资人，达成交易意向后应及时公示交易对象、交易价格、关联交易等信息，防止利益输送。国有企业实施混合所有制改革前，应依据本意见制定方案，报同级国有资产监管机构批准；重要国

有企业改制后国有资本不再控股的，报同级人民政府批准。国有资产监管机构要按照本意见要求，明确国有企业混合所有制改革的操作流程。方案审批时，应加强对社会资本质量、合作方诚信与操守、债权债务关系等内容的审核。要充分保障企业职工对国有企业混合所有制改革的知情权和参与权，涉及职工切身利益的要做好评估工作，职工安置方案要经过职工代表大会或者职工大会审议通过。

（二十）健全国有资产定价机制。按照公开公平公正原则，完善国有资产交易方式，严格规范国有资产登记、转让、清算、退出等程序和交易行为。通过产权、股权、证券市场发现和合理确定资产价格，发挥专业化中介机构作用，借助多种市场化定价手段，完善资产定价机制，实施信息公开，加强社会监督，防止出现内部人控制、利益输送造成国有资产流失。

（二十一）切实加强监管。政府有关部门要加强对国有企业混合所有制改革的监管，完善国有产权交易规则和监管制度。国有资产监管机构对改革中出现的违法转让和侵吞国有资产、化公为私、利益输送、暗箱操作、逃废债务等行为，要依法严肃处理。审计部门要依法履行审计监督职能，加强对改制企业原国有企业法定代表人的离任审计。充分发挥第三方机构在清产核资、财务审计、资产定价、股权托管等方面的作用。加强企业职工内部监督。进一步做好信息公开，自觉接受社会监督。

七、营造国有企业混合所有制改革的良好环境

（二十二）加强产权保护。健全严格的产权占有、使用、收益、处分等完整保护制度，依法保护混合所有制企业各类出资人的产权和知识产权权益。在立法、司法和行政执法过程中，坚持对各种所有制经济产权和合法利益给予同等法律保护。

（二十三）健全多层次资本市场。加快建立规则统一、交易规范的场外市场，促进非上市股份公司股权交易，完善股权、债权、物权、知识产权及信托、融资租赁、产业投资基金等产品交易机制。建立规范的区域性股权市场，为企业提供融资服务，促进资产证券化和资本流动，健全股权登记、托管、做市商等第三方服务体系。以具备条件的区域性股权、产权市场为载体，探索建立统一结算制度，完善股权公开转让和报价机制。制定场外市场交易规则和规范监管制度，明确监管主体，实行属地化、专业化监管。

（二十四）完善支持国有企业混合所有制改革的政策。进一步简政放权，最大限度取消涉及企业依法自主经营的行政许可审批事项。凡是市场主体基于自愿的投资经营和民事行为，只要不属于法律法规禁止进入的领域，且不危害国家安全、社会公共利益和第三方合法权益，不得限制进入。完善工商登记、财税管理、土地管理、金融服务等政策。依法妥善解决混合所有制改革涉及的国有企业职工劳动关系调整、社会保险关系接续等问题，确保企业职工队伍稳定。加快剥离国有企业办社会职能，妥善解决历史遗留问题。完善统计制度，加强监测分析。

（二十五）加快建立健全法律法规制度。健全混合所有制经济相关法律法规和规章，加大法律法规立、改、废、释工作力度，确保改革于法有据。根据改革需要抓紧对合同法、物权法、公司法、企业国有资产法、企业破产法中有关法律制度进行研究，依照法定程序及时提请修改。推动加快制定有关产权保护、市场准入和退出、交易规则、公平竞争等方面法律法规。

八、组织实施

（二十六）建立工作协调机制。国有企业混合所有制改革涉及面广、政策性强、社会关注度高。各地区、各有关部门和单位要高度重视，精心组织，严守规范，明确责任。各级政府及相关职能部门要加强对国有企业混合所有制改革的组织领导，做好把关定向、配套落实、审核批准、纠偏提醒等工作。各级国有资产监管机构要及时跟踪改革进展，加强改革协调，评估改革成效，推广改革经验，重大问题及时向同级人民政府报告。各级工商联要充分发挥广泛联系非公有制企业的组织优势，参与做好沟通政企、凝聚共识、决策咨询、政策评估、典型宣传等方面工作。

（二十七）加强混合所有制企业党建工作。坚持党的建设与企业改革同步谋划、同步开展，根据企业组织形式变化，同步设置或调整党的组织，理顺党组织隶属关系，同步选配好党组织负责人，健全党的工作机构，配强党务工作者队伍，保障党组织工作经费，有效开展党的工作，发挥好党组织政治核心作用和党员先锋模范作用。

（二十八）开展不同领域混合所有制改革试点示范。结合电力、石油、天然气、铁路、民航、电信、军工等领域改革，开展放开竞争性业务、推进混合所有制改革试点示范。在基础设施和公共服务领域选择有代表性的政府投融资项目，开展多种形式的政府和社会资本合作试点，加快形成可复制、可推广的模式和经验。

（二十九）营造良好的舆论氛围。以坚持"两个毫不动摇"（毫不动摇巩固和发展公有制经济，毫不动摇鼓励、支持、引导非公有制经济发展）为导向，加强国有企业混合所有制改革舆论宣传，做好政策解读，阐释目标方向和重要意义，宣传成功经验，正确引导舆论，回应社会关切，使广大人民群众了解和支持改革。

各级政府要加强对国有企业混合所有制改革的领导，根据本意见，结合实际推动改革。

金融、文化等国有企业的改革，中央另有规定的依其规定执行。

2015 年 9 月 23 日

国务院关于改革和完善
国有资产管理体制的若干意见

国发〔2015〕63号

各省、自治区、直辖市人民政府，国务院各部委、各直属机构：

改革开放以来，我国国有资产管理体制改革稳步推进，国有资产出资人代表制度基本建立，保值增值责任初步得到落实，国有资产规模、利润水平、竞争能力得到较大提升。但必须看到，现行国有资产管理体制中政企不分、政资不分问题依然存在，国有资产监管还存在越位、缺位、错位现象；国有资产监督机制不健全，国有资产流失、违纪违法问题在一些领域和企业比较突出；国有经济布局结构有待进一步优化，国有资本配置效率不高等问题亟待解决。按照《中共中央关于全面深化改革若干重大问题的决定》和国务院有关部署，现就改革和完善国有资产管理体制提出以下意见。

一、总体要求

（一）指导思想。深入贯彻落实党的十八大和十八届二中、三中、四中全会精神，按照党中央、国务院决策部署，坚持和完善社会主义基本经济制度，坚持社会主义市场经济改革方向，尊重市场经济规律和企业发展规律，正确处理好政府与市场的关系，以管资本为主加强国有资产监管，改革国有资本授权经营体制，真正确立国有企业的市场主体地位，推进国有资产监管机构职能转变，适应市场化、现代化、国际化新形势和经济发展新常态，不断增强国有经济活力、控制力、影响力和抗风险能力。

（二）基本原则。坚持权责明晰。实现政企分开、政资分开、所有权与经营权分离，依法理顺政府与国有企业的出资关系。切实转变政府职能，依法确立国有企业的市场主体地位，建立健全现代企业制度。坚持政府公共管理职能与国有资产出资人职能分开，确保国有企业依法自主经营，激发企业活力、创新力和内生动力。

坚持突出重点。按照市场经济规则和现代企业制度要求，以管资本为主，以资本为纽带，以产权为基础，重点管好国有资本布局、规范资本运作、提高资本回报、维护资本安全。注重通过公司法人治理结构依法行使国有股东权利。

坚持放管结合。按照权责明确、监管高效、规范透明的要求，推进国有资产监管机构职能和监管方式转变。该放的依法放开，切实增强企业活力，提高国有资本运营效率；该管的科学管好，严格防止国有资产流失，确保国有资产保值增值。

坚持稳妥有序。处理好改革、发展、稳定的关系，突出改革和完善国有资产管理体制的系统性、协调性，以重点领域为突破口，先行试点，分步实施，统筹谋划，协同推进相关配套改革。

二、推进国有资产监管机构职能转变

（三）准确把握国有资产监管机构的职责定位。国有资产监管机构作为政府直属特设机构，根据授权代表本级人民政府对监管企业依法履行出资人职责，科学界定国有资产出资人监管的边界，专司国有资产监管，不行使政府公共管理职能，不干预企业自主经营权。以管资本为主，重点管好国有资本布局、规范资本运作、提高资本回报、维护资本安全，更好服务于国家战略目标，实现保值增值。发挥国有资产监管机构专业化监管优势，逐步推进国有资产出资人监管全覆盖。

（四）进一步明确国有资产监管重点。加强战略规划引领，改进对监管企业主业界定和投资并购的管理方式，遵循市场机制，规范调整存量，科学配置增量，加快优化国有资本布局结构。加强对国有资本运营质量及监管企业财务状况的监测，强化国有产权流转环节监管，加大国有产权进场交易力度。按照国有企业的功能界定和类别实行分类监管。改进考核体系和办法，综合考核资本运营质量、效率和收益，以经济增加值为主，并将转型升级、创新驱动、合规经营、履行社会责任等纳入考核指标体系。着力完善激励约束机制，将国有企业领导人员考核结果与职务任免、薪酬待遇有机结合，严格规范国有企业领导人员薪酬分配。建立健全与劳动力市场基本适应，与企业经济效益、劳动生产率挂钩的工资决定和正常增长机制。推动监管企业不断优化公司法人治理结构，把加强党的领导和完善公司治理统一起来，建立国有企业领导人员分类分层管理制度。强化国有资产监督，加强和改进外派监事会制度，建立健全国有企业违法违规经营责任追究体系、国有企业重大决策失误和失职渎职责任追究倒查机制。

（五）推进国有资产监管机构职能转变。围绕增强监管企业活力和提高效率，聚焦监管内容，该管的要科学管理、决不缺位，不该管的要依法放权、决不越位。将国有资产监管机构行使的投资计划、部分产权管理和重大事项决策等出资人权利，授权国有资本投资、运营公司和其他直接监管的企业行使；将依法应由企业自主经营决策的事项归位于企业；加强对企业集团的整体监管，将延伸到子企业的管理事项原则上归位于一级企业，由一级企业依法依规决策；将国有资产监管机构配合承担的公共管理职能，归位于相关政府部门和单位。

（六）改进国有资产监管方式和手段。大力推进依法监管，着力创新监管方式和手段。按照事前规范制度、事中加强监控、事后强化问责的思路，更多运用法治化、市场化的监管方式，切实减少出资人审批核准事项，改变行政化管理方式。通过"一企一策"制定公司章程、规范董事会运作、严格选派和管理股东代表和董事监事，将国有出资人意志有效体现在公司治理结构中。针对企业不同功能定位，在战略规划制定、资本运作模式、人员选用机制、经营业绩考核等方面，实施更加精准有效的分类监管。调整国有资产监管机构内部组织设置和职能配置，建立监管权力清单和责任清单，优化监管流程，提高监管效率。建立出资人监管信息化工作平台，推进监管工作协同，实现信息共享和动态监管。完善国有资产和国有企业信息公开制度，设立统一的信息公开网络平台，在不涉及国家秘密和企业商业秘密的前提下，依法依规及时准确地披露国有资本整体运营情况、企业国有资产保值增值及经营业绩考核总体情况、国有资产监管制度和监督检查情况，以及国有企业公司治理和管理架构、财务状况、关联交易、企业负责人薪酬等信息，建设阳光国企。

三、改革国有资本授权经营体制

（七）改组组建国有资本投资、运营公司。主要通过划拨现有商业类国有企业的国有股权，以及国有资本经营预算注资组建，以提升国有资本运营效率、提高国有资本回报为主要目标，通过股权运作、价值管理、有序进退等方式，促进国有资本合理流动，实现保值增值；或选择具备一定条件的国有独资企业集团改组设立，以服务国家战略、提升产业竞争力为主要目标，在关系国家安全、国民经济命脉的重要行业和关键领域，通过开展投资融资、产业培育和资本整合等，推动产业集聚和转型升级，优化国有资本布局结构。

（八）明确国有资产监管机构与国有资本投资、运营公司关系。政府授权国有资产监管机构依法对国有资本投资、运营公司履行出资人职责。国有资产监管机构按照"一企一策"原则，明确对国有资本投资、运营公司授权的内容、范围和方式，依法落实国有资本投资、运营公司董事会职权。国有资本投资、运营公司对授权范围内的国有资本履行出资人职责，作为国有资本市场化运作的专业平台，依法自主开展国有资本运作，对所出资企业行使股东职责，维护股东合法权益，按照责权对应原则切实承担起国有资产保值增值责任。

（九）界定国有资本投资、运营公司与所出资企业关系。国有资本投资、运营公司依据公司法等相关法律法规，对所出资企业依法行使股东权利，以出资额为限承担有限责任。以财务性持股为主，建立财务管控模式，重点关注国有资本流动和增值状况；或以对战略性核心业务控股为主，建立以战略目标和财务效益为主的管控模式，重点关注所出资企业执行公司战略和资本回报状况。

（十）开展政府直接授权国有资本投资、运营公司履行出资人职责的试点工作。中央层面开展由国务院直接授权国有资本投资、运营公司试点等工作。地方政府可以根据实际情况，选择开展直接授权国有资本投资、运营公司试点工作。

四、提高国有资本配置和运营效率

（十一）建立国有资本布局和结构调整机制。政府有关部门制定完善经济社会发展规划、产业政策和国有资本收益管理规则。国有资产监管机构根据政府宏观政策和有关管理要求，建立健全国有资本进退机制，制定国有资本投资负面清单，推动国有资本更多投向关系国家安全、国民经济命脉和国计民生的重要行业和关键领域。

（十二）推进国有资本优化重组。坚持以市场为导向、以企业为主体，有进有退、有所为有所不为，优化国有资本布局结构，提高国有资本流动性，增强国有经济整体功能和提升效率。按照国有资本布局结构调整要求，加快推动国有资本向重要行业、关键领域、重点基础设施集中，向前瞻性战略性产业集中，向产业链关键环节和价值链高端领域集中，向具有核心竞争力的优势企业集中。清理退出一批、重组整合一批、创新发展一批国有企业，建立健全优胜劣汰市场化退出机制，加快淘汰落后产能和化解过剩产能，处置低效无效资产。推动国有企业加快技术创新、管理创新和商业模式创新。推进国有资本控股经营的自然垄断行业改革，根据不同行业特点放开竞争性业务，实现国有资本和社会资本更好融合。

（十三）建立健全国有资本收益管理制度。财政部门会同国有资产监管机构等部门建立覆盖全部国有企业、分级管理的国有资本经营预算管理制度，根据国家宏观调控和国有资本布局结构调整要求，提出国有资本收益上交比例建议，报国务院批准后执行。在改组组建国有资本投资、运营公司以及实施国有企业重组过程中，国家根据需要将部分国有股权划转社会保障基金管理机构持有，分红和转让收益用于弥补养老等社会保障资金缺口。

五、协同推进相关配套改革

（十四）完善有关法律法规。健全国有资产监管法律法规体系，做好相关法律法规的立改废释工作。按照立法程序，抓紧推动开展企业国有资产法修订工作，出台相关配套法规，为完善国有资产管理体制夯实法律基础。根据国有企业公司制改革进展情况，推动适时废止全民所有制工业企业法。研究起草企业国有资产基础管理条例，统一管理规则。

（十五）推进政府职能转变。进一步减少行政审批事项，大幅度削减政府通过国有企业行政性配置资源事项，区分政府公共管理职能与国有资产出资人管理职能，为国有资产管理体制改革完善提供环境条件。推进自然垄断行业改革，实行网运分开、特许经营。加快推进价格机制改革，严格规范政府定价行为，完善市场发现、形成价格的机制。推进行政性垄断行业成本公开、经营透明，发挥社会监督作用。

（十六）落实相关配套政策。落实和完善国有企业重组整合涉及的资产评估增值、土地变更登记和国有资产无偿划转等方面税收优惠政策，切实明确国有企业改制重组过程中涉及的债权债务承接主体和责任，完善国有企业退出的相关政策，依法妥善处理劳动关系调整和社会保险关系接续等相关问题。

（十七）妥善解决历史遗留问题。加快剥离企业办社会职能，针对"三供一业"（供水、供电、供热和物业管理）、离退休人员社会化管理、厂办大集体改革等问题，制定统筹规范、分类施策的措施，建立政府和国有企业合理分担成本的机制。国有资本经营预算支出优先用于解决国有企业历史遗留问题。

（十八）稳步推进经营性国有资产集中统一监管。按照依法依规、分类推进、规范程序、市场运作的原则，以管资本为主，稳步将党政机关、事业单位所属企业的国有资本纳入经营性国有资产集中统一监管体系，具备条件的进入国有资本投资、运营公司。

金融、文化等国有企业的改革，中央另有规定的依其规定执行。

各地区要结合本地实际，制定具体改革实施方案，确保国有资产管理体制改革顺利进行，全面完成各项改革任务。

2015 年 10 月 25 日

国务院
关于推进国有资本投资、运营公司
改革试点的实施意见

国发〔2018〕23 号

各省、自治区、直辖市人民政府，国务院各部委、各直属机构：

改组组建国有资本投资、运营公司，是以管资本为主改革国有资本授权经营体制的重要举措。按照《中共中央 国务院关于深化国有企业改革的指导意见》、《国务院关于改革和完善国有资产管理体制的若干意见》有关要求和党中央、国务院工作部署，为加快推进国有资本投资、运营公司改革试点工作，现提出以下实施意见。

一、总体要求

（一）指导思想。

全面贯彻党的十九大和十九届二中、三中全会精神，以习近平新时代中国特色社会主义思想为指导，坚持社会主义市场经济改革方向，坚定不移加强党对国有企业的领导，着力创新体制机制，完善国有资产管理体制，深化国有企业改革，促进国有资产保值增值，推动国有资本做强做优做大，有效防止国有资产流失，切实发挥国有企业在深化供给侧结构性改革和推动经济高质量发展中的带动作用。

（二）试点目标。

通过改组组建国有资本投资、运营公司，构建国有资本投资、运营主体，改革国有资本授权经营体制，完善国有资产管理体制，实现国有资本所有权与企业经营权分离，实行国有资本市场化运作。发挥国有资本投资、运营公司平台作用，促进国有资本合理流动，优化国有资本投向，向重点行业、关键领域和优势企业集中，推动国有经济布局优化和结构调整，提高国有资本配置和运营效率，更好服务国家战略需要。试点先行，大胆探索，及时研究解决改革中的重点难点问题，尽快形成可复制、可推广的经验和模式。

（三）基本原则。

坚持党的领导。建立健全中国特色现代国有企业制度，把党的领导融入公司治理各环节，把企业党组织内嵌到公司治理结构之中，明确和落实党组织在公司法人治理结构中的法定地位，充分发挥党组织的领导作用，确保党和国家方针政策、重大决策部署的贯彻执行。

坚持体制创新。以管资本为主加强国有资产监管，完善国有资本投资运营的市场化机制。科学合理界定政府及国有资产监管机构，国有资本投资、运营公司和所持股企业的权利边界，健全权责利相统一的授权链条，进一步落实企业市场主体地位，培育具有创新能力和国际竞争力的国有骨干企业。

坚持优化布局。通过授权国有资本投资、运营公司履行出资人职责，促进国有资本合理流动，优化国有资本布局，使国有资本投资、运营更好地服务于国家战略目标。

坚持强化监督。正确处理好授权经营和加强监督的关系，明确监管职责，构建并强化政府监督、纪检监察监督、出资人监督和社会监督的监督体系，增强监督的协同性、针对性和有效性，防止国有资产流失。

二、试点内容

（一）功能定位。

国有资本投资、运营公司均为在国家授权范围内履行国有资本出资人职责的国有独资公司，是国有资本市场化运作的专业平台。公司以资本为纽带、以产权为基础依法自主开展国有资本运作，不从事具体生产经营活动。国有资本投资、运营公司对所持股企业行使股东职责，维护股东合法权益，以出资额为限承担有限责任，按照责权对应原则切实承担优化国有资本布局、提升国有资本运营效率、实现国有资产保值增值等责任。

国有资本投资公司主要以服务国家战略、优化国有资本布局、提升产业竞争力为目标，在关系国家安全、国民经济命脉的重要行业和关键领域，按照政府确定的国有资本布局和结构优化要求，以对战略性核心业务控股为主，通过开展投资融资、产业培育和资本运作等，发挥投资引导和结构调整作用，推动产业集聚、化解过剩产能和转型升级，培育核心竞争力和创新能力，积极参与国际竞争，着力提升国有资本控制力、影响力。

国有资本运营公司主要以提升国有资本运营效率、提高国有资本回报为目标，以财务性持股为主，通过股权运作、基金投资、培育孵化、价值管理、有序进退等方式，盘活国有资产存量，引导和带动社会资本共同发展，实现国有资本合理流动和保值增值。

（二）组建方式。

按照国家确定的目标任务和布局领域，国有资本投资、运营公司可采取改组和新设两种方式设立。根据国有资本投资、运营公司的具体定位和发展需要，通过无偿划转或市场化方式重组整合相关国有资本。

划入国有资本投资、运营公司的资产，为现有企业整体股权（资产）或部分股权。股权划入后，按现行政策加快剥离国有企业办社会职能和解决历史遗留问题，采取市场化方式处置不良资产和业务等。股权划入涉及上市公司的，应符合证券监管相关规定。

（三）授权机制。

按照国有资产监管机构授予出资人职责和政府直接授予出资人职责两种模式开展国有资本投资、运营公司试点。

1. 国有资产监管机构授权模式。政府授权国有资产监管机构依法对国有资本投资、运营公司履行出资人职责；国有资产监管机构根据国有资本投资、运营公司具体定位和实际情况，按照"一企一策"原则，授权国有资本投资、运营公司履行出资人职责，制定监管清单和责任清单，明确对国有资本投资、运营公司的监管内容和方式，依法落实国有资本投资、运营公司董事会职权。国有资本投资、运营公司对授权范围内的国有资本履行出资人职责。国有资产监管机构负责对国有资本投资、运营公司进行考核和评价，并定期向本级人民政府报告，重点说明所监管国有资本投资、运营公司贯彻国家战略目标、国有资产保值增值等情况。

2. 政府直接授权模式。政府直接授权国有资本投资、运营公司对授权范围内的国有资本履行出资人职责。国有资本投资、运营公司根据授权自主开展国有资本运作，贯彻落实国家战略和政策目标，定期向政府报告年度工作情况，重大事项及时报告。政府直接对国有资本投资、运营公司进行考核和评价等。

（四）治理结构。

国有资本投资、运营公司不设股东会，由政府或国有资产监管机构行使股东会职权，政府或国有资产监管机构可以授权国有资本投资、运营公司董事会行使股东会部分职权。按照中国特色现代国有企业制度的要求，国有资本投资、运营公司设立党组织、董事会、经理层，规范公司治理结构，建立健全权责对等、运转协调、有效制衡的决策执行监督机制，充分发挥党组织的领导作用、董事会的决策作用、经理层的经营管理作用。

1. 党组织。把加强党的领导和完善公司治理统一起来，充分发挥党组织把方向、管大局、保落实的作用。坚持党管干部原则与董事会依法产生、董事会依法选择经营管理者、经营管理者依法行使用人权相结合。按照"双向进入、交叉任职"的原则，符合条件的党组织领导班子成员可以通过法定程序进入董事会、经理层，董事会、经理层成员中符合条件的党员可以依照有关规定和程序进入党组织领导班子。党组织书记、董事长一般由同一人担任。对于重大经营管理事项，党组织研究讨论是董事会、经理层决策的前置程序。国务院直接授权的国有资本投资、运营公司，应当设立党组。纪检监察机关向国有资本投资、运营公司派驻纪检监察机构。

2. 董事会。国有资本投资、运营公司设立董事会，根据授权，负责公司发展战略和对外投资，经理层选聘、业绩考核、薪酬管理，向所持股企业派出董事等事项。董事会成员原则上不少于 9 人，由执行董事、外部董事、职工董事组成。保障国有资本投资、运营公司按市场化方式选择外部董事等权利，外部董事应在董事会中占多数，职工董事由职工代表大会选举产生。董事会设董事长 1 名，可设副董事长。董事会下设战略与投资委员会、提名委员会、薪酬与考核委员会、审计委员会、风险控制委员会等专门委员会。专门委员会在董事会授权范围内开展相关工作，协助董事会履行职责。

国有资产监管机构授权的国有资本投资、运营公司的执行董事、外部董事由国有资产监管机构委派。其中，外部董事由国有资产监管机构根据国有资本投资、运营公司董事会结构需求，从专职外部董事中选择合适人员担任。董事长、副董事长由国有资产监管机构从董事会成员中指定。

政府直接授权的国有资本投资、运营公司执行董事、外部董事（股权董事）由国务院或地方人民政府委派，董事长、副董事长由国务院或地方人民政府从董事会成员中指定。其中，依据国有资本投资、运营公司职能定位，外部董事主要由政府综合管理部门和相关行业主管部门提名，选择专业人士担任，由政府委派。外部董事可兼任董事会下属专门委员会主席，按照公司治理结构的议事规则对国有资本投资、运营公司的重大事项发表相关领域专业意见。

政府或国有资产监管机构委派外部董事要注重拓宽外部董事来源，人员选择要符合国有资本投资、运营公司定位和专业要求，建立外部董事评价机制，确保充分发挥外部董事作用。

3. 经理层。国有资本投资、运营公司的经理层根据董事会授权负责国有资本日常投资运营。董事长与总经理原则上不得由同一人担任。

国有资产监管机构授权的国有资本投资、运营公司党组织隶属中央、地方党委或国有资产监管机构党组织管理，领导班子及其成员的管理，以改组的企业集团为基础，根据具体情况区别对待。其中，由中管企业改组组建的国有资本投资、运营公司，领导班子及其成员由中央管理；由非中管的中央企业改组组建或新设的国有资本投资、运营公司，领导班子及其成员的管理按照干部管理权限确定。

政府直接授权的国有资本投资、运营公司党组织隶属中央或地方党委管理，领导班子及其成员由中央或地方党委管理。

国有资本投资、运营公司董事长、董事（外部董事除外）、高级经理人员，原则上不得在其他有限责任公司、股份有限公司或者其他经济组织兼职。

（五）运行模式。

1. 组织架构。国有资本投资、运营公司要按照市场化、规范化、专业化的管理导向，建立职责清晰、精简高效、运行专业的管控模式，分别结合职能定位具体负责战略规划、制度建设、资源配置、资本运营、财务监管、风险管控、绩效评价等事项。

2. 履职行权。国有资本投资、运营公司应积极推动所持股企业建立规范、完善的法人治理结构，并通过股东大会表决、委派董事和监事等方式行使股东权利，形成以资本为纽带的投资与被投资关系，协调和引导所持股企业发展，实现有关战略意图。国有资本投资、运营公司委派的董事、监事要依法履职行权，对企业负有忠实义务和勤勉义务，切实维护股东权益，不干预所持股企业日常经营。

3. 选人用人机制。国有资本投资、运营公司要建立派出董事、监事候选人员库，由董事会下设的提名委员会根据拟任职公司情况提出差额适任人选，报董事会审议、任命。同时，要加强对派出董事、监事的业务培训、管理和考核评价。

4. 财务监管。国有资本投资、运营公司应当严格按照国家有关财务制度规定，加强公司财务管理，防范财务风险。督促所持股企业加强财务管理，落实风险管控责任，提高运营效率。

5. 收益管理。国有资本投资、运营公司以出资人身份，按照有关法律法规和公司章程，对所持股企业的利润分配进行审议表决，及时收取分红，并依规上交国有资本收益和使用管理留存收益。

6. 考核机制。国有资本投资公司建立以战略目标和财务效益为主的管控模式，对所持股企业考核侧重于执行公司战略和资本回报状况。国有资本运营公司建立财务管控模式，对所持股企业考核侧重于国有资本流动和保值增值状况。

（六）监督与约束机制。

1. 完善监督体系。整合出资人监管和审计、纪检监察、巡视等监督力量，建立监督工作会商机制，按照事前规范制度、事中加强监控、事后强化问责的原则，加强对国有资本投资、运营公司的统筹监督，提高监督效能。纪检监察机构加强对国有资本投资、运营公司党组织、董事会、经理层的监督，强化对国有资本投资、运营公司领导人员廉洁从业、行使权力等的监督。国有资本投资、运营公司要建立内部常态化监督审计机制和信息公开制度，加强对权力集中、资金密集、资源富集、资产聚集等重点部门和岗位的监管，在不涉及国家秘密和企业商业秘密的前提下，依法依规、及时准确地披露公司治理以及管理架构、国有资本整体运营状况、关联交易、企业负责人薪酬等信息，建设阳光国企，主动接受社会监督。

2. 实施绩效评价。国有资本投资、运营公司要接受政府或国有资产监管机构的综合考核评价。考核评价内容主要包括贯彻国家战略、落实国有资本布局和结构优化目标、执行各项法律法规制度和公司章程，重大问题决策和重要干部任免，国有资本运营效率、保值增值、财务效益等方面。

三、实施步骤

国有资本投资、运营公司试点工作应分级组织、分类推进、稳妥开展，并根据试点进展情况及时总结推广有关经验。中央层面，继续推进国有资产监管机构授权的国有资本投资、运营公司深化试点，并结合本实施意见要求不断完善试点工作。同时推进国务院直接授权的国有资本投资、运营公司试点，选择由财政部履行国有资产监管职责的中央企业以及中央党政机关和事业单位经营性国有资产集中统一监管改革范围内的企业稳步开展。地方层面，试点工作由各省级人民政府结合实际情况组织实施。

四、配套政策

（一）推进简政放权。围绕落实出资人职责的定位，有序推进对国有资本投资、运营公司的放权。将包括国有产权流转等决策事项的审批权、经营班子业绩考核和薪酬管理权等授予国有资本投资、运营公司，相关管理要求和运行规则通过公司组建方案和公司章程予以明确。

（二）综合改革试点。国有资本投资、运营公司所持股国有控股企业中，符合条件的可优先支持同时开展混合所有制改革、混合所有制企业员工持股、推行职业经理人制度、薪酬分配差异化改革等其他改革试点，充分发挥各项改革工作的综合效应。

（三）完善支持政策。严格落实国有企业重组整合涉及的资产评估增值、土地变更登记和国有资产无偿划转等方面税收优惠政策。简化工商税务登记、变更程序。鼓励国有资本投资、运营公司妥善解决历史遗留问题、处置低效无效资产。制定国有资本投资、运营公司的国有资本经营预算收支管理政策。

五、组织实施

加快推进国有资本投资、运营公司改革试点，是深化国有企业改革的重要组成部分，是改革和完善国有资产管理体制的重要举措。国务院国有企业改革领导小组负责国有资本投资、运营公司试点工作的组织协调和督促落实。中央组织部、国家发展改革委、财政部、人力资源社会保障部、国务院国资委等部门按照职责分工制定落实相关配套措施，密切配合、协同推进试点工作。中央层面的国有资本投资、运营公司试点方案，按程序报党中央、国务院批准后实施。

各省级人民政府对本地区国有资本投资、运营公司试点工作负总责，要紧密结合本地区实际情况，制定本地区国有资本投资、运营公司改革试点实施方案，积极稳妥组织开展试点工作。各省级人民政府要将本地区改革试点实施方案报国务院国有企业改革领导小组备案。

2018 年 7 月 14 日

国务院

改革国有资本授权经营体制方案

国发〔2019〕9号

各省、自治区、直辖市人民政府，国务院各部委、各直属机构：

按照党中央、国务院关于深化国有企业改革的决策部署，近年来，履行国有资本出资人职责的部门及机构（以下称出资人代表机构）坚持以管资本为主积极推进职能转变，制定并严格执行监管权力清单和责任清单，取消、下放、授权一批工作事项，监管效能有效提升，国有资产管理体制不断完善。但也要看到，政企不分、政资不分的问题依然存在，出资人代表机构与国家出资企业之间权责边界不够清晰，国有资产监管越位、缺位、错位的现象仍有发生，国有资本运行效率有待进一步提高。党中央、国务院对此高度重视，党的十九大明确提出，要完善各类国有资产管理体制，改革国有资本授权经营体制。为贯彻落实党的十九大精神，加快推进国有资本授权经营体制改革，进一步完善国有资产管理体制，推动国有经济布局结构调整，打造充满生机活力的现代国有企业，现提出以下方案。

一、总体要求

（一）指导思想。以习近平新时代中国特色社会主义思想为指导，全面贯彻党的十九大和十九届二中、三中全会精神，坚持和加强党的全面领导，坚持和完善社会主义基本经济制度，坚持社会主义市场经济改革方向，以管资本为主加强国有资产监管，切实转变出资人代表机构职能和履职方式，实现授权与监管相结合、放活与管好相统一，切实保障国有资本规范有序运行，促进国有资本做强做优做大，不断增强国有经济活力、控制力、影响力和抗风险能力，培育具有全球竞争力的世界一流企业。

（二）基本原则。

——坚持党的领导。将坚持和加强党对国有企业的领导贯穿国有资本授权经营体制改革全过程和各方面，充分发挥党组织的领导作用，确保国有企业更好地贯彻落实党和国家方针政策、重大决策部署。

——坚持政企分开政资分开。坚持政府公共管理职能与国有资本出资人职能分开，依法理顺政府与国有企业的出资关系，依法确立国有企业的市场主体地位，最大限度减少政府对市场活动的直接干预。

——坚持权责明晰分类授权。政府授权出资人代表机构按照出资比例对国家出资企业履行出资人职责，科学界定出资人代表机构权责边界。国有企业享有完整的法人财产权和充分的经营自主权，承担国有资产保值增值责任。按照功能定位、治理能力、管理水平等企业发展实际情况，一企一策地对国有企业分类授权，做到权责对等、动态调整。

——坚持放管结合完善机制。加快调整优化出资人代表机构职能和履职方式，加强清单管理和事中事后监管，该放的放权到位、该管的管住管好。建立统一规范的国有资产监管制度体系，精简监管事项，明确监管重点，创新监管手段，提升监管水平，防止国有资产流失，确保国有资产保值增值。

（三）主要目标。出资人代表机构加快转变职能和履职方式，切实减少对国有企业的行政干预。国有企业依法建立规范的董事会，董事会职权得到有效落实。将更多具备条件的中央企业纳入国有资本投资、运营公司试点范围，赋予企业更多经营自主权。到 2022 年，基本建成与中国特色现代国有企业制度相适应的国有资本授权经营体制，出资人代表机构与国家出资企业的权责边界界定清晰，授权放权机制运行有效，国有资产监管实现制度完备、标准统一、管理规范、实时在线、精准有力，国有企业的活力、创造力、市场竞争力和风险防控能力明显增强。

二、优化出资人代表机构履职方式

国务院授权国资委、财政部及其他部门、机构作为出资人代表机构，对国家出资企业履行出资人职责。出资人代表机构作为授权主体，要依法科学界定职责定位，加快转变履职方式，依据股权关系对国家出资企业开展授权放权。

（一）实行清单管理。制定出台出资人代表机构监管权力责任清单，清单以外事项由企业依法自主决策，清单以内事项要大幅减少审批或事前备案。将依法应由企业自主经营决策的事项归位于企业，将延伸到子企业的管理事项原则上归位于一级企业，原则上不干预企业经理层和职能部门的管理工作，将配合承担的公共管理职能归位于相关政府部门和单位。

（二）强化章程约束。依法依规、一企一策地制定公司章程，规范出资人代表机构、股东会、党组织、董事会、经理层和职工代表大会的权责，推动各治理主体严格依照公司章程行使权利、履行义务，充分发挥公司章程在公司治理中的基础作用。

（三）发挥董事作用。出资人代表机构主要通过董事体现出资人意志，依据股权关系向国家出资企业委派董事或提名董事人选，规范董事的权利和责任，明确工作目标和重点；建立出资人代表机构与董事的沟通对接平台，建立健全董事人才储备库和董事选聘、考评与培训机制，完善董事履职报告、董事会年度工作报告制度。

（四）创新监管方式。出资人代表机构以企业功能分类为基础，对国家出资企业进行分类管理、分类授权放权，切实转变行政化的履职方式，减少审批事项，强化事中事后监管，充分运用信息化手段，减轻企业工作负担，不断提高监管效能。

三、分类开展授权放权

出资人代表机构对国有资本投资、运营公司及其他商业类企业（含产业集团，下同）、公益类企业等不同类型企业给予不同范围、不同程度的授权放权，定期评估效果，采取扩大、调整或收回等措施动态调整。

（一）国有资本投资、运营公司。出资人代表机构根据《国务院关于推进国有资本投资、运营公司改革试点的实施意见》（国发〔2018〕23号）有关要求，结合企业发展阶段、行业特点、治理能力、管理基础等，一企一策有侧重、分先后地向符合条件的企业开展授权放权，维护好股东合法权益。授权放权内容主要包括战略规划和主业管理、选人用人和股权激励、工资总额和重大财务事项管理等，亦可根据企业实际情况增加其他方面授权放权内容。

战略规划和主业管理。授权国有资本投资、运营公司根据出资人代表机构的战略引领，自主决定发展规划和年度投资计划。国有资本投资公司围绕主业开展的商业模式创新业务可视同主业投资。授权国有资本投资、运营公司依法依规审核国有资本投资、运营公司之间的非上市公司产权无偿划转、非公开协议转让、非公开协议增资、产权置换等事项。

选人用人和股权激励。授权国有资本投资、运营公司董事会负责经理层选聘、业绩考核和薪酬管理（不含中管企业），积极探索董事会通过差额方式选聘经理层成员，推行职业经理人制度，对市场化选聘的职业经理人实行市场化薪酬分配制度，完善中长期激励机制。授权国有资本投资、运营公司董事会审批子企业股权激励方案，支持所出资企业依法合规采用股票期权、股票增值权、限制性股票、分红权、员工持股以及其他方式开展股权激励，股权激励预期收益作为投资性收入，不与其薪酬总水平挂钩。支持国有创业投资企业、创业投资管理企业等新产业、新业态、新商业模式类企业的核心团队持股和跟投。

工资总额和重大财务事项管理。国有资本投资、运营公司可以实行工资总额预算备案制，根据企业发展战略和薪酬策略、年度生产经营目标和经济效益，综合考虑劳动生产率提高和人工成本投入产出率、职工工资水平市场对标等情况，结合政府职能部门发布的工资指导线，编制年度工资总额预算。授权国有资本投资、运营公司自主决策重大担保管理、债务风险管控和部分债券类融资事项。

政府直接授权的国有资本投资、运营公司按照有关规定对授权范围内的国有资本履行出资人职责，遵循有关法律和证券市场监管规定开展国有资本运作。

（二）其他商业类企业和公益类企业。对未纳入国有资本投资、运营公司试点的其他商业类企业和公益类企业，要充分落实企业的经营自主权，出资人代表机构主要对集团公司层面实施监管或依据股权关系参与公司治理，不干预集团公司以下各级企业生产经营具体事项。对其中已完成公司制改制、董事会建设较规范的企业，要逐步落实董事会职权，维护董事会依法行使重大决策、选人用人、薪酬分配等权利，明确由董事会自主决定公司内部管理机构设置、基本管理制度制定、风险内控和法律合规管理体系建设以及履行对所出资企业的股东职责等事项。

四、加强企业行权能力建设

指导推动国有企业进一步完善公司治理体系，强化基础管理，优化集团管控，确保各项授权放权接得住、行得稳。

（一）完善公司治理。按照建设中国特色现代国有企业制度的要求，把加强党的领导和完善公司治理统一起来，加快形成有效制衡的公司法人治理结构、灵活高效的市场化经营机制。建设规范高效的董事会，完善董事会运作机制，提升董事会履职能力，激发经理层活力。要在所出资企业积极推行经理层市场化选聘和契约化管理，明确聘期以及企业与经理层成员双方的权利与责任，强化刚性考核，建立退出机制。

（二）夯实管理基础。按照统一制度规范、统一工作体系的原则，加强国有资产基础管理。推进管理创新，优化总部职能和管理架构。深化企业内部三项制度改革，实现管理人员能上能下、员工能进能出、收入能增能减。不断强化风险防控体系和内控机制建设，完善内部监督体系，有效发挥企业职工代表大会和内部审计、巡视、纪检监察等部门的监督作用。

（三）优化集团管控。国有资本投资公司以对战略性核心业务控股为主，建立以战略目标和财务效益为主的管控模式，重点关注所出资企业执行公司战略和资本回报状况。国有资本运营公司以财务性持股为主，建立财务管控模式，重点关注国有资本流动和增值状况。其他商业类企业和公益类企业以对核心业务控股为主，建立战略管控和运营管控相结合的模式，重点关注所承担国家战略使命和保障任务的落实状况。

（四）提升资本运作能力。国有资本投资、运营公司作为国有资本市场化运作的专业平台，以资本为纽带、以产权为基础开展国有资本运作。在所出资企业积极发展混合所有制，鼓励有条件的企业上市，引进战略投资者，提高资本流动性，放大国有资本功能。增强股权运作、价值管理等能力，通过清理退出一批、重组整合一批、创新发展一批，实现国有资本形态转换，变现后投向更需要国有资本集中的行业和领域。

五、完善监督监管体系

通过健全制度、创新手段，整合监督资源，严格责任追究，实现对国有资本的全面有效监管，切实维护国有资产安全，坚决防止国有资产流失。

（一）搭建实时在线的国资监管平台。出资人代表机构要加快优化监管流程、创新监管手段，充分运用信息技术，整合包括产权、投资和财务等在内的信息系统，搭建连通出资人代表机构与企业的网络平台，实现监管信息系统全覆盖和实时在线监管。建立模块化、专业化的信息采集、分析和报告机制，加强信息共享，增强监管的针对性和及时性。

（二）统筹协同各类监督力量。加强国有企业内部监督、出资人监督和审计、纪检监察、巡视监督以及社会监督，结合中央企业纪检监察机构派驻改革的要求，依照有关规定清晰界定各类监督主体的监督职责，有效整合企业内外部监督资源，增强监督工作合力，形成监督工作闭环，加快建立全面覆盖、分工明确、协同配合、制约有力的国有资产监督体系，切实增强监督有效性。

（三）健全国有企业违规经营投资责任追究制度。明确企业作为维护国有资产安全、防止流失的责任主体，健全内部管理制度，严格执行国有企业违规经营投资责任追究制度。建立健全分级分层、有效衔接、上下贯通的责任追究工作体系，严格界定违规经营投资责任，严肃追究问责，实行重大决策终身责任追究制度。

六、坚持和加强党的全面领导

将坚持和加强党的全面领导贯穿改革的全过程和各方面，在思想上政治上行动上同党中央保持高度一致，为改革提供坚强有力的政治保证。

（一）加强对授权放权工作的领导。授权主体的党委（党组）要加强对授权放权工作的领导，深入研究授权放权相关问题，加强行权能力建设，加快完善有效监管体制，抓研究谋划、抓部署推动、抓督促落实，确保中央关于国有资本授权经营体制改革的决策部署落实到位。

（二）改进对企业党建工作的领导、指导和督导。上级党组织加强对国有企业党建工作的领导，出资人代表机构党组织负责国家出资企业党的建设。国家出资企业党组织要认真落实党中央、上级党组织、出资人代表机构党组织在党的领导、党的建设方面提出的工作要求。在改组组建国有资本投资、运营公司过程中，按照"四同步"、"四对接"的要求调整和设置党的组织、开展党的工作，确保企业始终在党的领导下开展工作。

（三）充分发挥企业党组织的领导作用。企业党委（党组）要切实发挥领导作用，把方向、管大局、保落实，依照有关规定讨论和决定企业重大事项，并作为董事会、经理层决策重大事项的前置程序。要妥善处理好各治理主体的关系，董事会、经理层等治理主体要自觉维护党组织权威，根据各自职能分工发挥作用，既要保证董事会对重大问题的决策权，又要保证党组织的意图在重大决策中得到体现。董事会、经理层中的党员要坚决贯彻落实党组织决定，向党组织报告落实情况。在推行经理层成员聘任制和契约化管理、探索职业经理人制度等改革过程中，要把坚持党管干部原则和发挥市场机制作用结合起来，保证党对干部人事工作的领导权和对重要干部的管理权，落实董事会、经理层的选人用人权。

七、周密组织科学实施

各地区、各部门、各出资人代表机构和广大国有企业要充分认识推进国有资本授权经营体制改革的重要意义，准确把握改革精神，各司其职、密切配合，按照精细严谨、稳妥推进的工作要求，坚持一企一策、因企施策，不搞批发式、不设时间表，对具备条件的，成熟一个推动一个，运行一个成功一个，不具备条件的不急于推进，确保改革规范有序进行，推动国有企业实现高质量发展。

（一）加强组织领导，明确职责分工。国务院国有企业改革领导小组负责统筹领导和协调推动国有资本授权经营体制改革工作，研究协调相关重大问题。出资人代表机构要落实授权放权的主体责任。国务院国有企业改革领导小组各成员单位及有关部门根据职责分工，加快研究制定配套政策措施，指导推动改革实践，形成合力共同推进改革工作。

（二）健全法律政策，完善保障机制。加快推动国有资本授权经营体制改革涉及的法律法规的立改废释工作，制定出台配套政策法规，确保改革于法有据。建立健全容错纠错机制，全面落实"三个区分开来"，充分调动和激发广大干部职工参与改革的积极性、主动性和创造性。

（三）强化跟踪督导，确保稳步推进。建立健全督查制度，加强跟踪督促，定期总结评估各项改革举措的执行情况和实施效果，及时研究解决改革中遇到的问题，确保改革目标如期实现。

（四）做好宣传引导，营造良好氛围。坚持鼓励探索、实践、创新的工作导向和舆论导向，采取多种方式解读宣传改革国有资本授权经营体制的方针政策，积极宣介推广改革典型案例和成功经验，营造有利于改革的良好环境。

各省（自治区、直辖市）人民政府要按照本方案要求，结合实际推进本地区国有资本授权经营体制改革工作。

金融、文化等国有企业的改革，按照中央有关规定执行。

2019 年 4 月 16 日

中国集团公司改革发展大事记

　　1978 年 12 月在北京召开的中国共产党十一届三中全会拨乱反正，解放思想，作出"把全党工作重点转移到现代化建设上来"的伟大战略决策，拉开了中国经济体制改革和对外开放的帷幕。

　　1980 年 7 月国务院发布了《关于推动经济联合的暂行规定》，1986 年 3 月国务院发布了《关于进一步推动横向经济联合若干问题的规定》。1987 年 12 月国务院批转国家经济体制改革委员会、国家经济委员会发布的《关于组建和发展企业集团的几点意见》，提出了鼓励企业集团发展、加强企业集团管理的政策措施，从此中国企业集团的发展进入了快车道。

　　《中国集团公司改革发展大事记》主要记述了 1987 年 1 月至 2019 年 6 月间，党和政府对集团公司创建和发展制定的政策、措施、法律法规和重要部署、重要活动、重要事件。

1987 年

1 月 27 日　中国丝绸进出口总公司对外营业。

3 月 4 日　全国成立六大航空公司：中国国际航空公司、中国东方航空公司、中国南方航空公司、中国西南航空公司、中国西北航空公司和中国北方航空公司。原中国民航总局不再直接经营航空企业。

4 月 2 日　国务院发布《关于大型工业联营企业在国家计划中实行单列的暂行规定》。

4 月 23 日　国家经委召开承包经营责任制座谈会，总结吉林、广东等省和首钢、二汽等企业经验，决定从 6 月起在全国普遍推行承包经营责任制。

6 月 10 日　国务院批转国家体改委、商业部、财政部《关于深化国营商业体制改革的意见》。

7 月 22 日　全国首家国有资产监督管理公司—深圳市投资管理公司开业。

8 月 17 日　经国家经委批准，全国汽车、机电、轻工、计算机等行业的 23 家大型工业公司和企业集团在长春第一汽车厂发起成立全国工业公司联络网（中国集团公司促进会前身）。

8 月 25 日　国家经委、中共中央组织部、全国总工会在北京联合召开全面推行厂长负责制工作会议。自 1984 年试点以来，实行厂长负责制的全民所有制工业企业已经达到 35232 个，占同类企业总数的 63.9%。

10 月 24 日　经国家计委、国家体改委、国家经委批准，全国首家采取股份形式组建的中国嘉陵工业股份有限公司（集团）成立。

11 月 24 日　国务院原则批准鞍钢承包方案。至此，全国 110 家大中型钢铁企业中，有 80 家实行承包经营责任制。

12 月 16 日　国家经济委员会、国家经济体制改革委员会印发《关于组建和发展企业集团的几点意见》。

1988 年

1 月 7 日　国家工商管理局颁发《公司登记管理若干问题的规定》。

2 月 27 日　国务院发布《全民所有制工业企业承包经营责任制暂行条例》。

4 月 13 日　七届全国人民代表大会第一次会议通过《中华人民共和国全民所

有制工业企业法》《中华人民共和国中外合作经营企业法》。

5月21日　中央组织部、人事部发布《关于全民所有制工业企业引入竞争机制、改革人事制度的若干意见》。

5月21日　中国机械装备集团公司成立。

6月3日　中华人民共和国国务院令第1号发布《中华人民共和国企业法人登记管理条例》。

7月4日　国务院决定成立六大专业投资公司：国家能源投资公司、国家交通投资公司、国家原材料投资公司、国家机电轻纺投资公司、国家农业投资公司、国家林业投资公司。前四家由国家计划委员会归口领导，后两家由国家计委和主管部门归口领导。

8月3日　沈阳金杯汽车股份有限公司在全国首次向社会发行股票。

9月26日　中共十三届三中全会批准了中央政治局提出的"治理经济环境、整顿经济秩序、全面深化改革"的指导方针和政策措施。

10月3日　中共中央、国务院发布《关于清理整顿公司的决定》。

10月15日　国务院办公厅发出通知，决定成立国务院企业管理指导委员会。

11月3日　国家工商行政管理局发布《中华人民共和国企业法人登记管理条例施行细则》。

11月17日　国务院批准组建国家国有资产管理局。

截至年底，国营工业企业实行厂长负责制的占68%；大中型国营工业企业实行各种形式承包经营责任制的占82%；全国已有县以上工业企业为主的横向经济联合组织6780个；全国企业集团数量1630个。

1989 年

2月19日　国家体改委、国家计委、财政部、国家国有资产管理局发布《关于企业兼并的暂行办法》。

2月28日　国家统计局发布1988年统计公报，9024个实行承包经营责任制大中型工业企业实现利税比上年增长20.8%。

5月26日　中国电子信息产业集团有限公司成立，负责经营电子工业部所有企业的国有资产。

7月1日　中国航天机电集团公司成立。

8 月 17 日　中共中央、国务院发布《关于进一步清理整顿公司的决定》。

11 月 2 日　全国工业公司联络网与集团公司联络网合并，启动在民政部申请登记中国集团公司促进会。

11 月 6 日　中共十三届五中全会通过《中共中央关于进一步治理整顿和深化改革的决定》。

11 月 16 日　经全国清理整顿公司领导小组审查批准，中央国家机关第一批撤销的公司共计 1018 家。

12 月 31 日　国家体改委发布《企业集团组织和管理座谈会纪要》，首次对企业集团的基本特征做了初步界定，强调企业集团要以产权为主要联结纽带。

1990 年

1 月 4 日　国务院召开全国经济体制改革工作会议，提出完善发展承包经营责任制；继续实行和完善厂长负责制；增强大中型企业的活力，充分发挥大中型企业的骨干作用；进一步发展企业集团。

3 月 7 日　铁道部撤销基本建设总局和物资管理局，成立中国铁路工程总公司。

4 月 21 日　国务院批转国家计委、国务院生产办《关于对 234 户重点骨干企业试行"双保"办法的报告》，对国家产业政策重点支持的骨干企业，由国家和地方采取倾斜政策。

5 月 23 日　国务院批转国家体改委《在治理整顿中深化企业改革强化企业管理的意见》，强调企业承包经营责任制的政策不变。

6 月 14 日　《人民日报》报道，1989 年全国有 2315 户企业兼并了 2559 户企业，通过兼并，转移存量资本 20.15 亿元，减少亏损企业 1204 户，减少亏损金额 1.34 亿元。全国累计有 6226 户企业兼并 6966 户企业。

7 月 2 日　国务院发出《关于加强国有资产管理工作的通知》。

8 月 1 日　《人民日报》报道，以上海宝钢为核心，由跨 14 个省市的 52 家企事业单位共同组建上海宝山钢铁联合（集团）公司。

12 月 25 日　七届全国人大发布《国有经济和社会发展十年规划和"八五"计划》，提出要"有计划地组建一批跨地区、跨部门的企业集团"；对这些企业集团在一定程度上按照紧密层、半紧密层和松散层对内部企业进行了划分，初步形成以产权关系为纽带的企业联合体。

1991 年

3月3日 国家体改委、国家计委、国务院生产办公室联合召开全国企业集团工作会议，把组建100个大型企业集团作为重要任务提到国务院议事日程。

3月19日 国务院生产办公室和国务院企业管理指导委员会联合颁布《关于坚持和完善企业内部经济责任制的意见》。

3月26日 国家国有资产管理局、财政部、国家工商总局印发《企业国有资产所有权界定暂行规定》。

5月16日 国务院发布《关于进一步增强国营大中型企业活力的通知》。

6月6日 我国电子行业最大的经济实体中国电子工业总公司在北京成立。

7月22日 国家工商行政管理局发布《企业名称登记管理规定》。

8月14日 财政部、国家体改委发布《国营企业实行"税利分流、税后还贷、税后承包"的试点办法》。

9月23—27日 中央工作会议决定采取12条措施，为搞好国营大中型企业创造良好的外部条件。

10月18日 扬子30万吨乙烯工程通过国家验收，这是新中国成立以来一次性建设规模最大的石油化工工程。

10月27日 国家税务总局发出通知，决定将在企业集团中推行增值税。

11月16日 国务院发布《国有资产评估管理办法》。

12月14日 国务院批转国家计委、国家体改委、国务院生产办公室《关于选择一批大型企业集团进行试点请示的通知》，确定全国首批55家试点的企业集团。

12月15日 我国大陆第一座核电站——秦山核电站并网发电。这是我国第一座自行设计、自行建造的30万千瓦的核电站。

12月30日 国家计委、国家体改委、国务院生产办发布《试点企业集团审批办法》。

1992 年

1月3日 农业部发布《乡镇企业组建和发展企业集团暂行办法》。

1 月 25 日　劳动部、国务院生产办、国家体改委、人事部、全国总工会联合发布《关于深化企业劳动人事、工资分配、社会保险制度改革的意见》。

2 月 29 日　国家体改委、国务院生产办在深圳召开股份制企业试点工作座谈会。

5 月 4 日　国家工商总局、国家计委、国家体改委、国务院生产办发布《国家企业集团登记管理实施办法（试行）》。

5 月 15 日　国家体改委、国家计委、财政部、中国人民银行、国务院生产办发布《股份制企业试点办法》。

7 月 23 日　国务院发布《全民所有制工业企业转换经营机制条例》。

8 月 1 日　国家计委、国家体改委、国务院经贸委发布《关于试点企业集团实行国家计划单列的实施办法（试行）》。

8 月 3 日　财政部颁发布《关于试点企业集团若干财务问题暂行规定》。

9 月 11 日　国家国有资产管理局、国家计委、国家体改委、国家经贸委发布《关于印发国家试点企业集团国有资产授权经营的实施办法（试行）的通知》，首批确定东风汽车集团、东方电气集团、中国重型汽车集团、第一汽车集团、中国五矿集团、天津渤海化工集团和贵州航空工业集团等 7 家试点企业集团，实施国有资产授权经营。后来又增加中国纺织机械工业集团作为试点单位。

10 月 10 日　劳动部、国家计委、国家体改委、国家经贸委发布《关于试点企业集团劳动工资管理的实施办法（试行）的通知》。

11 月 13 日　中国人民银行、国家计委、国家体改委、国务院经贸委发布《关于国家试点企业集团建立财务公司的实施办法》。

12 月 22 日　首钢集团设立华夏银行，按照国际惯例经营金融业务。这是我国第一家由工业企业开办的商业银行。

12 月 28 日　中国国际期货经纪有限公司成立，开创中国期货行业先河。

截至年底，国务院有关部门发布了关于国家试点企业集团人员出国、登记、统计、物资计划、国家计划单列、国有资产授权经营、财务问题、劳动工资管理等 10 个配套政策及一系列相关法规，对企业集团的组建和运行进行规范。

1993 年

1 月 11 日　中国华北、东北、华东、华中、西北五大电力集团在北京成立。

2月8日 我国铁路运输行业以广州铁路局改制的广州铁路（集团）公司为核心组建的的第一个企业集团——广州铁路集团正式诞生。

2月9日 中国保利集团公司成立。

2月16日 中国远洋运输集团成立。

3月15日 八届全国人大一次会议举行，通过了宪法修正案，正式将原来"国营经济"的提法改为"国有经济"，"国营企业"的提法相应改称"国有企业"。

3月26日 国务院经贸委、国家体改委发布《关于全民所有制工业企业实行产品结构和组织结构调整的规定的通知》。

4月20日 中国诚通资产管理有限公司成立。

5月15日 国务院办公厅发布《关于执行〈股份有限公司规范意见〉的通知》。

6月3日 中国航天工业总公司（国家航天局）组建。

7月20日 中钢集团成立，由中国冶金进出口总公司、中国钢铁炉料总公司、中国国际钢铁投资公司和中国冶金钢材加工公司合并组建。

8月3日 国家经贸委、国家税务总局、海关总署发布《鼓励和支持大型企业和企业集团建立技术中心暂行办法》。

9月27日 经国务院批准，中国长江三峡工程开发总公司成立。

11月8日 中国集团公司促进会在民政部正式登记。

11月11日 中共十四届三中全会通过《中共中央关于建立社会主义市场经济体制若干问题的决定》，提出建立现代企业制度，发展一批跨地区、跨行业、跨所有制和跨国的大型企业集团，强调要以产权为主要纽带来组建企业集团。

12月14日 国务院同意电子部、电力部、铁道部共同组建中国联合通信有限公司。这是我国电信管理体制深化改革的初步尝试。

12月29日 八届全国人大常委会第五次会议通过《中华人民共和国公司法》。

截至年底，全国组建企业集团7500多家，企业集团发展形成第二次高潮。

1994 年

2月1日 中国引进外资、先进设备和技术建设的第一座大型核电站——广东大亚湾核电站一号组正式投入商业运行。

2月8日　国家税务总局发布《关于大型企业集团征收所得税问题的通知》，规定国家试点企业集团经批准后，核心企业对100%控股的紧密企业，可由核心企业统一合并纳税。

3月11日　国家国有资产管理局发布《股份制试点企业国有股权管理的实施意见》。

7月5日　八届全国人民代表大会常务委员会第八次会议通过《中华人民共和国劳动法》。

7月24日　国务院发布《国有企业财产监督管理条例》，明确国有企业财产属全民所有即国家所有，企业对国家授予其经营管理的财产依法自主经营，享有占有、使用和依法处分的权利。

8月23日　国家经贸委发布《关于在若干城市进行企业"优化资本结构"试点的请示的通知》，强调试点应在整体推进转换国有企业经营机制的前提下，在补充资本金、加快技术改造、减轻债务负担、分流富余人员、分离社会职能、实施破产等方面实现重点突破。

9月16日　国家经贸委、国家体改委、劳动部发布《国有企业厂长（经理）奖惩办法》。

9月21日　财政部、国家国有资产管理局、中国人民银行发布《国有资产收益收缴管理办法》。

9月24日　中国广东核电集团有限公司成立，注册资本102亿元人民币。

10月6日　哈电集团组建哈尔滨动力设备股份有限公司，同年在香港联交所H股上市。

11月2日　国务院在北京召开全国建立现代企业制度试点工作会议。

11月3日　国家国有资产管理局、国家经济体制改革委员会发出关于《股份有限公司国有股权管理暂行办法》的通知。

11月18日　国家经贸委、国家计委、财政部、国家国有资产管理局发出《关于变更国有企业隶属关系审批办法的通知》。

1995 年

2月25日　国家经贸委发出《关于国务院确定的百户现代企业制度试点工作

的组织实施意见的通知》。试点工作分准备阶段、操作实施阶段、总结完善阶段，大约用两年时间完成。

3月25日　国务院办公厅转发国家经贸委《关于深化企业改革搞好国有大中型企业的意见》。

5月5日　政策性投资机构——国家开发投资公司成立。

8月8日　中国第一汽车集团公司兼并吉林、长春四个小型汽车厂及沈阳金杯汽车公司，建成当时我国规模最大、年产6万辆轻型汽车生产基地。

8月28日　我国最大的化纤和化纤原料生产基地仪征股份有限公司收购佛山化纤联合总公司全部产权。

8月28日　《中华人民共和国公司法》颁布以来，我国第一家由国家按照现代企业制度的原则投资组建的国有独资公司——神华集团有限公司成立。

11月5日　国务院批准设立国家电网建设总公司。

11月21日　国家经贸委发布《关于国务院确定的百户现代企业制度试点工作操作实施阶段的指导意见》。

1996年

1月12日　中国首家主要由民营企业家投资的全国性股份制商业银行——中国民生银行开业。

1月25日　国务院颁发《企业国有资产产权登记管理办法》。

3月7日　国务院批转国家经贸委《关于1996年国有企业改革工作的实施意见》。

7月22日　中国人民保险（集团）公司成立。中保集团是我国第一家保险集团公司。这是中国保险事业发展史上的一个里程碑。

7月25日　国家经贸委、中国人民银行联合发出《关于试行国有企业兼并破产中若干问题的通知》。

7月26日　国家经贸委办公厅印发《关于试行国有企业兼并破产中若干问题的通知》。

8月5日　由交通银行上海分行牵头，上海六家金融机构组成国内银团，支持上海电气（集团）总公司带资承包中东地区第一座地铁——伊朗德黑兰地铁项目。这是我国银行业首次采用组织国内银团的形式，向外国提供出口信贷，是新中国成立以来金额最大的一宗成套机电产品出口项目。

10 月 1 日　外经贸部颁发《关于设立中外合资对外贸易公司试点暂行办法》，这是第一个有关外资可以进入我国外贸领域设立合资公司的政策文件。

1997 年

3 月 21 日　北京大唐发电股份有限公司在伦敦证券交易所挂牌上市，成为首家在伦敦上市的中国公司。

4 月 11 日　国家体改委召开现代企业制度试点暨原有股份公司规范工作会议，公布截止 1996 年底，我国以国有企业为主改建的股份有限公司达 9200 多家，股本总额达 6000 亿元。

4 月 29 日　国务院批转国家计委、国家经贸委、国家体改委《关于深化大型企业集团试点工作意见的通知》，提出按照建立现代企业制度的要求，重点抓好一批大型企业集团，并对如何建立以资本为主要联结纽带的母子公司体制作出了明确规定。试点企业集团从 57 家扩大到 120 家。

6 月 23 日　国家试点企业集团工作会议在北京召开。国务院领导要求加快大型企业集团的现代企业制度建设。

8 月 1 日　《中华人民共和国合伙企业法》正式施行。

10 月 15 日　经国务院批准，中国人民银行决定，从即日起逐步允许中资企业保留一定限额的外汇收入。

1998 年

1 月 22 日　中国诚通控股集团公司成立。

3 月 13 日　国家体改委发布《关于企业集团建立母子公司体制的指导意见》，对加快企业集团建立现代企业制度步伐，促进企业集团规范、健康发展提供了模式。

4 月 6 日　国家工商行政管理局发布《企业集团登记管理暂行规定》。

4 月 30 日　外经贸部、国家计委、国家经贸委发出《关于赋予试点企业集团进出口经营权和对外承包劳务经营权有关事项的通知》。

5 月 8 日　国家工商总局发布《关于国有企业改革中登记管理若干问题的实施意见》，对国有企业改革中设立公司的一系列问题予以明确。

7 月 27 日　中国石油天然气集团公司和中国石油化工集团公司成立。

8月24日　国家经贸委发出《关于国家大型企业集团制定试点方案有关问题的通知》，对试点方案的基本内容、论证和批复程序等方面作了具体规定。

9月5日　国家工商总局发出《关于实施企业集团登记管理暂行规定有关问题的通知》。

9月9日　中国恒天集团有限公司成立。由原国家纺织工业部所属中国纺织机械（集团）有限公司、中国纺织机械和技术进出口有限公司、中国纺织工业对外经济技术合作公司、中国化纤总公司、中国丝绸工业总公司等6家企业组建。

9月21日　电信科学技术研究院组建的大唐电信科技产业集团在北京海淀新技术开发试验区成立。

10月15日　国家经贸委发布《关于发布520户国家重点企业名单的通知》，对所列520家企业将在兼并破产、扭亏脱困、债转股、技改、技术进步、建立企业技术中心、扩大外贸进出口权、进入资本市场、干部培训等方面优先实施相关政策。

11月17日　以宝钢为主，吸收上海冶金、梅山（集团）联合重组的上海宝钢集团公司成立。

12月29日　第九届全国人民代表大会常务委员会第六次会议通过《中华人民共和国证券法》。

12月31日　经党中央、国务院批准，《中央党政机关与所办经济实体和管理的直属企业脱钩的总体处理意见和具体实施方案》开始实施。

1999 年

2月3日　全国企业技术创新会议在北京召开。

3月8日　中国新型建筑材料公司重组，更名为中国新型建筑材料（集团）公司。

3月15日　九届全国人民代表大会第二次会议通过《中华人民共和国合同法》。

3月29日　国家经贸委、证监会发布《关于进一步促进境外上市公司规范运作和深化改革的意见》。

4月19日　信达、东方、长城、华融四家具有独立法人资格的国有独资金融管理公司成立，作为投资主体处置四大国有银行不良资产。

4月28日 中国吉林森工集团有限责任公司成立。

6月1日 财政部发布《国有资本金效绩评价规则》《国有资本金效绩评价操作细则》。

6月28日 国务院作出关于组建中国铝业集团公司、中国铜铅锌集团公司、中国稀土金属集团公司有关问题的批复。

7月1日 国务院决定原国家经贸委管理的10个国家局所属的242个科研机构改制，有色金属研究总院转为中央直属大型科技企业。

7月1日 中国核工业集团公司、中国核工业建设集团公司、中国航天科工集团公司、中国航天科技集团公司、中国船舶工业集团公司、中国船舶重工集团公司成立。

7月1日 根据党中央、国务院、中央军委关于深化国防科技工业体制改革的重大决策，在原中国兵器工业总公司的基础上改组设立中国兵器工业集团公司。

8月10日 国家经贸委发布关于贯彻落实中共中央办公厅国务院办公厅《关于在国有企业、集体企业及其控股企业深入实行厂务公开制度的通知》的意见。

8月10日 国家经贸委发布《国有大中型企业建立现代企业制度和加强管理的基本规范（试行）》。

8月10日 国家经贸委、财政部发布《关于国有企业管理关系变更有关问题的通知》。

8月20日 中共中央、国务院发布《关于加强技术创新，发展高科技，实现产业化的决定》。

8月23日 中共中央、国务院召开全国技术创新大会。

9月2日 中国信达资产管理公司与首家实施"债转股"的企业、北京水泥厂的母公司北京建材集团公司在北京签订债权转股权协议，标志着我国的"债转股"工作正式启动。

9月19日 中共十五届四中全会通过《中共中央关于国有企业改革和发展若干重大问题的决定》，提出要从战略上调整国有经济布局，推进国有企业战略性改组，建立和完善现代企业制度，加强和改善企业管理，提高国有经济的控制力，使国有经济在关系国民经济命脉的重要行业和关键领域占支配地位。

2000 年

1月23日 中国石化集团兼并广州乙烯协议签字。

2月1日 财政部、国家经贸委、劳动和社会保障部发布《国有资本保值增值结果计算与确认办法》。

3月5日 九届全国人大第三次会议通过的《政府工作报告》提出，继续推进以国企改革为中心环节的经济体制改革和其他各项改革，采取有力措施实现国有企业改革和脱困三年目标，使大多数国有大中型亏损企业摆脱困境，在大多数国有大中型骨干企业初步建立现代企业制度，这是2000年政府工作的重中之重。

3月5日 国务院发布《国有企业监事会暂行条例》。

4月6日 财政部发布《国有资产产权登记管理办法实施细则》。

4月18日 全国企业技术创新会议召开。国家认定企业技术开发中心已达294家，其中221家属国家520户重点企业，占74%。

4月20日 中国移动通信集团公司（中国移动）成立。

4月24日 中国电信集团公司正式成立。

5月18日 中国储备粮管理总公司成立。

6月5日 国家经贸委、教育部、劳动和社会保障部、财政部、卫生部联合发布《关于进一步推动国有企业分离办社会职能工作的意见》。

6月30日 中国人民银行发布《企业集团财务公司管理办法》。

7月1日 财政部发布《关于股份有限公司国有股权管理工作有关问题的通知》。

7月17日 中国钢研科技集团公司成立。

8月4日 财政部发布关于修订《企业国有资产产权登记管理办法实施细则》的通知。

9月28日 国务院办公厅转发国家经贸委《国有大中型企业建立现代企业制度和加强管理基本规范（试行）》，对建立现代企业制度和加强管理有关内容作出较为详细的规范。

12月5日 上海电信公司、美国电话电报公司、上海市信息投资有限公司合资成立上海信天通信有限公司。这是我国首家中外合资的电信营运公司。

12 月 30 日　国家统计局宣布，2000 年国内生产总值首次突破 1 万亿美元，国有大中型企业改革和三年脱困目标基本实现。

截至年底，我国全部企业集团（指省部级以上部门批准成立的企业集团及年末资产总计和主营收入均在 5 亿元以上的企业集团）2665 家，比上年减少 102 家，其中，资产主要集中在 1868 家工业企业集团，占全部企业集团总数的 70.3%。

2001 年

1 月 1 日　国务院发布《企业财务会计报告条例》。

2 月 19 日　国家经贸委召开新闻发布会，宣布撤销原来由国家经贸委管理的内贸、煤炭、机械、冶金、石化、轻工、纺织、建材、有色金属等 9 个国家局。这 9 个国家局的业务纳入国家经贸委范围。

2 月 27 日　中国海洋石油总公司控股的中国海洋石油有限公司分别在纽约和香港挂牌上市。

3 月 5 日　九届人大四次会议公布的《关于国民经济和社会发展第十个五年计划纲要》指出，应"通过上市、兼并、联合、重组等形式，形成一批拥有著名品牌和自主知识产权、主业突出、核心能力强的大公司和企业集团"。

3 月 13 日　国家经贸委、人事部、劳动和社会保障部发布《关于深化国有企业内部人事、劳动、分配制度改革的意见》。

3 月 15 日　国务院发布《国有企业监事会暂行条例》。

3 月 16 日　国家经贸委发布《关于国有企业管理关系变更有关问题的通知》，进一步规范中央管理的企业、中央企业的子企业以及地方企业等国有企业之间管理关系变更的操作程序。

4 月 12 日　国务院发布《关于修改〈中华人民共和国外资企业法实施细则〉的决定》。

4 月 28 日　国务院发布《企业国有资本与财务管理暂行办法》，规范企业国有资本与财务管理行为，对持有国有资本的各类非金融企业的"管理职责与权限""国有资本投入的管理""国有资本营运的管理"等作出明确规定。

9 月 10 日　中国铝业股份有限公司成立。

11 月 17 日　国务院办公厅转发国家经贸委、中央企业工委、国家计委、财政部、劳动和社会保障部、外经贸部、人民银行、外汇局《关于发展具有国际竞争力的大型企业集团的指导意见》。

12月11日 中国正式成为世贸组织成员。

截至年底，我国股份制企业（包括有限责任公司和股份有限公司）达到30多万家。

2002 年

1月1日 财政部第14号令发布《国有资产评估管理若干问题的规定》。

1月7日 国家经贸委发布《上市公司治理准则》。

3月1日 以信息产业部直属电子研究院所和高技术企业为基础组建的中国电子科技集团有限公司正式挂牌运营。

4月26日 国家经贸委、财政部、教育部、卫生部、劳动和社会保障部、建设部发布《关于进一步推进国有企业分离办社会职能工作的意见》。

4月26日 国家经贸委发布《关于进一步推进国有企业分离办社会职能工作的意见》。

4月30日 中国石化公司与国家开发投资公司公告《股份转让协议》，揭开中石化战略重组序幕。

5月17日 经国务院批准，重新组建的中国电信集团公司和中国网络通信集团公司成立。

6月3日 中共中央办公厅、国务院办公厅发出《关于在国有企业、集体及其控股企业深入实行厂务公开制度的通知》。

6月5日 财政部发出《企业集团内部效绩评价指导意见的通知》。

7月4日 财政部发布《委托社会中介机构开展企业效绩评价业务暂行办法》。

8月19日 国家经济贸易委员会、财政部印发《关于进一步推进国有企业分离办社会职能有关问题的补充通知》。

10月11日 民航六大集团公司宣告成立。六大集团是中国航空集团公司、中国东方航空集团公司、中国南方航空集团公司三大航空运输集团，以及中国民航信息集团公司、中国航空油料集团公司、中国航空器材进出口集团公司三大航空服务保障集团。

10 月 20 日　国家档案局、国家经济贸易委员会和国家发展计划委员会印发关于《企业档案管理规定》的通知。

12 月 29 日　国家电网公司成立，经国务院批准成为国家授权投资的机构和国家控股公司的试点企业。

12 月 29 日　中国南方电网有限责任公司成立。

12 月 29 日　中国华电集团公司成立，是国家电力体制改革组建的五家国有独资发电企业集团之一，经国务院批准成为国家授权投资的机构和国家控股公司的试点企业。

12 月 29 日　中国国电集团公司成立。

12 月 29 日　中国大唐集团公司成立，是在原国家电力公司部分企事业单位基础上组建的特大型发电企业集团，经国务院批准成为国家授权投资的机构和国家控股公司试点企业。

2003 年

1 月 4 日　中央所属黄金企事业单位合并组建的中国黄金集团公司成立。

2 月 13 日　中国外运股份有限公司在香港联合交易所正式挂牌上市。

2 月 14 日　太平洋人寿保险公司宣布在全国筹建 20 家分支机构。

3 月 7 日　外经贸部、国家税务总局、国家工商总局、国家外汇局公布《外国投资者并购境内企业暂行规定》，自 4 月 12 日起施行。

3 月 19 日　国务院常务会议决定，设立国务院国有资产监督管理委员会。

4 月 16 日　中国新型建筑材料（集团）公司更名为中国建筑材料集团公司。

5 月 27 日　国务院发布《企业国有资产监督管理暂行条例》。

7 月 15 日　国资委、财政部、劳动保障部、税务总局发出《关于进一步明确国有大中型企业主辅分离辅业改制有关问题的通知》。

7 月 23 日　中国普天信息产业股份有限公司在京成立。

8 月 9 日　中国盐业总公司召开"中盐集团"成立大会。

9 月 18 日　国资委一号令发布《国有企业清产核资办法》。

9 月 22 日　中国电力投资集团公司宣布成立发电运行公司。

9 月 23 日　国家电网公司与中国华能集团公司签署备忘录，国电公司将其直属有关网省公司 2002 年底持有的 13 家发电企业的股权划转华能集团公司。

11月4日　TCL集团与世界第四大消费类电子供应商法国汤姆逊公司签订协议，组建全球最大的彩电供应企业TCL-汤姆逊电子公司。这是中国家电企业首次兼并世界500强公司主流业务。

11月10日　中国化工进出口总公司更名为中国中化集团公司。

11月24日　中国非金属矿工业（集团）总公司更名为中国材料工业科工集团公司。

11月30日　国务院办公厅转发国资委《关于规范国有企业改制工作的意见》。

12月22日　国务院决定2004年在部分国有独资中央企业建立董事会试点。

2004年

1月31日　国务院发布《关于推进资本市场改革开放和稳定发展的若干意见》。

2月1日　国务院国资委、财政部发布《企业国有产权转让管理暂行办法》施行。

2月2日　铁道部所属中国铁路物资总公司和铁道通信信息有限责任公司移交国资委。

5月9日　中国化工集团公司正式挂牌运营。

6月10日　国家工商行政管理总局令第9号公布《企业登记程序规定》。

7月9日　铁道通信信息有限责任公司更名为中国铁通集团有限公司。

11月30日　国资委印发《关于公布中央企业主业（第一批）的通知》，共49家央企。规范中央企业投资活动，引导社会投资，做强做大中央企业主业，培育和发展大公司大企业集团，提高中央企业的控制力、影响力和带动力，实现国有经济的持续、健康发展。

12月28日　中国建筑材料科学研究院、中国轻工业机械总公司并入中国建筑材料集团公司，中国水利电力对外公司并入中国水利投资公司。上述5户企业重组后，国资委履行出资人职责的企业由181户调整为178户。

2005年

1月5日　中国有色矿业建设集团有限公司更名为中国有色矿业集团有限

公司。

1 月 5 日　中国化学工程总公司更名为中国化学工程集团公司。

2 月 25 日　国务院发布《关于鼓励支持和引导个体私营等非公有制经济发展的若干意见》。

4 月 15 日　国务院国资委、财政部发布《企业国有产权向管理层转让暂行规定》，规定中小国有企业可以探索，大型国有企业不得转让，金融类企业国有产权转让和上市公司国有股权转让按国家有关规定执行。

4 月 26 日　经国务院批准，天津水泥工业设计研究院并入中国材料工业科工集团公司，中国纺织物资（集团）总公司并入中国恒天集团公司，中国寰球工程公司并入中国石油天然气集团公司，中国有色工程设计研究总院并入中国冶金建设集团公司，华侨城集团公司与华联发展集团有限公司重组。以上 10 户企业重组后，国资委履行出资人职责的企业由 177 户调整为 172 户。

5 月 30 日　中国证券监督管理委员会、国务院国有资产监督管理委员会联合发布《关于做好股权分置改革试点工作的意见》。

6 月 20 日　中国证监会推出上港集箱、宝钢股份、中信证券等 42 家第二批股权分置改革试点公司。

8 月 1 日　中国长城计算机集团公司并入中国电子信息产业集团公司；中国港湾建设（集团）总公司与中国路桥（集团）总公司以新设合并方式组建"中国交通建设集团有限公司"；中国医疗卫生器材进出口公司并入中国生物技术集团公司成为其全资子企业。以上 6 户企业重组后，国资委履行出资人职责的企业由 172 户调整为 169 户。

8 月 17 日　由鞍山钢铁集团公司与本溪钢铁（集团）有限责任公司联合重组的鞍本集团成立。

8 月 29 日　国务院国资委发布《企业国有产权无偿划转管理暂行办法》。

9 月 1 日　国务院国资委发布《企业国有资产评估管理暂行办法》。

9 月 8 日　中国机械装备（集团）公司更名为中国机械工业集团公司。

9 月 20 日　国务院国资委、劳动和社会保障部、国土资源部印发《关于进一步规范国有大中型企业主辅分离辅业改制的通知》。

10 月 10 日　国资委印发《关于公布中央企业主业（第三批）的通知》，共 34 家央企。

10月17日 中央企业首家规范董事会——宝钢集团董事会建立，其中占董事会成员超过半数的外部董事全部到位。

10月18日 上海宝钢集团公司由国有独资企业变更为国有独资公司，企业名称变更为宝钢集团有限公司。

10月27日 十届全国人大常委会第十八次会议表决通过修订后的《中华人民共和国公司法》。

12月19日 国务院办公厅印发《关于进一步规范国有企业改制工作实施意见的通知》。

12月27日 国家工商行政管理总局发布《公司注册资本登记管理规定》。

截至年底，国务院国资委先后确定宝钢集团、神华集团、诚通集团、中国铁通集团、中国国旅集团、中国医药集团进行董事会试点，国开投作为国有资产经营公司试点企业。

2006 年

3月17日 中谷粮油集团公司并入中国粮油食品（集团）有限公司。

4月26日 中国冶金建设集团公司更名为中国冶金科工集团公司。

5月3日 中国建材股份有限公司在香港联交所挂牌上市。

5月6日 中国证券监督管理委员会令第30号公布《上市公司证券发行管理办法》。

5月23日 国资委印发关于公布中国有色等16家中央企业主业的通知。

6月20日 国资委发布《中央企业全面风险管理指引》。

6月28日 国资委发布《中央企业投资监督管理暂行办法》。

7月18日 为引导中央企业投资方向，严格控制非主业投资，国资委公布25家中央企业的主业。

7月31日 中国证券监督管理委员会令第35号公布《上市公司收购管理办法》。

8月21日 中国冶金地质勘查工程总局更名为中国冶金地质总局。

8月27日 第十届全国人民代表大会常务委员会第二十三次会议通过《中华人民共和国企业破产法》。

9月30日 国资委、财政部发布《国有控股上市公司（境内）实施股权激励试行办法》。

10 月 22 日　中国海洋石油总公司和中国化工建设总公司进行重组，中化建整体并入中国海油。

10 月 31 日　中国水利投资公司更名为中国水利投资集团公司。

12 月 5 日　中国交建成功在香港联交所主板上市，成为率先整体在境外上市的大型中央企业。

截至年底，中国电子、中国建材集团、中房集团、中农发集团、中铁工程、中国铁建、新兴铸管集团、攀钢集团、中冶集团、恒天集团先后进行董事会试点工作。

2007 年

1 月 25 日　中国材料工业科工集团公司更名为中国中材集团公司。

1 月 30 日　中国证券监督管理委员会令《上市公司信息披露管理办法》发布。

2 月 13 日　国务院国资委在确认并公布 5 批共 137 家中央企业主业的基础上，又对中国国际工程咨询公司等 4 家中央企业的主业进行了确认。

2 月 14 日　中国移动通信宣布，成功完成收购米雷康姆所持有的巴科泰尔的股份。中国移动通信正式进入巴基斯坦电信市场，跨国经营实现零的突破。

2 月 24 日　中国工艺（集团）公司成立，由中国工艺品进出口总公司和中国工艺美术（集团）公司两家中央企业联合重组而成。

3 月 16 日　十届全国人民代表大会第五次会议通过《中华人民共和国企业所得税法》。

4 月 17 日　沈阳化工研究院并入中国中化集团公司；中国化工供销（集团）总公司并入中国海洋石油总公司。

6 月 1 日　国资委确认中国航空器材进出口集团公司等 12 家央企的主业。

6 月 29 日　十届全国人民代表大会常务委员会第二十八次会议通过《中华人民共和国劳动合同法》。

6 月 30 日　国资委、证监会发布《国有股东转让所有上市公司股份管理暂行办法》。

7 月 20 日　中国纺织工业设计院并入中国石油天然气集团公司。

9月4日 中国中旅集团公司并入中国港中旅集团公司,更名为中国旅游集团有限公司。

9月8日 国务院发布《关于试行国有资本经营预算的意见》。

9月12日 中国铁路工程总公司独家发起设立中国中铁股份有限公司

11月5日 中国铁道建筑总公司独家发起成立中国铁建股份有限公司。

11月26日 东方电气股份有限公司上市。

12月3日和12月7日 中国中铁分别在上海证券交易所和香港联合交易所上市。

12月18日 中国海洋航空集团公司并入中国机械工业集团公司。

12月24日 中国航空器材进出口集团公司更名为中国航空器材集团公司。

12月26日 三九企业集团并入华润(集团)有限公司。

2008 年

1月6日 原中国航空工业第一、第二集团公司重组整合成立中国航空工业团

1月18日 中国唱片总公司并入中国诚通控股集团有限公司。

3月21日 中国中钢股份有限公司成立。

4月16日 中国证券监督管理委员会令第53号公布《上市公司重大资产重组管理办法》。

5月11日 中国商用飞机有限责任公司成立。

5月22日 财政部、证监会、审计署、银监会、保监会财会〔2008〕7号令发布《企业内部控制基本规范》。

5月23日 中国铁通集团有限公司并入中国移动通信集团公司,电信业重组拉开帷幕。

7月3日 中国国际企业合作公司并入中国诚通控股集团有限公司。

8月11日 科技部公布首批91家创新型企业名单,前10名为中国航天、中国石化、国家电网、三峡总公司、神华集团、中国网通、中国电子、中国一汽、东方电气、鞍山钢铁。

8月18日和8月21日 中国南车分别在上海证券交易所和香港联交所上市。

8月29日 中国煤炭科工集团有限公司成立,由中煤国际工程设计研究总院、煤炭科学研究总院两家中央企业合并组建。

9 月 3 日　国务院第 25 次常务会议通过《中华人民共和国劳动合同法实施条例》。

9 月 23 日　中国化学工程集团公司联合神华集团有限责任公司和中国中化集团公司共同发起设立中国化学工程股份有限公司。

10 月 17 日　中国水利投资集团公司并入中国长江三峡工程开发总公司。

10 月 28 日　十一届全国人民代表大会常务委员会第五次会议通过《中华人民共和国企业国有资产法》。

10 月 31 日　中国轻工集团公司成立，由原中国轻工集团公司、中国海诚国际工程投资总院和中国轻工业对外经济技术合作公司三家中央企业重组而成。

12 月 19 日　中国对外贸易运输（集团）总公司与中国长江航运（集团）总公司重组，成立中国外运长航集团有限公司。

12 月 25 日　中国第一重型机械集团公司发起设立中国第一重型机械股份公司。

2009 年

1 月 6 日　中国网通和原中国联通合并组建中国联合网络通信集团有限公司，成为当时中国唯一一家在纽约、香港、上海三地同时上市的电信运营企业。

1 月 14 日　国家工商行政管理总局发布《股权出资登记管理办法》。

2 月 24 日　国资委发布《企业国有产权无偿划转工作指引》。

2 月 24 日　哈尔滨电站设备集团公司更名为哈尔滨电气集团公司。

4 月 21 日　中国中煤能源集团公司改制为国有独资公司，更名为中国中煤能源集团有限公司。

5 月 12 日　北京钢铁研究总院改制为国有独资公司，更名为中国钢研科技集团有限公司，进行董事会试点。

6 月 1 日　中国冶金科工集团公司由国有独资企业变更为国有独资公司，更名为中国冶金科工集团有限公司。

7 月 8 日　中国纺织科学研究院并入中国通用技术（集团）控股有限责任公司，中国农业机械化科学研究院并入中国机械工业集团有限公司。

7 月 31 日　西安电力机械制造公司更名为中国西电集团公司。

7 月 31 日　中国电子信息产业集团公司更名为中国电子信息产业集团有限公

司；中国机械工业集团公司更名为中国机械工业集团有限公司。

8月25日　中国东方电气集团公司更名为中国东方电气集团有限公司。

9月16日　中国医药集团总公司与中国生物技术集团公司实行联合重组。

9月27日　中国长江三峡工程开发总公司更名为中国长江三峡集团公司。

10月13日　国务院国资委发布《董事会试点中央企业专职外部董事管理办法（试行）》。

10月14日　中国建筑材料集团公司更名为中国建筑材料集团有限公司。

10月26日　长沙矿冶研究院和鲁中冶金矿业集团公司并入中国五矿集团公司；中国新兴（集团）总公司并入中国通用技术（集团）控股有限责任公司。至此，国资委履行出资人职责的企业由135户调整为132户。

12月8日　中国农垦（集团）总公司并入中国农业发展集团总公司。

12月18日　攀枝花钢铁（集团）公司更名为攀钢集团有限公司。

12月29日　中国北车在上海证券交易所上市。

12月31日　中国邮电器材集团公司并入中国通用技术（集团）控股有限责任公司；中国远东国际贸易总公司并入中国电子科技集团公司。

2010 年

1月6日　中国化学工程集团公司联合神华集团有限责任公司和中国中化集团公司共同发起设立的中国化学工程股份有限公司成功上市。

2月2日　中国包装总公司并入中国诚通控股集团有限公司。

3月10日　中国节能投资公司与中国新时代控股（集团）公司联合重组。中国节能投资公司更名为中国节能环保集团公司。

4月12日　上海医药工业研究院整体并入中国医药集团总公司。

7月28日　鞍钢集团公司成立。鞍山钢铁集团公司与攀钢集团有限公司实行联合重组。

8月5日　中国房地产开发集团公司整体并入中国交通建设集团有限公司。

8月5日　上海船舶运输科学研究所整体并入中国海运（集团）总公司。

8月28日　国务院发布《关于促进企业兼并重组的意见》。

9月20日　中国铁路物资股份有限公司成立。

10月24日　国务院、中央军委发布《关于建立和完善军民结合寓军于民武器装备科研生产体系的若干意见》。

12 月 22 日　中国国新控股有限责任公司成立。

12 月 23 日　中国高新投资集团公司整体并入国家开发投资公司。

12 月 22 日　新兴铸管集团有限公司更名为"新兴际华集团有限公司"。

12 月 29 日　中国铁路通信信号股份有限公司成立。

截至年底，中央企业建立董事会户数已经扩大到 30 家，5 家企业探索由外部董事担任董事长，实现主营企业整体上市的 43 家，控股境内外上市公司 336 家，全国国有控股上市公司户数达 988 家。

2011 年

1 月 5 日　中广核入股全球最大的光伏电站——鄂尔多斯光伏电站。

1 月 31 日　中商企业集团公司整体并入中国诚通控股集团有限公司。

4 月 18 日　国务院办公厅发布《关于在全国范围内中开展厂办大集体改革工作的指导意见》

5 月 6 日　中国农业发展集团公司改制，更名为中国农业发展集团有限公司。

5 月 25 日　中国华星集团公司划入中国国新控股有限责任公司管理。

6 月 14 日　国资委发布《中央企业境外国有资产监督管理暂行办法》。

6 月 14 日　国资委发布《中央企业境外国有产权管理暂行办法》。

6 月 28 日　中国一汽进行主业重组，成立中国第一汽车股份有限公司。

9 月 5 日　中国乐凯胶片集团公司整体并入中国航天科技集团公司。

9 月 29 日　中国电力投资集团公司成立，由中国水利水电建设集团公司、中国水电工程顾问集团公司与国家电网公司、中国南方电网有限责任公司所属 14 个省（市、自治区）勘测设计企业、施工企业、修造企业重组建立。

9 月 29 日　中国能源建设集团有限公司成立，由中国葛洲坝集团公司、中国电力工程顾问集团公司（电力规划设计总院）和国家电网公司、中国南方电网有限责任公司所属 15 个省（市、自治区）的电力勘察设计、施工和修造企业组成。

9 月 30 日　国务院国资委印发《中央企业"十二五"和谐发展战略实施纲要》。

11 月 23 日　国家工商行政管理总局发布《公司债权转股权登记管理办法》。

12 月 28 日　中信集团以绝大部分现有经营性净资产出资，联合北京中信企业管理有限公司共同发起设立中国中信股份有限公司。中信集团整体改制为国有独资公司，并更名为"中国中信集团有限公司"。

2012 年

3 月 18 日　国资委发布《中央企业境外投资监督管理暂行办法》

4 月 9 日　中国丝绸进出口总公司更名为中国中丝集团公司。

4 月 10 日　中国华粮物流集团公司移交国务院国资委管理。

5 月 7 日　中国印刷集团公司并入中国国新控股有限责任公司。

5 月 23 日　国资委发布《关于国有企业改制重组中积极引入民间投资的指导意见》

5 月 29 日　中国国新设立国新国际投资有限公司，支持中央企业开展境内外投资。

7 月 24 日　中国石化通过全资子公司国际石油勘探开发公司，以约 15 亿美元交易价格收购加拿大塔利斯曼能源公司英国子公司 49% 股份的项目正式交割。

12 月 7 日　加拿大政府批准中国海洋石油有限公司以 151 亿美元收购加拿大尼克森公司的申请。这标志着中国海油乃至中国企业完成在海外最大宗收购案。

12 月 22 日　国资委发布《中央企业负责人经营业绩考核暂行办法》。

2013 年

1 月 5 日　彩虹集团公司整体并入中国电子信息产业集团有限公司。

2 月 18 日　国资委发布《中央企业应急管理暂行办法》。

3 月 12 日　中国华粮物流集团公司整体并入中粮集团有限公司。

4 月 26 日　中国广东核电集团有限公司更名为中国广核集团有限公司。

5 月 10 日　国资委发布《企业国有资产评估项目备案工作指引》。

7 月 5 日　国务院发布《关于金融支持经济结构调整和转型升级的指导意见》，明确提出"尝试由民间资本发起设立自担风险的民营银行"。

7 月 18 日　中国第二重型机械集团公司与中国机械工业集团有限公司实施联合重组，重组后的新集团沿用"中国机械工业集团有限公司"名称。

8 月 20 日　国资委、证监会发布《《关于推动国有股东与所控股上市公司解决同业竞争规范关联交易的指导意见》。

12 月 4 日 工信部正式向中国移动、中国电信和中国联通颁发 4G 牌照。

12 月 18 日 中国盐业股份有限公司成立，启动中国盐业总公司整体上市。

2014 年

1 月 3 日 国资委发布《关于加强中央企业品牌建设的指导意见》。

1 月 10 日 国资委发布《关于以经济增加值为核心加强中央企业价值管理的指导意见》。

2 月 19 日 中国石化发布全体董事审议并一致通过的《启动中国石化销售业务重组、引入社会和民营资本实现混合所有制经营的议案》。

2 月 28 日 中粮集团收购全球农产品及大宗商品贸易集团 Nidera51% 的股权。

4 月 23 日 国务院常务会议决定，首批推出 80 个符合规划布局要求、有利转型升级的示范项目，面向社会公开招标，鼓励和吸引社会资本以合资、独资、特许经营等方式参与建设营运。

4 月 30 日 国务院批转国家发展改革委关于 2014 年深化经济体制改革重点任务意见，提出以管资本为主加强国有资产监管，推进国有资本投资运营公司试点。加快发展混合所有制经济。

5 月 15 日 国家电网公司发布，对分布式电源并网、电动汽车充换电实行市场开放，抽水蓄能电站、调峰调频储能项目实行投资开放，引入社会资本，把上市作为发展混合所有制经济的重要形式。

6 月 23 日 中国石油集团公司宣布董事会正式成立。

7 月 15 日 国务院国资委公布：中粮集团、国家开发投资公司进行中央企业改组国有资本投资公司试点；中国医药集团、中国建材集团进行中央企业发展混合所有制经济试点；中国节能环保集团、中国建材集团、新兴际华集团和中国医药集团进行中央企业董事会行使高级管理人员选聘、业绩考核和薪酬管理职权试点。

7 月 24 日 中国建筑设计院完成改制，成立中国建筑设计院有限公司。

9 月 5 日 招商局集团与中国外运长航集团两家央企合作设立 VLCC 油轮合资公司。新合资公司名为"中国能源运输有限公司"。

11 月 26 日　中国华孚贸易发展集团公司整体并入中粮集团有限公司。

12 月 19 日　中国能源建设集团有限公司完成整体改制，作为主发起人成立股份中国能源建设股份有限公司。

2015 年

5 月 25 日　中国海油方面对外宣布，经过四年多时间的建设，位于澳大利亚昆士兰州的中国海外首个世界级 LNG（液化天然气）生产基地柯蒂斯项目建成投产。

5 月 29 日　经国务院批准，中国电力投资集团公司与国家核电重组成立国家电力投资集团公司。

6 月 1 日　中国南车股份有限公司与中国北车股份有限公司合并，成立中国中车股份有限公司。

6 月 1 日　中国电力投资集团公司与国家核电技术有限公司实施联合重组。

8 月 24 日　中共中央、国务院发布《关于深化国有企业改革的指导意见》。

9 月 25 日　国务院发布《关于国有企业发展混合所有制经济的意见》。

11 月 25 日　国务院发布《关于改革和完善国有资产管理体制的若干意见》。

12 月 1 日　南光（集团）有限公司和珠海振戎公司实施重组，珠海振戎将整体并入南光集团。

12 月 8 日　同为世界 500 强的中冶集团整体并入中国五矿。这是中央企业最大的合并案例。

12 月 11 日　中国远洋运输（集团）总公司与中国海运（集团）总公司重组。

12 月 29 日　中国外运长航集团整体并入招商局集团。

12 月 29 日　国务院国资委、财政部、国家发展改革委发布《关于国有企业功能界定与分类的指导意见》。

2016 年

2 月 2 日　中国化工集团与瑞士农业化学巨头先正达达成交易协定。

2 月 18 日　中国远洋海运集团有限公司在上海成立。

5 月 31 日　中国航空发动机集团公司成立。

7 月 11 日　中国港中旅集团公司与中国国旅集团有限公司实施战略重组，国旅集团整体并入中国港中旅集团。中国港中旅集团公司更名为中国旅游集团公司，为国家授权投资机构。

7 月 15 日　中国中纺集团公司整体并入中粮集团有限公司。

7 月 25 日　中国国新、诚通集团、中煤集团、神华集团出资组建中央企业煤炭资产管理平台公司，即国源煤炭资产管理有限公司成立运行。

7 月 26 日　国务院办公厅印发《关于推动中央企业结构调整与重组的指导意见》，对推动中央企业结构调整与重组工作作出部署。

8 月 17 日　国资委、财政部、证监会发布《关于国有控股混合所有制企业 开展员工持股试点的意见》。

8 月 24 日　国资委、财政部联合发布《关于完善中央企业功能分类考核的实施方案》。

8 月 26 日　中国建筑材料集团有限公司与中国中材集团有限公司合并，成立中国建材集团有限公司。

9 月 22 日　中国诚通携手中国邮储银行和招商局集团、兵器工业集团、中国石化、神华集团、中国移动、中国中车、中交集团和北京金融街投资（集团）公司，共同发起设立了中国国有企业结构调整基金股份有限公司，成立了诚通基金管理有限公司，受托执行基金管理事务。

10 月 10 日　全国国有企业党的建设工作会议召开。

11 月 10 日　中国恒天整体产权无偿划转进入国机集团。

11 月 23 日　中国储备棉管理总公司整体并入中国储备粮公司。

12 月 1 日　中国宝武钢铁集团有限公司成立。由原宝钢集团有限公司和武汉钢铁（集团）公司联合重组而成。

12 月 12 日　国务院国资委发布《中央企业负责人经营业绩考核办法》。

12 月 13 日　中国中丝集团公司改制，更名为中国中丝集团有限公司。

2017 年

1 月 7 日　国资委修订发布《中央企业投资监督管理办法》《中央企业境外投资监督管理办法》。

3 月 20 日　中国轻工集团公司与中国保利集团公司签署重组框架协议。

3 月 22 日　中石化集团宣布与雪佛龙全球能源公司签订协议，收购雪佛龙南非公司 75% 的股权，以及雪佛龙博茨瓦纳公司 100% 股权，总交易金额约为 9 亿美元。

4月4日　美国联邦贸易委员会发布声明批准中国化工收购先正达的交易。

4月7日　由中国宝武集团联合WL罗斯公司、中美绿色基金、招商局集团共同发起的国内第一支钢铁产业结构调整基金——四源合钢铁产业结构调整基金在上海签署框架协议。

5月8日　中煤集团和中国保利集团公司共同签署了股权无偿划转协议，保利集团将保利能源无偿划转给中煤集团。

6月19日　东航集团与联想控股、普洛斯、德邦物流、绿地金融投资四家投资者以及东航物流核心员工持股层代表，在上海正式签署了增资协议、股东协议和公司章程。此举标志着国家首批推进的"七大领域"混合所有制改革试点在民航领域落地。

7月18日　中国雄安建设投资集团有限公司成立。

7月18日　国务院办公厅发布《中央企业公司制改制工作实施方案》。

7月20日　国务院国资委党委发布《中央企业主要负责人履行推进法治建设第一责任人职责规定》。

8月21日　中国轻工集团、中国工艺（集团）公司整体并入中国保利集团公司。

8月28日　中国国电集团公司与神华集团有限责任公司合并重组为国家能源投资集团有限责任公司。

9月8日　中国农业发展集团公司完成改制，名称变更为"中国农业发展集团有限公司"。

11月29日　国家发改委、财政部、人力资源和社会保障部、国土资源部、国务院国资委、税务总局、证监会、国防科工局联合发布《关于深化混合所有制改革试点若干政策的意见》。

11月30日　国家电网公司完成公司制改制，名称变更为"国家电网有限公司"。

12月1日　中国林业集团公司完成公司制改制，名称变更为"中国林业集团有限公司"。

12月8日　中国航天科技集团公司完成公司制改制，名称变更为"中国航天科技集团有限公司"。

12 月 12 日　中国核工业集团公司完成公司制改制，名称变更为"中国核工业集团有限公司"。

12 月 13 日　中国黄金集团公司完成公司制改制，名称变更为"中国黄金集团有限公司"

12 月 14 日　中国铁路通信信号集团公司完成改制，名称变更为"中国铁路通信信号集团有限公司"。

12 月 18 日　中国铁路物资（集团）总公司完成改制，名称变更为"中国铁路物资集团有限公司"。

12 月 19 日　中国石油天然气集团公司完成公司制改制，名称变更为"中国石油天然气集团有限公司"。

12 月 19 日　《人民日报》刊文，中央企业集团层面公司制改制方案已全部批复完毕，各省级国资委出资企业改制面达到 95.8%。中央企业混合所有制改革企业户数占比 68.9%，10 户员工持股试点的中央企业子企业已完成员工出资入股和工商登记；21 个省（市）126 户企业开展员工持股试点。

12 月 21 日　中央纪委驻国务院国资委纪检组发布《关于加强中央企业境外廉洁风险防控的指导意见》。

12 月 21 日　中国集团公司 30 年座谈会在京召开，发布《中国集团公司 30 年蓝皮书》和《中国集团公司促进会 30 年报告书》。

12 月 22 日　中国华电集团公司完成公司制改制，名称变更为"中国华电集团有限公司"。

12 月 27 日　中国化学工程集团公司完成公司制改制，名称变更为"中国化学工程集团有限公司"。

12 月 28 日　北京有色金属研究总院完成公司制改制，名称变更为"有色金属研究科技集团有限公司"。

12 月 30 日　中国东方航空集团公司完成公司制改制，名称变更为"中国东方航空集团有限公司"。

截至年底，国务院国资委监管的中央企业总户数调整至 97 家。

2018 年

1 月 1 日　中国航空油料集团公司完成公司制改制，名称变更为"中国航空油料集团有限公司"。

1月31日　中国核工业建设集团有限公司资产无偿划转中国核工业集团有限公司，实施重组。

3月28日　习近平总书记主持召开中央全面深化改革委员会第一次会议，会议审议通过了《关于设立上海金融法院的方案》《关于形成参与国际宏观经济政策协调的机制推动国际经济治理结构完善的意见》《进一步深化中国（广东）自由贸易试验区改革开放方案》《关于规范金融机构资产管理业务的指导意见》《关于加强非金融企业投资金融机构监管的指导意见》《关于改革国有企业工资决定机制的意见》等。

5月11日　习近平总书记主持召开中央全面深化改革委员会第二次会议，会议审议通过了《关于地方机构改革有关问题的指导意见》《关于加强国有企业资产负债约束的指导意见》《推进中央党政机关和事业单位经营性国有资产集中统一监管试点实施意见》《关于党的十八大以来有关改革任务分工调整的请示》《党的十九大报告重要改革举措实施规划（2018—2022年）》等。

5月16日　国务院国资委报经中央全面深化改革领导小组同意，发布《上市公司国有股权监督管理办法》，自2018年7月1日起施行。

5月21日　科技部、国资委印发《关于进一步推进中央企业创新发展的意见》

5月29日　国务院国资委召开中央企业境外风险防控座谈会。

6月27日　国务院国资委发布公告，武汉邮电科学研究院有限公司与电信科学技术研究院有限公司实施联合重组，全部资产整体无偿划入新设立的"中国信息通信科技集团有限公司"。

7月6日　习近平总书记主持召开中央全面深化改革委员会第三次会议，审议通过了《关于支持河北雄安新区全面深化改革和扩大开放的指导意见》《关于全面实施预算绩效管理的意见》《关于增设北京互联网法院、广州互联网法院的方案》等。

7月14日　国务院发布《关于推进国有资本投资、运营公司改革试点的实施意见》。

7月30日　国务院国资委发布《中央企业违规经营投资责任追究实施办法（试行）》。

9 月 20 日　习近平总书记主持召开中央全面深化改革委员会第四次会议，会议审议通过了《关于推动高质量发展的意见》《关于建立更加有效的区域协调发展新机制的意见》《关于支持自由贸易试验区深化改革创新的若干措施》《关于完善系统重要性金融机构监管的指导意见》等。

11 月 1 日　习近平总书记在京主持召开民营企业座谈会。

11 月 2 日　国务院国资委发布《中央企业合规管理指引（试行）》。

12 月 21 日　中央经济工作会议召开，全面部署2019年经济工作，提出了"巩固、增强、提升、畅通"的八字方针。

12 月 28 日　国资委召开中央企业国有资本投资公司试点启动会。首批试点的11家企业有航空工业集团、国家电投、国机集团、中铝集团、中国远洋海运、通用技术集团、华润集团、中国建材、新兴际华集团、中广核、南光集团等。

2019 年

1 月 25 日　国资委召开中央企业创建世界一流示范企业座谈会，航天科技、中国石油、国家电网、中国三峡集团、国家能源集团、中国移动、中航集团、中国建筑、中国中车集团、中广核等 10 家示范企业负责人出席会议并发言。

2 月 22 日　中国商飞公司向天骄航空交付的首架 ARJ21 飞机，标志着国产喷气客机开启商业运营新征程。

4 月 2 日　经党中央、国务院批准，武警水电部队中国安能建设总公司改制，名称变更为"中国安能建设集团有限公司"。

4 月 19 日　国务院发布《改革国有资本授权经营体制方案》，政府国有资产管理体制从管企业转为管资本的改革迈出重要的步伐。

6 月 3 日　国资委印发《国务院国资委授权放权清单（2019 年版）》。

6 月 6 日　工信部向中国电信、中国移动、中国联通、中国广电发放 5G 商用牌照。

6 月 18 日　中国铁路总公司改制成立中国国家铁路集团有限公司，由财政部代表国务院履行出资人职责，不设股东会。

后 记

在中国企业集团创建发展和中国集团公司促进会成立 30 周年之际，中国集团公司促进会理事会决定编撰《中国集团公司 30 年》。为做好编撰工作，成立了编委会，陈昌智、贺光辉同志为总顾问，郑新立、纪玉祥、顾家麒、宋晓梧、高铁生、孙霖、俞晓松、陈健、叶剑、韩修国、杨泽军、杜汝波、李小雪、何东君、牛仁亮等多位参与企业集团组建、改革、发展政策研究与实践推动的老同志担任顾问，指导编撰工作。张重庆任主编、毛起雄任执行主编。

本书第一章、第二章由毛起雄编撰；第三章由刘建国和张重庆编撰；第四章由张重庆和刘建国编撰；第五章由张重庆编撰；第六章由李建明编撰；第七章由毛起雄和李建明编撰；第八章由宋维平、张重庆、毛起雄编撰；第九章会员企业典型案例由黄清、孙清云、李学兵、王黎明、唐延川、张安、高红海等同志撰稿；历史资料由叶丽玲编校。全书由毛起雄统稿，张重庆审核定稿。

本书的编辑出版工作，得到了参与企业集团创建和集团公司改革、改制政策制定与实践推进工作的同志们的关心，他们以亲身经历对本书编撰工作给予具体指导和帮助；得到了会员企业的支持，他们提供的鲜活实践案例丰富了本书的内容；得到了中国集团公司促进会和中国言实出版社同志们的支持和帮助，他们任劳任怨、尽心尽力地为本书编辑奉献力量，提高了本书出版的质量和水平。在此，我们向所有为本书撰写、修改、编辑、出版付出辛勤劳动的同志们、朋友们表示衷心的感谢！向从事企业集团和集团公司研究工作的专家、学者和企业界朋友们表示衷心的感谢！向本书编撰所采纳的观点、数据、资料的发布者和参与编校的所有同志们表示衷心的感谢！

本书编委会
2019 年 6 月 19 日